2008年2月7日，中共中央总书记、国家主席、中央军委主席胡锦涛（左三）在中国南方电网公司党组书记、董事长袁懋振（左一）、党组成员、总经理赵建国（右二）的陪同下到广西电网公司视察。
（南网新闻中心 提供）

2008年2月1日，中国南方电网公司董事长袁懋振（右三）在贵州电网公司向中共中央政治局常委、中央书记处书记习近平（右二）汇报抢险救灾恢复供电情况。
（南网新闻中心 提供）

中国南方电网公司年鉴

2009

《中国南方电网公司年鉴》编辑委员会

中国电力出版社
www.cepp.com.cn

图书在版编目（CIP）数据

中国南方电网公司年鉴．2009/中国南方电网有限责任公司编．—北京：中国电力出版社，2009

ISBN 978-7-5083-9193-9

Ⅰ．中…　Ⅱ．中…　Ⅲ．电力工业-工业企业-中国-2009-年鉴　Ⅳ．F426.61-54

中国版本图书馆 CIP 数据核字（2009）第 126630 号

中国电力出版社出版

（北京三里河路 6 号　100044　http：//www.cepp.com.cn）

精一印刷（深圳）有限公司印刷

中国南方电网有限责任公司内部发行

*

2009 年 11 月第一版　　2009 年 11 月第一次印刷

889 毫米×1194 毫米　16 开本　24.25 印张　656 千字

印数 0000—1300 册　定价 **248.00** 元

2009年1月4日，中共中央政治局常委，国务院总理温家宝在公司工作情况汇报上的批示：

请德江同志阅示。

温家宝
元月四日

2009年1月4日，中共中央政治局委员、国务院副总理张德江的批示：

2008年，南方电网公司克服低温雨雪冰冻灾害等各种困难，保证了五省区的电力供应，为经济社会发展作出了重要贡献。2009年，面对严峻的挑战，要坚定信心，迎难而上，深入贯彻落实科学发展观，加强电网建设与管理，改善服务，开拓市场，为保证国民经济平稳较快发展作出新的贡献。

张德江 4/1

2009年1月9日，中共中央政治局委员、广东省省委书记汪洋的批示：

去年自然灾害和经济起伏给电网带来了前所未有的挑战，南网公司能有这样的业绩，对我省有这样良好的保障，实属不易。感谢你们的努力和支持。希望新的一年我们风雨同舟，共克时艰，再创佳绩。

汪洋 一.九.

2009年1月6日，国务院国有资产监督管理委员会主任李荣融的批示：

2008年是不平凡之年，经过你们艰辛努力，也取得了不平凡的成绩，值得祝贺。同意你们2009年的工作安排，要抓住深入学习实践科学发展观活动，进一步提高认识，增强贯彻科学发展观的自觉性，着力在调整优化上水平上下功夫，全面提升竞争力。

李荣融 1/6

2009年1月9日，国家电力监管委员会主席王旭东的批示：

懋振、建国同志：2008年，南方电网公司全面贯彻落实科学发展观，积极应对历史罕见的自然灾害的挑战，全力以赴支援抗震救灾，在公司发展、改革、安全生产、节能减排、优质服务等诸多方面取得突出成绩，夺取了抗冰抢险的全面胜利，圆满完成奥运保电任务。谨向你们表示热烈的祝贺和衷心的感谢！在新的一年里，希望你们在党中央、国务院的坚强领导下，深入贯彻落实科学发展观，进一步加快电网建设，加强安全管理，抓好优质服务，坚持“三公”调度，积极推进电力改革，深化节能减排，为经济社会发展作出新的贡献！新春佳节将至，请转达我对全体干部职工的诚挚问候和良好祝愿！

王旭东

二〇〇九年元月九日

2009年1月14日，国家能源局局长张国宝的批示：

南方电网公司在2008年初抗冰雪自然灾害中首当其冲，在迅速恢复受损线路，保供电工作中勇于战胜困难，作出了重要贡献。南方电网积极推进西电东送建设，建成八交、四直共12条西电东送线路，成为世界上交、直流混送最大的电网，从而也大大提高了自身的送变电水平和装备水平，支持了我国装备制造业上水平。南方电网公司勇于创新，积极开展±800千伏特高压直流输电示范工程建设，进展顺利。为应对国际金融危机，南方电网紧急落实电网改造国债资金，行动迅速。以上事例均说明南方电网公司是坚决贯彻党中央、国务院部署，与中央保持一致，有社会责任感的大型国有企业。在新的形势下南方电网积极贯彻“走出去”方针，开拓了东南亚国际市场，在保障港澳供电中也发挥了重要作用。在新的一年里要针对发生变化的电力市场，加大淘汰落后机组，贯彻科学调度，优先支持可再生能源、水电、核电，加大结构调整力度，苦练内功，节能降耗，深化改革，为我国能源事业作出更大贡献。

张国宝 14/1

2009年1月5日，广东省省长黄华华的批示：

懋振、建国同志：2008年是南方电网公司最困难的一年。你们带领公司全体员工艰苦奋战、顽强拼搏，克服了异乎寻常的困难，夺取了抗冰救灾的全面胜利，保障了广东电力供应的平稳有序，为全省经济社会又好又快发展作出了积极的贡献。希望你们2009年继续努力，把广东作为全网工作的重点，全力以赴加快电网建设，确保广东的电力供应，争取更大的成绩。

编辑说明

1．《中国南方电网公司年鉴》是由中国南方电网有限责任公司主办的企业年鉴，于2004年创刊，本期是第六期。本《年鉴》是一本融史实性、资料性为一体，图文并茂、内容丰富的综合性大型年刊。其主要服务对象为中国南方电网有限责任公司的全体员工及其他从事电力生产、建设、经营管理、科研技术的相关人员。

2．《中国南方电网公司年鉴》的编撰指导思想：以邓小平理论和“三个代表”重要思想为指导，贯彻落实科学发展观，按照建设“两型两化”公司的战略目标和“强本 创新 领先”的发展思路，全面系统客观地逐年反映中国南方电网有限责任公司在生产、经营、管理、国际合作等方面的工作内容，同时也展示了中国南方电网有限责任公司各直属机构，各分、子公司的年度工作业绩与风采。

3．《中国南方电网有限责任公司年鉴》的框架结构由篇目、栏目、条目三个层次组成，设有28个篇目：特载、大事记、获奖及表彰、公司概况、电网建设与农电、市场交易与营销服务、安全与生产、财务管理、行政管理与战略体改、人力资源管理、国际合作与交流、纪检监察与审计、党群工作、南方电网电力调度通信中心、南方电网技术研究中心、南方电网信息中心、南方电网国际有限责任公司、南方电网财务有限公司、鼎和财产保险股份有限公司、超高压输电公司、调峰调频发电公司、广东电网公司、广西电网公司、云南电网公司、贵州电网公司、海南电网公司、重要文献、统计资料。

4．2009《年鉴》在2008《年鉴》的基础上进一步完善。“特载”篇提纲挈领，下设领导关怀、工作报告、抗冰抢险和专论四个栏目，勾画出公司年度工作重点和概貌。南方电网技术研究中心、南方电网信息中心分设为独立篇目；新增篇目为鼎和财产保险股份有限公司和重要文献。

5．本《年鉴》采用文章和条目两种体裁，以条目体为主，并选配具有一定史料价值的照片，力求做到文图并茂。

6．本《年鉴》各条目的内容、数据和图片均由相关撰稿单位提供、校核和审定。

《中国南方电网公司年鉴》

编辑委员会名单

篇目

特载
大事记
获奖及表彰
公司概况
电网建设与农电
市场交易与营销服务
安全与生产
财务管理
行政管理与战略体改
人力资源管理
国际合作与交流
纪检监察与审计
党群工作
南方电网电力调度通信中心
南方电网技术研究中心
南方电网信息中心
南方电网国际有限责任公司
南方电网财务有限公司
鼎和财产保险股份有限公司
超高压输电公司
调峰调频发电公司
广东电网公司
广西电网公司
云南电网公司
贵州电网公司
海南电网公司
重要文献
统计资料

目 录

编辑说明

特 载

领导关怀 …… 3
胡锦涛视察广西电网抗冰抢险工作 …… 3
温家宝视察南方电网公司抗灾保电工作 …… 4
习近平视察贵州电网抗冰抢险工作 …… 4
工作报告 …… 5
2009 年工作会议暨一届二次职工代表大会报告（摘要） …… 5
2009 年工作会议暨一届二次职工代表大会总结讲话（摘要） …… 15
抗冰抢险 …… 18
公司抗险救灾抢修复电总结表彰大会上的讲话（摘要） …… 18
抗冰救灾综述 …… 25
南方电网线路冰灾受损情况分析及防灾措施 …… 27
提高南方电网抵御冰灾能力 …… 31
农网冰灾回顾与反思 …… 33
抗冰救灾图片集 …… 38
专论 …… 50
中国电网企业的社会责任 …… 50
金牌服务迎奥运 …… 52
奥运保供电 …… 54
抗震救灾 …… 57
突发事件应急管理体系建设 …… 59

大事记

2008 年公司大事记 …… 67

获奖及表彰

国家民政部获奖项目 …… 81
中华全国总工会获奖项目 …… 81
全国精神文明建设指导委员会表彰 …… 81
人力资源和社会保障部、国务院国有资产监督管理委员会联合表彰情况 …… 81
国务院国有资产监督管理委员会表彰情况 … 82
中共国资委委员会表彰情况 …… 83
国务院国资委、共青团中央联合表彰情况 … 84
审计署全国内部审计表彰情况 …… 85
共青团中央、全国青联表彰情况 …… 85
中央企业团工委表彰情况 …… 85
2008 年度获电网建设优质工程奖单位 …… 85
国家电力监管委员会表彰情况 …… 85
中国电力设备管理协会表彰情况 …… 85
中国电力企业联合会表彰情况 …… 86
中国水电质协会电力分会表彰情况 …… 86
全国安全生产月活动组织委员会表彰情况 … 86
公司 2007～2008 年度文明单位 …… 86
公司劳动模范（追授） …… 87
公司 2008 年度劳动模范 …… 87
公司 2008 年度工人先锋号 …… 87
公司 2008 年度技术能手 …… 88
公司 2007～2008 年度先进基层党组织 …… 88
公司 2007～2008 年度优秀共产党员 …… 88
公司 2007～2008 年度优秀党务工作者 …… 89
公司抗灾抢修复电先进集体和先进个人 …… 90
金牌服务迎奥运先进单位、先进班组和先进个人 …… 91
2008 年迎峰度夏暨奥运保供电先进

集体和先进个人 …………………………… 92
公司“优质服务年”先进单位、先进班组和先进个人 ………………………………… 93

公司概况

组织沿革 ………………………………………… 97
经营范围 ………………………………………… 97
领导班子 ………………………………………… 97
组织机构 ………………………………………… 97
电网基本情况 ………………………………… 97
2008 年工作概况 …………………………… 98

电网建设与农电

电网规划……………………………………… 103
开展中长期电力规划…………………………… 103
项目前期工作…………………………………… 103
健全规划管理制度……………………………… 103
实施“走出去”战略 ………………………… 103
计划投资……………………………………… 104
计划和投资管理………………………………… 104
迎审工作………………………………………… 104
电网抗灾减灾保障供电能力研究……………… 104
节能管理……………………………………… 105
概况……………………………………………… 105
发电节能调度…………………………………… 105
充分利用水电资源……………………………… 105
支持风电发展…………………………………… 106
落实“上大压小”政策 ……………………… 106
促进燃煤机组脱硫……………………………… 106
降低线损………………………………………… 106
节约资源………………………………………… 106
办公节能………………………………………… 107
节能减排绩效…………………………………… 107
节能环保进社区………………………………… 107
电网建设与管理……………………………… 107
工程建设制度建设和协调管理………………… 107
抗冰抢险………………………………………… 108
重点工程建设…………………………………… 108
变电站标准设计………………………………… 108
电网建设质量和安全管理……………………… 109
综合计划和统计管理…………………………… 109
质量监督中心站………………………………… 109
定额站管理……………………………………… 110
农电工作……………………………………… 110
经营效益………………………………………… 110
抗冰加固………………………………………… 110
基础管理………………………………………… 111
农网建设………………………………………… 111
体制改革………………………………………… 112
节能降耗………………………………………… 113
农电培训………………………………………… 113
信息化建设……………………………………… 114

市场交易与营销服务

基本情况……………………………………… 117
经营指标………………………………………… 117
制度建设………………………………………… 117
市场交易……………………………………… 118
电力供应及跨省区交易………………………… 118
抗灾（震）保供电 …………………………… 118
奥运保供电……………………………………… 118
“走出去”战略 ……………………………… 119
电力营销……………………………………… 119
需求侧管理及节能降耗………………………… 119
客户服务………………………………………… 119
电费回收………………………………………… 120
营销稽查………………………………………… 120
营销技术进步…………………………………… 120

安全与生产

安全生产……………………………………… 123
概况……………………………………………… 123
电网安全………………………………………… 123
安全生产管理…………………………………… 123
设备管理………………………………………… 124
节能降耗………………………………………… 124
安全监察……………………………………… 125
概况……………………………………………… 125
安全生产风险管理体系建设…………………… 125
应急管理体系建设……………………………… 125
安全监察体系和安全责任传递机制建设……… 126
综合管理………………………………………… 127

科技创新…………………………………… 128
概况…………………………………… 128
创新型企业试点目标………………… 128
科技投入……………………………… 128
国家级科研任务……………………… 128
科技创新平台建设…………………… 129

财务管理

财务管理工作………………………………… 133
预算管理与考核体系………………… 133
资金管理……………………………… 133
价格管理……………………………… 133
会计管理……………………………… 134
资产与税收管理……………………… 134
工程财务管理………………………… 134
制度与队伍建设……………………… 135
年金社保工作………………………………… 135
社会保障管理………………………… 135
企业年金管理………………………… 135
制度建设……………………………… 136
队伍建设……………………………… 136

行政管理与战略体改

行政管理……………………………………… 139
抗冰救灾……………………………… 139
奥运安保维稳………………………… 139
信息和督办…………………………… 139
公文保密……………………………… 140
后勤服务……………………………… 140
北京办事处…………………………… 140
公关宣传……………………………………… 141
新闻宣传……………………………… 141
公关品牌建设………………………… 141
战略体改……………………………………… 142
创建先进水平供电局试点工作……… 142
社会责任报告………………………… 143
软课题研究…………………………… 143
股份制改革…………………………… 143
规范职工投资发电企业……………… 143
法律事务……………………………………… 144
制订公司法治工作三年规划………… 144
法律课题研究………………………… 144
公司法律风险管理…………………… 144
“五五”普法 ………………………… 144

人力资源管理

领导班子建设………………………… 147
干部培训……………………………… 147
人才队伍建设………………………… 147
教育培训管理………………………… 148
教育培训体系………………………… 148
劳动用工管理………………………… 149
薪酬管理……………………………… 149
人力资源管理信息系统建设………… 149

国际合作与交流

国际电力合作………………………… 153
外事管理……………………………… 154
主要外事活动………………………… 156
国际合作与交流图片集……………… 158

纪检监察与审计

纪检监察……………………………………… 163
惩治和预防腐败体系建设…………… 163
贯彻落实中央“七项要求”和“三重一大”集体决策制度……………… 163
反腐倡廉教育和廉洁文化建设……… 163
效能监察……………………………… 164
纠风工作……………………………… 164
信访与案件工作……………………… 164
队伍建设……………………………… 164
审计…………………………………………… 165
概况…………………………………… 165
迎审工作……………………………… 165
抗冰抢险……………………………… 165
专项审计……………………………… 166
审计调查……………………………… 167
审计信息化建设……………………… 167
完善审计制度体系…………………… 167
理论研究和审计队伍建设…………… 167

党群工作

党建工作…………………………………… 171
宣传思想文化工作………………………… 171
工会工作…………………………………… 172
共青团工作………………………………… 173
政研会工作………………………………… 173
抗冰保电…………………………………… 173
抗震救灾…………………………………… 174

南方电网电力调度通信中心

概况………………………………………… 177
电网规模…………………………………… 177
主设备运行………………………………… 179
运行指标…………………………………… 182
抗灾保电…………………………………… 183
奥运保电…………………………………… 183
安全稳定运行……………………………… 184
电力供应…………………………………… 184
节能发电调度……………………………… 184
调度管理…………………………………… 184
科技进步…………………………………… 185

南方电网技术研究中心

概况………………………………………… 189
组织机构…………………………………… 189
领导班子…………………………………… 189
抗冰保电…………………………………… 189
电网安全运行技术支持与服务…………… 190
电网核心技术研究………………………… 190
云广 ±800kV 直流输电工程 ……………… 190
电网规划与建设技术服务………………… 191
科技基础平台建设………………………… 191
内部规范化管理…………………………… 191
科技开发和研究成果……………………… 192
技术交流与合作…………………………… 192

南方电网信息中心

概况………………………………………… 195
信息化工作会议…………………………… 195
信息化技术标准和管理规范……………… 195
业务信息系统建设………………………… 196
信息安全…………………………………… 197
“奥运” 网络与信息安全保卫工作 ……… 197
信息服务…………………………………… 198

南方电网国际有限责任公司

基本情况………………………………… 201
概况………………………………………… 201
组织机构…………………………………… 201
人员状况…………………………………… 201
领导班子…………………………………… 202
业务开展………………………………… 202
越南永兴火电项目………………………… 202
老挝南塔河 1 号水电项目………………… 203
香港公司…………………………………… 204
其他项目…………………………………… 204
经营管理………………………………… 205
制度建设…………………………………… 205
财务管理…………………………………… 205
人力资源管理…………………………… 206
领导班子建设……………………………… 206
队伍建设…………………………………… 206
党建和精神文明建设…………………… 206
党建工作…………………………………… 206
精神文明建设……………………………… 206

南方电网财务有限公司

概况………………………………………… 211
经营管理…………………………………… 211
业务开展…………………………………… 212
风险管理和内部控制……………………… 213
人力资源管理……………………………… 213
信息化建设………………………………… 213
企业文化建设……………………………… 213
社会责任…………………………………… 214

鼎和财产保险股份有限公司

基本情况………………………………… 217
概况………………………………………… 217

筹建工作…… 217
组织机构…… 217
领导班子…… 217
经营管理…… 218
经营情况…… 218
合规经营…… 218
基础建设…… 218
制度建设…… 218
信息化建设…… 218
队伍建设…… 219
“四好”班子建设…… 219
人力资源管理…… 219
党建和企业文化建设…… 219
党建和党风廉政建设…… 219
南网方略宣贯…… 219
十件大事…… 220

超高压输电公司

基本情况…… 223
概况…… 223
组织机构…… 223
领导班子…… 223
公司发展…… 223
安全生产…… 225
安全生产指标…… 225
安全生产基础管理…… 225
设备管理…… 226
科技工作…… 226
电网建设…… 226
概况…… 226
±800kV 云南至广东直流输电工程…… 227
500kV 海南联网工程…… 227
500kV 施秉至贤令山交流输变电工程…… 227
滇南外送通道 500kV 输变电工程…… 227
500kV 花都变电站扩建工程…… 227
“十一五”电网优化工程…… 227
经营管理…… 228
经营业绩…… 228
节能降耗…… 228
依法经营…… 228
企业管理…… 228
队伍建设…… 229
“四好”领导班子建设…… 229
人力资源管理…… 229
党建和精神文明建设…… 229
党建基础管理…… 229
党风廉政建设…… 229
精神文明建设…… 229
十件大事…… 230

调峰调频发电公司

基本情况…… 235
概况…… 235
组织机构…… 235
领导班子…… 235
安全生产…… 236
总体情况…… 236
安全生产指标…… 237
设备管理…… 237
电源建设…… 237
总体规划…… 237
工程前期工作…… 238
在建工程管理…… 238
经营管理…… 239
经营现状…… 239
体制建设…… 239
财务管理…… 240
人力资源管理…… 240
领导班子建设…… 240
人才队伍建设…… 241
节能与科技创新…… 241
节能降耗…… 241
科技创新…… 241
监察与党风廉政建设…… 242
监察审计…… 242
党风廉政建设…… 242
党建、精神文明和民主管理…… 243
党建工作与精神文明建设…… 243
民主管理…… 243
十件大事…… 244

广东电网公司

基本情况…… 249

概况…………………………………………… 249
组织机构……………………………………… 249
人员状况……………………………………… 249
领导班子……………………………………… 249
电网规划与建设………………………………… 251
电网规划编制………………………………… 251
项目前期工作………………………………… 251
项目后评价工作……………………………… 251
基建计划管理………………………………… 252
工程建设……………………………………… 252
工程质量评优………………………………… 253
电网运行与安全生产…………………………… 253
电力供应……………………………………… 253
安全管理……………………………………… 254
供电可靠率…………………………………… 254
技术措施……………………………………… 255
技术指标……………………………………… 255
安全事故……………………………………… 255
市场营销………………………………………… 256
经营指标……………………………………… 256
需求侧管理…………………………………… 256
营销管理……………………………………… 256
电能计量……………………………………… 256
电价管理……………………………………… 257
客户服务……………………………………… 257
人力资源管理…………………………………… 258
干部队伍建设………………………………… 258
劳动管理……………………………………… 258
薪酬福利与绩效管理………………………… 258
教育培训……………………………………… 258
经营管理………………………………………… 259
创先工作……………………………………… 259
管理年活动…………………………………… 259
节能降耗……………………………………… 260
财务管理……………………………………… 260
内部审计……………………………………… 260
农电改革与管理……………………………… 260
法律事务……………………………………… 261
党建和精神文明建设…………………………… 261
党建工作……………………………………… 261
精神文明建设………………………………… 261
共青团工作…………………………………… 262
十件大事………………………………………… 262

广西电网公司

基本情况………………………………………… 267
概况…………………………………………… 267
组织机构……………………………………… 267
领导班子……………………………………… 267
电网规划与建设………………………………… 269
电网规划……………………………………… 269
电网建设……………………………………… 270
电网运行………………………………………… 271
概况…………………………………………… 271
电网调度……………………………………… 271
安全生产………………………………………… 272
概况…………………………………………… 272
安全管理……………………………………… 272
安全事故……………………………………… 272
市场营销………………………………………… 273
经营指标……………………………………… 273
需求侧管理…………………………………… 273
客户服务……………………………………… 273
营销稽查……………………………………… 273
电能计量……………………………………… 273
科技创新………………………………………… 274
技术项目……………………………………… 274
信息化建设…………………………………… 274
农电工作………………………………………… 275
概况…………………………………………… 275
基础管理……………………………………… 275
经营管理………………………………………… 276
制度建设……………………………………… 276
财务管理……………………………………… 276
电价管理……………………………………… 276
审计管理……………………………………… 277
体制改革……………………………………… 277
人力资源管理…………………………………… 277
概况…………………………………………… 277
干部队伍建设………………………………… 277
劳动管理……………………………………… 278
教育培训……………………………………… 278
国际合作与交流………………………………… 278
外事管理……………………………………… 278
国际合作……………………………………… 279
党建和精神文明建设…………………………… 279

党建工作…………………………………… 279
精神文明建设……………………………… 280
共青团工作………………………………… 280
十件大事…………………………………… 280

云南电网公司

基本情况…………………………………… 285
概况………………………………………… 285
组织机构…………………………………… 285
领导班子…………………………………… 285
电网规划建设……………………………… 285
电网建设…………………………………… 285
电网规划和前期工作……………………… 287
配网建设管理……………………………… 287
电网运行与安全生产……………………… 287
电网运行主要指标………………………… 287
安全生产…………………………………… 287
电力供应与优质服务……………………… 288
抗击自然灾害……………………………… 288
奥运保供电………………………………… 288
省内电力供应……………………………… 288
优质服务…………………………………… 288
社会责任…………………………………… 289
企业管理…………………………………… 289
战略实施工程……………………………… 289
员工素质工程……………………………… 289
经营管理…………………………………… 289
体制改革…………………………………… 290
次区域合作………………………………… 290
党建和精神文明建设……………………… 290
党的建设…………………………………… 290
精神文明建设……………………………… 290
工会共青团………………………………… 290
十件大事…………………………………… 291

贵州电网公司

基本情况…………………………………… 295
概况………………………………………… 295
组织机构…………………………………… 295
人员状况…………………………………… 295
领导班子…………………………………… 295
电网规划与建设…………………………… 297
电网规划…………………………………… 297
电网建设…………………………………… 297
电网运行…………………………………… 297
概况………………………………………… 297
主要运行指标……………………………… 298
电网运行管理……………………………… 298
提高抗灾保障能力………………………… 299
安全生产…………………………………… 299
概况………………………………………… 299
安全生产形势……………………………… 299
科技创新…………………………………… 300
概况………………………………………… 300
科技成果…………………………………… 300
节能减排…………………………………… 300
信息化建设………………………………… 301
概况………………………………………… 301
信息系统建设……………………………… 301
市场营销…………………………………… 302
概况………………………………………… 302
营销分析…………………………………… 302
电费回收…………………………………… 302
需求侧管理………………………………… 302
电能计量…………………………………… 303
用电检查…………………………………… 303
财务管理…………………………………… 303
税收管理…………………………………… 303
资产管理…………………………………… 303
电价管理…………………………………… 304
资金管理…………………………………… 304
预算管理…………………………………… 304
会计核算…………………………………… 304
农电建设…………………………………… 304
概况………………………………………… 304
农网建设…………………………………… 305
人力资源管理……………………………… 305
班子建设…………………………………… 305
教育培训…………………………………… 305
人才建设…………………………………… 306
党建和精神文明建设……………………… 306
党建工作…………………………………… 306
思想政治工作……………………………… 306
企业文化建设……………………………… 306

精神文明建设…………………………………… 307
共青团工作…………………………………… 307
十件大事…………………………………… 307

海南电网公司

基本情况…………………………………… 311
概况…………………………………… 311
组织机构…………………………………… 311
人员状况…………………………………… 312
领导班子…………………………………… 312
电网规划与建设…………………………………… 312
电网规划…………………………………… 312
电网建设…………………………………… 313
电网运行与安全生产…………………………………… 313
电网调度…………………………………… 313
安全管理…………………………………… 314
市场营销…………………………………… 314
经营指标…………………………………… 314
需求侧管理…………………………………… 314
重大保电…………………………………… 315
营销管理…………………………………… 315
营业稽查…………………………………… 315
客户服务…………………………………… 315
科技创新与节能降耗…………………………………… 316
科技创新…………………………………… 316
节能降耗…………………………………… 316
经营管理…………………………………… 317
财务管理…………………………………… 317
审计管理…………………………………… 317
基础管理…………………………………… 317
辅业多经管理…………………………………… 317
法律事务…………………………………… 317
人力资源管理…………………………………… 318
干部队伍建设…………………………………… 318
劳动管理…………………………………… 318
教育培训…………………………………… 318
党建和精神文明建设…………………………………… 319
党建工作…………………………………… 319
民主管理…………………………………… 319
精神文明建设…………………………………… 319
十件大事…………………………………… 320

重要文献

2008 年上级单位重要文件目录 …………… 325
2008 年南方电网公司标准目录 …………… 325
2008 年南方电网公司重要文件目录 ……… 327

统计资料

2008 年南方电网概况 ………………………… 333
2008 年全国和南方五省区 GDP
（初步核算结果） ………………………… 334
2008 年南方电网公司工业产值完成情况 …… 335
2008 年南方五省区年末发电装机容量和
全年发电量情况………………………… 335
2008 年南方五省区电源结构情况（一） …… 336
2008 年南方五省区电源结构情况（二） …… 337
2008 年南方五省区电厂生产能力 ………… 338
2008 年南方五省区电力基本情况 ………… 339
2008 年南方五省区分省区电力基本情况 …… 340
2008 年广东省电力基本情况 ……………… 341
2008 年广西自治区电力基本情况 ………… 342
2008 年云南省电力基本情况 ……………… 343
2008 年贵州省电力基本情况 ……………… 344
2008 年海南省电力基本情况 ……………… 345
2008 年南方电网统调负荷情况 …………… 346
2008 年电量交换情况 ……………………… 347
2008 年南方电网公司固定资产投资情况 …… 348
2008 年全国各省（市、自治区）人口、GDP、
全社会用电量及其排位…………………… 350
2008 年全国各省（市、自治区）发电量 …… 351
2008 年全国各省（市、自治区）人均指标 … 352
2008 年人员结构情况表 …………………… 353
2008 年职工分类情况表 …………………… 353
2008 年企业劳动生产率情况表 …………… 354

Contents

From Editor

Special Issue

Leaders' Care ········ 3

President Hu Jintao Inspected the Power Recovery Efforts by Guangxi Power Grid during the Sleet and Snowstorm ········ 3

Premier Wen Jiabao Inspected the Disaster Relief Work by CSG during the Snowstorm ········ 4

Vice-president Xi Jinping Inspected the Power Recovery Efforts by Guizhou Power Grid during the Sleet and Snowstorm ········ 4

Work Report ········ 5

Report on the 2009 Work Conference and the Second Session of the First Employee Representatives Conference (Summary) ········ 5

Conclusion Speech on the 2009 Work Conference and the Second Session of the First Employee Representatives Conference (Summary) ··· 15

Fighting Against Sleet and Snowstorm and Disaster Relief ········ 18

Speech at the Summary and Recognition Conference of CSG's Anti-Disaster Power Recovery (Summary) ········ 18

Summary of CSG's Anti-Disaster Power Recovery ········ 25

Analysis of the Damages by the Snowstorm to CSG's Network and CSG's Anti-Disaster Measures ········ 27

To Improve CSG's Anti-Snowstorm Ability ······ 31

Review and Reflection of the Snowstorm to Rural Power System ········ 33

Anti-Snowstorm Photo Collection ········ 38

Monographs ········ 50

Social Responsibility of China's Power Grid Companies ········ 50

Quality Service for the Olympics ········ 52

Ensure Stable Power Supply during the Olympics ········ 54

Anti-Earthquake and Disaster Relief ········ 57

The Establishing of the Emergency Response Management System ········ 59

Chronicle of Major Events

Chronicle of CSG's Major Events in 2008 ········ 67

Awards and Recognition

Awards by the Ministry of Civil Affairs ········ 81

Awards by the All-China Federation of Trade Unions ········ 81

Awards by the National Spiritual Civilization Development Steering Commissio ········ 81

Awards by MOHRSS and SASAC ········ 81

Awards by SASAC ········ 82

Awards by SASAC Commitee of CPC ········ 83

Awards by SASAC and The Central Committee of the Communist Youth League ········ 84

Awards by the National Audit Office on Internal Auditing ········ 85

Awards by the Central Committee of the Communist Youth League and the All-China Youth Federation ········ 85

Awards by the Youth League Work Committee for State-owned Enterprises ········ 85

Receiver of 2008 High Quality Project Award on Power Grid Construction 85
Awards by the SERC 85
Awards by the CEPEMA 85
Awards by the China Electricity Council 86
Awards by the CWREQCA 86
Awards by the Nationwide Safe Production Month Campaign Organizing Committee 86
2007-2008 Model Units of CSG 86
Model Workers of CSG (Posthumously Admitted) 87
2008 Model Workers of CSG 87
2008 Advanced Workers of CSG 87
2008 Skilled Workers of CSG 88
2007-2008 Advanced Party Organization at the Basic Level of CSG 88
2007-2008 Excellent Party Members of CSG ... 88
2007-2008 Excellent Party Workers of CSG ... 89
Advanced Units and Individuals of CSG during the Disasters 90
Advanced Units, Teams and Individuals of CSG during the Quality Service for Olympics 91
Advanced Units and Individuals of CSG during the Summer Peak and Power Supply during Olympics 92
Advanced Units, Teams and Individuals of CSG during the Quality Service Year 93

About CSG

Changes and Developments of the Organization 97
Scope of Business 97
Management Team 97
Structure of Organization 97
General Situation of the Grid 97
Brief Survey of CSG's Work in 2008 98

Grid Construction and Power Supply in Rural Areas

Grid Planning 103
Medium and Long Term Power Planning 103
Preparation Work for Projects 103
Complete Planning and Management System 103
Going Global Strategy Practice 103
Planned Investment 104
Planning and Investment Management 104
Preparation for Inspection 104
Anti-Disaster and Power Supply Guarantee Ability Study 104
Energy Saving Management 105
Brief Introduction 105
Energy Saving Power Generation and Dispatching 105
Makc Full Usc of thc Hydro Power Resources 105
Encourage the Development of Wind Power 106
Implement the "Replace Small Generation Units with Big Units" Policy 106
Promote the Desulfuration Units 106
Lower Line-loss 106
Conserve Resources 106
Energy Conservation in offices 107
ESER Performance 107
Energy Conservation and Environmental Protection in Community 107
Power Grid Construction and Management ... 107
The Establishing of the Project Construction System and Harmony Management 107
Fighting against Sleet and Snowstorm 108
Key Project Construction 108
Substation Standard Design 108
Quality and Safety Management of Power Grid Construction 109
Comprehensive Planning and Statistics Management 109
Quality Supervision Center Station 109
Quota Station Management 110
Power Supply in Rural Areas 110
Operation Performance 110
Anti-icing and Reinforcement 110
Foundamental Management 111
Rural Network Construction 111

Structural Reform ······ 112
Energy Saving and Loss Reduction ······ 113
Rural Power Training ······ 113
Informationization Building ······ 114

Transaction and Marketing Service

Brief Introduction ······ 117
Operation Targets ······ 117
System Establishing ······ 117
Transactions ······ 118
Power Supply and Cross-Province/Region Transactions ······ 118
Ensure Power Suppy during Disasters (Earthquake) ······ 118
Ensure Stable Power Supply during the Olympics ······ 118
"Going Global" Strategy ······ 119
Power Marketing ······ 119
DSM and Energy Saving and Loss Reduction ··· 119
Customer Service ······ 119
Tariff Collecting ······ 120
Marketing Investigation ······ 120
Advances in Marketing Skills ······ 120

Safety and Production

Safety Production ······ 123
Brief Introduction ······ 123
Grid Safety ······ 123
Safety Production Management ······ 123
Equipment Management ······ 124
Energy Saving and Loss Reduction ······ 124
Safety Inspection ······ 125
Brief Introduction ······ 125
The Establishing of the Safety Production Risk Management System ······ 125
The Establishing of the Emergency Response System ······ 125
The Establishing of the Safety Inspection and Safety Responsibility Delivery System ······ 126
Comprehensive Management ······ 127
Technology Innovation ······ 128
Brief Introduction ······ 128
Target for the Innovative Enterprise Pilot Units ······ 128
Technology Investment ······ 128
National-level Scientific Research Mission ······ 128
Establishing of the Technology Innovation Platform ······ 129

Financial Management

Financial Management Work ······ 133
Budget Management and Examination System ······ 133
Fund Management ······ 133
Price Management ······ 133
Accounting Management ······ 134
Assets and Tax management ······ 134
Project Finance Management ······ 134
The Establishing of the System and Staff ······ 135
Pension and Social Security Work ······ 135
Social Security Management ······ 135
Corporate Pension Management ······ 135
The Establishing of the System ······ 136
Team Building ······ 136

Administration and Strategic Structural Reform

Administration ······ 139
Anti-Snowstorm and Disaster Relief ······ 139
Ensure the Safe and Stable Power Supply during the Olympics ······ 139
Information and Superintendent ······ 139
Official Documents Security ······ 140
Rear Service ······ 140
CSG Beijing Office ······ 140
Public Propaganda ······ 141
News Propaganda ······ 141
The Establishing of the Public Relation Brand ······ 141
Strategic Structural Reform ······ 142
TOTOP (to build advanced power supply bureaus) ······ 142

Social Responsibility Report ………………… 143
Soft Subject Study ………………………… 143
Stock Reform ……………………………… 143
Regulate the Employees' Investment on Power Generation Enterprises ………………………… 143
Legal Affairs ……………………………… 144
The Establishing of the 3-year planning of CSG's Law Work ……………………………… 144
Legal Issue Study ………………………… 144
Corporate Legal Risks Management ………… 144
"Five Fives" Law Popularization …………… 144

Human Resource Management

Management Team Establishment …………… 147
Cadres Training …………………………… 147
Talent Team Building ……………………… 147
Education and Training Management ………… 148
Education and Training System …………… 148
Labor Management ………………………… 149
Salary Management ………………………… 149
The Establishing of the Human Resource Management Information System ………………… 149

International Cooperation and Exchange

International Power Cooperation ……………… 153
Foreign Affairs Management ………………… 154
Major Events ……………………………… 156
International Cooperation and Exchange Photo Collection ……………………………………… 158

Supervision and Auditing

Supervision ……………………………… 163
The Establishing of Corruption Punishment and Prevention System ………………………… 163
Implementation of the "Seven Requirements" and "Three Importants and One Large" Collective Decision System by the Central Government … 163
Anti-corruption Education and Clean Conduct Building ……………………………………… 163
Efficiency Supervision …………………… 164
Rectifying ………………………………… 164
Visits, Letters and Cases ………………… 164
Team Building …………………………… 164
Auditing ………………………………… 165
Brief Introduction ………………………… 165
Preparation for Inspection ………………… 165
Anti-icing ………………………………… 165
Separate item auditing …………………… 166
Auditing Survey …………………………… 167
Auditing Informationization Building ……… 167
Complete Auditing System ………………… 167
Theory Study and the Establishing of the Auditing Staff ……………………………………… 167

Party Building

Party Building …………………………… 171
Promote Ideological Publicity …………… 171
Labor Union Work ………………………… 172
Youth League Work ………………………… 173
Political Consultative Conference ………… 173
Anti-Snowstrom and Ensure Power Supply …… 173
Anti-Earthquake and Disaster Relief ……… 174

CSG Power Dispatching and Communication Center

Brief Introduction ………………………… 177
Grid Scale ………………………………… 177
Major Equipment Operation ………………… 179
Operation Indexes ………………………… 182
Ant-Disaster and Ensure Power Supply ……… 183
Ensure Power Supply during the Olympics … 183
Safe and Stable Operation ………………… 184
Power Supply ……………………………… 184
Energy Saving Power Generation and Dispatching ……………………………………… 184
Dispatch Management ……………………… 184
Technology Advances ……………………… 185

CSG Technology Research Center

Brief Introduction ………………………… 189

Structure of Organization ······ 189
Management Team ······ 189
Anti-Snowstorm and Ensure Power Supply ······ 189
Technical Support and Service for the Safe Operation of the Grid ······ 190
Core Grid Technology Research ······ 190
± 800kV Yunnan to Guangdong UHVDC Power Transmission Project ······ 190
Technical Service for Grid Planning and Construction ······ 191
The Establishing of Technology Base Platform ······ 191
Internal Standardization Management ······ 191
Technology Development and Research Achievements ······ 192
Technical Exchange and Cooperation ······ 192

CSG Information Center

Brief Introduction ······ 195
Informatization Work Conference ······ 195
Informatization Technical Standard and Management Standard ······ 195
The Establishing of Business Information System ······ 196
Information Security ······ 197
Security work of Network and Information during the Olympics ······ 197
Information Service ······ 198

CSG International Co. ,

Basic Information ······ 201
Brief Introduction ······ 201
Structure of Organization ······ 201
Staff ······ 201
Management Team ······ 202
Business ······ 202
Vinh Tan Coal-fired Project in Viet Nam ······ 202
Nam Tha River 1 Hydro Power Project ······ 203
CSG International Hong Kong Branch ······ 204
Other Projects ······ 204
Operation Management ······ 205
The Establishing of the System ······ 205
Financial Management ······ 205
Human Resourse Management ······ 206
Management Team Bulding ······ 206
Informatization Building ······ 206
Party Building and Spiritual Civilization ······ 206
Party Building Work ······ 206
Spiritual Civilization ······ 206

CSG Financial Company

Brief Introduction ······ 211
Operation Management ······ 211
Business ······ 212
Risk Management and Internal Control ······ 213
Human Resource Management ······ 213
Informatization Work ······ 213
The Establishing of the Corporate Culture ······ 213
Social Responsibility ······ 214

Dinghe Property Insurance Co. , Ltd

Basic Information ······ 217
Brief Introduction ······ 217
Preparation Work ······ 217
Structure of Organization ······ 217
Management Team ······ 217
Operation Management ······ 218
Operation Performance ······ 218
Operation in accordance with regulation ······ 218
Foundation Building ······ 218
System Building ······ 218
Information Building ······ 218
The Establishing of the Staff ······ 219
"Four Good" Management Team Building ······ 219
Human Resource Management ······ 219
Party Building and Corporate Culture Building ······ 219
Party Building and Clean Party Conduct ······ 219
Promotion and Implementation of the CSG's Corporate Guidelines ······ 219
Ten Big Events ······ 220

EHV Power Transmission Company

Basic Information ········ 223
Brief Introduction ········ 223
Structure of Organization ········ 223
Management Team ········ 223
Development of the Company ········ 223
Safety Production ········ 225
Safety Production Index ········ 225
Safety Production Foundamental Management ··· 225
Equipment Management ········ 226
Technology Work ········ 226
Power Grid Construction ········ 226
Brief ········ 226
± 800kV Yunnan to Guangdong UHVDC Power Transmission Project ········ 227
500kV Hainan Interconnection Project ········ 227
500kV Shibing-to-Xianlingshan AC Transmission and Transformation Project ········ 227
500kV Transmission and Transformation Project of Southern Yunnan Transmission Channel ··· 227
500kV Huadu Substation Enlarging Project ··· 227
Grid Optimizing Project during the Eleventh -5-year period ········ 227
Operation Management ········ 228
Operation Performance ········ 228
Energy Saving and Loss Reduction ········ 228
Operation in accordance with law ········ 228
Enterprise Management ········ 228
The Establishing of the Staff ········ 229
"Four Good" Management Team Building ······ 229
Human Resource Management ········ 229
Party Building and Corporate Culture Building ········ 229
Party Building Foundamental Management ··· 229
Clean Party Conduct Building ········ 229
Spiritual Civilization Building ········ 229
Ten Big Events ········ 230

CSG Power Generation Company

Basic Information ········ 235
Brief Introduction ········ 235
Structure of Organization ········ 235
Management Team ········ 235
Safety Production ········ 236
General Information ········ 236
Safety Production Quota ········ 237
Equipment Management ········ 237
Power Source Construction ········ 237
General Plan ········ 237
Preparation Work of the Projects ········ 238
Management of the Projects under Construction ········ 238
Operation Management ········ 239
Operation Performance ········ 239
System Building ········ 239
Financial Management ········ 240
Human Resource Management ········ 240
Management Team Building ········ 240
Staff Building ········ 241
Energy Saving and Technology Innovation ··· 241
Energy Saving and Loss Reduction ········ 241
Technology Innovation ········ 241
Inspection and Clean Party Conduct Building ········ 242
Party Building and Spiritual Civilization ······ 242
Democratic Management ········ 242
CPC Party Construction and Spiritual Civilization Construction ········ 243
CPC Party Construction ········ 243
Spiritual Civilization Construction ········ 243
Ten Big Events ········ 244

Guangdong Power Grid Company

Basic Information ········ 249
Brief ········ 249
Structure of Organization ········ 249
Staff ········ 249
Management Team ········ 249
Grid Planning and Construction ········ 251
The Establishing of Grid Plan ········ 251
Preparation Work of the Projects ········ 251
Post-project Evaluation ········ 251
Capital Construction Plan Management ········ 252

Project Construction ························ 252
Project Quality Evaluation ························ 253
Grid Operation and Safety Production ········ 253
Power Supply ························ 253
Safety Management ························ 254
Power Supply Reliability Rate ························ 254
Technology Measure ························ 255
Technology Index ························ 255
Safety Accident ························ 255
Marketing ························ 256
Operation Performance ························ 256
DSM ························ 256
Marketing Management ························ 256
Power Measurement ························ 256
Tariff Management ························ 257
Customer Service ························ 257
Human Resource Management ························ 258
Cadre Team Building ························ 258
Labor Management ························ 258
Salary, Welfare and Performance Management ························ 258
Education and Training ························ 258
Operation Management ························ 259
Advanced Grid Company Building ························ 259
Management Year Activity ························ 259
Energy Saving and Loss Reduction ························ 260
Financial Management ························ 260
Internal Auditing ························ 260
Rural Power System Reform and Management ························ 260
Legal Affairs ························ 261
Party Building and Spiritual Civilization ······ 261
Party Building ························ 261
Spiritual Civilization ························ 261
Youth League Work ························ 262
Ten Big Events ························ 262

Guangxi Power Grid Company

Basic Information ························ 267
Brief Introduction ························ 267
Structure of Organization ························ 267
Management Team ························ 267
Grid Planning and Construction ························ 269
Grid Planning ························ 269
Grid Construction ························ 270
Grid Operation ························ 271
Brief Introduction ························ 271
Grid Dispatching ························ 271
Safety Production ························ 272
Brief Introduction ························ 272
Safety Management ························ 272
Safety Accident ························ 272
Marketing ························ 273
Operation Performance ························ 273
DSM ························ 273
Customer Service ························ 273
Marketing Investigation ························ 273
Power Measurement ························ 273
Technology Innovation ························ 274
Technology Project ························ 274
Informatization Construction ························ 274
Rural Power System Work ························ 275
Brief Introduction ························ 275
Fundamental Management ························ 275
Financial Management ························ 276
The Establishing of the System ························ 276
Financial Management ························ 276
Tariff Management ························ 276
Auditing Management ························ 277
Structural Reform ························ 277
Human Resource Management ························ 277
Brief Introduction ························ 277
Cadre Team Building ························ 277
Labor Management ························ 278
Education and Training ························ 278
International Cooperation and Exchange ······ 278
Foreign Affairs Management ························ 278
International Cooperation ························ 279
Party Building and Spiritual Civilization ······ 279
Party Building ························ 279
Spiritual Civilization ························ 280
Youth League Work ························ 280
Ten Big Events ························ 280

Yunnan Power Grid Company

Basic Information ························ 285
Brief Introduction ························ 285

Structure of Organization …… 285
Management Team …… 285
Grid Planning and Construction …… 285
Grid Construction …… 285
Grid Planning and Preparation Work …… 287
Distribution Construction Management …… 287
Grid Operation and Safety Production …… 287
Major Indexes for Grid Operation …… 287
Safety Production …… 287
Power Supply and Quality Service …… 288
Anti-Disaster …… 288
Stable Power Supply during the Olympics …… 288
Power Supply in Yunnan …… 288
Quality Service …… 288
Social Responsibility …… 289
Corporate Management …… 289
Strategy Implementation Project …… 289
Staff Quality Project …… 289
Operation Management …… 289
Structural Reform …… 290
GMS Cooperation …… 290
Party Building and Spiritual Civilization …… 290
Party Building Work …… 290
Spiritual Civilization …… 290
Labor Union and Youth League Work …… 290
Ten Big Events …… 291

Guizhou Power Grid Company

Basic Information …… 295
Brief Introduction …… 295
Structure of Organization …… 295
Staff …… 295
Management Team …… 295
Grid Planning and Construction …… 297
Grid Planning …… 297
Grid Construction …… 297
Grid Operation …… 297
Brief Introduction …… 297
Major Operation Indexes …… 298
Grid Operation Management …… 298
Improve Anti-Disaster Ability …… 299
Safety Production …… 299
Brief Introduction …… 299
Safety Production Situation …… 299
Technology Innovation …… 300
Brief Introduction …… 300
Technology Achievements …… 300
Energy Saving and Emission Reduction …… 300
Informationzation Construction …… 301
Brief Introduction …… 301
The Establishing of Information System …… 301
Marketing …… 302
Brief Introduction …… 302
Marketing Analysis …… 302
Tariff Collecting …… 302
DSM …… 302
Power Measurement …… 303
Power Consumption Check …… 303
Financial Management …… 303
Tax Management …… 303
Assets Management …… 303
Tariff Management …… 304
Capital Management …… 304
Budget Management …… 304
Accounting …… 304
Rural Power System Construction …… 304
Brief Introduction …… 304
Rural Network Construction …… 305
Human Resource Management …… 305
Team Building …… 305
Education and Training …… 305
Talents Project …… 306
Party Building and Spiritual Civilization …… 306
Party Building Work …… 306
Ideological and Political work …… 306
The Establishing of Corporation Culture …… 306
Spiritual Civilization …… 307
Youth League Work …… 307
Ten Big Events …… 307

Hainan Power Grid Company

Basic Information …… 311
Brief Introduction …… 311
Structure of Organization …… 311

Staff ································ 312
Management Team ································ 312
Grid Planning and Construction ································ 312
Grid Planning ································ 312
Grid Construction ································ 313
Grid Operation and Safety Production ································ 313
Grid Operation ································ 313
Safety Management ································ 314
Marketing ································ 314
Operation Performance ································ 314
DSM ································ 314
Stable Power Supply in Major Events ································ 315
Marketing Management ································ 315
Business Investigation ································ 315
Customer Service ································ 315
Technology Innovation and Energy Saving and Loss Reduction ································ 316
Technology Innovation ································ 316
Energy Saving and Loss Reduction ································ 316
Operation Management ································ 317
Financial Management ································ 317
Auditing Management ································ 317
Fundamental Management ································ 317
Auxiliary Business and Diversified Economy Management ································ 317
Legal Affairs ································ 317
Human Resource Management ································ 318
Cadre Team Building ································ 318
Labor Management ································ 318
Education and Training ································ 318
Party Building and Spiritual Civilization ································ 319
Party Building ································ 319
Democratic Management ································ 319
Spiritual Civilization ································ 319
Ten Big Events ································ 320

Important Documents

2008 Catalog of Important Documents from the Higher Authorities ································ 325
2008 Catalog of Standards Issued by CSG ································ 325
2008 Catalog of CSG's Important Documents ································ 327

Statistics

2008 Brief Introduction of CSG ································ 333
2008 GDP of China and the Five Provinces/Regions (Preliminary Data) ································ 334
2008 CSG Industrial Output Performance ································ 335
2008 the Installed Capacity of Five Provinces/Regions at the End of the Year and the Annual Power Generation ································ 335
2008 Power Resources Structure in the Five Provinces/Regions (一) ································ 336
2008 Power Resources Structure in the Five Provinces/Regions (二) ································ 337
2008 Productive Capacity of the Power Plants in the Five Provinces/Regions ································ 338
2008 Brief Introduction to the Power in the Five Provinces/Regions ································ 339
2008 Brief Introduction to the Power in the Five Provinces/Regions Respectively ································ 340
2008 Brief Introduction to the Power in Guangdong Province ································ 341
2008 Brief Introduction to the Power in GuangXi Zhuang Autonomous Region ································ 342
2008 Brief Introduction to the Power in Yunnan Province ································ 343
2008 Brief Introduction to the Power in Guizhou Province ································ 344
2008 Brief Introduction to the Power in Hainan Province ································ 345
2008 Total Load of Southern Power Grid ································ 346
2008 Power Interexchange ································ 347
2008 Investment of Fix Assets of CSG ································ 348
2008 Population, GDP, Social Power Consumption and the Rankings of All Provinces (Cities, Autonomous Regions) ································ 350
2008 Power Generation of All Provinces (Cities, Autonomous Regions) ································ 351
2008 Per Capita Index of All Provinces (Cities, Autonomous Regions) ································ 352
2008 Composition of Staff ································ 353
2008 Classification of Employees ································ 353
2008 Corporate Labour Productivity Table ································ 354

照片目录

2009年1月16～17日，中国南方电网公司2009年工作会议暨一届二次职工代表大会在珠海召开。（黄启辉　摄）……6

2009年1月16日，公司董事长袁懋振在2009年工作会议暨一届二次职工代表大会上作工作报告。（黄启辉　摄）……9

2009年1月17日，在2009年工作会议暨一届二次职工代表大会上，公司领导为劳模颁奖。（黄启辉　摄）……14

2009年1月17日，公司总经理赵建国在2009年工作会议暨一届二次职工代表大会上作总结发言。（黄启辉　摄）……16

2009年1月17日，在2009年工作会议暨一届二次职工代表大会上，表彰了一批公司文明单位。（黄启辉　摄）……18

2008年3月21日，公司抗险救灾抢修复电总结表彰大会在广州召开。（南网新闻中心　提供）……19

2008年3月21日，公司召开抗险救灾抢修复电总结表彰大会，图为公司领导为先进个人颁发证书。（南网新闻中心　提供）……20

2008年2月7日，中共中央总书记、国家主席、中央军委主席胡锦涛（右二）在公司党组书记、董事长袁懋振陪同下看望坚守岗位的广西电网员工。（南网新闻中心　提供）……38

2008年2月5日，中共中央政治局常委、国务院总理温家宝（左二）到贵州龙里视察，听取贵州电网公司总经理唐斯庆汇报抗冰抢险情况。（南网新闻中心　提供）……38

2008年2月1日，中共中央政治局常委、中央书记处书记习近平（左四）到贵州电力调通局了解抢险救灾恢复供电情况。（黄启辉　摄）……39

2008年2月11日，中共中央政治局委员、广东省省委书记汪洋（右一）在深圳看望和慰问深圳供电局赴灾区抗灾抢险队员家属代表。（黄启辉　摄）……39

2008年2月2日，中共中央政治局委员、国务院副总理曾培炎（左一）在公司董事长袁懋振（左三）的陪同下到贵州电力抢修现场视察。（黄启辉　摄）……39

2008年1月30日，公司董事长袁懋振（右三）在贵州电网调度大楼听取当前安全形势汇报。（漆明德　提供）……40

2008年2月1日，公司董事长袁懋振视察云南支援贵州抢险现场，并看望龙福线240号塔施工抢险人员。（南网新闻中心　提供）……40

2008年2月2日，公司董事长袁懋振（左二）深入广西电网抢险现场，慰问抢险救灾员工。（黄启辉　摄）……40

2008年1月26日，公司各单位全力以赴赶赴云南昭通，图为抢险工作正在紧张进行。（朱斌　摄）……41

2008年1月30日，广东电网公司抢修队伍赴贵州支援抢险。（李哲　摄）……41

2008年1月21日，贵州运检公司福泉Ⅰ区巡线人员在茫茫冰雪林海中巡线。（南网新闻中心　提供）……41

2008年1月18日，公司总经理赵建国（右二）在贵州凯里市郊与当地百姓一起抬电杆。（南网新闻中心　提供）……42

2008年2月21日，公司总经理赵建国（左三）与子弟兵一同奋战在贵州抗冰抢险现场。（南网新闻中心　提供）……42

2008年1月31日，贵州电网员工在除冰。（陈海　摄）……42

2008年2月3日，广西电网220kV沙档线263号铁塔倒塌现场。（韦景科　摄）……43

2008年2月3日，贵州电网员工在除冰。（陈海　摄）……43

2008年2月4日，云南昭通220kV大镇线抢修人员在茫茫雪地中艰难地抬着抢修物资，缓慢地前进。（戴剑平　摄）……43

2008年3月4日，公司副总经理肖鹏（右二）到贵州台江县板凳寨指挥抢修工作。（南网新闻中心　提供）……44

2008年2月4日，广东电网佛山供电局职工支援贵州，在都匀抢修220kV都凯线26号塔。（梁杰　摄）……44

2008 年 2 月 2 日，广西 220kV 沙侯线 232 号铁塔抢修现场。（韦景科　摄）…… 44
2008 年 2 月 12 日，贵州电网员工在冰山中运送物资。（葛浩宇　摄）…… 44
2008 年 2 月 7 日，公司副总经理周继太（左二）在贵州都匀指导抢修工作。（南网新闻中心　提供）…… 45
2008 年 2 月 3 日，广西电网 220kV 沙侯线 232 号铁塔现场抢修。（韦景科　摄）…… 45
2008 年 2 月 15 日，云南电网员工在水漕线抢险现场抬送电力设备。（徐艳　摄）…… 45
2008 年 2 月 18 日，公司副总经理王久玲在抗冰抢险现场。（南网新闻中心　提供）…… 46
2008 年 2 月 3 日，广西电网突击队在抢修受损铁塔。（广西电网公司　提供）…… 46
2008 年 2 月 19 日，广东电网员工运送电力抢险物资。（广东电网公司肇庆供电局　提供）…… 46
2008 年 1 月 23 日，公司副总经理祁达才（中）一行赴贵州指导抗灾抢险工作。（南网新闻中心　提供）…… 47
2008 年 2 月 22 日，解放军战士在贵州运输铁塔上山。（南网新闻中心　提供）…… 47
2008 年 2 月 28 日，云南省送变电公司员工冒着风雪运输抢修器材。（杨兵　摄）…… 47
2008 年 2 月 27 日，公司党组纪检组组长王玉霜（左）在广西荔浦高肇直流抢修现场慰问抢修队伍。（南网新闻中心　提供）…… 48
2008 年 2 月 22 日，贵州电网灾后重建决战誓师大会在贵阳召开。（南网新闻中心　提供）…… 48
2008 年 2 月 4 日，广东电网员工在连州西江抢修 220kV 阳仙线受损铁塔。（清远供电局林秉刚　摄）…… 48
2008 年 2 月 16 日，公司副总经理王良友（左二）到广西桂林兴安县现场指导工作。（广西电网公司潘方强　提供）…… 49
2008 年 2 月 27 日，广东电网员工在韶关乳源洛阳山区欢呼雀跃庆祝抗冰抢险复电取得胜利。（陈俊书　摄）…… 49
2008 年 3 月 7 日，贵州苗寨热烈庆祝户户复电。（周育忠　摄）…… 49
2008 年 4 月 14 日，中国—瑞典企业社会责任高层论坛在北京钓鱼台国宾馆举行，右图为公司总经理赵建国作主题演讲。（南网新闻中心　提供）…… 51
2008 年 7 月 31 日，公司“迎奥运、送光明”活动在广东东源启动。（南网新闻中心　提供）…… 52
2008 年 4 月 29 日，公司 2008 年迎峰度夏暨奥运保供电电视电话会议在广州召开。（南网新闻中心　提供）…… 55
2008 年 8 月 6 日，深圳供电局举行深圳市供电设施奥运安保誓师大会。（南网新闻中心　提供）…… 56
2008 年 5 月 19 日，公司全力支援抗震救灾，领导带头，员工踊跃捐款。（南网新闻中心　提供）…… 58
2008 年 5 月 18 日，公司为四川灾区运送抗震救灾物资。（南网新闻中心　提供）…… 58
2008 年 1 月 30 日，中共中央政治局常委、国务院总理温家宝（左二）到南方电网公司视察抗灾保电工作，在调度通信中心听取公司董事长袁懋振（左一）的工作汇报。（南网新闻中心　提供）…… 68
2008 年 6 月 27 日，共青团中国南方电网公司第一次代表大会在广州召开。右图为公司副总经理王良友出席大会并讲话。（南网新闻中心　提供）…… 73
2008 年 7 月 15 日，公司与深圳举行第 26 届大运会电力供应合作伙伴签约仪式，图为公司董事长袁懋振在会上讲话。（南网新闻中心　提供）…… 74
2008 年 11 月 12 日，中国电力改革开放 30 周年成就展在北京国际展览中心举行，图为公司副总经理肖鹏在座谈会上作专题发言。（南网新闻中心　提供）…… 76
2008 年 11 月 15 日，国资委主任李荣融（左二）到南方电网公司视察。（南网新闻中心　提供）…… 77
2008 年 12 月 11 日，公司总经理赵建国出席广西自治区成立 50 周年庆祝大会，并亲临保供电现场。（南网新闻中心　提供）…… 77
2008 年 12 月 23 日，公司举办“同心结南网——南网之歌合唱比赛”。（南网新闻中心　提供）…… 78
惠州蓄能水电厂概貌。（南网新闻中心　提供）…… 99
电网建设投资规模（亿元）…… 104
2008 年 12 月 10 日，公司在贵阳召开了提高抗灾保障能力有关措施落实情况汇报会。（南网新闻中心　提供）…… 104
2008 年 2 月，广西电网公司平南县电力公司先后组织两批突击队奔赴桂林市灵川县灾区抢修复电。图为该台区恢复供电后，村民向平南县电力公司赠送锦旗。（黄思红　摄）…… 110
2008 年 3 月，农电工们在紧张、有序地进行线路架设。（南网农电部　提供）…… 112
2008 年 10 月，广东电网公司接管海丰县供电局签字仪式在广东汕尾举行。（南网农电部　提供）…… 113
2008 年 7 月，公司县级供电企业领导体验式培训实践班在广东开平举行开班仪式。（南网农电部　提供）…… 114
2008 年 3 月 25 日，公司安全生产工作会议在广州召开。（南网新闻中心　提供）…… 123
2008 年 12 月 12 日，公司开展安全生产风险管理体系培训。（南网新闻中心　提供）…… 125
2008 年 10 月 13 日，江门供电局电网大面积停电应急演习现场。（南网新闻中心　提供）…… 126
2008 年 6 月 24 日，广东电网公司在抗击台风“黑格比”中抢修受损铁塔。（南网新闻中心　提供）…… 126

2008 年 1 月 16 日，公司与中国农业银行银企全面合作暨授信协议签约仪式在广州举行。(南网新闻中心　提供) ………… 133
2008 年 10 月 14 日，公司办公厅会议在广州召开。(南网新闻中心　提供) ………… 140
2009 年 5 月 26 日，中国南方电网 2008 年社会责任报告发布会在广州举行。(南网新闻中心　提供) ………… 143
2008 年 6 月 26 日，公司法律工作会议在广州召开。(南网新闻中心　提供) ………… 144
2008 年 1 月 11 日，南网公司组织副处级以上干部学习十七大精神。(南网新闻中心　提供) ………… 147
2008 年 7 月 31 日，一线员工在公司高技能人员培训班上进行高压线路带电检修操作。(南网公司教育培训中心提供) ………… 148
2008 年 4 月 23 日，公司董事长袁懋振（右）在广州会见澳门电力公司行政总裁魏立民（左）。(南网新闻中心提供) ………… 158
2008 年 10 月 26 日，公司董事长袁懋振出席第十七届亚太电协大会，期间拜会澳门行政区长官何厚铧。(南网新闻中心　提供) ………… 158
2008 年 10 月 27 日，公司董事长袁懋振在第十七届亚太电协大会开幕式上致词。(南网新闻中心　提供) ………… 158
2008 年 10 月 22 日，公司董事长袁懋振（前排左二）出席第五届中国—东盟博览会。(南网新闻中心　提供) ………… 158
2008 年 4 月 8 日，公司总经理赵建国（右）在广州会见越南电力集团总经理范黎青（左）。(南网新闻中心　提供) ………… 159
2008 年 7 月 28 日，南方电网公司与澳门特别行政区政府在澳门签署 2010 ~ 2020 年电力合作框架协议。(南网新闻中心　提供) ………… 159
2008 年 7 月 28 日，公司副总经理王久玲（右二）出席粤澳首条 220kV 联网工程及鸭涌河变电站揭幕仪式。(南网新闻中心　提供) ………… 159
2008 年 9 月 4 日，南方电网公司与法国电力公司在广州签署合作框架协议。(南网新闻中心　提供) ………… 160
2008 年 11 月 25 日，公司副总经理祁达才（右三）赴法国电力公司考察参观 Poteau Rouge 变电站。(南网新闻中心　提供) ………… 160
2008 年 10 月 27 日，第十七届亚太电协大会在澳门开幕，图为南方电网同心网艺术团“威风锣鼓”的精彩表演。(南网新闻中心　提供) ………… 160
2008 年 3 月 22 日，公司纪检监察审计工作会议在广州召开。(南网新闻中心　提供) ………… 163
2008 年 9 月 16 日，公司董事长袁懋振（左一）参观防腐倡廉图片展。(南网新闻中心　提供) ………… 164
2008 年 6 月 30 日，公司纪念中国共产党成立 87 周年大会在广州召开。(南网新闻中心　提供) ………… 171
2008 年 6 月 30 日，公司领导为先进党组织和优秀共产党员代表颁奖。(南网新闻中心　提供) ………… 172
2008 年 12 月 2 日，南网公司 2008 年“安康杯”变电检修技能竞赛在广东举行。(南网新闻中心　提供) … 173
2008 年 11 月 27 日，南网公司 2008 年“安康杯”线路带电检修技能竞赛在平果赛区举行。(南网新闻中心　提供) ………… 173
2008 年 11 月 6 日，公司总经理赵建国在广州会见东方电气集团公司斯泽夫总经理，并接受赠予的锦旗。(南网新闻中心　提供) ………… 174
2008 年 4 月 10 日，中国南方电网 2008 年调度工作会议在广州召开。(南网总调　提供) ………… 183
2008 年 6 月 4 日，南网研究中心人员融冰技术攻坚克难取得进展。(南网新闻中心　提供) ………… 190
2008 年 10 月 30 ~ 31 日，南网公司 2008 年信息化工作会议在广州召开。(南网新闻中心　提供) ………… 195
2008 年 1 月 3 日，项目 BOT 合同首轮第一次谈判。左四为国际公司副总经理杨华，左三为中电国际公司副总经理王子超，右三为越南工商部能源司副司长阮孟雄。(国际公司提供) ………… 202
2008 年 8 月 9 日，在广州召开了项目的发起人三方协调会议。左三为国际公司总经理石生光，右一为中电国际公司副总经理王子超，左二为越煤集团副总经理阮战胜。(国际公司　提供) ………… 203
2008 年 9 月 8 日，老挝电力公司与国际公司签订了《关于老挝南塔河 1 号水电站 EPC 总承包商会谈备忘录》(胡颖　摄) ………… 204
2008 年 4 月 11 日，南方电网财务有限公司 2008 年股东会暨第二届董事会第一次会议在广东江门召开。(南网财务公司　提供) ………… 211
2008 年 11 月，中国银监会非银部副主任陈琼一行到南方电网财务公司指导工作。(郭晨　摄) ………… 212
2008 年 5 月 25 日，鼎和财产保险股份有限公司业务启动仪式在深圳举行。图为南网公司副总经理周继太（右）、总会计师李文中（左）击鼓启动。(南网新闻中心　提供) ………… 217
2008 年 5 月 25 日，鼎和财产保险股份有限公司业务启动仪式在深圳举行。(南网新闻中心　提供) ………… 220
2008 年 4 月 30 日，超高压公司总经理侯卫东荣获全国五一劳动奖章。(王小海　摄) ………… 223
2008 年 2 月 1 日，超高压输电公司总经理侯卫东到贵州独山检查抢险情况。(韦盛军　摄) ………… 225
2008 年 2 月 18 日，超高压公司向袁懋振董事长汇报抢修情况。(陈云亭　摄) ………… 225
2008 年迎峰度夏期间，超高压公司使用直升机巡检 500kV 输电线路。(杨婷　摄) ………… 225

2008 年 5 月，500kV 滇南外送工程崇左变电站施工人员进行电气安装。（王小海 摄） …………………………… 227
2008 年 6 月 27 日，超高压公司总经理侯卫东等领导为安宁局揭牌。（陈云亭 摄） …………………………… 228
2008 年 12 月 2 日，超高压公司总经理侯卫东等领导为百色局揭牌。（韦盛军 摄） …………………………… 230
2008 年 7 月 30～31 日，超高压公司第二届直流输电技术技能大赛进行决赛。参赛选手在专心做题。（陈云亭 摄） …………………………… 230
2008 年 11 月 13 日，南方电网公司董事长袁懋振、总经理赵建国等领导视察惠州蓄能水电厂。（调峰调频发电公司 提供） …………………………… 235
2008 年 2 月 21 日，调峰调频发电公司天生桥水力发电总厂在贵州独山支援贵州电网抗冰抢险转送物资。（江涛 摄） …………………………… 236
2008 年 6 月，清远抽水蓄能电站工程项目申请报告核准评估会议。（调峰调频发电公司 提供） …………… 238
2008 年 8 月，惠州蓄能水电厂不分昼夜地进行 A 厂水道化学灌浆施工。（调峰调频发电公司 提供） ……… 238
2008 年 3 月 25 日，广东蓄能发电有限公司第二届董事会第三次会议暨第十次股东会议在广州召开。（调峰调频发电公司 提供） …………………………… 240
2008 年 5 月，清远抽水蓄能电站工程预防职务犯罪工作启动会在清远召开。（调峰调频发电公司 提供） … 243
2008 年 1 月 27～29 日，调峰调频发电公司 2008 年工作会议暨一届一次职工代表大会在从化召开。（调峰调频发电公司 提供） …………………………… 244
2008 年末广东电网公司领导班子合影，图中自左至右依次为赖康、陈山、林雄、徐达明、于俊岭、廖建华、赖佳栋、金基民、廖建平、王江、辛瀑、祁寿枝、赵树华。（广东电网公司 提供） …………………………… 249
2008 年 5 月 8 日，220kV 南方电网供电澳门 2008 年输电通道工程顺利完成，图为施工人员正在进行攻坚。（广东电网公司 提供） …………………………… 252
2008 年 2 月 21 日，广东电网公司总经理吴周春（右四）在韶关视察 220kV 坪通线现场。（黄学明 摄） … 253
2008 年 2 月 3 日，广州供电局抢险队在贵州 220kV 都凯线 19 号塔抢修。（黄耀章 摄） …………………………… 254
2008 年 8 月 24 日，奥运会闭幕式当晚，广东电网公司总经理吴周春（右二），副总经理徐达明（左四）在省调度中心值班。（广东电网公司 提供） …………………… 254
2008 年 9 月 16 日，广东电网公司首次走进民声热线直播间，与全省用电客户直接对话。（广东电网公司 提供） …………………………… 257
2008 年 3 月，清远供电局呼叫中心被全国妇女联合会授予 2007 年度全国三八红旗集体光荣称号。（广东电网公司 提供） …………………………… 257
2008 年 4 月 26～27 日，全省电业安规考试统一进行，图为潮州供电局考试现场。（广东电网公司 提供） … 259
2008 年 1 月 10 日，南方电网公司总经理赵建国到深圳供电局检查创先工作。（广东电网公司 提供） ……… 259
2008 年 4 月 30 日，广东省召开庆祝五一劳动节暨表彰大会，图为黄建军书记代表公司上台领奖。（广东电网公司 提供） …………………………… 263
2008 年 6 月 29 日，500kV 贤令山输变电工程投运。（广东电网公司 提供） …………………………… 263
2008 年 1 月 28 日，广西自治区党委书记郭声琨（中）莅临广西电网公司检查指导抗冰灾保电工作。（邓新南 摄） …………………………… 269
2008 年 2 月 4 日，广西电网公司总经理黄进平（右二）在桂林 110kV 挡道线慰问抢修人员。（潘方强 摄） …………………………… 269
2008 年 2 月 3 日，广西桂林供电局员工在 220kV 沙侯线抢修现场。（曾毅 摄） …………………………… 269
2008 年 8 月 25 日，广西电网公司 500kV 海港输变电工程开工仪式在广西防城港举行。（邓新南 摄） …… 270
2008 年 11 月 28 日，广西电网公司举行“争当查找安全隐患‘啄木鸟’，做规范操作‘机器人’”主题演讲比赛。（邓新南 摄） …………………………… 272
2008 年 10 月 17 日，在广西桂林兴安县举行兴安县“户户通电”工程竣工庆典仪式。（邓新南 摄） ……… 275
2008 年 1 月 16 日，广西电网公司与贺州市政府签署电网发展战略合作框架协议暨贺州供电局成立揭牌仪式在广西贺州举行。（邓新南 摄） …………………………… 276
2008 年 10 月 22 日，第五届中国—东盟博览会在南宁开幕。图为南方电网公司董事长袁懋振（左二）到“两会一节”会展中心南方电网展馆参观。（邓新南 摄） …………………………… 279
2008 年 4 月 28 日，广西电网公司在南宁举行“思想大解放、再造大电网、服务大发展”主题活动暨服务北部湾“双百双千”工程启动仪式。（邓新南 摄） ……… 280
2008 年 3 月 3～4 日，广西电网公司在南宁召开 2008 年工作会议一届三次职工代表大会暨抗灾保电总结表彰大会。（邓新南 摄） …………………………… 281
2008 年 6 月 30 日，广西电网公司 2007 年社会责任报告发布会在南宁召开。（邓新南 摄） …………………… 281
2008 年 5 月，在即将投运的 500kV 红河原砚山输电线路上，施工人员正在紧张的工作中。（云南电网公司 提供） …………………………… 287
2008 年 2 月 1 日，云南电网公司总经理廖泽龙（中）到昭通电力抗冰救灾一线指导工作。（朱斌 摄） …… 288
2008 年 1 月中下旬，云南昭通、曲靖等地区遭受了 50 年一遇的严重雨雪凝冻灾害，图为电力职工在昭通地区抬运抢险物资。（吴雪梅 摄） …………………………… 288

2008 年 9 月，无电人口通电工程在盐津县盐井镇长沟村坪上社启动后，广大苗族群众看到多年的梦想即将实现，无不欢欣鼓舞，主动搬运电力物资。（云南电网公司 提供） …… 289
2008 年 12 月 23 日，云南电网公司与老挝国家电力公司正式签署《云南电网公司与老挝国家电力公司关于老挝北部 115kV 送电项目 EPC 合同》。（云南电网公司 提供） …… 290
2008 年 11 月上旬，暴雨引发了云南楚雄地区特大泥石流自然灾害。图为楚雄双柏鄂嘉石板山村第一个通电的灾民安置点。（云南电网公司 提供） …… 292
2008 年 2 月 5 日，中共中央政治局常委、国务院总理温家宝在贵州省视察龙里县观音山上的 110kV 龙龙黑双回输电线路 3 号铁塔抢修现场。（江伟 摄） …… 295
2008 年 2 月 1 日，中共中央政治局常委、国家副主席习近平（左六）在省委书记石宗源（左七）、省长林树森（左三）等有关领导的陪同下，到贵州电力调度通信局听取南方电网公司董事长袁懋振（左五）关于贵州电网抗冰抢险的情况汇报，并代表党中央、国务院看望和慰问与特大凝冻灾害拼搏奋战的电网公司系统全体职工。（张军焰 摄） …… 295
2008 年 4 月 29 日，贵州兴义供电局车载移动应急发电车为奥运期间提供电力保障。（蔡家友 摄） …… 298
2008 年 10 月，贵州电网加固工程全面展开，图为施工现场。（贵州电网公司 提供） …… 298
2008 年 2 月 18 日，贵州电网公司总经理唐斯庆（左二）在 I 回中营同杆架设现场了解情况。（贵州电网公司提供） …… 299
2008 年 9 月，凯里供电局开展农网配电营业工技能竞赛活动，图为竞赛现场。（孙煜 摄） …… 305
2008 年 1 月 30 日，贵州电网员工在齐心协力搬运电力抢修物资。（桑林 摄） …… 307
2008 年 3 月 4 日，海南电网公司总经理尹炼（中）到贵州安顺抢险工地指导抗灾工作。（韩海光 摄） …… 311
2008 年 2 月 7 日，海南电网公司支援贵州抗冰抢险员工在贵州锦屏县精心勘测，支援贵州电网抗冰抢险。（宋国强 摄） …… 311
2008 年 5 月 23 日，海南电网公司与海口市政府在海口签约服务与合作备忘录。（钟巍巍 摄） …… 312
2008 年 6 月 5 日，海南电网公司总经理尹炼（左四）赴陵水调研，携手政府强力推进电网建设。（韩海光 摄） …… 312
2008 年 3 月 28 日，三亚罗带至大茅 220kV 送电线路工程在三亚举行开工仪式。（韩海光 摄） …… 313
2008 年 10 月，海南电网公司在 95598 中心向中小学生们开展节能减排宣传活动。（黄腾 摄） …… 316
2008 年 5 月，海南电网公司多次组织员工向汶川大地震灾区捐款。（钟巍巍 摄） …… 319
2008 年 10 月 9 日，海南电网公司机关开展组竞聘工作，图为素质考试考场。（钟巍巍 摄） …… 320
2008 年 12 月 25 日，海南省农垦电网“两改一同价”胜利完成发布仪式在海口举行。（钟巍巍 摄） …… 321

特　　载

领 导 关 怀

胡锦涛视察广西电网抗冰抢险工作

2008年1月中旬以来，桂林同我国南方大部分地区一样，遭遇了一场罕见的低温、雨雪冰冻灾害。全市共有100多条输电线路断线，200多条公路中断，1000多个通信基站无法正常运行，农作物受灾面积超过220万亩，受灾人口超过268万……桂林成为广西壮族自治区受灾最严重的地方。

2月6日是农历除夕。一大早，中共中央总书记、国家主席、中央军委主席胡锦涛驱车前往桂林市灾情最重的资源县考察。资源县是一个山区县，这次灾害中全县大部分地区交通、通信中断，供水出现困难，农林业受损严重。在南方电网公司董事长袁懋振等的陪同下，胡锦涛踏着冰雪，走到抢修现场，电力职工正在紧张地抢修输电线路。他俯下身子，拿起一块厚厚的冰凌，仔细察看。总书记对围拢过来的电力职工说："今天是大年三十，你们仍然奋战在冰天雪地里，为抢修电网付出了艰辛努力。现在全县人民都盼望着尽早通电，希望你们克服一切困难，尽快把电送到千家万户。"

2月7日农历正月初一下午，在广西壮族自治区考察工作的中共中央总书记、国家主席、中央军委主席胡锦涛，在广西自治区党委书记郭声琨和政府主席马飚等陪同下，专程来到广西电网公司，看望慰问抢险救灾、坚守岗位的干部职工，对南方电网抢修复电和保春节供电给予充分肯定，并作出重要指示。党中央非常关注南方电网的灾情和抗险救灾、抢修复电的情况，安排公司党组书记、董事长袁懋振作为胡锦涛总书记到广西考察的随行成员。公司总经理赵建国在广西电网公司迎接胡锦涛总书记视察。

2月7日下午3时45分，胡锦涛总书记走进广西电网调度室，亲切地与值班调度员一一握手。袁懋振董事长说："我们怀着无比兴奋和激动的心情，迎接总书记视察我们南方电网、广西电网公司，看望我们抢险救灾、坚守岗位的同志。今天是大年初一，总书记在日理万机的情况下来到我们中间，给我们带来了党中央的关怀和温暖，更给我们带来了克服困难、战胜灾害的信心和力量。我代表全网20万员工，给总书记拜年，祝愿总书记身体健康、合家幸福、工作顺利，领导我们党和国家走向更加繁荣。"

在调度室的大型电子屏幕上，显现了南方电网和广西电网的运行状况。胡锦涛总书记认真观看，听取袁懋振董事长关于南方电网基本情况、受灾情况、启动应急预案抢修复电情况和下一步安排的汇报，详细询问雨雪冰冻灾害中南方电网受损和电力供应恢复情况和负荷情况。总书记还走到调度台前仔细察看电网运行情况，与调度员亲切交谈。

得知经过广大电力职工的顽强拼搏，目前已有近60%的故障线路恢复运行，88个县已全部或部分恢复供电，取得了抢险保电的阶段性成果，实现了预定的目标，灾后年三十晚上广西电网最高负荷达到651万kW，比2007年的485万kW高出166万kW，胡锦涛总书记非常高兴，对职工们说："你们打了一场硬仗，使广大受灾群众过了一个温暖、亮堂的春节。党和人民感谢你们!"胡锦涛总书记向南方电网公司的广大职工表示衷心的感谢和节日的祝福。

胡锦涛总书记指出，电力既是我们整个国民经济的命脉，也是我们生活的必需品，干什么都离不开电。受灾地区经济社会能不能恢复正常运行，关键在电力。第一步是尽快抢通受损的输电线路，第二步是确保抢通后的电网安全稳定运行，第三步是针对这次灾害中发现的问题完善电网建设，从而更好地保证国民经济的需要，保证广大人民群众的需要。要动员全公司的干部职工，发扬全网一盘棋的精神，科学安排，大家齐心协力，尽快修复受损线路。相信南方电网公司这支职工队伍是能打硬仗的，相信你们一定能够完成党和人民赋予你们的任务。

胡锦涛总书记离开调度中心到达一楼大厅，等候在那里的广西电网公司干部职工都十分激动，争相与总书记握手，胡锦涛总书记对围拢过来的干部职工们说：“今天是大年初一，同志们都坚守岗位，我看了以后非常感动。向同志们拜年，祝同志们身体健康，工作顺利，家庭幸福！”随后，胡锦涛总书记高兴地与干部职工们一起合影。

温家宝视察南方电网公司抗灾保电工作

2008年1月30日上午，温家宝总理在中共中央政治局委员、广东省省委书记汪洋，国家电监会主席尤权，广东省省长黄华华等陪同下，到公司视察抗灾保电工作。在调度通信中心听取了公司党组书记、董事长袁懋振的情况汇报后，温家宝总理作出了重要指示，并对南方电网全体干部职工表示亲切慰问。

上午10点20分，温家宝总理一走进总调调度室，就与当值调度人员亲切握手，并对大家说：“你们辛苦了。”

随后，温家宝总理一边听取袁懋振董事长关于公司抗冰抢险保障电力供应的汇报，一边仔细询问倒了多少塔、断了几处线，现在恢复情况如何？温家宝说，如果说交通是动脉，电力就是动力，生产、生活、电信、运输都离不开电。要动员一切力量、采取一切措施，抓紧修复电力设备，同时调整用电结构。电力战线的干部职工肩负着很繁重的任务，相信你们能经受得起这次考验。

2008年2月5日下午，温家宝总理乘机抵达贵阳。在贵州省委书记石宗源、省长林树森，公司总经理赵建国等陪同下，总理一下飞机就立即前往黔南州龙里县观音山110kV龙龙黑线路抢险现场慰问电力抢险职工，了解电网抢修情况。这是7天内，总理第二次来到南方电网，指导抗灾抢险复电工作。

当天，贵阳刚刚下完一场冻雨，观音山上厚厚的冰凝又增添了一层覆冰。沿着狭窄的山路，总理踏着冰雪登上观音山。山上，抢修工人正在紧张地修复毁坏的电力设备。当总理得知抢修工人有的来自于云南电网时，他说，现在贵州各方面的情况都很困难，电力恢复尤其困难，除了靠本省力量之外，还要靠全国各地的支持，这样才能迅速恢复电网。电网通了之后，整个经济就会正常运行。云南是兄弟省区，应该感谢你们支援贵州。这体现了我们国家的优越性，一方有难，八方支援，集中精力打歼灭战。他指出，贵州电网要早一点恢复，要做三件事：一是要制订一个科学的、完整的修复规划，既保证当前利用，也要保证长远安全。二是要组织全国大协作，从各地组织物资、设备、人力，特别是技术工人支援电网修复。三是要有坚强的组织领导，做到忙而有序，紧张而不混乱。

在另一座陡峭的山顶上，工人们正在艰难地用绳索把一根电线杆竖起来。温家宝总理看到后说：“我过去看看。”由于山路太陡、太滑，随行人员急得喊起来：“总理，危险，不要上去！不要上去！”总理毅然继续向山顶上攀登。温家宝向山顶上的抢修队员说：“同志们好！我来看望大家，给你们拜年！你们春节坚守岗位，修复电网。我代表党中央，国务院向你们表示感谢！你们在施工中要注意安全。春节你们不能回家了，请转达我对你们家人的问候，谢谢大家！”总理的话音刚落，数十米外的山顶上传来电网抢修队员的声音：“谢谢总理！抢修电网是我们南网人的责任！”总理还说：“我知道大家已经奋战在救灾现场很长的时间了，希望大家继续发扬不怕吃苦的精神、特别能战斗的精神，把我们所遇到的困难，用最短的时间加以克服。”总理与电力工人的对话在山间旷野久久回响……

随后，温家宝总理来到位于观音村的龙里县变电站主控室，详细了解贵州全省的通电情况。当了解到为了让群众过好年，南方电网为贵州调配了2600多台发电机，可以保证春节期间县城有电、乡镇有电、大部分的村有电后，总理欣慰地点点头。他说：“我这次主要是奔着电来的，尽快恢复供电是贵州救灾的关键，决不能贻误时机，必须加快进度。”

温家宝总理还深入到当地农户家中了解他们的生活情况。他拉动电灯开关，看到灯泡亮了，非常高兴地说：“你们明天可以看春节联欢晚会了。”

习近平视察贵州电网抗冰抢险工作

2008年2月1日，中共中央政治局常委、中央书记处书记习近平在贵州省省委书记石宗源、省长林树森等陪同下，来到贵州电力调度通信局，代表党中央、国务院看望慰问南方电网奋战在抗冰抢险一线的员工，对进一步做好抗冰救灾工作作出一系列重要指示。

习近平十分关心电网受损设施的抢修情况，考察期间，习近平还先后来到铜仁地区玉屏侗族自治县老山口110kV受灾输电线抢修现场、亚鱼乡输变电线路现场，慰问电网职工，勉励大家抓紧抢修，保障电网正常运行。

在贵州电力调度通信局，习近平听取了公司党组书记、董事长袁懋振关于南方电网及贵州电网抗冰救灾保供电的工作汇报，充分肯定了大家在抗灾救灾中所展现的精神风貌和作风，并鼓励大家再接再厉，不辜负党和人民的希望。

习近平说，党中央、国务院非常关心重视贵州的灾情。贵州在全国是受灾最严重的省份之一，特别是电力方面，贵州受损情况在全国最为严重。在严重灾情和重大损失面前，在国家电监会、地方党委政府、南方电网公司的领导下，电网企业2万多人在第一线救灾抢险，发扬了不怕疲劳、不怕困难、连续作战的精神，确实可歌可泣，立下了很大的功劳。还有同志因公殉职，对此表示沉痛的哀悼。他对大家在抗灾救灾中所展现的精神风貌、表现出的英雄主义作风表示崇高的敬意，对大家做出的贡献表示衷心的感谢。

习近平强调，灾情还在延续，抗冰救灾、恢复供电的任务还很繁重，还得继续努力。要千方百计采取各种措施，长短结合、标本兼治，解决好电力供应问题。即便从根本上恢复还需要一段时间，也不能等，要采取应急措施，确保县城以上、力争乡镇以上能供上电，要保春运客运，保证老百姓能过一个亮亮堂堂、祥和快乐的春节。不仅生活上要正常起来，生产上也要正常起来。抢修复电要分阶段，按轻重缓急进行。要加强调度管理的工作，该保的保，该压的压。除了电力部门，各个行业都要多渠道、多手段推进电力建设。

习近平指出，在大灾大难面前经受严峻的考验，可以锻炼队伍，涌现一批人才，发现一批干部，也是难得的宝贵机遇。2008年经济社会发展要上一个新水平，大灾之年还要有大丰收，大灾之年还要有新的发展，所以寄厚望于电力系统，再接再厉，再加一把油、再鼓一把劲，推动工作按照计划全面完成，不辜负党和人民的希望。

工 作 报 告

2009年工作会议暨一届二次职工代表大会报告(摘要)

袁 懋 振

（2009年1月16日）

这次工作会议是在公司新一轮发展的进程中，外部经济环境发生重大变化的背景下召开的一次重要会议。会议的主题是，认真贯彻党的十七大、十七届三中全会和中央经济工作会议精神，落实中央企业负责人会议的部署，深入学习实践科学发展观，总结2008年工作，安排2009年工作。会议的重点是坚定信心谋发展，明确任务抓落实。

第一部分 2008年工作回顾

2008年是极不平凡、极不寻常的一年。我们经历了一系列历史罕见的重大挑战和考验，先是冰雪凝冻灾害，后又发生汶川特大地震，紧接着是奥运保供电；遭遇了国际金融危机的冲击，经济形势严峻复杂，对公司的影响逐渐加重；我们也感受了足以自豪的荣耀，胡锦涛总书记、温家宝总理、习近平书记等中央领导同志视察南方电网，带来了关怀、温暖和重要指示，激励着我们迎难而上、奋力拼搏。我们坚决贯彻落实党中央、国务院的决策部署，始终把国家利益和人民利益放在首位，发挥中央企业“顶梁柱”的作用，夺取了抗冰救灾的全面胜利，全力以赴支援抗震救灾，圆满完成了奥运保供电任务。同时，我们密切关注经济运行态势，正确地判断发展趋势，统筹兼顾、紧张有序地推进各项工作。

▲ *2009年1月16～17日，中国南方电网公司2009年工作会议暨一届二次职工代表大会在珠海召开。（黄启辉 摄）*

电网保持了安全稳定，主要生产运行指标优于2007年。完成售电量4826亿kWh，同比增长4.9%；西电东送最大电力1816万kW，增长20%，电量1056亿kWh，增长22%。主营业务收入2836亿元，增长7.1%；利润总额62亿元。完成固定资产投资647亿元，其中电网建设投资481亿元。年底，公司资产总额3890亿元，资产负债率63.46%。主要在十个方面取得了来之不易的新成绩：

一、战胜了冰雪凝冻灾害，提高了电网抗灾保障水平

这场艰苦卓绝的抗冰斗争磨砺了南方电网。在危急关头，我们迅速动员一切力量，义无反顾地投入抗险救灾；保持清醒的头脑和昂扬的斗志，敏锐地抓住关键，准确地把握战机，牢牢地掌控局面，及时作出果断决策和科学安排，展现了智慧和勇气；广大干部职工众志成城、顽强拼搏、不胜不休，仅用一个多月就完成了原本需要半年修复的任务，向党和国家、向五省区人民交出了一份合格答卷。2月份公司研究确定近期采取分线融冰、应急通信网建设、线路加固三大综合措施，中长期着重加强电网建设、优化电源电网规划和适当提高电网建设标准，系统地提高电网抗灾保障水平。经过近一年的努力，各项措施已按计划落实到位：自主研发了直流融冰装置并配置到全网23个站点，建立了覆冰在线监测和预警系统；建成了应急通信网；投入17.4亿元，加固了110kV及以上线路127条、10～35kV线路638条；研究科学的设防标准，颁布了公司线路设计技术规定。再发生类似冰灾时，我们有了应对措施。最近监测到部分线路出现覆冰后，启动融冰装置，实战效果显著。

汶川特大地震发生后，我们迅速响应中央的号召，像抗击冰灾一样不遗余力支援抗震救灾。派出支援小组赶赴灾区，干部职工踊跃捐款8975万元，捐款捐物累计达到1.3亿元。

二、圆满完成奥运保供电任务，提高了重大活动保供电的组织水平

全体干部职工以全民族奥运理想激发使命感和责任感，用实际行动支持奥运、参与奥运、奉献奥运。公司及早谋划、周密部署奥运保供电工作，成立专门的领导小组和专项工作组，层层落实责任和任务，上下贯通、密切配合、高效运转，圆满完成了奥运保电警戒状态期间的各项任务。特别是对与香港联网的变电站和输电线路实施全天候特级防护，为香港成功举办马术比赛提供了有力保障。各地还出色地完成了多项重大活动的保供电任务。

三、稳步推进安全生产体系化建设，提高了对大电网的驾驭水平

形成了“体系化、规范化、指标化”的安全生产工作思路，初步建立了评价安全生产管理水平的指标体系。“三体系、一机制”建设稳步推进，15个单位的试点工作初显成效。健全了三级

应急指挥机构，编制了三级应急预案1560个，成功应对了“黑格比”超强台风等自然灾害。落实各级电网风险控制措施，驾驭住了南方电网这个世界上最复杂的电网。进一步强化了二次系统管理，220kV及以上保护正确动作率99.89%，同比提高0.06个百分点，直流故障再启动成功率提高了26个百分点。深入开展隐患治理年和安全生产百日督查活动。完成了740个变电站运行标准化管理，开展了输电线路运行管理标准化试点工作。国资委等三部委确定公司为创新型企业试点单位后，我们制订了工作方案，全年科技投入12.7亿元，同比增长44%。国家重点科技项目“大容量、远距离交直流并联电网稳定技术开发”已通过验收；“特高压输变电系统开发与示范项目”已完成6个子课题，获授权专利6项，编写国家标准16项。昆明特高压基地试验线段投运。

四、积极主动地协调上下游行业，提高了复杂供需形势下的应对水平

全网统调最高负荷8887万kW，同比增长13.7%；冰灾期间最大电力缺口1465万kW，9月份用电市场急转直下，10月份起出现多年未见的负增长。公司从网、省、地市三级深入细致地跟踪分析市场变化，敏锐地注意到6月份珠三角地区出现用电增长放缓的趋势，及时召开用电市场分析会，并开展全网范围的市场调研，及早制订应对措施。建立电煤日跟踪机制，成立协调小组，积极配合政府解决电煤问题。协助政府落实补贴政策，紧急启动广东9E、9F和地方油机增加出力120万kW。进一步加强需求侧管理，自觉错峰率达到99.9%，迎峰度夏期间全网最大错峰电力407万kW，同比下降35%。出台了《客户停电管理规定》，在国内率先制订了《客户停电时间统计标准》。开展“金牌服务迎奥运”活动，切实解决群众反映的热点问题，业扩报装和故障抢修服务时限分别比国家要求快了50%和25%，客户投诉次数同比下降81.3%，客户满意率99.7%。公司在广东省社情民意调查中连续第三年荣获总体满意度第一。

五、按期完成建设任务，提高了电网优化发展水平

初步确定了“十二五”西电东送规模，完成了溪洛渡、糯扎渡电站至广东直流输电工程的可行性研究报告。克服冰灾对工期的影响，投产13项重点工程，西电东送形成“八交四直”大通道，输电能力超过了1800万kW。云广特高压直流高端换流变压器通过了型式试验，海南联网工程已开始海底电缆预敷设。出台了重点工程管理及考核激励办法，全面推行电网建设标准化。投资14.6亿元，解决了38个行政村、16.6万户无电人口的用电问题，广东、广西提前实现了电网覆盖范围内的“户户通电”。推进“走出去”战略，全年向越南送电33亿kWh，增长23%；建成了220kV对澳门送电第四通道，与澳门特区政府签订了2010年后中长期电力合作框架协议。

六、坚持过紧日子，提高了节流开源水平

压缩费用开支，可控供电单位成本在预算基础上降低了1.8个百分点，行政费用支出比预算减少了5.3%。积极争取政策支持，国家在国有资本经营预算支出中安排公司灾后重建资本金33.4亿元。加强融资统一管理，公司整体授信额度增加至2690亿元，贷款利率均下浮10%。成功发行80亿元企业债券和50亿元短期融资券，年节约财务费用3.1亿元。努力化解欠费风险，应收电费余额与2007年基本持平。积极配合监事会监督检查，结合国家审计署电力建设项目专项审计调查和国资委“三重一大”集体决策制度自查，对薄弱环节认真整改。开展了资金管理和农电管理审计调查，纠正违规金额1.1亿元，促进增收节支3.1亿元。

七、落实发输配用环节的降耗措施，提高了节能减排工作水平

积极推进节能发电调度，通过优先吸纳水电、火电按能耗排序发电等措施，灵活配置电力资源，全年水电发电量同比增长33%，购水电比重提高了5.4个百分点，消纳富余水电87.8亿kWh，未发生调度和经济原因弃水；折合减少标煤消耗361万t，相应减少二氧化硫排放6.9万t。贵州、广东成为全国前两个正式启动节能发电调度试运行的省份。配合政府关停小火电机组327万kW。抓好线损“四分”管理，完成了5314台高损配电变压器改造，全年综合线损率6.68%，下降了0.22个百分点。“绿色行动”向纵深推进，累计为2512家企业开展节能诊断，有580家已完成改造，平均节电率达到8.2%。

八、加强内部管理，提高了治企水平

公司系统继续按照“完善、规范、巩固、提

高”的总体要求，持续改进各项管理工作。总部启用了标准编写模版，编制修订了62项技术、管理标准。落实“抓大放小”的原则，实施集团化运作、集约化发展和精细化管理。改进预算管理，推广应用预算模型，预算对经营活动的约束和引导作用进一步增强。引入经济增加值评价体系，建立了投入产出管理机制。加大资金归集力度，加强了总部的资金集中结算和直接支付。落实国资委《全面风险管理指引》，完善内控制度。实现了对全网所有银行账户的实时监控，完成了财务核算数据的集中。创建国际先进水平供电局工作效果初显，创建国内先进水平供电局试点工作开始起步，推动了管理上水平。编制了公司法治工作三年规划，开展了重大法律纠纷案件的清理。县级供电企业中网公司级达标率提高了23个百分点，农村供电营业所规范化管理达标率达到98%。股改上市工作取得阶段性成果，农电体制改革继续稳妥推进。

九、全面深入地开展干部考核考察工作，提高了领导班子和人才队伍建设水平

公司用半年时间对党组管理的领导班子、领导干部和后备干部进行了考核考察，收到了很好的效果。进一步完善了“四好”班子建设责任制考核评价办法，深入推进地市级和县级供电企业“四好”班子建设上水平。各级领导班子对“和而不同”有了统一的认识，更加团结和谐，战斗力更强，得到了广大干部职工的充分认可。制订了教育培训新的五年规划，强化了培训管理和目标考核。加大了一线员工的培训力度，制订了指导意见，突出抓好班组长培训及员工专业技能培训、普考和竞赛。全员培训覆盖率93.9%，培训积分达标率88.7%；培训班组长1.3万人次，培训一线员工31万人次，用于一线员工的培训经费占总经费的75%。

十、以改革创新精神加强党的建设，提高了精神文明建设水平

坚持不懈地抓好理论学习，学习内容更广，实际效果更好。研发了党建管理信息系统，基层单位“双创建、双连心”、“支部联建”、“三讲一进”等活动特色鲜明。贯彻落实中央《建立健全惩治和预防腐败体系2008～2012年工作规划》，制订了公司实施办法和分工方案。开展了落实国有企业领导人员廉洁自律“七项要求”的监督检查及述廉议廉等活动。大力推进诚信体系建设，全面推行“双合同”制度。充分发挥主流新闻媒体和内外部载体的作用，大力宣传和弘扬抗灾精神。推进企业文化建设，南网方略在抗击自然灾害、迎峰度夏、应对金融危机中发挥了精神支柱作用。召开了全系统第一次职代会和团代会，更好地发挥了职工民主管理的作用和青年团员的生力军作用。高度重视信访维稳工作，维护了队伍稳定和社会稳定。公司系统涌现出一大批先进典型，获得的荣誉为历年最多。其中，中华慈善奖、全国“五一”劳动奖状奖章、全国文明单位等国家级集体荣誉87个、个人荣誉26个，省部级集体荣誉197个、个人荣誉230个。

回顾这一年来走过的历程，有五点深刻体会：一是在面临重大挑战的关键时刻体现国家意志，为国分忧，是我们中央企业义不容辞的责任；二是在经济发生波动时，发挥电力对经济平稳较快增长的保障和助力作用，是我们基础行业服务大局最重要的体现；三是把提高供电可靠率作为总抓手，真正以客户为中心，是我们电网企业在工作思路上的一次深刻变革；四是敏锐地洞察环境的变化和发展的趋势，见事早、出手快，是我们能够始终牢牢把握主动权的关键；五是发挥南网方略这一软实力的作用，激发良好的状态，是我们不断攻坚克难、夺取胜利的不竭动力。

在肯定成绩的同时，我们也要清醒地认识到存在的差距和不足：一是安全生产基础仍显薄弱。人员安全意识、安全技能有待进一步提高，安全责任传递、现场措施落实还有不到位的地方。二是供电保障水平还有待进一步提高。配网建设长期滞后，结构薄弱，设备陈旧，“卡脖子”问题依然存在。市场营销与基建、生产、运行等部门之间还没有形成相互衔接的客户需求反馈机制。三是公司整体运作能力还不够强。集团资源的整合效应还没有充分发挥，各单位盈利能力差异较大。部分县级供电企业的欠亏挂账、或有负债带来的影响逐步显现。四是管理仍然较为粗放。现有制度还存在不衔接、不配套的问题，流程不够清晰，执行中随意性较大。有的单位在招投标、物资、工程、资金包括电费等方面的管控上存在薄弱环节。县级供电企业的基础管理水平亟待提高。五是人才结构和人员素质还不能适应公司的发展需求。培训工作与岗位的实际要求结合得还不够紧密，一线员工的培训有待进一步深化。

2009年1月16日，公司董事长袁懋振在2009年工作会议暨一届二次职工代表大会上作工作报告。（黄启辉 摄）

第二部分 2009年工作安排

一、统一认识，坚定战胜困难的信心

（1）对当前形势的认识，首先是要统一到中央的分析判断上来。中央经济工作会议指出，国际金融危机冲击力极强、波及范围极广，对实体经济的影响正进一步加深，目前我国经济下行压力加大，企业经营困难加剧。尽管面临着来自国际国内的严重困难和严峻挑战，中央强调，我国经济发展的基本面和长期趋势没有改变。经过改革开放30年的持续快速发展，我国积累了雄厚物质基础，经济实力、综合国力、抵御风险能力显著增强，扩大内需潜力巨大，宏观经济政策调整有较大余地，我国发展的重要战略机遇期仍然存在，不会因为这场金融危机而发生逆转。中央的分析判断完全符合实际。

（2）对当前形势的认识，要看到2009年是公司成立以来最严峻的一年，也是蕴含着重大机遇的一年。主要表现是需求不旺、经营困难、矛盾突出，挑战重重，机遇难得。

公司面临着五个方面的新挑战：一是经营方面。售电量增长将持续走低，营业收入增长放缓。2008年火电上网电价调整后的电价矛盾尚未疏导，一些地方以降低电价来刺激经济，输配电价空间两头受到挤压。公司投资规模大幅增加，资产负债率攀升，成本控制更加困难。电费回收风险明显增大。二是电力供应方面。影响电力市场的不确定性因素很多，分析预测难度加大。发电利用小时下降，东西部之间、水火电之间、厂网之间的矛盾将进一步凸显。西部水电新项目大批投产，汛期全额消纳水电难度很大。三是安全生产方面。云广特高压直流、海南联网工程投产后，系统特性发生很大的变化，稳定问题更加突出。峰谷差加大，系统调峰更加困难。城农网改造项目全面铺开，加大了运行、施工安全的压力。四是电网发展方面。电网建设任务重、工期紧，规划及前期工作、投资计划落实、工程建设管理压力很大，专业管理人员紧缺，征地拆迁及青苗赔偿协调难度非常大。五是改革方面。国家深化电力体制改革的一些具体措施可能会加快推行，对公司的影响需要深入研究，员工队伍的思想动态和稳定问题需要高度关注。

公司也面临着难得的发展机遇：中央把保持经济平稳较快发展作为首要任务，确定2009年经济增长预期目标为8%左右。最近五省区相继开会部署，广东提出经济增长8.5%左右，通过实施《珠江三角洲地区改革发展规划纲要》带动全局，实现“三促进一保持”；广西、云南、贵州、海南预期经济增长分别达到11%、9%、8%、9%，都有一系列拉动经济的具体举措。之前国务院已出台扩大内需的十项措施，安排中央预算内资金支持城网改造和农网完善。同时，电力供需矛盾趋缓，为电网“休养生息”、做强做优提供了难得的时机。正是看到这一机遇，我们决定今明两年每年增加电网建设投资300亿元左右。此外，国家实施积极的财政政策和适度宽松的货币政策，增值税向消费型转型，公司整体税负减轻，现金流量增加，存贷款利率下调，利息负担减轻。外部的困难也增强了干部职工的危机感和紧迫感，有利于形成内部挖潜的共识和改进工作的动力。这些都是我们做好工作的有利条件。

（3）把握当前的形势，最重要的是要树立坚定的信心。信心就是力量，信心就是希望。越是在复杂的形势下，越是要坚定信心，这对战胜困难至关重要。有必胜的信心，才能激发斗志和潜能，才能拿出制胜的办法；如果失掉信心，那就失掉了一切。我们的领导干部要有信心，全体员工要有信心。这个信心来自于中央的坚强领导，全国上下协调一致保增长，在一些地方和领域开始见到效果；来自于公司已有的良好基础，具备较强的抵御风险能力；来自于抗灾洗礼后更加成熟的干部职工队伍，能够打赢硬仗。古语说“人定胜天”，这个“定”，更好的理解是“镇定”的“定”。只要我们坦然地去看待，镇定地去应对，就没有克服不了的困难。

二、理清思路，明确全年奋斗目标

做好2009年的工作，需要我们深入学习实践科学发展观，继续用南网方略统揽工作全局，把提高供电可靠率作为总抓手；突出加强增供扩销，突出加强电网发展，突出加强挖潜增效；注重从变化的形势中把握发展机遇，注重在复杂的关系中营造和谐环境，推动公司沿着科学发展的轨道稳健前进，为五省区经济平稳较快发展作出应有的贡献。

2009年的工作目标如下：

安全生产：不发生对社会和公司造成重大不良影响的生产安全事故。杜绝较大及以上人身事故；杜绝重大及以上电网、设备事故；不发生生产人员死亡事故；不发生有人员责任的较大电网、设备事故；不发生恶性误操作事故。电网频率合格率≥99.998%，综合电压合格率≥99.2%，城市供电可靠率≥99.907%，220kV及以上保护正确动作率≥99.63%，天广直流能量可用率≥65%，高肇直流能量可用率≥93%，兴安直流能量可用率≥94%，500kV交流输电线路可用系数≥96.8%。

基本建设：固定资产投资1025亿元，其中电网建设投资879.9亿元，调峰调频电源投资17亿元，小型基建投资18亿元，技改投资92亿元。投产220kV及以上输电线路8663km、变电容量4629万kVA。

电力营销：售电量5068亿kWh，同比增长5.0%。西电东送电量1216亿kWh，增长15.1%。其中，西电送广东1082亿kWh，增长16.9%。云南送出250亿kWh，增长41.2%。贵州送出468亿kWh，增长38.2%。

经营业绩：主营业务收入3005亿元。购电单位成本352.41元/MWh，供电单位成本144.5元/MWh。综合线损率6.59%。应收电费余额24亿元。实现利润总额31亿元。资产总额4612亿元，资产负债率控制在69.56%以内。

党的建设：全面落实“四好”班子建设、党风廉政建设和党建工作责任制目标。

2009年工作目标的核心是力争售电量增长5%，为中央保经济增长8%体现我们应有的作为。这是公司党组研究确定的奋斗目标，已经纳入经营业绩考核内容。主要的考虑是，我们基础行业要坚决与中央保持高度一致，带头贯彻落实中央保持经济平稳较快发展的决策部署，带头为五省区保增长、扩内需、调结构提供有力的电力保障；同时也考虑发挥售电量指标的导向作用，引导全系统深挖潜力，开拓市场，保持经营的稳健。从目前的情况来看，实现这一目标有相当大的难度，发挥主观能动性尤为重要，需要全网上下做出巨大的努力。

三、把握重点，系统推进各项工作

（一）增强对市场的把握能力，全力增供扩销

（1）密切跟踪、有效应对市场变化。坚持以市场为导向，从组织结构、工作制度、研究方法、技术手段等方面入手，全面加强分析预测工作。高度关注宏观经济和地方经济的关键指标，及时掌握政府出台的各项调控政策和措施，深入研究经济运行态势对电力供应的影响。加强细分市场研究，密切跟踪主要行业的生产和用电变化情况，准确把握用电市场变化趋势。

（2）千方百计开拓市场。要把售电量增长5%的目标层层分解细化，制订分月进度计划，加强跟踪分析，逐月落实。一是灵活制订增供扩销措施和方案，提前了解各地扩大内需、加大投资相关项目的用电需求，主动做好用电报装、制订供电方案等工作，建立绿色通道，提高办事效率，缩短新上用户的时间。二是充分挖掘工业市场、城乡居民用电市场、能源替代市场、趸售市场、自发电市场以及境外市场的潜力，培育新的增长点。三是继续深入开展“万家灯火、南网情深”优质服务工作，进一步规范客户工程管理，提高服务效率，提升服务品质。

（3）加大全网资源优化配置协调力度。充分发挥南方电网大平台的作用，在完成西电东送计划的基础上，利用通道能力灵活地组织省间临时交易，合理安排机组开机方式，拉动低谷用电，最大程度减少弃水，优化购电结构。特别是要想方设法解决西部富余水电消纳问题，体现我们对西部省区的支持。坚持公开、公平、公正调度，及时披露信息，进一步加强与电厂、监管机构的沟通协调。加大对一次能源供应的跟踪协调力度，鼓励燃油、燃气机组顶峰发电，保障高峰时段电力的有序供应。

（4）更加务实地提高供电可靠率。扎实做好

基础工作，力争用两年时间在所有供电局实现低压客户停电时间的精确统计。强化停电管理，进一步减少重复停电、超时停电和临时停电，全年安排停电超过3次、累计超过24h的客户数同比减少50%以上，计划停电工作中按时停送率不低于80%。制订配网业扩投资界面划分办法，逐步理顺与用户的产权关系。

（二）加大投资力度，全面加快电网发展

（1）加快城网改造和农网完善步伐。这是一项硬任务，将纳入重点工程考核范畴。要认真落实公司工作方案，将目标和任务细化，明确年度计划，有关部门要加大力度协调指导、督促检查。尽快出台公司配网规划导则，大力推进地市级、县级电网规划工作，研究电压层级优化。严格按规划立项，优先完善城市的供电网架，解决“卡脖子”问题，抓紧开展项目前期工作。每个项目都要做好投入产出分析，充分发挥投资效益。所有项目必须核准后开工，要规范管理，加强全过程的监管、监控、监测，确保安全质量。严格招投标程序，具备条件的要按照集中统一的招标方式采购设备，降低工程造价。各级单位要主动做工作，积极争取地方政府的政策支持，将电网规划纳入城市发展总体规划。公司将按照建设条件，动态调整各地区的投资规模，重点对有明确支持政策的地区加大投资力度。公司已经选定了15个主要城市，这些城市要在上半年全部完成规划和评审工作，建设改造完成情况将进行专项考核。

（2）在优化今明两年规划的基础上做好“十二五”规划。5月底前完成220kV及以上电网规划建设标准和技术原则的修订。在网、省公司层面完成“十二五”及中长期发展规划研究，适时启动“十二五”电网系统设计，做好与福建电网联网研究。开展海南联网第二回工程、独山至桂林输变电工程前期工作。有序推进调峰调频电源项目前期工作。

（3）确保主网重点工程按期高质量投产。2009年安排重点工程20项，年内投产17项。着重抓好云广特高压直流工程主设备供货，确保年内单极投产；做好海南联网工程海上作业的筹备与实施，确保6月底前投产；抓紧完成惠蓄电站机组制造缺陷的修复处理，确保5月底前第一台机组投产，争取年内3台机组投产。

（4）继续推进“走出去”战略。完成中越500kV联网工程可行性研究工作。开展老挝电网投资模式研究。继续抓好越南永兴火电项目、老挝南塔河1号、柬埔寨松博水电站等境外电源项目前期工作。编制向澳门供电2010～2020年规划。

（三）积极挖潜增效，保持稳健经营

（1）加大增收节支力度。积极争取国家财税政策支持。抓住电煤价格走低的时机，努力争取疏导电价矛盾。深入实施全面预算管理，通过预算引导经营活动、调整资源配置；强化预算监控，细化考评手段，增强执行刚性。探索资产全寿命周期管理，推动规划、设计、采购、建设、运营全过程的投资优化和成本控制。严格成本考核，降低购电成本，控制供电成本。从紧安排非生产性支出，办公、会议、差旅、接待、外事费用实行“五个零增长”，勤俭办一切事情。

（2）深化资金集中管理。加大资金实时集中力度，减少沉淀，省公司对供电局的资金归集率要达到90%以上。综合筹划投资规模和资金来源等问题，城农网改造资金由公司统一融资。要创新融资方式，广开筹资渠道，降低融资成本。拓展财务公司业务范围，加强财产保险的集中统一管理。

（3）强化经营风险控制。按信用等级分类，加强电费风险管理。对有市场潜力、资金周转暂时困难的客户，适当灵活处理；对电费回收风险很大的企业，采取预收电费、缩短收费周期、担保等措施；对已经形成的电费呆坏账，要想办法减少损失。加大力度清理非主业投资及小额投资，全面清理低效无效投资。进一步加强财务监督，完善重大财务事项报告制度，严格资产损失责任追究。开展审计整改年活动，深化审计成果运用，强化对预算执行、工程建设和内控制度的审计监督，开展风险管理内部审计，促进依法经营。

（四）抓住系统新的特性，确保电网安全稳定

（1）落实电网安全稳定措施。根据电网结构的变化深入研究系统特性，落实防范主网十大风险的各项措施，加强动态稳定分析，及时调整安稳策略，科学安排运行方式。继续深化二次系统管理，巩固电网三道防线，杜绝500kV主保护拒动。加强输变电设施的检修和缺陷管理，杜绝500kV设备爆炸和断路器拒动，杜绝直流双极闭锁。强化发电调度管理，对涉及电网安全的参数要加强监控。

（2）按照体系化、规范化、指标化的要求继续加强安全生产基础管理。稳步推进安全生产风

险管理体系和生产管理规范化建设工作，年内50%的生产单位按计划启动风险管理体系建设。建立公司系统应急指挥平台，完善专业应急队伍和应急物资的管理、调配机制，规范应急流程和信息传递，加强与相关方的应急联动，开展各类演练。加强安全生产责任传递机制建设，强化全员安全意识，建立各级安全生产问责制。年内60%的变电站实现标准化管理，继续推进输电线路标准化管理，开展地市级和县级调度标准化管理。加强对大修技改项目的管控，编制中长期技改规划，开展技改项目后评估。规范设备准入、评价和退出管理。

（3）加快推进创新型企业建设。完善公司科技创新体系和激励机制，建立专利奖励制度，鼓励生产技术人员积极承担科技项目，力争2009年新增专利30项以上。争取建立“海外高层次人才创新创业基地”。重点抓好特高压输变电系统开发与示范、高效节能与分布式供能技术等国家科研任务。推进国家级企业技术中心建设，上半年完成昆明特高压基地一期工程，年内启动广州特高压基地建设。

（五）配合地方产业结构调整，深化节能减排工作

（1）积极推进节能发电调度。认真总结水火电优化调度的有效做法，推广贵州、广东节能发电调度试点经验，在全网推行节能发电调度。广西、云南、海南电网要在6月底前具备试运行条件。年内配合完成关停小火电机组338万kW。

（2）支持地方淘汰落后产能。继续落实与五省区政府签订的需求侧管理合作备忘录，落实差别电价等节能减排政策。抓紧组建科学用电指导中心，充分发挥公司在负荷管理、无功补偿等方面的技术优势，积极协助企业客户加强节能技术改造与科技创新，建成一批在全国有影响力的节能服务示范项目。

（3）继续做好电网环节的降损工作。完成“十一五”末线损目标的难度很大，2009年是关键，需要做艰苦细致的工作。要按照既定目标，修编节能降损纲要，全面推行线损“四分”管理，开展达标验收。年内完成8046台高损配电变压器更新改造，做好非晶合金、单相配电变压器的应用总结。特别是农电线损管理还有较大差距，2009年要全面消除线损率在20%以上的县级供电企业，线损率在15%以上的要减少到10家以内。

（六）苦练内功，全方位加强内部管理

（1）强化内控机制建设。以解决经营管理中存在的突出问题为重点，抓住资金管理、资产转让、物资采购、工程承包和对外投资等关键领域，逐步建设涵盖企业经营发展全过程、各环节、分层次的内控制度体系，实现闭环管理。把“三重一大”集体决策情况纳入管理和监督范围，对分子公司进行一次全面的检查。落实公司法治工作三年规划，整体推进全系统法律工作，逐步建立重大案件分析论证和协调处理机制。

（2）下大力气提高农电基础管理水平。加强对县级供电企业的指导、帮扶、督促和检查，尽快与公司管理接轨、与南网文化融合。要从基本功抓起，抓好建章立制，逐步形成统一规范的管理标准和工作流程；抓好全面预算、成本、风险管理，提高经营水平和效益；解决农网规划建设粗放、无序的问题，提升供电服务水平。对新接管和组建的县级供电企业，要加强企业文化宣贯。年内完成10个行政村、8.9万户无电人口通电工程，海南和贵州要实现电网覆盖范围内的“户户通电”。

（3）积极推进管理创新。深入推进创先工作，年内广州、深圳供电局要实现国内先进这一阶段性目标，国内创先试点单位要进入实施阶段。总结推广创先工作的成功经验，以点带面，持续改进各项基础管理，全面提升管理水平。广东电网公司提出用3年时间达到省级电网企业国内先进水平，要大胆创新，先行先试。加强软课题研究成果的应用和交流，组织开展成果应用的后评估，举办“南方电网管理论坛”。认真落实“十一五”信息化规划，切实抓好营销、人事、财务、生产四个核心信息系统的应用推广，固化业务流程，为公司一体化管理服务，2009年要达到中央企业信息化B级的上游水平。按照国家的部署，认真落实各项改革工作。

（七）更加重视五类人才的培养培训，提升全员素质

（1）深入推进“四好”班子和人才队伍建设。在当前这种形势下，尤其需要维护班子的团结，要讲政治、顾大局、守纪律，大家共同分析形势、研究问题、提出对策、形成合力，坚决反对自由主义、分散主义。继续巩固分子公司“四好”班子建设，深化地市级和县级供电企业“四好”班子建设，健全长效机制。修订《公司领导人员管

理规定》，建立班子的定期分析评价制度，加强干部制度建设。加大干部培养锻炼力度，对重要部门、关键岗位人员实行定期交流、轮岗，拿出部分岗位来竞争。对后备干部实行动态管理，优胜劣汰。组织好公司系统首批技术、技能专家的选聘工作，研究制订专家业绩激励办法，完善人才评价体系，努力造就一批创新型、实干型人才。

（2）系统性、针对性、人性化、差别化地开展大规模教育培训。各单位都要高度重视培训工作，落实好公司教育培训五年规划和培训的“三个转变”。突出系统性，实施培训的全过程闭环管理；突出针对性，事业发展需要什么就培训什么，人才成长缺少什么就培训什么；突出人性化，进一步完善培训、评价、使用、待遇、职业发展一体化的机制，不断激发员工参加学习培训的内生动力；突出差别化，在培训内容、方式和手段上都要体现差异。强化一线生产管理骨干、班组长和县级供电企业员工培训，全面推行岗前培训、持证上岗，推动学习型班组建设，加强培训质量管理和培训设施建设。每年至少要安排班组长参加一次集中培训，确保班组长培训覆盖率达到100%，培训积分达标率达到91%。

（3）构建和谐劳动关系，规范完善激励约束机制。进一步贯彻落实劳动合同法及实施条例，研究劳动用工管理标准，积极推行职系规范工作，逐步变身份管理为岗位管理，解决混岗问题。进一步规范薪酬管理，制订分、子公司负责人薪酬管理办法，加强分、子公司本部工资预算管理。

（八）加强和改进党群工作，激发企业的活力和创造力

（1）扎实开展深入学习实践科学发展观活动。按照中央和国资委党委的部署要求，公司系统将在3～8月开展深入学习实践科学发展观活动。各单位要紧紧围绕党员干部受教育、科学发展上水平、人民群众得实惠的总要求，在完成“规定动作”的同时，根据实际情况创新“自选动作”，使学习实践活动更加具有针对性和实效性。各级党组织要进一步落实保持共产党员先进性长效机制，建立党员自我管理机制和党内人文关怀机制，创新党建工作的方式方法。

（2）全面加强反腐倡廉建设。认真贯彻落实中央纪委三次全会精神，把加强领导干部党性修养、树立和弘扬优良作风作为重大政治任务抓紧抓好，带领广大党员群众迎难而上、共克时艰；以惩治和预防腐败体系为重点，加强反腐倡廉建设。2009年要重点督促检查各单位贯彻执行中央决策部署是否思想统一、行动迅速，工程项目规划、立项是否符合科学发展观的要求和中央规定的投向，各项管理工作是否依法合规。

（3）灵活多样地宣贯南网方略。南网方略是巨大的精神力量，也是公司的宝贵财富，这个独具特色的文化已经成为我们的软实力。各单位要结合实际，不拘一格，多形式、多层次地宣贯南网方略，让文化无处不在、无时不有，让文化喜闻乐见、潜移默化。要遵循企业文化建设的基本规律，做好整体推进和重点突破，以开展企业文化建设评价为手段，以深化安全文化、服务文化、廉洁文化和班组文化建设为重点，把南网方略的文化基因融入管理、切入业务、植入行为，实现文化转化。要用文化凝心聚气，使大家聚精会神地抓安全、抓生产、抓经营、抓建设、抓管理。

（4）扎实开展维护稳定工作。各级工会组织要为广大职工多办一些暖人心的实事，维护职工权益。各级共青团组织要通过“号手”和创新创效活动两个载体，树立南网团青工作品牌。面对内外多种因素可能引发的不稳定事件，各单位要高度重视，认真开展排查，完善工作预案。在经济困难的大环境下，要更加主动地关心困难企业、困难职工，解决合理诉求，做好思想政治工作，确保和谐稳定。

四、强化责任，全力以赴抓落实

2009年公司的目标和任务已经明确，各级干部职工要以更强烈的责任心、更进取的状态、更务实的作风抓好落实。

要严格责任制。每个单位都要把目标任务分解为下属各级各部门和各个岗位的责任，明确进度要求，在全系统形成一级抓一级、层层负责任、人人抓落实的工作机制。网公司和分子公司领导班子成员要做好表率，在各自分管范围内抓一两件关系全局的重点工作，力争取得明显成效。地市供电局的领导班子成员是各项重点工作的直接推动者，要勇于挑担子，把精力集中到推进重点工作上来。对突出难点、重大项目，成立专门的工作组，专责抓落实。要加强对重点工作的督查督办，健全责任追究制度，落实奖惩。能不能抓好落实是对干部的领导能力、综合素质的考验，要在抓落实中考察干部，选人用人坚持责任为重，

引导干部敢负责、肯干事、干成事。

要保持良好的状态。在特殊的时期，更需要有特殊的状态，才能有特殊的作为。一是要有拼搏进取的冲劲。我们要提倡一个“敢”字，敢于攻坚，面对困难不动摇；敢于创新，千方百计动脑筋、想办法，创造性地开展工作。二是要有雷厉风行的干劲。我们要提倡一个“快”字，只争朝夕、争分夺秒，提高工作效率，尽一切努力争取主动，抢抓机遇，不能贻误战机。三是要有真抓实干的韧劲。我们要提倡一个“实”字，工作重心下移，经常深入基层调研，及时掌握情况，指导和促进工作，上下合力推动落实；精简会议和文件，使各级干部集中更多的时间和精力干实际工作。机关不能官僚主义，基层不能形式主义，大家一起讲实话、重实际、务实事、求实效，脚踏实地、埋头苦干抓落实。

2009年1月17日，在2009年工作会议暨一届二次职工代表大会上，公司领导为劳模颁奖。（黄启辉　摄）

第三部分　全面深入推进南方电网科学发展

当前南方电网正处于新一轮发展的关键期，前进的道路上还可能出现各种预想不到的困难和挑战，需要我们把这些年来贯彻落实科学发展观的有效做法加以总结和提炼，用以指导今年乃至今后一个时期的工作，不断探索科学发展之路。

一、这些年来的矢志探索打下了科学发展的良好基础

南方电网的实践，深化了我们对科学发展观的认识。科学发展观是发展中国特色社会主义必须坚持和贯彻的重大战略思想，也是我们企业实现又好又快发展的理论指导和基本保证。一方面，贯彻落实科学发展观是我们中央企业的重要政治责任。中央企业是国民经济的重要支柱，公司理应成为五省区全面建设小康社会的支撑力量，体现国家意志，在承担经济责任的同时，还要承担起对国家和社会的政治责任，要讲责无旁贷，讲自我加压，真正做好表率。另一方面，贯彻落实科学发展观也是公司实现又好又快发展的必然要求。科学发展观是指导发展的世界观和方法论的集中体现。当今世界，经济全球化进程加快，我国对外开放不断扩大和深化，国有企业迫切需要进一步加快改革发展、提升竞争能力，特别是公司作为国家电力体制改革的“试验田”，面临着很多新课题、新挑战，更需要以科学发展观作为指导，才能实现更长时间、更高水平、更好质量的发展。

南方电网的实践，贯穿着科学发展观这一主线。我们把科学发展观的要求结合实际具体化，逐步形成了南网方略这一整套治企章法。公司的每一步发展，都体现了这套治企章法的科学指导：我们确立统一的价值观，公司融合得很快、很好；我们贯彻全员人才观，一支有素质的干部人才队伍成长起来；我们全方位加快电网建设步伐，集中力量解决电网“卡脖子”问题；我们发挥资源优化配置平台的作用，大力推进西电东送战略的实施；我们主动承担社会责任，创造了“限电不拉路，错峰不减产”的有效经验；我们牢记使命和责任，战胜了各种自然灾害等。特别是，考虑到现代社会什么都离不开电，公司一直突出强调提高供电可靠率，2008年首次提出将其作为总抓手。提高供电可靠率实质是减少客户停电时间，体现了真正以客户为中心的理念，把满足社会和人民群众的用电需求作为各项工作的出发点，最大限度地保证安全、可靠、不间断供电，让电网发展的成果真正惠及人民群众，服务和谐社会建设，也就是纳入科学发展的路子。这是对传统上电力各项工作运作思路的深层次触动，是对我们南方电网从规划、建设、运行、服务、技术、管理等方方面面的一次思想解放和变革，是我们实践科学发展观的落脚点。

二、把应对当前金融危机作为学习实践科学发展观的最好课堂

从2002年6月起，电力行业经历了6年发展最快的时期，全国装机容量平均每年增加1亿kW，电网实现了跨越式发展，电力科技水平、技术装备水

平得到了空前的改善，在一些领域已经处于世界领先地位。但是传统电力发展模式存在不少问题，主要体现在电源结构和布局不合理、电网电源投资比例长期倒挂、资源约束问题越来越突出等，值得很好地反思。这场金融危机以及由此引发的经济增速放缓，促使我们更加深刻地认识和思考问题，更重要的是为电力行业实践科学发展观提供了重大契机。扩张性的传统发展模式之“危”，正是调整优化的科学发展模式之“机”。在应对金融危机挑战的过程中，需要研究一系列课题：电力增长速度与经济增长速度如何更好地匹配；电源电网如何更协调地发展；如何优化调整电网结构，特别是完善城农网；如何建设资源节约型、环境友好型电网等。这些课题，有外部政策方面的，也有企业内部管理方面的，要求我们解放思想，以科学态度和辨证思维去深入思考、大胆探索，在破解难题、创新工作的过程中认识和把握经济运行规律、行业发展规律和企业自身发展规律，“按牌理出牌”，灵敏地应对不断变化的外部环境，这样才能真正把科学发展观学深学透、实践到位。

三、与时俱进地走好南方电网科学发展之路

实践科学发展观，就是要继续落脚到提高供电可靠率这一系统工程上，做好方方面面的工作，符合这一要求的就全力以赴去做，不符合这一要求的就毫不含糊去改。

（1）把握好发展这个第一要义，抓住机遇把南方电网做强做优。要围绕建设统一开放、结构合理、技术先进、安全可靠的现代化大电网这一目标，加快建设改造步伐，切实提高电网保障能力、电网运行的安全水平和经济水平。优化电网规划，引导电源合理布局，在强化主网架的同时，突出加快城农网改造，解决网架薄弱、局部“卡脖子”、设备陈旧老化等问题，以电网发展支持地方经济发展。

（2）把握好以人为本这个核心，严爱结合带队伍。人的素质有多高，企业素质就有多高。要坚持把人才资源作为企业的第一资源，重视人才的培养、吸引和使用。继续建设讲原则、重感情、团结和谐有战斗力的各级领导班子，用好的班子带出好的队伍。推进智力资本的运作与扩张，对五类人才进行优化配置，余缺调剂，形成团队。还要倡导有为就有位，人人快乐工作，拓展职业发展通道，实现公司和员工的共同成长。

（3）把握好全面协调可持续这个基本要求，走内涵式发展道路。外部经济环境是表，企业内部管理是本。应对外部的各种风险和危机，关键是要“强身健体”，练好“内功”，在完善体制机制、提高管理水平等基础工作上下功夫。要瞄准世界先进企业，看到自身的差距，坚持强本、创新、领先的发展思路，提升持久的竞争力。要把握改革开放的潮流和电力体制改革的趋势，积极实施体制机制创新。要继续夯实管理基础，不断提高管理能力、管理水平，实现管理到位。

（4）把握好统筹兼顾这个根本方法，营造和谐的发展环境。要通过科学合理地配置省间资源，巩固东西部之间相互依赖、相互支持、互利互惠的利益共同体，实现多方共赢。坚持团结治网，维护和谐的厂网关系，与发电企业一道共渡难关、共谋发展。加强与政府的沟通，紧紧依靠地方政府的支持开展工作，为地方经济社会发展服好务。在提高企业效益的同时，更加注重社会效益，主动承担社会责任，树立企业良好形象，赢得社会各界的理解和支持。

2009年是个“大考之年”，任务异常艰巨繁重。我们要在党的十七大和十七届三中全会精神指引下，深入学习实践科学发展观，全面践行南网方略，坚定信心和决心，在挑战中把握机遇，在困难中奋勇前行，全面深入推进南方电网科学发展，为五省区经济平稳较快发展作出新的贡献，以优异成绩迎接新中国成立60周年！

2009年工作会议暨一届二次职工代表大会总结讲话（摘要）

赵建国

（2009年1月17日）

一、会议的基本情况和主要成果

这次会议是公司在历经2008年严峻考验之后，面对复杂形势的情况下，继续推进新一轮科学发展的关键时期召开的一次重要会议，在公司发展史上具有承上启下的重要意义。

会议得到了各级领导的重视和关心。温家宝、汪洋、张德江、李荣融、王旭东、张国宝、黄华华等领导同志作出了重要批示，对公司2008年取得的成绩给予了充分肯定，对2009年的工作和未

▲ *2009年1月17日，公司总经理赵建国在2009年工作会议暨一届二次职工代表大会上作总结发言。（黄启辉 摄）*

来的发展提出了要求，寄予了厚望。中组部、国务院国资委、监事会、国家电监会、中电联、国家审计署驻广州特派办以及广东省政府的有关领导同志出席会议并作了重要讲话。这些都为我们开好会议、做好工作起到了重要的指导作用。公司党组高度重视这次会议。会前，党组多次组织学习中央一系列重要会议精神，安排党组成员分头深入五省区调研，听取专题汇报、召开务虚会等，为会议的召开做了充分的准备工作。

会上，袁懋振董事长作了一个很精彩的报告，总结了公司2008年十个方面的突出成绩，提炼了五点深刻体会，深入分析了当前面临的形势，部署了2009年重点工作，并就全面深入推进南方电网科学发展做了系统的阐述。这个报告立意高远，内涵丰富，有很强的思想性和可操作性，是指导公司2009年乃至今后一个时期又好又快发展、不断做强做优的纲领性文件。与会代表认真听取了工作报告，并结合自身实际进行了热烈而深入的讨论，产生了广泛的共鸣。概括起来，这次会议的成果主要体现在以下三个方面：

一是振奋了精神。董事长在工作报告中饱含深情地回顾了2008年我们走过的艰辛历程。这一年可谓大事频频、困难重重，冰雪凝冻灾害、国际金融危机都是近百年不遇，公司成立以来的各项工作成效接受了一次集中检验。可喜的是，我们在党中央、国务院的坚强领导下，全体干部职工团结一心、迎难而上，经受住了考验，出色地完成了各项工作任务，取得了优异的成绩。特别是我们奋力战胜了冰灾，通过实施三大综合措施来提高电网抗灾保障能力；超前部署，加强组织协调，圆满完成了奥运保供电任务；提出以提高供电可靠率为总抓手，减少客户停电时间，把企业管理的思路调整到以客户为中心上来，这是管理意识的觉醒，是管理模式的变革，对公司未来发展的影响是决定性、方向性的；坚决贯彻落实中央扩大内需的政策措施，迅速启动了城网改造和农网完善工作。可以说，公司在各种严峻挑战的磨砺下，应对复杂局面的水平达到了一个新的高度，各级领导班子和员工队伍日益成熟，凝聚力、战斗力日益增强，这一切让我们倍感自豪、倍加自信。

二是统一了认识。2009年国际国内经济形势依然严峻复杂，不稳定不确定因素还很多，股市、楼市、车市的持续低迷，在一定程度上反映了市场信心的不足。董事长在工作报告中根据中央的分析判断、结合公司实际指出，2009年是公司成立以来最严峻的一年，也是蕴含着重大机遇的一年，主要表现是需求不旺、经营困难、矛盾突出，挑战重重，机遇难得。与会代表在讨论中一致认为，党组对当前形势的把握是准确的、切合实际的。公司作为中央企业，又属于关系国计民生的基础行业，理应增强政治敏锐性，勇于承担责任，坚决贯彻落实好中央的决策部署，把自己的事情办好，在维护国家经济社会发展大局中发挥“顶梁柱”的作用，向中央交上满意的答卷。大家表示，要辨证地看到面临的“危”和“机”，既要看到困难的严峻性和复杂性，更要看到公司党组抢抓机遇、加快发展的决心和力度；大家更加坚信，只要因势利导，应对得当，就能化不利为有利，变被动为主动。

三是明确了方向。董事长在报告中指出，做好2009年的工作，需要我们深入学习实践科学发展观，继续用南网方略统揽工作全局，把提高供电可靠率作为总抓手，提出了三个“突出加强”和两个“注重”，并特别强调2009年工作目标的核心是力争售电量增长5%，这是做好2009年工作的关键所在。报告还在总结提炼过去几年公司贯彻落实科学发展观的有效做法的基础上，明确要把提高供电可靠率作为今后深入实践科学发展观的落脚点，做好方方面面的工作，这是我们今后走好科学发展之路的指引。

二、贯彻落实会议精神需要把握的几个重点

要完成工作报告中明确的2009年八个方面的任务，必须抓住“保增长、强电网、练内功、促和谐”这四个关键。

保增长，就是要千方百计实现售电量增长5%

的奋斗目标。对这一点，大家要有坚定的信心和更大的决心，通过做好优质服务，努力实现5%的增长。保售电量增长，营销部门总牵头，其他各相关部门要积极配合，各级单位要抓好落实。要在政府相关部门的指导下，灵活制订增供扩销措施和方案，全力开拓市场，把“蛋糕”做大。重点是紧紧围绕各地保增长、扩内需、调结构，主动、超前地做好供电服务，培育新的增长点。丰富需求侧管理内涵，创新服务方式，配合政府加大“家电下乡”的推广力度，努力提高电力在终端能源消费中的比重。同时积极推进“走出去”战略，扩大对外电力交易规模。

强电网，就是要加快城农网改造步伐。这是我们把电网做强做优、为长远发展奠定基础的必由之路，是提高公司“硬实力”的重要任务。要大力加强电网规划和项目前期工作，这是强电网的前提和基础，一定要抓紧。要积极争取地方政府的政策支持，就共同推进电网建设改造与省、地市、县政府签订合作协议，明确地方政府需要提供的政策和支持措施，这是加快工程实施进度的外在必要条件。要切实加强工程建设管理和监督，严格遵循程序，确保合法合规，确保工程质量，也就是要经得起历史的考验。各级单位都已经制订了工作方案，成立了组织机构，总部五个工作组要加强指导协调、督促检查，切实发挥作用。

练内功，就是要加强内部管理。要完成2009年这么艰巨繁重的任务，管理一定要跟上去。应该说，这些年我们的管理水平年年都在提升，已经有了一定的基础，但是提升的空间还很大。特别是通过创先工作，在促进思想观念的转变、带来管理水平提高的同时，也让我们深切感受到了自身与世界先进企业在管理上的差距。2009年我们要继续深化创先工作，同时加大力度夯实农电基础管理这一“短板”，通过“抓两头，促中间”，带动全系统整体管理水平的提高。

促和谐，就是要为公司发展营造和谐的内外部环境，更要为整个社会的和谐作贡献。2009年将是各方面矛盾凸显的一年，要从讲政治的高度认识和对待和谐的问题。对外要加强与客户、发电企业等利益相关者的沟通协调，特别是要慎重、稳妥地处理好工程建设中的征地、拆迁补偿问题，不能因为我们的工作不到位引发社会矛盾和不稳定事件，更不能因此成为社会的焦点。对内要加强矛盾纠纷调处工作，坚持以人为本的原则，认真对待并切实处理好各类信访事件，严防大规模群体性事件的发生。无论是公司内部还是外部的矛盾，一旦产生就不能视而不见或简单化处理，要审慎研究解决，在基层、在初起状态就要加以化解，防止矛盾激化。此外，还要注重企业与环境的和谐，建设绿色电网，推进节能减排。

三、坚定不移地抓好落实

董事长工作报告中明确的目标任务，就是全系统今年的中心工作，当务之急就是抓好落实。一是要转变作风。做到“三实”：说实话、办实事、求实效；做到“两下”：重心下移、眼睛向下；做到“一不”：不忽悠。二是要提高执行力。首先要严格责任制，把责任制落实到每一级单位、每一个部门、每个岗位，有明确的计划进度、分工安排、工作要求，并加强督促检查。要紧紧围绕中心工作，行政上层层落实责任，各级党组织发挥政治核心作用，领导工会、共青团组织共同做好动员、组织和协调，真正做到党政工团齐抓共管，人人肩上有责任，人人主动抓落实。此外，还要提高执行的能力，注重学习、学会思考、善于应用。三是要增强抓落实的毅力。抓落实是一个艰苦的实践过程，是精神状态的体现。要把工作落到实处，必须有持之以恒的毅力。尤其是领导干部要做到困难面前不畏惧、矛盾面前不回避，对定下来的事情、部署好的工作、看准了的问题，要动心思、花力气、下决心，一抓到底，抓出成效。

各单位、各部门要把学习贯彻这次工作会议精神作为近期的首要任务抓实抓好，不仅要学习传达，而且要全面领会、深刻理解工作报告的丰富内涵，每个层次、每个员工都要结合自己的实际消化、吸收，转化为做好本职工作的实际行动。要层层分解细化指标，提出落实措施，明确完成时限和责任人，把全年的任务逐项落到实处。各单位学习贯彻这次会议的情况，要在2月中旬前报公司办公厅。2月底前，公司将派出工作组到各单位检查落实情况。总部将召开办公会议，根据工作报告的要求，梳理出全年工作要点，作为今年的重点督查项目，列入部门绩效考核内容。

四、做好春节和“两会”期间的有关工作

2009年的春节比较早，节后全国和地方“两会”将陆续召开。要贯彻落实前天召开的全国安

全生产电视电话会议精神，切实抓好安全生产工作，不能有丝毫的懈怠。要把保障春节和“两会”期间安全可靠供电放在重要位置，为人民群众度过一个欢乐、祥和、平安的节日，以及国家重大政治活动的顺利进行尽好我们的责任。节前全网要开展一次安全生产保供电工作检查；对突发事件和异常情况要灵敏响应，确保万无一失，尤其是要加强线路覆冰情况的监测和预警，做好应对冰雪凝冻天气的充分准备。切实做好队伍稳定工作，积极组织开展送温暖活动，关心困难职工和离退休职工。要加强春节期间的廉洁自律工作，各级领导干部要带头严格执行廉洁自律各项规定，在2009年这个特殊时期，特别要强调厉行节约，杜绝铺张浪费。

▲ *2009年1月17日，在2009年工作会议暨一届二次职工代表大会上，表彰了一批公司文明单位。（黄启辉　摄）*

抗　冰　抢　险

公司抗险救灾抢修复电总结表彰大会上的讲话（摘要）

袁懋振

（2008年3月21日）

今天，我们满怀豪情和欣喜，隆重召开总结表彰大会，全面总结南方电网抗险救灾、抢修复电的有效做法和成功经验，表彰先进集体和个人，进一步弘扬抗灾精神，激励全体干部职工深入贯彻科学发展观，践行南网方略，把南方电网做强做优。

面对这场突如其来的重大灾害，在党中央、国务院的正确领导和亲切关怀下，在各级地方党委政府、人民军队以及社会各界的大力支持和帮助下，南网人以坚定的信念、高昂的斗志、无限的激情，与冰雪凝冻展开了艰苦卓绝、不屈不挠的斗争，克服了难以想象的困难，经受住了惊心动魄的考验，谱写了一曲撼天动地的抗灾壮歌，涌现出了很多可歌可颂的感人事迹。广大干部职工特别能战斗，大家都努力了，都很出色，我们刚才表彰的68个先进集体和208名先进个人，就是其中的代表。在此，我代表公司党组，向全体干部职工致以崇高的敬意！向受到表彰的先进集体和个人表示热烈的祝贺！向各级地方党委政府、社会各界、新闻媒体表示衷心的感谢！此时此刻，我们特别要向因公殉职的6位烈士表示沉痛的哀悼，向其家属表示诚挚的慰问。

2008年3月21日，公司抗险救灾抢修复电总结表彰大会在广州召开。（南网新闻中心 提供）

一、这场抗灾斗争，我们取得了全面辉煌的胜利

1月中旬开始，南方地区出现历史上罕见的冰雪凝冻灾害，给电力、铁路、公路、民航、通信等基础设施造成了罕见的严重破坏，给人民群众生命财产和工农业生产造成重大损失。南方电网的灾情主要有四个特点：一是电力设施破坏情况前所未有。全网发生线路杆塔倾倒损坏271236基（其中10kV及以上126247基，110kV及以上2686基）、断线224731处；7541条10kV及以上线路、859座变电站停运。其中，贵州电网在全国范围内受灾最严重，受损线路占贵州电网总数的77%，停运变电站占总数的70%。二是系统稳定经受严峻考验。由于大量线路频繁跳闸，电网结构和运行方式不断发生变化，对电网安全稳定构成了极大的威胁。特别是贵州电网岌岌可危，500kV“日”字型环网全部破坏，220kV网架支离破碎，一度解列成四片运行，仅中西部电网与南方电网主网维持弱联接。广西桂林电网也一度孤网运行。三是电力供应受到严重影响。全网99个县、642万户、约2618万人受停电影响。受灾影响最大负荷1716万kW，占灾前正常负荷的25.5%，累计影响电量136亿kWh，其中贵州用电负荷、供电量较灾前减少了2/3以上。贵州、三峡、湖南鲤鱼江和桥口电厂送出通道中断，向广东送电比原计划减少近800万kW，广东最大电力缺口超过了1000万kW。四是抢修工作极其艰难。这次灾害天气持续了42天，由于南方地区的气候特点，下的是湿雪和冻雨，附着在导线、铁塔、道路上很快结冰，而且越结越厚。损毁的电力设施大多处于高山峻岭、深山老林，加上大雪封山、道路凝冻，交通、运输极为困难，很多设备材料只能靠人扛、马驮，一点一点运到现场。天气情况不稳定，现场抢修条件异常恶劣，很多工作在雨雪中进行，而且有的地方线路重复受灾，反复抢修。由于时间紧迫，需求量大，抢修设备材料的组织难度很大。

“沧海横流，方显英雄本色”。我们紧急动员起来，举全网之力，不畏艰险，勇往直前，众志成城抗击冰灾。经过一个多月的日夜奋战，广西、云南、广东电网分别于2月27、28、29日全面修复，实现“户户复电”。2月29日，贵州电网恢复220kV及以下省内电网正常运行，实现行政村“村村复电”。3月5日，西电东送主通道全面修复，贵州送广东电力达到501万kW，超过年初计划水平。3月8日，贵州电网实现“户户复电”，标志着南方电网取得了抗灾救灾的全面胜利。

可以欣慰地说，我们没有辜负党中央、国务院、地方党委政府和人民群众的期望，交出了一份合格的答卷；可以豪迈地说，我们用心血和汗水铸就了报效祖国、服务人民的巍巍丰碑，南方电网迎来了一个山花烂漫的春天。

二、这场抗灾斗争，我们展现了大智大勇的气概

在突发灾害面前，我们认真贯彻落实中央的部署要求，始终保持清醒的头脑，临危不乱，沉着应对，反应灵敏，判断准确，指挥得当，每一

▲ 2008年3月21日，公司召开抗险救灾抢修复电总结表彰大会，图为公司领导为先进个人颁发证书。（南网新闻中心　提供）

步都抓住关键、抓住时机，科学安排，做出及时、正确的决策，每一步都很有章法，一点也没有贻误战机。这是一场斗智斗勇的战斗，充分体现了我们的智慧和勇气。

第一，快速反应，有序应对。1 月 21 日发现贵州电网 500kV 第一基倒塔时，我们就敏感地意识到灾害发展可能会波及全网，立即召开公司应急领导小组会议，启动应急预案，宣布全网进入紧急状态，明确提出了保主网、保重点城市、保人民群众生活、保要害部门、保重点单位的要求。1 月 22 日再次召开应急领导小组会议，进一步作出具体部署，发布特别调度令，采取切实措施保主网、稳广东、救贵州。1 月 25 日随着灾情不断加重，我们敏感地意识到春节之前一些受灾地区将无法恢复电网供电，公司果断决策投入 1.9 亿元紧急购置和组织 5469 台柴油发电机（车），2 月 5 日前分发到各受灾县、镇、村，保证了春节期间 100% 的县城、乡镇都用上电。针对抢修复电参与单位多、施工作业面广、施工条件复杂的情况，2 月 8 日总指挥部发布了特别安全令，严防发生人员伤亡事故和电网稳定破坏事故，把代价降到最低。考虑到现代社会什么都离不开电，“两会”即将召开，从中央到地方、人民群众都十分关注复电问题，我们通过实地考察、摸清情况之后，把工程再细细地分割，按原标准修复，重新排出抢修进度，决定全面开花，打一场“歼灭战”，2 月 9 日发布 1 号令，把原定 5 月底前全面修复的目标提前到 3 月底，内部按 3 月 10 日来从严控制。2 月 21 日在抢修复电进入关键攻坚阶段时发布 2 号令，对全体员工进行再动员，继续调集力量，充分发挥部队的优势，确保工程进度可控、在控。2 月 29 日在即将取得全面胜利时发布 3 号令，安排抢修完成后对修复的设施进行复查，确保重建工程质量；然后对整个电网进行普查，提出整改意见和措施，提高今后的防灾御灾水平。总指挥部发布的这四个令严谨严密，符合实际，很有秩序，很有效果。特别是 1 号令，当时我们是冒着风险、顶着压力作出这个决策的，是顾全大局、高度负责的，对于抗险救灾、抢修复电取得全面胜利起到了关键的作用。

第二，领导到位，指挥有力。公司成立了抗冰保电总指挥部和电网抢修、电力供应两个小组，在贵州设立前线指挥部，在各分、子公司设立指挥部，派出特派监察协调专员，形成完整的指挥体系，这个指挥体系是科学的、协调的、有力的。公司领导合理分工，各负其责，带头深入一线，靠前指挥。各分、子公司和各部门分兵把口、守土有责，积极主动地开展工作。全网都动员起来，层层签订责任状，一级对一级负责；像作战一样，严肃纪律，强调政令畅通、奖罚分明，要求按时、保质、保安全地完成任务，明确对完不成任务的严肃追究责任。

第三，精心组织，精心协调。在分析研究灾情的基础上，不断完善重建方案，分片包干，把责任落实到每一条线、每一基塔、每一个工作面、每一个人；制订周密的进度表、网络图，根据进度及时调集补充力量、做好物资保障。全网最多时铺开了 17768 个工作面，一线抢修力量近 17 万人，集中力量打“歼灭战”。在设计、物资采购、运输、工程施工、试验和验收等关键环节建立严格的制度，把好每一道关口，确保交出一个高质量的、人民群众放心的电网。这么大的灾害，点多面广，“多兵种”协同作战，我们没有打乱仗，做到了紧张有序、有条不紊。

第四，以人为本，确保安全。我们强调在保证安全和质量的前提下，争分夺秒抢进度，明确没有安全、质量就视同没有完成任务。要求各单位严格按程序办事，不能蛮干、不能瞎指挥，带去多少人，就要带回多少人。提倡增强安全意识和自我保护意识，当打胜仗的英雄。重视做好后勤服务，让抢修一线人员吃好、睡好，保证足够的精力。在抢修工作全面铺开之后，我们进一步强化对施工安全质量的监管，把网内专业技术骨干集中起来，组成安全质量管理督导组到现场进行监察督导，把各项安全措施细化并落实到位。

第五，超前思维，谋划治本。1月30日我们就提出，要在保证春节期间人民群众生活用电的基础上，制订方案，组织好灾后重建；认真总结反思和组织专家论证这次灾害给电网造成的影响，包括电网和电源规划、电网设计和建设标准，以及线路的走向、地形、地貌、跨距、风口等，为增强电网防灾御灾能力打下基础，这是对国家高度负责的态度。2月6日组织专家研究电网整体修复的规划和建设标准问题，率先进行了标准问题的讨论。2月19日召开了专家论证会，率先提出了电网抵御冰冻自然灾害的三项措施，特别是融冰技术，温家宝总理给予了充分肯定。

第六，上下同欲，斗志昂扬。在危难时刻，南网方略这个软实力对于统一思想、协调步伐、凝聚人心发挥了重要的作用，焕发出了无穷的力量。总指挥部一声令下，大家都主动请战，积极组织队伍驰援贵州，从1月23日起分六批调集全网技术力量6000余人支援贵州电网抢修，体现了全网一盘棋的精神，体现了南网大家庭的温暖。各级干部职工发扬不怕疲劳、连续作战、顽强拼搏的作风，以积极的姿态迎接挑战，以昂扬的斗志投入抗灾，想尽办法去完成每一项任务。充分发挥了各级党委的核心领导作用、基层党组织的战斗堡垒作用、广大党员的先锋模范作用和团员青年的突击队作用，在一线成立了166个临时党支部、98个临时团支部，组织了1884支党员、团员青年突击队，奔赴最艰苦的现场，承担急难险重的任务，有419名积极分子火线入党，党的先进性得到了充分体现。新闻宣传工作保持了强势的良好舆论氛围，从中央媒体到地方媒体，从报纸、电视、电台到网络，全网见报见播新闻报道11326篇，其中《人民日报》58篇，新华社169篇，中央电视台播出新闻205条，并创下了连续18天在《新闻联播》播出的记录，有效地传达了信息，激发了力量，树立了形象，取得了社会各界的理解和支持。

我们还打了很多漂亮的局部战役，增光添彩，值得铭记：一是广西桂林110kV挡道线抢修战。这条全长67km的线路，杆塔倾倒损坏34基，广西电网公司用了4天全力拼抢，在总书记视察广西的除夕晚上18：25时恢复供电，保障了桂林地区3个县的春节用电。二是贵阳保卫战和桂林保卫战。在孤网分片运行的情况下，预案制订得很好，抢修得力，多次化险为夷。特别是在贵阳保卫战中，仅对220kV清筑双回线就反复抢修了12次。三是超高压公司独山大决战。黔南州独山地区是西电东送大通道受灾最严重、最集中的地方，有3条通道、87基铁塔倾倒损坏，超高压公司专门成立现场管理部，会同全国21家施工单位以及成都军区红军团决战独山，提前28天恢复了西电东送。四是云南昭通220kV大镇线攻坚战。全线杆塔倾倒损坏94基，平均海拔超过2000m，多处穿越原始森林，交通运输极端艰难，云南电网公司仅用了19天时间就完成了修复工作。五是广东韶关220kV坪通线抢修战。全线倒塔88基，抢修人员奋战14天，提前完成抢修任务。六是援黔队伍抢修复电战。广东电网支援抢修220kV都凯线，这条线路倾倒的3基铁塔均在高山上，还有一个954m的大跨越，经过5个昼夜的抢修，在大年二十九为停电12天的都匀地区送去了光明；云南电网支援抢修500kV贵福线，修复倾倒损坏的铁塔27基，打通了贵州电网“日”字型环网的关键通道；广西电网支援抢修220kV凯玉、凯镇线，修复倾倒损坏的杆塔9基，实现了铜仁、凯里、都匀三个地区的并网运行，恢复了贵州东部电气化铁路的正常供电；海南电网支援抢修凯里地区天锦线等4条110kV线路，用15天时间修复了倾倒损坏的54基杆塔，恢复了黔东南州4个县的主网供电。七是“户户复电”大会战。灾区的中低压电网遭受了极为严重的破坏，很多地方杆塔线路几乎全部损毁，而且因灾停电的用户大多地处偏远，分布零散，各单位克服了重重困难，组织大量人力物力投入会战。最后冲刺阶段，贵州电网在都匀、凯里进一步动员力量，克服困难，加快了进度，圆满完成了“户户复电”的任务。八是调度系统应急实战。各级调度根据灾情的不断变化，及时、动态地调整电网应急预案和恢复预案，电网运行方式安排合理，二次系统反应灵敏，表现良好，各级调度人员精心监护，精心调度，在受灾最严重的时候，主网始终处于受控状态，系统安全稳定，这是难能可贵的。

“千红万紫安排着，只待春雷第一声”。整个抗险救灾、抢修复电战斗，展现了我们大智大勇的英雄主义气概，展现了我们的智慧、能力和意志，展现了我们上下同欲、顽强拼搏、大灾面前无困难的风范。

三、这场抗灾斗争，我们体验了无处不在的感动

一是中央领导同志的民生情怀让人感动。胡锦涛总书记在日理万机的情况下视察南方电网，一再强调电力供应直接关系人民群众生产生活，直接关系经济社会正常运行，生产自救、灾后重建等各个方面都离不开电，指出当务之急就是要全力恢复电力正常供应；在桂林灾区抢修现场，总书记忧心地拿起一块导线覆冰观察、询问；大年初一到广西电网调度中心看望慰问坚守岗位的职工，在调度台前仔细察看电网运行情况，听取公司工作汇报时不断地询问、详细地了解情况，并作出了重要指示，临走时亲切地与大家一一握手、合影。总书记时刻惦记着灾区人民的用电和生活问题，当接到我们关于广西受灾县全部恢复电网供电的报告时，作出批示："我为资源县恢复电网供电感到欣慰，向仍奋斗在电网抢修第一线的南方电网公司广大职工和部队官兵表示崇高敬意！"温家宝总理风尘仆仆地奔走在抗灾前线，在短短7天内两次视察南方电网，在贵州视察时，一下飞机就奔赴黔南州龙里县灾区，不顾山高路滑和工作人员的劝阻，到观音山110kV龙龙黑线抢险现场，慰问施工人员，了解电网抢险工作，并连夜召开会议研究电网灾情和抗灾救灾情况，作出具体部署。总理在得知我们自我加压，重新排出抢修复电进度时批示："南方电网在这场抗灾抢险、修复电网工作中承担了艰巨的任务。你们顾全大局，又将抢修复电目标进一步提前。"习近平书记到贵州电网视察慰问，肯定了我们在抗灾救灾中所展现的精神风貌、英雄主义作风，对我们寄予厚望。曾培炎副总理也到贵州电网抢修现场检查指导工作。中央领导同志心系百姓、心忧民生的情怀，给我们的抗险救灾、抢修复电注入了无穷的信心和力量，是我们打赢这场硬仗的精神支柱。

二是"一方有难、八方支援"的大团结、大协作精神让人感动。在党中央、国务院、中央军委的号召下，成都军区、广州军区、武警部队派出2.3万余名官兵，帮助我们巡查线路、抢运物资、架设杆塔线路。在地方党委政府的大力支持下，动用了大量社会力量。当地群众自发组成援助队伍参加抬杆拉线，并毫无怨言地提供农田林地作为施工场地。全国各地180多家施工、设计、监理和材料生产单位全力支持、参与我们的抗灾救灾工作。很多单位伸出友谊之手，纷纷发来慰问电或捐款捐物。正所谓"灾害无情人有情"，这场抗灾斗争中，大家携手战胜困难，并肩应对挑战，上下联动，形成合力，打了一场声势浩大、气贯山河的"人民战争"。

三是特别能吃苦、特别能战斗的干部职工队伍让人感动。在这场没有硝烟的战争中，我们的广大干部职工没有畏难、没有退缩，个个踊跃参战、顽强拼搏，整天翻山越岭、踏冰卧雪、风餐露宿，靠着惊人的意志力和顽强的战斗力，坚持一个多月战斗在抢修工地。有的在登杆抢修时，由于突然倒杆献出了宝贵生命；有的因为劳累过度，把生命的最后一刻留在了抗冰保电的岗位上；有的带病坚守一线，冻伤摔伤了打上绑带继续战斗；有的不分昼夜地在雪凝交加、寒风刺骨的崇山峻岭里巡查线路，除冰排险，搬运物资，立杆组塔架线，住的是帐篷、吃的是干粮、喝的是冰水；有的起早贪黑地跑市场、寻住房，烧菜做饭送到抢修现场，为一线提供周到的后勤服务；有的顾不上早已约定的婚期奔赴前线，在组织的安排下，身穿工作服、头戴安全帽进行了特别的"战地婚礼"，等等。在一个多月的战斗中，大家用汗水、热血乃至生命谱写了许许多多可歌可泣的感人故事，充分体现了我们南网人"辛苦我一人、照亮千万家"的奉献精神，充分体现了我们的干部职工队伍是与众不同的，是特别能战斗的，是最可爱的。

四、这场抗灾斗争，我们积累了弥足珍贵的财富

灾害给我们带来了巨大的物质损失，但是通过全体干部职工的艰苦努力，我们成功化解危机，把坏事变成好事，积累了宝贵的精神财富，有了很多新的收获。

（1）得到了党中央、国务院的关注和信任。总书记、总理等中央领导同志亲自到南方电网，给我们带来慰问、关怀、温暖和重要指示，为我们指明努力的目标和方向，增强我们克服困难、战胜灾害的斗志和决心；而且在我们的报告上多次作出重要批示，对我们付出的努力、作出的贡献给予充分肯定。这次全国"两会"期间，在政治局常委接见会议代表时，总书记与我亲切握手，说："老袁，感谢你们!"这些都体现了党中央、国务院对我们的高度关注、充分信任和肯定，是南方电网公司的荣耀，是全体干部职工的荣耀。

（2）树立了"负责任、受尊敬"的企业形象。我们时刻牢记中央"保交通、保供电、保民生"的抗灾救灾工作要求，时刻牢记中央企业作为共和国"长子"所肩负的责任，时刻牢记电网企业作为光明使者所肩负的使命，在危难时刻，讲政治、识大体、顾大局，主动承担更多的社会责任，通过实实在在的工作体现"对中央负责、为五省区服务"，体现"万家灯火、南网情深"。我们从一开始就明确提出了"五保"的要求，尽可能减少灾害对经济社会的影响；垫付燃油补贴，挖掘广东燃油机组顶峰发电的潜力；不惜一切代价让人民群众过上了一个亮亮堂堂、欢乐祥和的春节；树立"拖一天就多损失一天"的责任意识，以只争朝夕的精神，争分夺秒加快抢修复电进度；我们还派出队伍去抢修湖南鲤鱼江、桥口电厂的送出线路，不分中央、地方资产，主动提出支援地方电网抢修。所有这一切，各级地方党委政府、社会各界和人民群众都看在眼里，记在心里，用各种方式表达感谢和敬意，南方电网负责任、受尊敬的企业形象进一步得到巩固和彰显。

（3）锤炼了敢打硬仗、能打硬战、打胜硬仗的干部职工队伍。这次抗灾救灾是对全网干部职工的智慧、能力和意志的一次重大锻炼和考验。事实证明，在紧急关头，我们的各级领导班子坚强有力，坚决贯彻落实公司党组的决策部署和总指挥部4个令，反应灵敏、行动迅速、组织得力、预案到位、措施切实。各级干部大局意识强、责任意识强，雷厉风行，身先士卒，发挥了中流砥柱的作用。员工队伍表现出了良好的精神状态，展现出了敢打硬仗、能打硬仗、打胜硬仗的顽强作风。这是我们这几年加强各级领导班子和队伍建设结出的硕果，也是高标准、严要求、严爱结合带队伍的硕果，我感到非常欣慰。

（4）铸就了"众志成城、顽强拼搏、不胜不休"的抗灾精神。在抗灾救灾的过程中，各级组织和员工队伍认真践行南网方略，展现出强大的向心力、凝聚力和战斗力，发扬"办法总比困难多"的精神，不屈不挠，艰苦奋斗，想尽办法去完成每一项任务，熔铸成具有鲜明特色的众志成城、顽强拼搏、不胜不休的抗灾精神。这是对南网方略内涵的丰富和发展，是我们今后战胜困难、夺取胜利的有力武器。

（5）丰富了应对自然灾害和突发事件的实战经验。灾害发生后，公司的应急机制迅速响应，指挥系统高效运转，从总部到分子公司、各地市县供电局，从调度运行、生产技术、工程建设、市场营销到物资供应、后勤保障、资金支持、新闻宣传、党团发动，全网联动，协调配合。应急工作的各个环节，包括预警响应、信息传递、电网调度、抢修组织、电力供应等各个方面，都在实战中积累了宝贵的经验和成果。

（6）做到了抗灾救灾与日常工作"两不误"。我们一直强调处理好全局和局部的关系，在全力以赴抗灾救灾的同时，统筹兼顾做好全局工作。各单位认真落实党组的要求，各项工作都紧张有序地推进，前方后方配合默契，前线打胜仗，后方的同志认真履行职责，出色地完成了各项工作任务，作出了积极的贡献。

回顾这场惊心动魄的战斗，我们有几点深刻的体会：一是党中央、国务院正确、坚强的领导，是我们能够打好这场艰巨的硬仗、提前夺取全面胜利的根本保障。二是政府、部队、企业、社会各界、人民群众共同谱写了一曲抗冰救灾的凯歌，充分体现了社会主义制度能够集中力量办大事的政治优势。三是我们中央企业在大灾面前应该顾全大局，体现国家意志，主动承担社会责任，发挥骨干和带头作用，为中央分忧，为人民服务。四是反应灵敏、判断准确、指挥得当，精心组织、精心协调，才能在危急关头牢牢把握工作的主动权。五是以人为本，科学安排，进度服从质量，质量服从安全，才能以最小的代价赢得这场艰巨斗争的胜利。

五、这场抗灾斗争，我们需要更多冷静深入的反思

我们取得的战果是辉煌的，但是不能陶醉于过去的成绩，现在应该更加深入地进行总结和反思。只有总结才能提高，只有反思才能进步，才能让我们走得更远、走得更好。这次抗灾救灾给我们带来很多新的课题，值得我们很好地来思考和研究。

（1）如何让我们的电网变得更加坚强可靠？灾害凸显了基础设施防灾御灾能力比较差，特别是某些环节比较脆弱。对电力而言，一是电网结

构问题。长期以来电网电源投资倒挂，电网尤其是配网建设欠账很多，发展滞后，结构薄弱，转供能力不强，抗御重大自然灾害的能力较低。二是电源布局问题。部分地区的供电电源不足，有些重点城市、重要用户没有配置应有的保安电源，在地区电网解网运行后容易发生大面积停电。三是电网建设标准问题。这次电网严重受损的主要原因是线路覆冰远远超出了国家标准的设防范围。当今经济社会和人民生活对电力的依赖程度越来越高，而在全球变暖的大背景下，暴风雪、强台风等各类极端天气频发，随时威胁着电网设施的安全运行，原来的设防标准已经难以适应新的要求。要在全面普查以后，制订整改方案，有计划、有步骤地采取加固等补救措施。要更新设计理念，通过总结，组织专家研究论证，综合考虑多种灾害的影响，兼顾线路的走向、地形、地貌、跨距、风口等因素，实事求是、符合实际地向国家有关部门提出电网规划建设标准、采用新技术等方面的建议。

（2）如何让我们的应急机制更加及时有效？这次灾害暴露出基础设施部门与气象部门联动的预警防灾机制不协调、不健全，还不适应现代社会的要求。防灾工作是一个系统工程，我们要更加注重气象资料的收集和分析，与气象部门协调配合，同步响应预警防灾；还要加强电力系统预案与社会各界预案的衔接，研究建立用户保障等级和供电标准，尽最大努力减少灾害对民生的影响。

（3）如何依靠科技手段提高电网的防灾御灾能力？这次灾害凸显了电网防御冰灾技术装备的匮乏。我们要积极借鉴国内外有价值的技术成果，应用到南方电网中来，重点是研发输电线路融冰装置，建设在线检测预警系统，还要抓紧建立应急通信网，使得再出现类似灾害时我们能够更加胸有成竹地应对。

（4）如何进一步提高队伍的水平和各级领导带队伍的水平？各单位、各级领导干部都要很好地进行总结，与抗灾救灾表现突出的单位进行比较，反思一下在整个抗险救灾、抢修复电的过程中，在思想认识、领导组织、责任落实、宣传发动、人员素质和执行力等方面，有哪些不到位的地方，存在什么样的差距，应该怎么样来改进。通过总结、反思、整改，进一步提高队伍整体的水平，提高带队伍的水平。

六、弘扬抗灾精神，更加出色地完成 2009 年各项工作任务

抗灾精神是我们宝贵的精神财富，不仅抗灾救灾需要这样的精神，公司的又好又快发展更需要这样的精神。我们要大力弘扬抗灾精神，把它融入到南网方略中，落实到各项工作中，使之成为推进南方电网不断做强做优的强大动力。要发挥众志成城的合力，全网一盘棋，心往一处想，劲往一处使，拧成一股绳；要发扬顽强拼搏的作风，始终保持良好的精神状态，越是紧急的关头越要坚强，越是危难的时刻越要果敢；要保持不胜不休的斗志，抱着必胜的信念，想尽办法去完成每一项任务，战胜前进道路上的一切艰难险阻，不断从胜利走向新的胜利。要广泛宣传抗灾救灾先进集体和个人的先进事迹，在全系统掀起学习先进的热潮。学习他们人民利益至上、全局利益至上、南网事业至上的爱国主义、集体主义精神；学习他们公而忘私、先人后己、无私奉献的崇高品质；学习他们在危急时刻和生死关头，冲锋在前、不怕牺牲的革命英雄主义精神；学习他们不怕疲劳、连续作战、不屈不挠的毅力和勇气。通过学习宣传活动，形成氛围，激发全体干部职工干事创业的热情，激励大家为南方电网新一轮的发展而努力奋斗。

希望大家以党的十七大和“两会”精神为指导，继续认真落实好公司年初工作会议，抓紧抓好各项工作。一是学习贯彻好“两会”精神。这次“两会”把十七大作出的战略部署转化为科学发展的新思路、改革开放的新举措、促进和谐的新政策，展现出全面建设小康社会的美好前景。公司系统要认真组织学习“两会”精神，把国家的工作思路和部署要求在我们公司落到实处。二是抓好安全生产。要扎实推进安全生产“三个体系、一个机制”建设，进一步提升电网整体安全水平。开展好“隐患整治年”活动，特别是要对刚修复的设备加强监管和巡视。三是抓好电力供应。2009 年的供电形势很严峻。最近由于西电东送提前恢复，广东的电力缺口比原先预计的要小，但是形势仍然不容乐观。预计 4 月份前全网仍然缺电 800 万 kW 以上，广东缺电 500 万 kW 以上，如果贵州的电煤供应问题得不到有效解决，缺口将会更大。5 月份以后，随着负荷的增长，广东的缺

口将超过650万kW。要坚持把提高供电可靠率作为总抓手，充分挖掘现有发电装机的潜力，优化资源配置，做深做细需求侧管理，开展好节能调度，确保有序供电。要按照昨天上午国资委视频会议的部署，开展好“金牌服务迎奥运”活动，持续提高优质服务水平。四是抓好电网规划建设。11月底前完成现有电网加固工作和线路融冰装置的研发应用。根据这次抗灾取得的经验，科学谋划南方电网未来的发展，进一步优化电网电源规划，全面开展“十二五”电力发展规划和西电东送工程的前期工作。抓好工程建设，调集力量，精心组织，确保重点工程按期投产。五是抓好经营管理。推进成本标准化管理，加强集约化经营。实事求是地做好灾害损失统计，积极向国家争取资金、政策支持。电价问题仍然很突出，要进一步加强向国家价格主管部门和地方政府的汇报沟通，努力维持输配电价空间稳定。六是抓好干部人才队伍建设。继续深入地、有特色地抓好“四好”班子建设，大规模地、有针对性地抓好员工培训，加强人才队伍建设。人事部门还要对各级班子和干部职工在抗灾救灾工作中的实际表现做好考核。

抗冰救灾综述

2008年1月中旬开始，我国南方地区遭遇历史上罕见的冰雪凝冻灾害，持续42天，电力设施重创，给灾区人民生活和社会经济造成了严重的影响。在党中央、国务院的正确领导和亲切关怀下，在各级地方党委政府、人民军队以及社会各界的大力支持和帮助下，公司坚决贯彻党中央、国务院“保交通、保供电、保民生”的决策部署，克服重重困难，众志成城，顽强拼搏，经受住了严峻的考验，取得了抗灾保电的全面胜利。

电力设施受损情况前所未有，安全供电面临严峻考验

1月中旬开始，冰雪凝冻灾害给南方地区的电力、铁路、公路、民航、通信等基础设施造成了罕见的严重破坏，给人民群众生命财产和工农业生产造成重大损失。在南方电网服务的区域内，凝冻雪灾的魔爪，伸向了2600万户供电用户，严重威胁着全社会正常的生产生活秩序。全网共发生线路倒杆倒塔及损坏271236基，断线224731处，7541条10kV及以上线路、859座变电站停运。贵州电网一度解列成4片运行，受损线路占其总数的77%，停运变电站占其总数的70%。广西桂林电网一度孤网运行。全网受灾影响的负荷占灾前正常负荷的25.5%，贵州用电负荷、供电量较灾前减少2/3以上。贵州、三峡、湖南鲤鱼江和桥口电厂送出通道中断，西电送广东比原计划减少近800万kW，广东最大电力缺口超过1000万kW。全网99个县、642万户、约2618万人遭受停电影响。冰灾造成公司经济损失200多亿元。其中，直接资产损失134.3亿元，影响全网售电量约136亿kWh，减少销售收入77亿元。凝冻形成的气象条件：气温-5~0℃，相对湿度大于90%，风速1~8m/s，当这3个气象条件持续7天以上就会出现严重凝冻。2008年初的这场冰雪凝冻灾害为50年不遇，线路实测覆冰厚度普遍为设计标准的4~5倍，最大为11倍，远远超出了国家标准的设防范围。

中央领导关心民生，一方有难，八方支援

中央领导心系百姓、心忧民生，在抗冰保电任务最艰巨的时刻，党中央、国务院领导来到南方电网视察工作，慰问抗灾一线的干部职工，作出了重要指示，极大地鼓舞和激励了全网干部职工的斗志，带给大家克服困难、战胜灾害的信心和力量，为打好这场抗灾抢险、抢修复电的硬仗指明了方向。

2月5~8日，正值春节期间，胡锦涛总书记来到广西，深入桂林市灾情最严重的资源县，实地了解受灾情况和电网恢复工作进展，并到广西电网调度中心慰问坚守岗位的值班人员，勉励公司顽强拼搏，再接再厉，科学安排，夺取抢险救灾、抢修复电的全面胜利。1月30日、2月5日，温家宝总理两次奔赴南方电网抗灾一线，了解灾情、慰问群众，连夜召开会议研究部署抗灾救灾和灾后重建工作。2月1日，习近平副主席赶赴贵州，慰问受灾群众和奋战在抗冰抢险一线的南方电网员工，指导抗灾救灾工作。2月2日，时任国务院副总理曾培炎赴贵州指导抗灾救灾工作。

在党中央、国务院、中央军委的号召下，成都军区、广州军区、武警部队派出2.3万余名官兵，帮助南方电网巡查线路、抢运物资、架设杆塔线路。在地方党委政府的大力支持下，动员运

用了大量社会力量。灾区群众自发组成援助队伍参加抬杆拉线，并毫无怨言地提供农田林地作为施工场地。发电企业、煤炭企业发挥自身优势，为保障发电出力，加强电煤供应，积极配合和支持电网抢险救灾。全国各地180多家施工、设计、监理和材料生产单位全力支持、参与南方电网的抗灾救灾工作。很多单位伸出友谊之手，发来慰问电或捐款捐物。

快速有序应对，步步把握战机，决策准确果断

公司党组书记、董事长袁懋振、总经理赵建国和其他领导班子成员多次赴贵州、广西、广东、云南灾区，在抗冰保电第一线现场指挥，把握时机，科学部署，带领大家打好抢修复电、恢复重建的硬仗。1月21日发现贵州电网500kV第一基倒塔时，公司领导班子就敏锐地意识到灾害可能会波及全网，立即启动应急方案，明确提出了保主网、保重点城市、保人民群众生活、保要害部门、保重点单位的要求。全网迅速进入应急状态。

1月22日，进一步做出具体部署，发布特别调度令，采取切实措施保主网、稳广东、救贵州。在灾后西电送广东比原计划减少近800万kW的情况下，一系列有力措施保障了经济大省广东的有序供电，不能不说是一个重大成果。

总指挥部一声令下，大家都积极组织队伍驰援贵州。连夜从全网调集1000多人的支援队伍，1月23日迅速从广东、广西、云南、海南电网和超高压公司赶往贵州，赶在冰雪封路前，成功集结贵州灾区。至抗冰保电胜利，从全网各分公司、子公司风雪兼程、先后赶到这里的技术人员有6000多人，他们用行动体现着全网一盘棋的精神。

1月25日，随着灾情不断加重，公司果断决策，投入1.9亿元紧急购置和组织5469台柴油发电机（车），于2月6日前成功分发到各受灾县、镇、村，使灾区100%的县城、乡镇的群众过了个亮亮堂堂、欢乐祥和的春节。公司每千瓦时电垫付约0.2元补贴，协调广东燃油、燃气机组紧急备用、顶峰发电，保障了广东的有序供电。

抗灾保电总指挥部根据灾情变化，及时发布了1、2、3号令和特别安全令4道命令。2月8日，总指挥部发布了特别安全令，严防发生人员伤亡事故和电网稳定破坏事故，把代价降到最低。2月9日，通过实地考察、全面掌握情况后，发布1号令，把原定5月底前全面修复的目标提前到3月底，内部按3月10日来从严控制。2月21日，在抢修复电进入关键攻坚阶段时，发布2号令，对全体人员进行再动员，继续调集力量，充分发挥部队的优势，确保工程进度可控、在控。2月29日，在即将取得全面胜利时发布3号令，安排抢修完成后对修复的设施进行复查，确保重建工程质量，然后对整个电网进行普查，提出整改意见和措施，提高今后的防灾御灾水平。

指挥有力，精心组织，全网一盘棋

公司第一时间成立了抗灾保电总指挥部和电网抢修、电力供应两个小组，以及前线指挥部、各分公司子公司指挥部，另外还有特派监察协调专员。公司领导层合理分工，各负其责，带头深入一线，靠前指挥；上行下效，所属各单位则是分兵把口、守土有责，全网层层签订责任状，一级对一级负责。在整个抗冰保电过程中，纪律严明，政令畅通，奖罚分明。

抗冰保电是个庞大的系统工程，此次灾害点多面广，“多兵种”协同作战，公司制订了周密的进度表、网络图，把责任落实到了每一条线、每一基塔、第一个工作面、第一个人；特别强调保证安全的质量这一前提，大力提倡增强安全意识的自我保护意识，不断强化对施工安全质量的监管；在设计、物资采购、运输、工程施工、试验和验收等关键环节建立严格的制度，把好第一道关口。南网总调及各省中调紧密结合灾情变化，超前调整编制预案930份，成功实施地区电网黑启动6次。抢修高峰时铺开17768个工作面、参与一线抢修的员工近17万人、出动车辆1.1万台。

从全网调集救援物资，组织技术力量6000余人支援受灾最严重的贵州电网。公司各级党委、基层党组织共成立了1884支党员、团员青年突击队，40 000多名党员、7000多名团员青年奔赴抗灾一线。累计运送塔材26 065t，导线24 885t，光纤复合架空电线778t，光缆422盘，电杆173 000余根。全网员工在积极投身抗击冰灾的同时，踊跃向灾区捐款捐物折合人民币812万元。

上下同欲，斗志昂扬，用热血和生命保卫电网

整个抗险救灾、抢修复电战斗中，南方电网的各级干部职工发扬不怕疲劳、连续作战、顽强拼搏的作风迎接挑战，以昂扬的斗志投入抗灾。贵阳保卫战：1月21日起，贵州贵阳市电网遭受反复重创，4个城区、3个郊区全部受灾。公司投入

13 000余人，用时19天恢复供电，其中对220kV清筑双回线反复抢修达12次。独山会战：贵州黔南州独山是西电东送大通道受灾最严重、最集中的区域，3条通道、87基铁塔倾倒损坏。公司投入4900余人，用时23天恢复供电。都匀抢修战：1月24日起，贵州都匀城区及6个县停电。公司投入10 000余人，于2月5日恢复供电。昭通攻坚战：1月18日起，云南昭通市10县1区电网受损严重。公司投入14 600余人，用时19天恢复供电。桂林保卫战：2月2日起，广西桂林市的3个县停电。公司投入5000余人，于2月6日恢复供电。韶关抢修战：1月25日起，广东韶关220kV坪通线倒塔88基。公司投入4000余人，用时14天恢复供电。刘焕松、陈斌、蒙笑、黄伟明、杨文、蒋迎青等6位员工在这场抗冰救灾的战斗中，用热血和生命诠释了南方电网的责任、价值和忠诚。

攻坚克难，不胜不休，取得了全网抗灾的全面胜利

经过全网2月27日12时，广西境内南方电网管辖的供电区域全部恢复正常供电。2月28日16时，云南电网全部恢复正常供电。2月29日18时，广东电网全部恢复正常供电。3月3日，因灾停运的西电东送3条大通道全面抢修完成，恢复到灾前的正常送电水平。3月8日13时，贵州电网全部恢复正常供电，标志着南方电网灾后恢复重建任务全面完成。

认真总结，深入反思，做好防灾减灾工作

2008年1月底，公司就提出了如何组织好灾后重建的问题，并开始认真总结反思和组织专家论证这次灾害给电网造成的影响等，为建设一个让人民放心的电网，在全网恢复正常供电后，公司消除冰灾受损设备缺陷，优化电网规划，提高电网建设标准，全面提高电网防灾御灾能力。公司全面完成了电网设施的全面复查工作，已形成了严密的线路设防标准，投入17.4亿元完成127回110kV及以上输电线路和638回中低压线路加固改造。

抗冰保电工作刚一结束，公司就对整个南方电网设施、工程、线路，对电网抗灾御灾能力展开全面普查，形成了完整的技术档案，完成了线路设防标准和加固方案，并有计划、有步骤地执行，以高度负责任的态度，提高电网抗灾保障能力，最大限度地降低灾害对经济社会发展和人民群众生活造成的影响。公司提出了抗冰融冰一揽子技术解决方案，开展了交、直流融冰试验，首套直流融冰装置投入生产，防冰抗冰预警系统进入实施阶段。自主研发了国内第一套基于集装箱结构的直流融冰装置，在全网配置23个站点，可实现280条110kV及以上输电线路融冰。今后南方电网再遭遇类似冰灾时，可以确保主网架运行正常，100%地级市、97%的县城不停电。建设了南方电网输电线路灾害（覆冰）预警系统示范工程，实现输电线路预警系统的功能规范化、终端集成化、通信规约标准化和应用支撑平台一体化。投资近亿元建成南方电网应急通信网，实现了133个重要厂站、97条重要输电线路的应急通信。新建工程实施公司新编制的《110～500kV架空输电线路设计技术规定》和《中重冰区架空输电线路设计技术规定》。完善南方电网公司应急管理体系，优化应急响应流程，完善各类各级应急预案，提高应急技术装备水平，建立与涉及民生的要害部门、重点单位的应急联机机制。

南方电网线路冰灾受损情况分析及防灾措施

一、线路受损总体情况

南方电网110kV及电压等级共有395条线路受损，其中500kV有37条、220kV有138、110kV有220条；共损毁杆塔2686基，其中例塔1605基、部分损坏1081基。具体情况见表1。

表1 各电压等级线路受损情况

电压等级（kV）	受损线路总数（回）	倒塔（杆）数量（基）	受损杆塔数量（基）	断线数量（处）
500	37	163	203	154
220	138	488	424	500
110	220	954	454	1003
合计	395	1605	1081	1657

注 不含光缆。

二、各省区110kV及以上电压等级线路受损情况

1. 贵州

贵州电网在全国范围内受灾最严重，500kV受

2009

损线路26条，占贵州电网该电压等级线路总数的78.8%；220kV受损线路94条，占该电压等级线路总数的67.6%；110kV受损线路120条，占该电压等级线路总数的33.24%。具体损毁情况见表2。

表2　贵州电网受损情况

电压等级（kV）	受损线路总数（回）	倒塔（杆）数量（基）	受损杆塔数量（基）	断线数量（处）
500	26	77	139	83
220	94	85	156	112
110	120	398	277	371

2. 广东

本次冰灾事故中，广东电网公司所辖的500kV线路杆塔没有出现损坏，共有12条200kV线路受损，损毁杆塔492基，其中倒塔318基；有54条110kV线路受损，损毁杆塔563基，其中倒塔445基。具体情况见表3。

表3　广东电网受损情况

电压等级（kV）	受损线路总数（回）	倒塔（杆）数量（基）	受损杆塔数量（基）	断线数量（处）
220	12	318	174	296
110	54	445	118	509

3. 广西

广西电网公司所辖500kV线路没有出现杆塔受损，只出现了1处断线。共有10条220kV线路受损，损毁杆塔71基，其中倒塔56基；有16条110kV线路受损，损毁杆塔100基，其中倒塔66基。基体情况见表4。

表4　广西电网受损情况

电压等级（kV）	受损线路总数（回）	倒塔（杆）数量（基）	受损杆塔数量（基）	断线数量（处）
500	1	0	0	1
220	10	56	15	39
110	16	66	34	45

4. 云南

云南电网公司所辖500kV线路有3回受损，没有出现倒塔，仅有4基铁塔局部受损；共有22条220kV线路受损，损毁杆塔108基，其中倒塔29基；有30条110kV线路受损，损毁杆塔80基，其中倒塔45基。具体情况见表5。

表5　云南电网受损情况

电压等级（kV）	受损线路总数（回）	倒塔（杆）数量（基）	受损杆塔数量（基）	断线数量（处）
500	3	0	4	4
220	22	29	79	53
110	30	45	25	78

5. 超高压

超高压公司共有7回500kV因灾受损，损坏铁塔148基，其中倒塔88基。高肇直流铁塔受损最多，共有59基（其中倒塔35基），占总数的39.9%。直流线路G1塔型倒塔最多，14基，交流线路ZB21倒塔最多，14基。具体情况见表6。

表6　超高压电网受损情况

序号	电压等级（kV）	线路名称	塔型	倒塔数量（基）	受损数量（基）	备注
1	±500	高肇直流	G1	14	4	
2	±500	高肇直流	G2	4	2	
3	±500	高肇直流	G3	6	2	
4	±500	高肇直流	G4	2	2	
5	±500	高肇直流	G5	6	6	
6	±500	高肇直流	J1	2	6	
7	±500	高肇直流	J2	1	2	
小计				35	24	
8	500	青河Ⅰ线	JG11	0	2	
9	500	青河Ⅰ线	JG21	0	2	
10	500	青河Ⅰ线	ZB11	4	0	
11	500	青河Ⅰ线	ZB21	9	3	
12	500	青河Ⅰ线	ZB31	4	3	
13	500	青河Ⅰ线	ZB41	2	2	
14	500	青河Ⅰ线	ZL11	1	3	
15	500	青河Ⅰ线	ZVJ11	2	0	
小计				22	15	
16	500	青河Ⅱ线	HJG11	0	1	
17	500	青河Ⅱ线	JG11	1	1	
18	500	青河Ⅱ线	ZB11	5	1	
19	500	青河Ⅱ线	ZB21	5	1	
20	500	青河Ⅱ线	ZB31	0	1	
21	500	青河Ⅱ线	ZB41	1	0	
22	500	青河Ⅱ线	ZL11	0	2	
23	500	青河Ⅱ线	ZVJ11	2	0	
小计				14	7	
24	500	柳桂甲乙线	DSJT2	1	0	同杆架设

续表

序号	电压等级（kV）	线路名称	塔型	倒塔数量（基）	受损数量（基）	备注
25	500	柳桂甲乙线	SJT1	4	1	同杆架设
26	500	柳桂甲乙线	SZT20	1	3	同杆架设
27	500	柳桂甲乙线	SZT30	1	0	同杆架设
28	500	柳桂甲乙线	SZT40	3	3	同杆架设
小计				10	7	
29	500	柳贺甲线	ZB3	0	1	
30	500	柳贺甲线	ZB1	0	1	
31	500	柳贺甲线	ZB4	0	1	
32	500	柳贺甲线	JG1	1	0	
小计				1	3	
33	500	柳贺乙线	ZB3	1	0	
34	500	柳贺乙线	ZB4	1	1	
35	500	柳贺乙线	ZBV1	1	1	
36	500	柳贺乙线	ZBV2	0	2	
37	500	柳贺乙线	JG1	1	0	
小计				4	4	
合计				86	60	

三、冰害事故主要原因分析

（一）覆冰严重超过设计条件

冰灾事故的根本原因，是全球气候变暖背景下大气环流异常导致的极端灾害天气过程，即持续时间长、影响范围广、冰冻强度大的低温雨雪冰冻天气，满足覆冰形成的特殊气候条件。

冰灾事故的直接原因，是覆冰严重程度大大超过覆冰设防条件，即线路实际覆冰厚度大大高于设计覆冰标准，导致杆塔、导地线、金具、绝缘子过荷载损坏，特别是轻冰区设计杆塔受损严重。

南方电网线路覆冰大多按无冰和10mm的轻冰区设计，而贵州实测覆冰厚度为20～54mm，广东实测覆冰厚度平均62mm、最大118mm。气象部门分析各省区覆冰重现期范围为30～100年。

（二）高海拔和微地形导致局部超强覆冰

微地形、微气候及海拔高程对覆冰产生和发展起重要作用，高海拔、突出暴露或山区风道、垭口、提升气流的迎风坡极易形成覆冰。

广东电网74%的受损杆塔位于海拔500m以上的半山或山顶，贵州电网80%以上的受损杆塔位于山顶、半山、山区风道和垭口等易覆冰位置，海拔高程主要集中在1000～2000m。

（三）纵向不平衡张力超过杆塔纵向强度

纵向不平衡张力超出杆塔纵向荷载能力，是造成杆塔覆冰故障的最主要原因，并且各种冰害事故都有纵向张力的综合作用。纵向不平衡张力主导的杆塔受损比例：500kV 占 32.2%、220kV 占 34.6%。

纵向不平衡张力主要受相邻档距差、高差的影响，线路覆冰，特别是不均匀覆冰、脱冰加剧了不平衡张力的影响。断线、掉串也会产生纵向张力差。耐张塔具有较强抗不平衡张力的能力，受损原因主要是严重覆冰导致耐张塔内角侧合力超过设计条件，以及受相邻杆塔倒塔牵连，如严重的串倒等。

500、220kV线路相邻档距差小于100m的杆塔受损比例共约24.5%，大于100m的杆塔受损比例共约75.5%，表明相邻档距差较大的杆塔受损比例明显较高。

（四）垂直荷载超过杆塔强度

覆冰厚度增加、导线张力大幅提高，杆塔、导地线及金具、绝缘子串的水平、垂直荷载成倍增加，当过载冰垂直荷重超出设计值时，导致杆塔受损、导地线断线及金具绝缘子掉串。

垂直荷载主要对塔头起控制作用，杆塔横担、支架受损比例：500kV 占 21.5%、220kV 占 48.6%；垂直荷载主导的杆塔受损比例：500kV 占 16.9%、220kV 占 11.9%；垂直档距大于500m的杆塔受损比例：500kV 占 57.4%、220kV 占 34.4%。

垂直荷载过载还明显反映在金具、绝缘子掉串和导、地线断线，档距大于600m的金具绝缘子掉串比例：500kV 占 77.6%，220kV 占 70.4%；档距大于400m的导、地线断线比例：500kV 占 91.2%，220kV 占 84.7%。以上数据表明垂直荷载对冰害事故产生明显影响。

（五）局部杆塔损坏引发相邻杆塔串倒

串倒是本次杆塔受损的重要因素，串倒占总倒塔的比例相当大，500、220kV杆塔串倒比例分别为57%、31.7%。

当杆塔发生损坏和倾覆时，导线、地线应力部分或全部释放，大于相邻杆塔的纵向强度，导致串倒发生。

串倒主要发生在10mm冰区设计、耐张段较长、容易产生不平衡张力的地段，首先发生倒塔的往往是过载能力较差的杆塔。

（六）倒塔冲击和过载覆冰导致导线、地线断线

地线由于没有电流，较导线更易覆冰。导线、地线除在过载冰作用下直接断线外，还受倒塔牵连断线，且倒塔断线明显多于过载冰直接断线，对500kV、220kV导线，倒塔断线共高出直接断线71.4%；对500kV、220kV地线，倒塔断线共高出直接断线63.9%。

冰灾事故原因分类汇总表见表7。

表7　　冰害事故原因分类汇总表

电压等级	受损杆塔数量（基）	直线塔					耐张塔					导线			地线			金具、绝缘子		
		纵向不平衡张力（基）	垂直荷载（基）	垂直荷载与水平荷载（基）	串倒（基）	合计	纵向不平衡张力（基）	垂直荷载（基）	综合因素（基）	串倒（基）	合计	覆冰过大（处）	倒塔受牵连（处）	合计	覆冰过大（处）	倒塔受牵连（处）	合计	垂直荷载（处）	倒塔受牵连（处）	合计
500kV	366	96	51	73	88	308	22	11	12	13	58	28	48	76	35	43	78	30	48	78
220kV	912	224	90	132	249	695	92	19	87	19	217	70	120	190	112	198	310	118	75	193
110kV	1408	398	206	113	387	1104	126	36	83	59	304	203	311	514	221	268	489	209	143	352
合计	2686	718	347	318	724	2107	240	66	182	91	579	301	479	780	368	509	877	357	266	623

四、提高电网抗冰防灾能力的措施

根据南方电网2008年冰灾事故分析，为提高电力系统应对低温雨雪冰冻等重大自然灾害的能力，必须综合考虑优化电网结构、加强电网建设、优化电源合理布局以及建设标准、加固改造、抗冰融冰技术的应用、应急机制等系统性的措施，并统筹实施。

（一）进一步完善电网规划工作

优化电网结构和电源布局，加强负荷中心地区的电源建设，并分层、分区接入电网，负荷中心应保证一定的保安电源容量，提高抗击自然灾害能力。

重视远距离输电通道的安全性，受端电网接受区外电力多个送电通道应相对独立，重要电源送出线路或重要输电通道应予以加强。

增强网间相互支援的能力，完善城市配电网结构，特别注重提高要害部门及重要用户的供电可靠性。

（二）覆冰区域新建工程适当提高抗冰能力

在覆冰地区新建工程应重新复核冰区划分，适当提高输电线路抗冰设计标准，尤其是适当提高轻冰区杆塔抵御纵向不平衡张力和垂直荷载的能力，提高部分地线支架等薄弱部位强度，采取防止串倒的措施。

对重要电源送出线路、重要城市网架线路、重要联络线、特别重要用户供电线路、跨越重要交通枢纽线路、抢修特别困难线路以及线路间的交叉跨越区段，应采用差异化设计适当提高抗冰能力，在重冰区尽量避免采用双回路共塔设计。

（三）对重点线路加固改造

加固改造应按照“统筹安排、保证重点、科学合理、一基一策”的原则，对110kV及以上遭冰灾损坏线路的受损线路段以及覆冰区域重点线路的严重覆冰线路段进行改造，适当提高输电线路抗冰能力，防止覆冰等自然灾害导致电网大面积停电和大范围设备损坏事故。

加固改造技术措施主要有：改变线行，避开重冰区、高海拔和山区风道、垭口等易覆冰微地形；适当增加杆塔，控制档距，防止串倒；整塔更换，提高杆塔垂直负载、纵向强度；杆塔局部加固（地线支架、上下曲臂和导线横担），提高抵御纵向不平衡张力强度；更换导线与地线，提高强度，减少断线冲击。

（四）研究应用抗冰融冰技术

加大力度开展抗冰融冰新技术研究应用，积极采用直流融冰等技术手段，增强线路抗冰融冰能力。抓紧直流融冰关键技术参数试验与论证、直流融冰装置的研制开发。组织制订交直流融冰装置配置原则和技术方案。加快交、直流融冰方案实施配套的技术改造，制订融冰技术规程。

开展防冰新材料和激光除冰等新技术应用的可行性研究，并安排试点应用，降低输电线路覆冰厚度，丰富防冰、除冰技术手段，提高输电线路抗冰能力。

（五）建立灾害气候预警机制

加强与气象部门的联系，建立有效的气象灾

害预警信息沟通渠道，及时掌握灾害气候相关信息，并逐步完善灾害气候预警长效机制。

建立统一技术规范的覆冰在线监测预警系统，在线监测气象和线路覆冰状况，及时分析掌握线路覆冰发生与发展情况，为采取预防和除冰措施提供科学依据，最大限度地减小灾害带来的损失。

（六）研究采用输电线路快速抢修系统

灵活、轻便、组合方便的输电线路快速抢修系统是应对输电线路突发事故的重要技术手段，应加强现有抢修系统的应用研究，研究制订技术标准和运行维护标准，完善配套的运行规程，制订详细的抢修方案，组织开展培训和实操演练，确保发生大面积覆冰灾害时，能有效发挥快速抢修系统的作用，以最短的时间恢复重要输电线路的运行。

（七）建立电力应急通信网

电力通信专网与公用通信网面对不同自然灾害具有很强的互补性，利用公用通信资源（包括公用地理光纤资源、管线路径资源、卫星和移动等）建立电力应急通信网，能够在线路受损导致通信中断情况下，利用应急通信系统迅速恢复通信功能，确保不因通信中断影响电网运行和电力供应。

提高南方电网抵御冰灾能力

围绕贯彻落实温家宝总理提出的“建设人民放心的电网”重要指示精神，南方电网公司在开展抢修复电以及对冰灾造成的损失、原因进行详细总结分析的同时，迅速行动，组织了网内外有关电力设计、科研、咨询等单位，启动了包括抗冰融冰技术、电力应急通信以及电源电网规划、电网设计和建设标准等方面的专题研究。2008 年 2 月 19 ~ 20 日，公司总经理赵建国在贵阳组织召开了“南方电网提高对低温雨雪冰冻等重大自然灾害能力的专题研究报告”专家评审会，提出了近期采取分线融冰、建立电力应急通信网、线路加固三大综合措施，中长期将着重从加强电网建设、优化电源电网规划和提高电网建设标准出发，提高电网抗灾保障能力。

一、融冰技术研究及应用

冰灾发生后，南方电网公司牵头组织重庆大学、南瑞继保、株洲变流器工程中心、西南电力设计院、浙江海康集团等单位共同开展输电线路融冰特性试验研究、覆冰预警系统以及直流融冰装置样机的研制及应用。

3 月底，完成了导线交、直流融冰试验研究融冰试验研究，确定了典型型号导线融冰关键参数，为交、直流融冰技术开发应用和装置研制奠定了基础。

完成输电线路覆冰在线监测和预警系统研究及应用，系统建设采用分层分布式结构，包括南方电网公司总部灾害预警监测中心和各省公司灾害预警监测中心，以及现场终端监测点。系统实现对覆冰状态、气象参数、电气参数、力学参数、图像和导线温度等多项信息的实时在线监测功能。11 月 22 日，完成了贵州主站系统、分布于贵州 8 个地区共 30 个终端监测点和南网主站系统的验收。广西、云南电网公司输电线路覆冰预警监测系统已建成投运，广东电网公司输电线路覆冰预警监测系统也将在年内完成。输电线路覆冰在线监测和预警系统的应用，将通过对输电线路覆冰参数特性及运行环境的在线监视，在覆冰现象发生时，及时发出预警信息，并给出准确的覆冰数据，为交、直流融冰提供实时动态的监测技术手段，为抗冰救灾的指挥决策提供技术支持。

成功研发固定式（60MW）、站间移动式（25MW）和发电车移动式（500kW）直流融冰装置。完成直流融冰装置现场接入改造。8 月 14 日，500kW 移动式直流融冰装置样机在贵州铜仁成功进行了现场试验。试验线路为铜仁供电局 110kV 川太锦线，线路长度为 2.5km。以 500kVA 发电车作为电源，试验电流最大为 500A，导线最大温升约为 11℃。9 月 5 日，25MW 站间移动式直流融冰装置样机现场试验工作在贵州电网都匀 500kV 福泉变电站成功完成，试验线路为 220kV 福都线，线路长 57km，最大融冰试验电流达到 2000A，试验过程中试验线路、金具、接头和直流融冰装置各设备运行正常，220kV 福都线温升达到 25℃。10 月 12 日，60MW 固定式直流融冰装置样机现场试验工作在贵州电网都匀 500kV 福泉变电站成功完成，试验线路为 500kV 福施Ⅱ线，线路长 93km，最大融冰试验电流达到 4000A，试验过程中试验线路、金具、接头和直流融冰装置各设备运行正常，500kV 福施Ⅱ线温升达到 35℃。10 月 22 日，由 3

名院士和知名专家组成的专家组对3种直流融冰装置进行了验收评审，专家认为：项目研究建立了完整的直流融冰集成技术体系，自主研发了国内第一套基于集装箱结构的直流融冰装置并具有均衡融冰、长期大角度大电流运行功能，能够安全、方便、快捷融冰。具备投入运行条件。

交流融冰采用交流短路融冰和方式融冰两种方式。完成全部交流融冰方案的编制及相应现场试验工作。其中，贵州电网公司已完成220kV都麻Ⅱ回的交流短路融冰试验，完成110kV及以上方式融冰方案审核及汇编，有关运行单位均完成了1条线路进行方式融冰的实际演练。

2009年1月15日前将全部完成直流融冰装置的推广应用，其中在贵州电网安装3套固定式直流融冰装置，8套站间移动式直流融冰装置，同时兼顾7个站点的站间移动式直流融冰装置的移动配置；云南电网安装1套站间移动式直流融冰装置；广西电网安装1套站间移动式直流融冰装置；广东电网安装3套站间移动式直流融冰装置，分别实现相应变电站500、220kV以及110kV线路实施直流融冰。

公司正式颁布《南方电网融冰技术规程技术编写导则》，各省公司制订完成《融冰技术规程》，各运行单位编制完成《融冰现场操作手册》，全面规范、指导交直流融冰措施的实施。

通过上述交直流融冰措施及方案的实施，全网具备实施融冰条件的线路共计280条，其中500kV线路20条，220kV线路93条，110kV线路167条。

二、电力应急通信网建设

按照“利用公用通信资源建立电力应急通信网”原则，编制完成《南方电网应急通信网建设方案》，并组织实施。共投资9103.9万元，建设光缆332.2km、电力载波62套、卫星通信站61个和购置移动通信车4台；租用公用通信网2M电路129条、光纤346.8km，全面完成了预期建设目标，除实现解决既定的133个220kV及以上重要厂站、97条重要输电线路的应急通信外，通过方案优化，在不增加投资的情况下，还扩大了对30个调度机构、厂站的调度电话、调度自动化通信通道的应急保障。11月18日完成南方电网应急通信网投运验收。南方电网应急通信网具备随时投入实际运行的条件。

三、线路加固

（一）110kV及以上架空线路加固

3月组织制订了《覆冰区域输电线路加固原则》，确定了对包括重要电源送出线路、重要城市网架线路、重要联络线、为特别重要用户供电线路、跨越重要交通枢纽线路、重冰区及抢修特别困难线路以及线路间的重要交叉跨越区段的重点线路主要采取适当提高覆冰设防设计条件，其他线路采取适当提高覆冰设防验算条件的加固原则。4月组织完成了线路加固方案的编制。6月6日正式下达了全网三年加固改造计划：2008年安排12.7亿元资金对127条110kV及以上线路实施加固改造，2009~2010年计划安排15亿元资金对82条110kV及以上线路实施加固改造。全网计划3年完成共计209条线路加固改造，其中2008年已完成127条线路加固改造。

（二）35kV及以下架空电力线路加固

6月2日，正式发布《35kV及以下架空电力线路抗冰加固技术导则》。按照加固技术导则实施的加固工程，在遭遇类似2008年初南方雨雪凝冻灾害情况时，一级线路基本不受损，二级线路和三级线路的倒杆及断线数量将会大幅减少。8月20日制订了35kV及以下架空电力线路抗冰加固方案。公司35kV及以下架空电力线路抗冰加固方案涉及138个县级供电企业，加固线路（线段）1759条（段），长度9202km，工程投资93 965万元。其中35kV线路（线段）203条（段），长度1063km，工程投资27 049万元；10kV及以下线路（线段）1556条（段），长度8139km，工程投资66 916万元。加固35kV线路占受损线路的18%，加固10kV及以下线路回数占受损线路的27%。

加固一、二级线路中涉及加固35kV线路141回，加固10kV及以下线路497回。至11月底，一级线路完成投资6991万元，完成年计划的96%。广东、广西和云南已完成所有一级线路的加固工作，贵州完成5786万元，完成全部计划的95%；二级线路完成投资28 207万元，完成全部计划的78%，其中云南已经完成二级线路加固工程。2008年底前全面完成一、二级线路的加固工作。一、二级线路加固工作完成后，在上级电源保证的情况下，基本上能保证县城和乡镇政府所在地重要负荷的供电，并解决跨越标准轨距铁路、高速公路和一、二级公路线路的跨越问题，大幅减少线路的倒杆及断线数量。

加固的三级线路主要为负责乡镇以下供电的受灾线路。三级线路中，加固35kV线路63回，加固10kV及以下线路926回。三级线路设计工作已经完成，部分项目已经启动，至11月底完成投资3165.9万元。计划2009年5月份前完成三级线路的加固工作。

加固完成后，将基本达到在遭遇类似2008年初南方雨雪凝冻灾害情况时，一级线路基本不受损，大幅减少二级线路和三级线路的倒杆及断线数量的目标。

四、电源电网规划及电网建设标准研究

7月14日，正式颁布南方电网公司企业标准《110～500kV架空输电线路设计技术规定》和《中重冰区架空输电线路设计技术规定》，并进行了宣贯，明确在国家行业相关标准出台之前，南方电网系统内电网工程建设按上述两项新标准执行。编制完成《提高抗灾保障能力电源电网规划研究报告》，并通过评审。重点研究了增强抵抗重大自然灾害能力电源电网规划原则、南方电网电源电网规划在抵抗重大自然灾害方面的薄弱环节，从提高抗灾能力角度，提出电源电网规划建设项目调整、加强方案，对保安电源和保安电网规划建设原则以及电网前期工作原则进行研究，对增强电力抗灾能力需要的政策支持进行了深入探讨。

五、应急体系完善

按照预防与应急并重、各类灾害与突发事故兼顾的原则，积极研究完善公司应急管理体系。建立完成了南方电网公司三级应急指挥机构，启动了公司总部应急指挥平台建设，研究建立三级应急平台的总体规划；公司总部14项专项预案和公司系统三层应急预案编制工作在年内全部完成；已制订颁布了公司系统应急管理3个指导意见，分别对公司系统应急队伍建设、应急物资管理及如何建立与涉及民生要害部门、重点单位的应急联动机制进行了规范。

六、提高重要用户供电保障能力

认真贯彻落实国家电监会《关于加强重要电力用户供电电源及自备应急电源配置监督管理的意见》，成立了专项工作领导小组和工作小组，会同南方电监局、地方政府有关部门开展编制《南方区域电力用户分级和电源配置管理办法》的工作，并完成南方区域重要电力用户电源配置现状调查。加强了对公共应急发电设备的管理，制订颁发了《应急发电设备管理规定》。积极协助政府督促指导重要客户配置自备应急电源。以贵州为例，据初步统计，目前全省2487户重要用电客户中，配置有自备应急电源的有1440户，配置率达58%。

在南方电网公司坚强领导和大力推动下，全网共同努力，提高电网抗灾保障能力的各项措施按计划、按步骤稳步推进，基本落实到位。基本实现再次遭遇类似冰灾时，电网主网架正常运行，保证100%低地级市不停电，97%的县城不停电，满足温总理提出的“是一个让人民放心的电网”的要求。

农网冰灾回顾与反思

2008年3月，在抗冰保电工作结束后，南方电网公司组织开展了广东、广西、云南和贵州四省区农网普查工作。通过对所有线路和配电变压器进行了巡视检查，对受损线路地理地形条件、涉及冰区、实际覆冰、杆塔受损情况等进行统计，并进行了冰灾气象分析、线路覆冰分析、线路受损情况分析，形成了数据详实的普查统计报表。在统计和分析基础上，对冰灾的成因和线路受损原因进行详实的分析，并提出了相关建议。

一、农网受灾情况

（1）受灾停电影响范围。南方电网管辖范围受灾涉及164个县，其中涉及县城大面积停电县87个，累计停电的乡镇1579个，累计停电城乡居民户数733.9万户、3089.2万人。详见表1。

表1　分省（区）统计受灾停电情况

分省（区）	受灾停电县（个）	涉及县城大面积停电县（个）	受灾停电乡镇（个）	受灾停电户（个）	受灾停电人口（万人）
广东	18	12	66	21.4	814
广西	22	17	106	69.8	268.7
云南	37	11	205	91.1	450
贵州	87	47	1202	551.6	2289.1
合计	164	87	1579	733.9	3089.2

（2）农网受损类型。经普查统计，2008年雨雪凝冻灾害对农网造成灾害的主要有4种类型：闪络停运，断（倒）杆（断根、断头、扭断、拔

起），断线和掉串。2008 年雨雪凝冻灾害造成县级电网 589 座 35kV 变电站停运（其中受损 164 座），损坏的配电变压器台区 39 234 个，杆塔损毁 258 208 基，断线 49 807km。

（3）农网灾情特点。首先是受灾范围大。全网 338 个县级供电企业中 164 个受灾，县受灾面 48%；全网 4617 个乡镇中 1579 个受灾，乡镇受灾面 34%；全网户 4648 万农村电力用户中 733.9 万户受灾，农户受灾面达到 16%。

一是受灾地区均为经济欠发达地区。受灾县全部为山区县。受灾县中国家级特困县 61 个；受灾地区中部分为少数民族聚居区，受灾县中少数民族自治县 29 个，少数民族自治乡 305 个。

二是农村电网受灾损失大，受灾地区农村电网需要重建。农村电网 35kV 及以下线路倒杆倒塔及损坏达 258 208 基，占冰灾损毁杆塔的绝大部分。受灾较为严重的贵州省，35kV 受损线路 353 回，占贵州全省 35kV 农电线路（745 回）的 47%；10kV 主干线受损线路 1894 回，占贵州全省 10kV 农电主干线路（3272 回）的 58%。贵州受灾最为严重的个别县级供电企业（如纳雍、丹寨、黎平等县）的 35kV 和 10kV 线路的受灾面达 100%。

二、冰灾原因分析

2008 年雨雪凝冻灾害对农网造成破坏，主要是由于极端气象条件下，在特定地区形成的覆冰严重超出原设计标准，导致大量的断线、杆塔损毁。

（1）地理原因。2008 年雨雪凝冻灾害对农网造成破坏，主要影响范围集中在传统冰区，而且都在山区或丘陵地带。覆冰灾害与海拔有一定关系，但与微地形微气象条件关联度更高。

2008 年雨雪凝冻灾害对农网造成破坏，主要影响范围集中在传统冰区，而且都在山区或丘陵地带。灾区的地理分布：乌蒙山区，属云贵高原第一级台阶向第二级台阶的过渡地带，含云南昭通、曲靖地区，贵州六盘水、毕节地区；苗岭山地向广西丘陵过渡地带黔东南、黔南，含贵州都匀、凯里地区；横亘广东广西的南岭山脉地带，含广西桂林地区、广东清远北部的三连一阳等县、韶关北部的坪石镇和乳源县。

广东省北部、东北部和西部都有较高山脉，中部和南部沿海多为低丘、台地或平原。地势向南向中间倾斜，地形可分为粤北山地、粤西山地台地、粤东山地丘陵、珠江三角洲和潮汕平原。农网受损主要集中在北部、西北的韶关、清远局部地区，地理上属南岭山脉。农网的覆冰性质以雨凇为主，兼有雾凇、雪凇及混合凇。

广西壮族自治区地形呈盆地状，四周多山，中部岩溶丘陵广布：北部、西北部属云贵高原边缘，地势高，平均海拔 1000～1500m；东北部属南岭山地西段，平均海拔亦为 1000～1500m；东部、南部、西南部地势较低，为低山丘陵，平均海拔 1000m 以下；中部地势最低，分布着喀斯特溶蚀平原和江河冲积平原，全区 50% 面积为石灰岩地区。农网受损主要集中在北部的桂林、河池地区北部，地理上分属南岭山脉西部和云贵高原向广西盆地过渡带的九万大山地带。农网的覆冰性质以雨凇及混合凇为主，兼有雾凇、雪凇。

贵州省地处 1000m 以上的云贵高原，西部有乌蒙山、西北部有大娄山，自西南向东北斜贯北境，中南部有苗岭横亘，东北有武陵山，由湘蜿蜒入黔。中部山间多盆地（坝子）和河流谷地，东北、东、东南三面边缘地势坡度下降陡峻，各河谷降到海拔 500m 以下，全省 74% 的大地属岩溶地貌，主要为锥状喀斯特地貌、溶洞和大面积“石漠”。农网受损覆盖全省，受损的地区含：西部的六盘水、西北的毕节地区，属乌蒙山区；北部的遵义地区属于大娄山区；而黔西南州，黔南州属苗岭山区；黔东南州属九万大山和雪峰山区；东北部的铜仁属武陵山区，全省全境农网均有不同程度受损，受损的程度直接相关于微地形条件。农网的覆冰性质以雨凇及混合凇为主，兼有雾凇、雪凇。

云南省地处云贵高原西南部，东部系云贵高原的组成部分，表现为起伏和缓的低山和浑圆丘陵，发育着各种类型的岩溶地貌，西部为横断山脉纵谷区，山间有河谷盆地，高山峡谷相间，地势险峻。南部海拔一般在 1500～2200m，北部在 3000～4000m，西南边境地区地势趋缓，一般海拔在 800～1000m。农网受损主要集中在北部的昭通地区和东北部的曲靖地区，均属于乌蒙山区。农网的覆冰性质以雨凇、雪凇为主，兼有雾凇及混合凇。

覆冰灾害与海拔有一定关系，但与微地形条件关联度更高。从普查来看，重冰区覆冰较轻的主要在有流水的河谷地带，丘陵山谷的背风坡，易形成热岛效应的大中型厂矿和县城。覆冰程度一般都是由于特殊的地形条件（微地形）形成局部的特殊气象（微气象）造成的。微地形一般有以下两个特征：一是地形突出，比周围地形明显更高（特别是相对于迎风面）；二是在迎风面一侧较大范围的地域内，海拔高程处于相对较低的范围内。当线路处于“微地形”中的风口、垭口、迎风面以及当“微地形”的迎风面有河流或水库等水源时，导线覆冰情况更为严重。

（2）气候原因。2008 年雨雪凝冻灾害的农网受损地区气候符合覆冰气象条件，覆冰一直处于发展与保持状态，无消融脱冰机会，因而形成罕见的雨雪凝冻灾害。

覆冰是由温度、湿度、冷暖空气对流、环流、风速以及持续时间等因素决定的综合物理现象。根据气候条件不同，导线的覆冰分为雨凇和雾凇两大类。形成雨凇的气象条件一般是在温度为 0～－10℃，风速 5～15m/s，湿度 80% 以上。除以上气象条件外，覆冰和地理条件有很大的关系，特殊的地形条件往往造成局部的特殊气候，促使过冷却雨（或湿雪）下降，造成局部地域覆冰增大。

当具备了形成覆冰的温度和水汽条件后，风对导线覆冰起着重要的作用。它可将大量的过冷却水滴源源不断地输向送电线路，与导线碰撞而被截获并逐步增大形成覆冰现象。覆冰首先在导线迎风面上成长，当迎风面达到某一覆冰厚度时，导线因重力作用而产生扭转，从而出现了新的迎风面。这样，导线通过不断扭转而使覆冰逐步增大，最终导线上形成圆形或椭圆形的覆冰。

（3）设备原因。2008 年初的雨雪凝冻灾害超过了农网设备覆冰设防标准。根据普查的情况，主要针对断线、倒杆和横担损坏这三种受损设备类型进行分析。

（4）断线。农网线路断线有两种情况，一是倒杆后不平衡张力超过导线最大使用张力，通称的“先倒杆后断线”，二是导线覆冰应力大于破坏应力和导线舞动。

导线覆冰应力与破坏应力。农网断线事故主要型号 LGJ-95/15、LGJ-70/10、LGJ-50/8 三种导线，下面以这 3 种型号的导线进行分析。导线的覆冰应力见表 2 和表 3。

表 2　导线覆冰应力表（代表档距 100m）　MPa

导线型号	破坏应力	覆冰			
		10mm	20mm	30mm	40mm
LGJ-95/15	303.04	121.22（40%）	156.55（51.66%）	204.07（67.34%）	259.21（85.54%）
LGJ-70/10	279.89	111.96（40%）	161.98（57.87%）	224.41（80.18%）	295.04（105.41%）
LGJ-50/8	284.71	113.89（40%）	179.44（63.03%）	258.94（90.95%）	348.09（122.26%）

表 3　导线覆冰应力表（代表档距 200m）　MPa

导线型号	破坏应力	覆冰			
		10mm	15mm	20mm	30mm
LGJ-95/15	303.04	121.22（40%）	154.05（50.83%）	190.58（62.89%）	272.29（89.85%）
LGJ-70/10	279.89	111.96（40%）	153.33（54.78%）	199.21（71.17%）	301.63（107.77%）
LGJ-50/8	284.71	113.89（40%）	164.48（57.84%）	221.47（77.79%）	348.94（122.56%）

从表 2 和表 3 可以得出两个结论：一是导线覆冰应力大于导线破坏应力，是断线的主要原因之一。根据农网受灾普查的图片和记录情况，农网断线处的覆冰粗测和估测普遍大于 40mm，其覆冰应力大于或接近导线破坏应力。同时，野外自然工况下氧化老化会造成导线实际破坏应力小于标称破坏应力的情况。推断造成农网线路断线的主要原因是导线覆冰应力大于导线破坏应力。二是农网普遍使用的这 3 种导线型号能满足覆冰 10mm 的情况。在 10mm 覆冰的时候，导线的最大使用应力为其破坏应力的 40%，即设计安全系数为 2.5。满足架空线路导线的设计安全系数一般取 2.5 的要求。

另外，从统计数据来看，林木倒压在线路上，也是造成线路断线的一个重要原因。

覆冰舞动。当风吹到因覆冰而变为非圆截面的导线时，将产生一定的空气动力，由此引发导线产生一种低频率（0.1～1.0Hz）、大振幅（一般为 0.3～1m）的自激振动称为舞动。据农网受灾普查的情况，导线舞动时造成断线有两种类型：一是低频振动的剪切力造成导线断股、进而断线；二是导线舞动发生相间短路。

（5）倒杆。农网倒杆有四种情况，一是导地线首先被破坏，所产生的断线张力和冲击力造成杆塔受扭，然后导致杆塔倒或断；二是覆冰厚度增加时垂直荷载急剧增加，超过杆塔的承载能力，横担扭曲变形，杆塔倒塌，然后使相邻杆塔相继倾覆破坏；三是杆塔两侧档距不均，且不均匀覆冰产生不均衡纵向张力差过大，导致倒杆和拉线受损；四是在纵向不平衡张力接近极限时，受到如不均匀脱冰（融冰）或大风引起舞动等扰动，引起杆塔倒断。

垂直荷载。由于导地线具有承受一定覆冰厚度的能力，当导地线覆冰到一定情况时，导致杆塔实际承受荷载超出设计承受能力而出现杆塔压垮或串倒的事故。以 LGJ－70/10 导线为例：导线自重比载仅为 0.033 97MPa/m，覆冰 10mm 时的垂直荷载为 0.108 66MPa/m，覆冰 20mm 时的垂直荷载为 0.253 16MPa/m，覆冰 30mm 时的垂直荷载为 0.467 46MPa/m。覆冰 30mm 时导线垂直荷载已是覆冰 10mm 时导线重垂直荷载的 4.30 倍，也就是说杆塔所承受的导线垂直荷载大大超过了设计值，是原设计值的 4.30 倍。

不平衡张力荷载。超过一定幅度的不平衡张力是导致杆塔事故的重要原因。当杆塔相邻档导地线的覆冰情况不一样时，将有纵向的不平衡张力作用在杆塔上，杆塔极易受此张力作用而受损。对有关覆冰区杆塔的测算表明，当杆塔承受的纵向不平衡张力超过导线最大使用张力的 15%～20% 时，将会对杆塔产生损害。经计算当覆冰为 25mm 时，LGJ－70/10 导线张力达到 70% 计算拉断力，考虑到悬挂点高差、振动及弯曲应力、材料疲劳因数等影响，可能会断线。导线断线将形成或加剧杆塔承受的纵向不平衡张力，从而会引起杆塔损坏。

普查表明，不均匀覆冰引起（含不同步脱冰）也是产生纵向不平衡张力的主要原因，不均匀覆冰与微地形、微气候关系密切。

拉线损坏。拉线损坏也是导致这次冰灾大量杆塔损坏的一个主要原因。从拉线损坏部件来看，主要是扁抱变形、拉盘拉坏或连盘拔起。主要原因有覆冰厚度远远超出设计覆冰厚度时，造成扁抱变形、拉盘拉坏；材料质量不合格，强度不够，造成扁抱变形、拉盘拉坏；施工质量不规范，造成连盘拔起。

其他原因。从普查数据来看，林木倒压在线路、电杆上，也是造成倒杆事故的一个原因。导线舞动严重时会损坏杆塔。

（6）横担损坏。横担主要因扭曲变形损坏，其方向有：垂直曲弯和纵向曲弯。

垂直曲弯。当导线覆冰到一定程度时，将导致杆塔、导线、横担实际承受荷载超出设计承受能力，这时如果横担曲弯临界点小于电杆、导线的损坏临界点时，横担因垂直荷载而曲弯变形损坏。

纵向曲弯。由于导线实际覆冰厚度远远超出 10mm 设计覆冰厚度时，导线首先被破坏，所产生的断线张力和冲击力造成不均衡纵向张力差大于横担曲弯临界点时，横担将纵向曲弯变形损坏。

部分横担也因受外力强烈冲击而损坏，如倒杆、树木压毁等。

这次冰灾农网受损严重，但在相同的地理气象环境下有相当部分农网并没有倒塌损坏，经调查主要有以下原因：线路的档距短，电杆、拉线埋够深度，拉线制作规范，且拉线方位正确；线路走廊好，不在山顶或风口；电杆根部基础好，没有下沉；拉线抱箍、拉盘质量符合规范，没有发生变形拉伸，电杆受力均衡；横担扭曲变形的杆型，由于受力转移，电杆受损少；线路耐张段短或独立耐张，几乎没发生电杆倒塌；耐张采用三联杆型或直线采用瓷横担的杆型，电杆受损少；没有发生断线的耐张段，纵向张力差变化不大，电杆受损少；线路通道扫清工作彻底，对电力设施日常管理到位，电杆受损少。

三、提高农网抗冰能力的建议

（一）政策建议

切实加大“三农”投入力度。坚持把国家基础设施建设的重点转向农村，继续并加大对农村电网建设与改造的投资力度，完善农村电网改造的还贷政策。

加快构建促进农电企业发展的长效机制。建立农电企业发展基金，专项用于农村电网建设与改造、电网维护。

深化农电管理体制改革。坚持并落实“工业反哺农业、城市支持农村”和“多予少取放活”的方针，建立落实方针的平台，加强农电管理和服务体系建设，鼓励、支持采用自愿上交、无偿划拨的方式将县供电企业交由省电网公司直接管理，实现省为统一核算的交叉补贴价区，促进农电企业发展。

（二）管理与技术建议

（1）改进农网设计标准。提高农网建设标准是提高农网抵御覆冰灾害的基本保证。本次冰灾属于极端气象情况，不应以这次冰灾的覆冰情况作为整个农网建设和加固的普遍气象条件。农网设计建设对抗灾能力的要求应遵循“以避为主、以抗为辅”的原则。

（2）抗灾应急机制要灵活。应遵循分级设防、分级加固的原则，尽可能缩小冰灾抢修范围，缩短农网抢修时间，在遭遇类似2008年初南方雨雪凝冻灾害情况时，不发生县城大面积停电；力保乡镇政府所在地不停电；避免出现大范围倒杆和断线事故，减少受灾抢修范围，缩短抢修时间。

农网受损情况与微地形、微气象条件相关。不应对所有受灾线路进行加固，农网加固应遵循分段分策的原则。根据交通困难地区、抢修时间、抢修难度、损失大小来确定分段策略，确定对杆塔、导线以及横担金具等附件保护而采取加固措施的优先级，并对各部件的抗冰能力配合进行计算。

（3）加强建设改造施工质量。要严格按照设计标准和施工工艺质量要求进行工程建设施工，提高工程建设质量，尤其要注意铁杆塔基的浇筑和混凝土杆、拉盘的埋深、各连接部位的紧固及导线弧垂等。

（4）完善日常管理。加强线路通道的清理，加强电力设施保护。主要是加强线路通道的林木砍伐维护，防止覆冰天气超高树木倾倒在导线及杆塔上时对线路的危害。

[抗冰救灾图片集]

2008年2月7日，中共中央总书记、国家主席、中央军委主席胡锦涛（右二）在公司党组书记、董事长袁懋振陪同下看望坚守岗位的广西电网员工。（南网新闻中心　提供）

2008年2月5日，中共中央政治局常委、国务院总理温家宝（左二）到贵州龙里视察，听取贵州电网公司总经理唐斯庆汇报抗冰抢险情况。（南网新闻中心　提供）

2008年2月1日，中共中央政治局常委、中央书记处书记习近平（左四）到贵州电力调通局了解抢险救灾恢复供电情况。（黄启辉　摄）

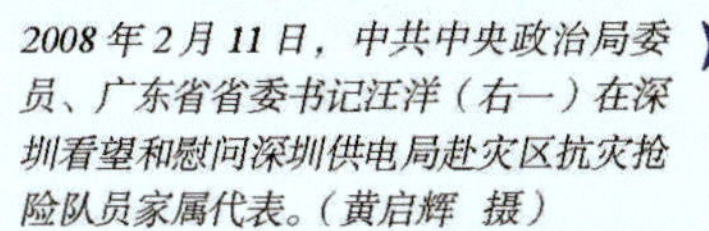

2008年2月11日，中共中央政治局委员、广东省省委书记汪洋（右一）在深圳看望和慰问深圳供电局赴灾区抗灾抢险队员家属代表。（黄启辉　摄）

2008年2月2日，中共中央政治局委员、国务院副总理曾培炎（左一）在公司董事长袁懋振（左三）的陪同下到贵州电力抢修现场视察。（黄启辉　摄）

2008年1月30日，公司董事长袁懋振（右三）在贵州电网调度大楼听取当前安全形势汇报。（漆明德 提供）

2008年2月1日，公司董事长袁懋振视察云南支援贵州抢险现场，并看望龙福线240号塔施工抢险人员。（南网新闻中心 提供）

2008年2月2日，公司董事长袁懋振（左二）深入广西电网抢险现场，慰问抢险救灾员工。（黄启辉 摄）

2008 年 1 月 26 日，公司各单位全力以赴赶赴云南昭通，图为抢险工作正在紧张进行。（朱斌 摄）

2008 年 1 月 30 日，广东电网公司抢修队伍赴贵州支援抢险。（李哲 摄）

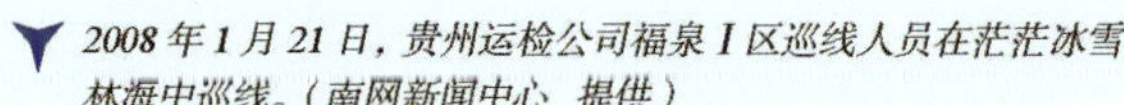

2008 年 1 月 21 日，贵州运检公司福泉Ⅰ区巡线人员在茫茫冰雪林海中巡线。（南网新闻中心 提供）

2008年1月18日，公司总经理赵建国（右二）在贵州凯里市郊与当地百姓一起抬电杠。（南网新闻中心 提供）

2008年2月21日，公司总经理赵建国（左三）与子弟兵一同奋战在贵州抗冰抢险现场。（南网新闻中心 提供）

2008年1月31日，贵州电网员工在除冰。（陈海 摄）

2008年2月3日，贵州电网员工在除冰。（陈海 摄）

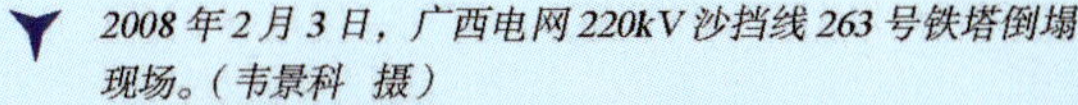

2008年2月3日，广西电网220kV沙挡线263号铁塔倒塌现场。（韦景科 摄）

2008年2月4日，云南昭通220kV大镇线抢修人员在茫茫雪地中艰难地抬着抢修物资，缓慢地前进。（戴剑平 摄）

2008 年 3 月 4 日，公司副总经理肖鹏（右二）到贵州台江县板凳寨指挥抢修工作。（南网新闻中心 提供）

2008 年 2 月 4 日，广东电网佛山供电局职工支援贵州，在都匀抢修 220kV 都凯线 26 号塔。（梁杰 摄）

2008 年 2 月 2 日，广西 220kV 沙侯线 232 号铁塔抢修现场。（韦景科 摄）

2008 年 2 月 12 日，贵州电网员工在冰山中运送物资。（葛浩宇 摄）

2008年2月7日，公司副总经理周继太（左二）在贵州都匀指导抢修工作。（南网新闻中心 提供）

2008年2月3日，广西电网220kV沙侯线232号铁塔现场抢修。（韦景科 摄）

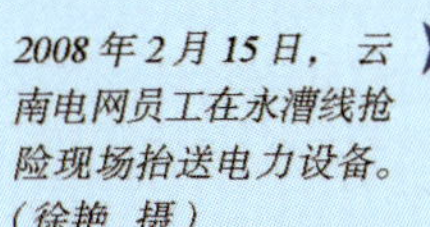

2008年2月15日，云南电网员工在永漕线抢险现场抬送电力设备。（徐艳 摄）

2009

2008年2月18日，公司副总经理王久玲在抗冰抢险现场。
（南网新闻中心　提供）

2008年2月3日，广西电网突击队在抢修受损铁塔。（广西电网公司　提供）

2008年2月19日，广东电网员工运送电力抢险物资。
（广东电网公司肇庆供电局　提供）

2008 年 1 月 23 日，公司副总经理祁达才（中）一行赴贵州指导抗灾抢险工作。（南网新闻中心 提供）

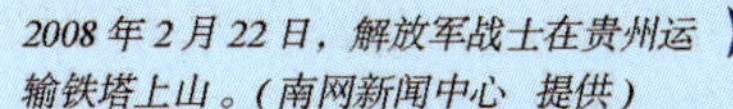

2008 年 2 月 22 日，解放军战士在贵州运输铁塔上山。（南网新闻中心 提供）

2008 年 2 月 28 日，云南省送变电公司员工冒着风雪运输抢修器材。（杨兵 摄）

2008年2月27日，公司党组纪检组组长王玉霜（左）在广西荔浦高肇直流抢修现场慰问抢修队伍。（南网新闻中心 提供）

2008年2月22日，贵州电网灾后重建决战誓师大会在贵阳召开。（南网新闻中心 提供）

2008年2月4日，广东电网员工在连州西江抢修220kV阳仙线受损铁塔。（清远供电局林秉刚 摄）

2008年2月16日，公司副总经理王良友（左二）到广西桂林兴安县现场指导工作。（广西电网公司潘方强 提供）

2008年2月27日，广东电网员工在韶关乳源洛阳山区欢呼雀跃庆祝抗冰抢险复电取得胜利。（陈俊书 摄）

2008年3月7日，贵州苗寨热烈庆祝户户复电。（周育忠 摄）

中国电网企业的社会责任[1]

中国南方电网公司组建于2002年底，供电范围包括广东、广西、云南、贵州、海南五省区，供电面积约100万km^2，供电总人口约2.3亿人。2007年，公司资产总额465亿美元，售电量4597亿kWh，销售业务收入366亿美元，在世界500强企业中列第237位，在中国企业中排名第7位。

中国电网企业的社会责任主要表现在以下四个方面：

第一，为经济社会可持续发展提供电力保障，是电网企业的核心责任。

为履行好这一责任，主要从以下三个方面开展工作：

一是确保安全。电力是一种“产、运、消”瞬时同步完成的特殊商品。因此，确保电网的安全稳定是电力供应的基础。

南方电网远距离、大容量、超高压输电，交直流并联运行，是世界上结构最复杂、技术含量最高的电网之一，电网安全风险控制和运行管理难度很大。5年来，南方电网掌握了交直流混合电网安全稳定控制的核心技术，电网的安全稳定运行一直处于可控状态。

二是做好供应。过去的5年，南方区域统调负荷年均增长15.6%，售电量年均增长15.5%。南方电网区域成为中国缺电最严重的地区之一，最大缺口940万kW。在严峻的电力供应形势面前，我们把握了两个原则：一是确保居民供电；二是配合政府，按照单位GDP电耗进行排序，优先向单位GDP电耗小的企业供电。我们通过积极组织电源、快速灵活调度和加强需求侧管理等各种措施，基本保障了五省区经济社会可持续发展。

三是提升服务。我们深化细化供电服务，努力把缺电对客户的影响降到最低。2007年南方电网仅拉路限电329条次，为2003年18万余次的0.18%。我们把缩短客户停电时间作为优质服务的核心指标，启动与国际先进水平供电企业对标工作，努力提高供电质量。

我们还深入开展“万家灯火，南网情深”优质服务主题活动，优秀的供电服务得到社会认可。在中介机构组织的服务行业第三方调查中，我们连续获得总满意度第一。

第二，建设绿色电网，推动全社会节能减排，是电网企业的时代责任。

中国通过电力消费的能源在终端能源消费中的比重达到43%，南方五省区中有的省份这一比重达到50%。显然，电力行业在推进节能减排战略中负有重要的责任。

我们认真分析了电力生产、输送和消费三大环节的节能潜力，发现在客户侧的节能潜力最大，约占53%；发电侧其次，约占39%；电网企业降低综合线损率的挖潜空间约为8%。因此，我们除在输配电环节做好节能降耗外，还需要切实承担起引导产业链上下游和全社会节约能源、保护环境的特殊使命。

我们的做法是：持续推进“绿色行动”。

按中央政府要求，“十一五”期间，五省区要完成单位GDP能耗降低20%的目标，相当于年均需节能1576万t标准煤。根据我们的研究，南方区域电力生产和消费各环节的节能贡献率约占全区节能目标值的30%～45%。五省区电力生产和消费各环节对各自省区的节能贡献率分别为：广东41%～60%，广西34%～50%，云南30%～41%，贵州19%～28%，海南74%～92%。

2006年，南方五省区单位GDP能耗同比下降2.6%，电力生产和消费各环节为此做出了积极的贡献。2007年，我们启动以“科学用电，节能减排”为主题的南方电网节能服务“绿色行动”，继续加大服务五省区节能减排工作力度，同时为减少全球温室气体和污染物排放履行了国际责任。

---

[1] 该文为公司总经理赵建国在中国—瑞典企业社会责任高层论坛的主题演讲（摘要）。

▲ *2008年4月14日，中国—瑞典企业社会责任高层论坛在北京钓鱼台国宾馆举行，右图为公司总经理赵建国作主题演讲。（南网新闻中心　提供）*

在发电侧：协助政府落实“上大压小”政策，已关停小火电404万kW，计划到2010年累计关停1327万kW，可降低发电煤耗28g/kWh。在贵州电网率先启动节能发电调度试点，实现脱硫信息实时监测。努力提高新能源和可再生能源的发电比重。

在输配电环节：南方电网挖掘自身节能降耗的潜力，对五省区实现节能目标可做出约2.38%的贡献。经过努力，线损率从2002年的8.0%下降到2007年的6.90%，减少损失电量55亿kWh，相当于节约了190万t标准煤。开展了“十一五”电网优化研究，预计到2010年，线损率可降至6.30%。

在客户侧：配合政府优化产业结构，对电解铝、铁合金、电石、烧碱、水泥、钢铁、黄磷、锌冶炼等八个行业实行差别电价政策。2007年，执行差别电价电量14.9亿kWh，617家淘汰类高耗能企业关停并转，上述行业的综合能耗呈下降态势。以贵州为例，2007年该省电解铝产量增长30.3%，用电量增长了10.03%，铁合金产量增长19.2%，用电量增长9.72%，这说明上述耗能行业单位产量的电耗有所下降，实施差别电价政策取得了明显效果。借此机会，我也建议进一步发挥差别电价对于经济结构调整的引导作用，把差别电价作为落实科学发展观的一个抓手。

在“绿色行动”中，我们举办了197期节能降耗研讨班，吸引4673家企业、约7000人参加学习培训。为1340家企业提供节能诊断服务，促进客户一年节电约5亿kWh。这项工作还有很大潜力，我们将继续加大节能宣传和服务的力度，最大限度挖掘需求侧节能的潜力。

科技节能。我们开工建设世界上第一个±800kV特高压直流输电工程，比常规工程节约土地资源8600多公顷，减少线路损耗65%左右；推广标准化设计，应用紧凑型输电技术，新建110kV及以上变电站平均减少占地10%～20%，110kV及以上新建输电线路平均减少钢材、铜材消耗5%～10%。我们同时鼓励节能产品进入电网，制订了节能产品进入电网招标优惠办法。

积极消纳区内富余水电，提高可再生能源比例。南方电网内东西部能源资源和经济发展交叉不平衡，大力推进西部水电东送，是提高资源利用效率、保护环境的重要途径。

5年来，西部水电实现东送电量2096亿kWh，消纳西部富余水电187亿kWh，实现了“零弃水”。相当于减少火电标准煤耗6811万t，减少二氧化硫排放163万t，减少烟尘排放68.1万t。

第三，在重大突发自然灾害面前，维护公共安全和公众利益，是电网企业的政治责任。

2008年初，我国南方大范围遭遇了有气象记录以来最严重的持续低温雨雪冰冻灾害天气，造成南方电网杆塔倾倒损坏27万多基，断线22万多处，850多个变电站停运，2600多万人受灾，直接经济损失达134亿元人民币。其中贵州为全国受灾最严重的省份，损失约占全国损失的39%，我们在大灾难面前，在党中央国务院的正确领导下，把维护公共安全和公众利益放在首位，通过全力抢修和购置柴油发电机等各种方法，保证了春节期间100%的县城、乡镇都用上电，让老百姓过上了一个亮堂的春节。我们克服了常人难以想象的困难，用一个月时间昼夜奋战，提前100多天全面实现了对灾区的每家每户通电，创造了世界电力史上抢修复电的奇迹。在这里，我负责任地告诉大家，我们已有了应对类似灾害的措施。

近年来，南方五省区还多次遭遇台风、洪水、地震等自然灾害，我们在快速复电、支援地方灾后重建方面，都发挥了中央企业的中流砥柱作用。

第四，坚持电力普遍服务，促进城乡协调发展，是电网企业的特殊责任。

（1）推进农村农网建设。5年来，我们用于农村电网建设和改造的资金达491亿元，改变了农村电力基础设施简陋落后的局面；“十一五”期间，安排553亿元建设改造农村电网，投资规模相当于新中国成立以来到2002年的总和。

（2）解决无电户用电。5年来，已累计解决109万户农村人口用电问题。至2007年底，南方五省区剩余无电人口65.9万；规划“十一五”期间完成投资33亿元，通过大电网延伸，解决41万户无电人口用电问题；其余无电人口问题，通过配合地方政府用分布式供电的方式加以解决。

（3）减轻农民负担。五年来，通过落实城乡同网同价政策，累计减轻农民用电负担100多亿元。

（办公厅）

金牌服务迎奥运

2008年，在国资委的统一部署下，公司开展了以“责任在我心，奥运伴我行”为主题，以“五心”金牌服务为内容的金牌服务迎奥运活动，取得了积极的效果。公司“负责任、受尊敬”的企业形象进一步提升，“万家灯火、南网情深”的服务品牌进一步树立，“以客户为中心”的价值观和“服务永无止境”的理念在员工心中进一步牢固，服务能力和服务水平进一步提高。全网客户满意率达到99.7%，客户投诉次数同比大幅下降81.3%，公司连续第三年在服务行业居民满意度调查中荣获总体评价第一。

一、主要工作和成效

（一）勇担央企社会责任，取得了抗险救灾的全面胜利

面对历史罕见的冰雪凝冻灾害，公司紧急动员起来，举全网之力，众志成城抗击冰灾。提前

▲ 2008年7月31日，公司“迎奥运、送光明”活动在广东东源启动。（南网新闻中心　提供）

完成了原定3月5日基本恢复灾区供电的进度目标，不惜一切代价保证了百分之百的乡镇以上在春节前用上电，获得了党中央、国务院、地方政府和社会各界的高度肯定。

在四川遭受特大地震后，公司充分发扬抗灾精神，全力以赴支援抗震救灾。一方面迅速有序地组织安排各项应急响应工作，做好自己的本职工作；另一方面，紧急调运一大批救灾急需物资支援灾区，捐款捐物累计达到1.3亿元。

（二）圆满完成了迎峰度夏暨奥运保供电任务

公司努力克服冰灾后电网“大病初愈”、煤电油运问题更加凸显、电力供需形势复杂多变、自然灾害频发威胁电网安全等各种困难，在历时51天的警戒状态期间，保证了电网的安全稳定运行，保证了电力有序供电，保证了职工队伍的和谐稳定，南方电网与香港联网运行的9回重要线路和联络变压器未出现跳闸故障，为香港成功举办马术比赛提供了有力保障，取得了迎峰度夏和奥运保供电的全面胜利。主要开展了以下工作：

（1）建立了统一指挥、分兵把口、全网联动的工作格局。成立了由赵建国总经理任组长的领导小组，分设7个专项工作组，分别由公司领导牵头，相关部门负责，进行督促检查，协调解决有关问题。从总部到分子公司、地市县供电局，层层落实责任和任务，做到了上下贯通、密切配合、高效运转。

（2）完善了预案规范、响应灵敏、处置得力的应急机制。在总结年初抗灾经验的基础上，不断完善应急管理体系，编制完成了各级各类预案1552个。各级应急指挥中心密切跟踪灾害天气变化趋势，第一时间发出预警，积极落实防御措施，

有效应对了“北冕”、“黑格比”等超强台风，保证了奥运期间重要用户和人民生活的正常用电。

（3）丰富了电网安全风险控制的手段和措施。公司研究归纳出主网十大安全风险，提前采取预控措施，快速、正确地处理故障，强化二次系统保障作用，深入开展隐患排查治理工作，共查出隐患14 710项，整改率达到87%。迎峰度夏期间没有发生较大及以上生产安全事故，一般事故次数同比下降14.6%。

（4）加强了电力供应问题的主动协调。公司成立了专门的电煤供应协调小组，每日跟踪掌握电厂存煤情况，及时发布预警信息，积极配合政府部门协调解决电煤问题，并协助发电企业缓解资金压力。迎峰度夏期间，全网存煤可用天数维持在12～15天，最大错峰电力407万kW，同比下降34.8%，主要发生在广东，其余四省区基本放开用电，自觉错峰率达到99.6%。

（三）优质服务的内涵更加充实

（1）扎实开展提高供电可靠率的基础工作。制订了《提高供电可靠率综合工作方案》。组织编制了“十一五”城市供电可靠性规划。规范和改进客户停电管理，最大限度地减少迂回检修、重复停电、超时停电和临时停电。建立了客户停电时间统计体系，准确统计客户停电时间。突出加强配网的规划、建设和管理，为提高供电可靠率提供坚强的物质基础。

（2）提高客户用电安全服务水平。制订了《客户用电安全服务管理办法》，主动为客户提供安全用电方面的技术指导和咨询服务。在迎峰度夏暨奥运保供电前夕，公司派出工作人员对重要客户用电安全状况进行检查，帮助客户分析问题，提出整改建议。会同南方电监局、地方政府有关部门研究制订《南方区域电力用户分级和电源配置管理办法》，督促指导重要客户配置自备应急电源。按照“网络管理、分散布置，集中使用”的原则，加强公共应急发电设备的管理，提高电网企业应对突发事件的能力。

（3）坚持以人为本，努力解决与群众切身利益密切相关的问题。制订了《多种交费方式应用方案》，在努力完善传统的坐收、走收、银行托收等交费手段的基础上，积极推广应用充值卡交费、自助服务终端交费、网上交费、电话交费等交费方式，实现了每个地市供电局向客户提供5种以上的交费方式。进一步优化服务流程，为客户提供业扩报装和故障抢修的快捷服务，服务时限分别比国家规定的标准低了50%和25%，故障抢修超时率同比下降57.1%。加强电能表的基础管理和运行管理，严格按照规定的周期校验、轮换计费电能表，一至四类用户电能计量装置周期轮换率为100%，电能计量故障差错率不大于0.8%。加强95598供电服务热线的运营管理，人工接通率达到87.7%。

（4）继续深入有效推进节能服务“绿色行动”。加强节能服务组织体系建设，云南、贵州电网公司及多个地市供电局成立了科学用电指导中心，其中云南还取得了政府认可的节能服务资质。积极探索节能服务市场化机制，开展了合同能源管理试点，为客户提供有关能源系统诊断、节能培训、节能项目建设管理等一条龙服务，极大地拓宽了公司的服务领域。已累计为1753家企业开展节能诊断，400家已完成改造，每年可节约用电11亿kWh，平均节电率达到6%。

（四）服务在公司战略和企业文化中的地位和作用进一步凸显

公司以开展“金牌服务迎奥运”活动为契机，进一步实践公司“服务型”的发展战略，努力把奥林匹克“更高、更快、更强”的精神传播到南方电网的每一处角落，传递给每一位员工，体现到每一项工作中。

（1）广泛宣传动员，营造浓厚的服务氛围。组织开展了“金牌服务迎奥运接力赛”、“金牌服务金点子”、“携手2008，服务2008”、“奥运心、南网情”等主题活动，充分调动每一位员工的服务热情，把“金牌服务迎奥运”活动变为全体员工的自觉行为。在5月开展了“金牌服务迎奥运宣传周”活动，邀请人民日报、新华社等11家主流媒体对公司金牌服务迎奥运活动进行宣传报道，进一步提升了公司的形象。

（2）细化工作目标，层层落实责任。公司在认真总结“优质服务年”活动经验的基础上，根据“金牌服务迎奥运”的活动要求和行业重点，结合企业实际，精心制订活动方案，明确工作目标，细化各项措施，加强组织领导，健全服务责任制，把责任落实到各级领导和每个岗位，切实做到每个岗位有职责，人人身上有责任。

（3）加强服务文化和创新文化的建设。开展服务文化建设及落地试点工作，将文化内涵贯彻落实到制度体系、技术系统和行为方式上，完善各项管理标准、工作标准和技术标准，大力推进营销技术进步，引导员工养成良好的职业操守和行为习惯。制订《营销服务创新成果奖励和推广应用办法》，建立创新机制，培育创新文化，鼓励服务创新。

（4）加强服务人才队伍建设。研究编制了公司后5年教育培训规划，在继续抓好领导人员、管理人员培训的基础上，更加突出一线员工的教育培训，共举办班组长培训班287个，一线员工培训班3156个。成功举办第三届“万家灯火、南网情深”杯优质服务技能竞赛，达到了锻炼队伍、加强交流、提高能力的目的。

（5）完善服务质量的监督保障体系。健全基层单位营销稽查机构，完善营销稽查常态工作机制，对核心业务进行抽样稽查，最大限度地减少营业差错，确保服务质量可控在控。积极配合国家电监会开展2008年供电检查。针对检查发现的问题，制订整改措施，认真加以整改，并在12月开展的“金牌服务迎奥运回头看”检查活动中作为检查重点之一。制订了优质明查暗访工作规定，加大公司内部服务检查监督力度。按照“四不放过”的原则，加大对服务行风事件的查处力度，在系统内开展服务警示教育。

二、开展“金牌服务迎奥运”工作的经验和体会

（一）将开展金牌服务迎奥运活动融入企业发展战略和运营管理中

虽然南方五省区域没有安排奥运比赛项目，但公司通过开展金牌服务迎奥运活动，进一步规范服务行为，优化服务流程，丰富服务内涵，提升服务品质，做到服务水平更高，需求响应更快，企业的控制力、影响力、带动力更强。

（二）强化全员服务意识

牢固确立“以客户为中心”作为核心价值的服务文化，将文化内涵贯彻落实到制度体系、技术系统和行为方式上，引导员工养成良好的职业操守和行为习惯。大规模开展一线员工专业技能培训、普考和竞赛，全员培训覆盖率93.9%，提高了员工的综合素质和服务技能。

（三）增强服务的自觉性和主动性

在中央企业中率先开展“金牌服务迎奥运宣传周”活动，邀请人民日报、新华社等11家主流媒体对公司金牌服务迎奥运活动进行宣传报道。此外，公司还通过开展“金牌服务迎奥运接力赛”、“金牌服务金点子”、“万家灯火、南网情深”杯优质服务技能竞赛、“金牌服务迎奥运回头看”等系列主题活动，营造浓厚服务氛围，激发服务热情，把金牌服务迎奥运活动变为全体员工的自觉行为。

（四）建立多层次的服务质量监督体系

在企业内部，完善营销稽查常态工作机制，定期开展优质服务明察暗访，形成以日常检查为主、专项检查为辅的工作体系；在企业外部，通过公开投诉举报电话、聘请行风监督员、第三方调查评价、配合行业主管机构开展检查等多种方式，自觉主动接受政府、社会和客户的监督，发现问题，及时整改，促进了服务质量的不断提高。

（市场交易部）

奥运保供电

一、总体安排

4月29日，公司召开了迎峰度夏暨奥运保供电电视电话会议，及时贯彻落实了国家有关部委关于迎峰度夏暨奥运保供电的部署，对公司迎峰度夏暨奥运会保供电工作做了全面安排。5月初，下发了《关于强化落实迎峰度夏暨奥运保供电任务的通知》，成立了以赵建国总经理为组长的领导机构，主管副总经理牵头的防范自然灾害、防范蓄意破坏、确保电网安全、提高抗灾保障能力、维护和谐稳定、做好供电服务、加强信访工作七个专项工作组，按照分级管理、一级对一级负责的原则，编制了工作方案，开展了专项检查，对相应工作做了具体安排。奥运前夕，公司党组成员按照袁懋振董事长指示精神，分头带队到各省公司检查奥运会保供电工作落实情况，赵建国总经理主持总经理会议，听取了专项小组情况汇报，对奥运保电警戒状态期间的工作做了更加细致的安排。公司加大了安全生产协调力度，奥运期间将每月召开的安全生产协调会调整为电视电话会议，范围扩大到各分省公司和省会供电局及部分重要城市供电局、调峰调频电厂，及时研究解决了兴安直流双极闭锁、电网功率振荡等重大隐患。

编制了32期生产要情通报，供各级领导了解和掌握公司安全生产方面的最新情况，督促有关单位及时处理安全生产重大异常事件。各分省公司认真贯彻落实公司党组决策部署，分别成立了以总经理为组长的迎峰度夏暨奥运保供电工作领导小组，各供电局和有关单位也分别成立迎峰度夏暨奥运保供电领导机构，明确责任，确保各项措施贯彻落实到位。

二、落实电网安全风险控制措施

各单位认真分析电网安全存在问题，落实电网安全风险控制措施，确保了电网安全稳定运行。南网总调编制了调度运行方案和电网事故应急预案，提出了电网运行的十大安全风险、两大电力电量平衡突出问题和防范风险的十项重点措施，开展了全网及各省区联合反事故演习。广东电网按期完成了500kV增横甲线、增莞乙线跳通改造，有效抑制短路电流超标问题，广西电网制订了2008年广西电网运行十大风险和对策，落实了电网和设备安全整改措施。海南电网认真落实海口电厂8、9号机组带负荷方案，及时调整完善了安稳系统和低频减载方案，有效抵御了多次大机组跳闸对海南电网的冲击。深入开展“隐患治理年”和安全生产百日督查活动，重点在落实受灾恢复电网的安全隐患整治，完成了4587条110kV及以上输电线路的普查和复查，消除了6683项缺陷，改造了3128基杆塔，更换了936片绝缘子，提高了输电线路运行的可靠性。奥运开幕前，全网220kV及以上预试定检计划完成率将近100%。广东、云南电网根据公司防断路器及保护拒动工作要求，完成了3个变电站27台断路器及92套保护的特殊维护，全网279项重大及以上设备缺陷全部消除。超高压公司安排直升机巡视了2500km冰灾受损线路，及时发现存在的缺陷和隐患，迎峰度夏负荷高峰期前消除了各类缺陷536项。认真吸取“6·25”南宁站直流电源缺失事件教训，开展了直流电源和站用电系统安全隐患再排查工作，发现并处理了145项缺陷和隐患。广西电网公司继续深入开展二次系统管理年活动，重点抓好通信管理，强化二次接线管理等基础工作，将二次系统管理年成果常态化。各单位全面开展了电力二次系统网络与安全专项保卫工作，加强二次系统边界防护，奥运期间对生产信息系统和调度信息系统采取了物理隔离措施，没有发生因外部信息攻击导致系统破坏或泄密事件。生技部、总调、研究中心和超高压公司专题分析了兴安直流接地极保护导致双极闭锁原因，在兴安直流实施了延长接地极不平衡保护动作时间方案，修改了高肇直流低电压保护延时值，在兴安、高肇直流实施了线路故障重启动策略，直流系统重启成功率由5月的44%提高到9月中旬的85.7%，直流安全可靠运行水平进一步提高。

三、优质服务

公司各级市场营销部门对奥运期间供电形势进行了分析、评估，更加深入细致开展电力

2008年4月29日，公司2008年迎峰度夏暨奥运保供电电视电话会议在广州召开。（南网新闻中心 提供）

电量平衡工作，加大对西部高耗能、广东珠三角地区产业转移对电力需求影响的分析研究力度，制订了持续高温、电煤紧缺等电力供需应对预案。市场部成立了电煤协调小组，积极跟踪协调电煤供应情况，及时向国家有关部门报告电煤情况，及时向贵州、云南、海南省经贸委及有关发电企业发出电煤预警通知。市场部门和调度部门紧密合作，广东电网公司积极配合，充分利用南方电网大平台作用，加大西部低谷富余水电向广东送电的力度，6～8月累计安排广东吸纳低谷富余水电16.7亿kWh，有效减少一次能源消耗，确保了迎峰度夏暨奥运保供电期间电力有序供应。公司各单位积极开展国资委倡导的优质服务活动，大力开展“五心金牌服务”，积极配合国家电监会开展了供电服务检查。奥运前加强对重要客户的安全服务，建立了营销系统值班和信息报告制度，加强信息报送和专业协调，不断完善了供电服务快速反应机制，积极妥善处理客户投诉。广东电网公司成立了供电服务协调组，配合政府落实9E、9F和油机补贴，挖掘电源潜力，努力增加电力供应。广西电网公司大力开展“可靠性管理年”活动，制订了40项可靠性管理工作计划。云南电网公司对全省重要客户进行了用电安全检查，对安全隐患提出了整改建议，并及时报告当地有关政府部门，确保供电服务优质高效。

四、重点工程建设

各单位克服了2008年自然灾害频发和建设资源紧张的困难，加大了协调力度，组织更多的施工力量和机具，制订更详细的施工组织措施，加强材料设备供应的协调、监造力度，确保重点工程按计划推进。公司计划部加强了迎峰度夏重点工程的现场检查和指导，督促建设单位和参建企业健全安全管理体系，落实安全责任，确保工期和质量可控在控。超高压公司采取各种有力措施，保证了500kV施秉—贤令山、滇南外送重点工程顺利投产；广东电网公司在迎峰度夏前完成罗洞站主变压器扩建、对澳门联网220kV第四通道等一批迎峰度夏重点工程建设任务；贵州电网公司克服年初冰灾影响带来的严重困难，按期完成了500kV兴仁—青岩输变电工程；云南电网公司提前完成了500kV云电送粤“南通道”砚山输变电、景洪电站送出工程。各级调度机构主动配合，为工程按时高质量投产作出了重要贡献。

在公司系统和参建单位的共同努力下，重点工程建设抢回了受冰灾影响的进度，黔电送粤、滇南外送等10项迎峰度夏重点工程顺利投产，“西电东送”能力同比增加了450万kW，为电网迎峰度夏和奥运保供电创造了良好的条件。

五、维护稳定

公司先后印发了关于加强迎峰度夏暨奥运会期间维护稳定工作和信访工作的通知及指导意见，对2008年信访工作、迎峰度夏暨奥运维稳等工作进行了具体部署，各单位成立了相应的维护稳定小组，明确职责和任务，建立上下对应的防控工作体系，加强与各级政府信访办等部门的沟通联

▲ *2008年8月6日，深圳供电局举行深圳市供电设施奥运安保誓师大会。（南网新闻中心　提供）*

系，建立健全了维护稳定的防控网络。公司各单位深入开展专项排查，对可能影响企业和谐稳定的难点问题进行清查，了解存在的不稳定因素，明确责任人实行专门跟踪落实；认真接待受理信访，严格按照国家政策和公司制度进行处理；及时处置突发事件，对上访和群体事件人员进行耐心调解和引导，有效控制了涉及稳定工作的36起突发事件。广西、海南电网公司从5月开始在所属单位进行拉网式的不稳定因素大排查，制订了维稳工作预案和专项解决方案。各分子公司深入了解职工队伍的实际困难，在政策允许的范围内加强对困难职工群体帮扶，有效地团结和凝聚了人心，营造了全系统的和谐氛围。

六、应急管理

公司不断完善应急体系，调整了防汛领导小组和防汛办公室，设立了防汛值班室，落实了责任；各分、省公司按照防汛检查大纲要求，4月底前完成了汛前检查，重点做好人员、物资和设备的应急储备工作，进一步完善了防汛防台风预案。汛期，公司应急办、防汛办与各分、省公司建立了关注极端气候的工作机制和预警机制，对汛情和台风实行专人负责跟踪，与国家防汛部门和安监总局保持密切联系，及时将各类预警信息转发有关单位。各单位接到预警后，迅速启动防汛防台风应急预案，落实防范措施，重点做好人员、物资和设备的应急储备工作，广东、广西电网公司成功启动了4次防风防汛应急预案。奥运开幕式前夕，台风“北冕”正面袭击南方区域，造成广东广西共150万用户受灾。广东、广西电网公司认真贯彻董事长指示精神，投入大量抢修人员紧急抢修，在开幕式前成功恢复灾区10kV线路运行，广东还紧急调配45台发电机提供给无法恢复供电的1102用户，确保用户能收听收看盛大的奥运开幕式。云南电网公司及时启动地震应急预案，在短时间内消除了“8·21”盈江地震等3次地震对电力设施的影响，超高压公司及时发现了因山体整体滑坡导致贺罗Ⅰ线92号塔倾斜的重大隐患，6天完成抢修塔组塔，确保了重要线路安全可靠运行，成功应对了突发自然灾害。

七、保供电

奥运保供电期间，各单位以防爆炸、防破坏、防恐怖袭击为重点，采取人防、物防、技防相结合的方式，加强重要场所和设施的安全保卫工作。举行了总调、广东中调和香港中华电力控制中心三方参加的粤港奥运保供电联合反事故演习。精心安排运行方式，编制了北京奥运会、残奥会开闭幕式电网运行专项调控方案，确保了奥运开闭幕式特殊时段系统负荷大幅变化情况下电网的安全平稳运行。各级运行部门抽调人手，恢复了220kV及以上无人值班变电站的值守，重要变电站安排检修人员进驻。认真开展变电站及输电线路安全保卫隐患检查，公司系统共排查出重要电力设施安全保卫隐患3134起，并及时采取措施进行了整改；投入整改资金4525万元，新增保卫和专职人员5597人，有效防止了重要电力设施遭受蓄意破坏。广东电网公司重点加强了23条500kV交流线路、8台500kV主变压器的运行维护，加强对大亚湾、岭澳核电厂备用保安电源线路的维护和巡视，确保核电厂安全。贵州电网公司在奥运会开、闭幕式期间，抽调变电检修、继电保护等方面的精干力量进驻500kV贵阳变电站等重要变电站。云南电网公司对重要党政机关、新闻机构、重要宾馆重新配置了248台发电机及27台发电车，切实保证奥运期间设备安全可靠运行和重要用户安全供电。深圳供电局按照特级保电工作要求，主动联系武警部队298名官兵参加奥运期间重要线路的守卫工作，采取属地公安与供电局民兵抢修连、专业护线队联合巡逻的方式，重点加强要害部位看守，增加重要电力设施的特巡次数，24小时开启各种警戒报警设备，危险点、监控点看护人员不间断严防死守。广州供电局将重要用户的保电方案细化到变电站、供电线路，主动对重要用户进行了一次专项用电安全检查，在公司系统各单位的努力下，圆满完成了奥运会保供电工作。

（市场交易部）

抗 震 救 灾

四川汶川8.0级大地震发生后，南方电网所辖区域亦有不同程度的震感。公司迅速有序组织安排好调度系统各项应急工作，全力保障了五省区电网安全和电力供应。按照公司党组书记、董事长袁懋振，公司总经理赵建国的部署，公司副总经理王良友迅速主持召开了紧急会议，研究部署应急响应工作，并提出工作要求。5月12日下午，公司应急办向全网发出了安全生产预警通知，要求各单位要加强调度值班，确保生产指挥通畅，加强运行监视，安排好值班和抢修力量，特别对水电站大坝安全及重要基础设施进行检查，针对可能发生的余震保障人身安全，并加强信息报送；南网总调发布了调度运行预警通知。

5月13、16、19、24日，公司领导班子连续召开紧急会议，响应党中央、国务院和国务院国资委等有关部门要求，研究部署进一步支援抗震救灾工作，带领全体员工捐款。公司系统想方设法，以多种方式向灾区传递爱心，紧急调运救灾物资，踊跃捐款捐物献血，派出支援灾区工作组，现场协调联络支援四川抗震救灾有关事宜，安排支援抢修队伍随时奔赴抗灾一线。

一、抗震救灾活动

5月16日，公司派出支援灾区工作组，现场协调联络支援四川抗震救灾有关事宜。当晚，工作组迅速抵达四川灾区。同时，公司迅速组织了3800顶帐篷、209台发电机、600台应急灯、500套雨衣雨靴等物资，由贵州电网派出12辆卡车由公司党群部主任肖海带队于5月19日凌晨运抵四川灾区。

5月21日，根据水利部和国家电监会要求，公司又紧急组织贵州、云南、广东电网征调了202台应急发电机，支援灾区部分乡镇，用于当地供水用电，目前已陆续抵达；听闻灾区还急需大量帐篷安置受灾群众，公司再组织了1000顶帐篷迅速运往四川。5月26日按照南方电网公司的统一部署，云南电网公司第一时间调集了40台备用发电机和4台发电车为支援灾区做好准备。5月27日云南电网28台发电机、6台发电车已从昭通运往灾区，这些电力设备抵达四川成都后将有力缓解灾区的供电紧张问题。

5月29日，根据广东省政府有关部门的要求，公司安排了广东电网公司所属广东电力设计研究院3名具有建筑房屋技术鉴定和现场工程设计经验的技术骨干，赶赴灾区支援恢复重建工作。

6月15～19日，数十辆大型货车分别从广东、广西、云南、贵州出发，将总价值约1456万元的变压器、单相电能表、钢芯铝绞线、高压绝缘子等电力物资运往四川地震灾区，支援灾区电网重建。公司另准备100台应急发电机组、5000台柴油发电机（容量20万kW），随时可供调遣。

二、公司捐款捐物

5月15日，公司捐款1000万元，支援灾区人民抗震救灾，同时，捐赠2000套救灾防护服给中国人民解放军成都军区，用于四川省汶川地区抗震救灾。公司及时给四川卧龙保护区提供了最急需的抗灾设备——5、24kW柴（汽）油发电机各5台。5月16日，公司向受灾严重的东方电气集团公司捐助100万元。

截至5月26日，公司分两批共计向地震灾区捐赠柴油、汽油发电机共311台（容量3110kW），帐篷4995顶，应急灯590套，安全帽260顶，雨衣水鞋500套，防护服2000套，以上物资折合人民币1395万元。

6月15～19日，四川汶川特大地震发生以来公司组织的第三批支援四川抗震救灾物资，总价值1456万元的变压器、单相电能表、钢芯铝绞线、高压绝缘子等电力物资运往四川地震灾区，支援灾区电网重建。

▲ *2008年5月19日，公司全力支援抗震救灾，领导带头，员工踊跃捐款。（南网新闻中心　提供）*

▲ *2008年5月18日，公司为四川灾区运送抗震救灾物资。（南网新闻中心　提供）*

三、职工捐款

5月13日，公司工会会员21万人共捐款519万元，通过中国红十字总会火速寄往灾区。5月18日，在中央电视台“爱的奉献——抗震救灾大型捐助活动”中，公司副总经理王良友带去了全网员工对灾区人民的一份真挚爱心，代表公司员工现场捐款2026万元。5月30日，再捐款1849万元，汇至民政部专用账户，同时致函给民政部，希望和5月18日的捐款合在一起使用，共计3875万元，用于四川省广元市朝天人民医院的重建。截至6月20日，公司工会会员21万人捐款293.37万元通过全国总会寄往灾区。

公司系统党员34 192人向中央组织部上交“特殊党费”4285.37万元。

截至6月20日，南方电网公司向地震灾区捐赠款项及物资合计12 923.74万元。其中，公司及职工捐款10 072.74万元（公司1100万元，职工8972.74万元），物资价值人民币2851万元。

四、“负责任、受尊敬”的企业形象

地震无情人有情，公司全力以赴支援抗震救灾，得到了上级机关、地方党委政府和社会各界的充分肯定。国家电监会主席王旭东致电公司董事长袁懋振，充分肯定了在地震发生后南方电网行动迅速，向灾区踊跃捐款、运送物资，同时扎实做好本职工作，电网安全稳定运行，保障了五省区的电力供应，以实际行动全力支持抗震救灾。国家电监会副主席史玉波高度赞扬南方电网雪中送炭，根据实际制订救灾需求计划和支援方案，救灾物资落实到位。在抗震抢险救灾中，中国南方电网有限责任公司贵州电网公司物资供应分公司表现突出，荣获国资委、国资委党委授予的“2008年抗震救灾先进集体”荣誉称号；中国南方电网有限责任公司贵州电网公司物资供应分公司副经理吕朝忠，荣获国资委、国资委党委授予的“2008年抗震救灾先进个人”荣誉称号。

四川省委、省政府给公司发来感谢信表示，在抗震救灾的关键时刻，南方电网发扬“一方有难，八方支援”的精神，踊跃捐款。这是对灾区人民的热忱关心和真诚关怀，充分体现了南方电网公司对四川的深情厚谊，必将极大地鼓舞灾区干部群众奋力抗震救灾。

国家林业局卧龙自然保护区管理局和四川卧龙特别行政区发来感谢信表示：南方电网公司在卧龙人民最困难的时候，急灾区人民之所急，想灾区人民之所想，解灾区人民之所难，做到灾区需要什么就支援什么，及时提供了最急需的抗灾设备，全力以赴支援灾区人民抗震救灾。这充分体现了对灾区人民的热忱关心和真诚关怀，对卧龙人民的深情厚谊，在给予我们极大鼓舞的同时，增强了我们战胜灾害的信心和勇气。

东方电气集团感谢南方电网公司在第一时间伸出援助之手，在东方电气极为困难的时候，给予了东方电气极大的精神和物质援助。为此特向南方电网公司赠送锦旗：“大爱无疆情系东方 抗震救灾共谱华章。”

（办公厅）

突发事件应急管理体系建设

自然灾害、事故灾难、公共卫生事件、社会安全事件等突发事件的发生，会对人民生命财产和社会经济发展造成重大影响，关系到国家安全、社会稳定和企业的生存发展等诸多方面。突发事件考验着政府、企业和人民群众的应急能力，应急管理已成为我们的重要工作。应急管理是针对突发事件的起因、过程及后果实施的一系列有计划、有组织的控制行为，涵盖突发事件发生的前、中、后全过程，包括为应对突发事件而采取的预先防范措施、事发时采取的应对行动、事发后采取的各种善后措施及减少损害的行为。与其他领域的科学管理一样，应急管理是一个复杂的系统工程。

一、应急管理体系建设是电网企业应对突发事件的有力保障

（一）确保安全可靠供电是电网企业的核心价值

现代社会对电力的依赖性在不断增加，电力已经成为社会发展、人类生存不可或缺的重要物质基础。电网企业的核心价值就是对社会提供连续、安全、可靠供电。在发生威胁电网安全的突发事件后，快速、有效地开展应急处置、恢复供电是电网企业不可推卸的责任。

（二）电网发生大面积停电是电网企业面临的主要风险

20世纪复杂大电网的特征是高参数、高电压、

高度自动化、大机组、大电厂、大电网和远距离输电，进入21世纪这个特征还在持续。电网企业面临的突发事件风险主要表现为大面积停电事故，其发生的原因是多方面的。2003年，美加发生“8·14”大面积停电事件；2005年5月25日，俄罗斯莫斯科大部分地区及附近25个城市发生大停电事故。2008年初，南方电网区域发生雨雪冰冻灾害，造成全网99个县、642万户、约2618万人受停电影响，损失巨大。可见，电网结构薄弱、设备原因、运行不当、自然灾害、外力破坏等突发事件均存在引发电网大面积停电的可能。此外，由于各种社会因素的制约，公司安全生产管理依然存在薄弱环节，电网建设和电网运行环境的恶化，存在发生人身伤亡事故、突发公共卫生事件和社会安全事件的风险。

（三）电网企业应急管理体系建设势在必行

2007年，国家颁发了《突发事件应对法》，明确突发事件虽然具有不确定性、紧急性和威胁性等特点，但同时也具有内在的规律性，应急管理就是抓住其中的规律，以求最大限度地降低其发生的频率和造成的危害。企业应急要以风险控制为主线，围绕应急预防、准备、响应和恢复四个主要阶段，建立应急指挥机构、编制应急预案、完善应急保障，并通过制订相关规章制度、开展演练和培训建立起应急运转机制，最终形成统一指挥、结构合理、功能齐全、运转高效、资源共享、保障有力的能有效应对各类突发事件的应急体系。

美加“8·14”大面积停电事件发生后之所以能尽快恢复电网主要供电区域供电，且没有引起大的社会动荡，其中主要一点就是企业编制了有效的应急预案并顺利启动了应急预案，社会各方由于演练有素、互相配合，各种机构按照预案的职责划分行使各自职责，使得平稳地度过危机。2005年“9·26”达维台风使海南电网遭受重创，系统瓦解，就是由于事先制订了电网黑启动方案，仅用1小时25分钟就“黑启动”成功，很快恢复了重点单位、重点用户、重点部位的供电，保住了主网架的安全，把灾害损失降到最低。

所以，电网企业只有加强应急管理，建立应急管理体系，提高预防和处置电力突发事件能力，才能正确、有效、快速地处置各类电力突发事件，最大限度地减少影响和损失，维护国家安全和企业利益。

二、南方电网应急管理体系建设主要内容

多年来，公司认真贯彻落实党中央、国务院以及有关部委关于应急工作的部署和要求，并结合公司实际逐步建立了系统的应急管理体系。2004年，公司颁布实施了《重特大生产安全事故应急处理暂行规定》；2005~2006年，在《国家处置电网大面积停电事件应急预案》实施后，公司上下重点编制和完善了《电网大面积停电事件应急预案》和《黑启动方案》；2007年，公司按照国家有关应急工作的要求，结合近年来应急工作经验和生产实际，制订实施了《应急管理工作规定》；2008年，公司对现有的应急管理模式进行梳理和规范，确立了“三个系统，一个机制”的应急体系框架，即应急指挥系统、应急预案系统、应急保障系统及应急运转机制，初步形成了既符合国家“一案三制”的要求、又具有南网特色、满足应急工作需求的应急管理体系。

（一）应急指挥系统建设

公司应急指挥系统包括应急指挥机构、应急平台和应急信息管理等三方面内容。

（1）应急指挥机构。公司、分子公司及其所属生产经营单位三层分别成立应急指挥中心，由各级行政正职担任总指挥，副总指挥及成员由其他领导及相关部门负责人担任。其主要职责是落实国家有关应急工作的法律、法规及上级有关规定；决定应急工作重大事项；决定应急预案的启动和终止；组织建立突发事件应急组织体系和预案体系；监督指导应急演练；确保应急资金的投入和人力物力的保障。各级应急指挥中心下设应急办公室，履行应急值班、综合协调、信息汇总和传递、新闻发布等职责。除应急指挥中心外，各级专业管理部门成立以专项应急预案为划分的各专项应急指挥机构，在应急指挥中心的统一领导下开展工作。

目前，公司总部成立应急指挥机构1个，人员25人；分、子公司成立应急指挥机构8个，人员206人；分、子公司所属生产经营单位成立应急指挥机构120个，人员2500人。“横向分工协作、纵向分层负责”的三层应急指挥系统为应急日常管理和紧急状态管理的各项工作顺利开展提供了组织保证。

（2）应急指挥平台。应急指挥平台是依据应

急预案对突发事件进行综合应急处置的各类软硬件系统的统称。目前公司已经启动了总部应急指挥平台建设，并研究建立公司、分省公司和所属生产单位三级应急指挥平台功能规范和建设规划。完善后的三级应急指挥平台将实现与上下级和政府互联互通、信息共享，为日常应急管理和各类突发事件应急处置的指挥、协调、调度和决策提供数字化、信息化管理。

(3) 应急信息管理。应急信息管理就是要建立应急信息的汇集、储存、分析和传输系统，主要包括预警信息、突发事件快速报告信息、应急处置信息等，实现与上下级单位和政府部门之间信息的上传下达，为有效应对突发事件应急处置工作提供基本保障。目前公司制订了《突发事件信息管理规定》，规范了应急信息报送的责任、渠道、内容、流程和格式；各分省公司建立了信息报送网络，各级应急办公室归口汇总所属各单位突发事件信息，并及时上报公司及地方政府各有关部门。

(二) 应急预案系统建设

应急预案是针对可能发生的突发事件，为迅速、有效、有序地开展应急行动而预先制订的方案。用以明确事前、事发、事中、事后的各个进程中，谁来做，怎样做，何时做以及相应的资源和策略等的行动指南。公司的预案系统主要由公司、分省公司及其所属生产经营单位三层的总体预案、专项预案及现场处置方案组成。

根据风险分析，公司三层专项预案主要包括人身、电网、设备、电厂大坝垮塌、重大环境污染事故、防风防汛、雨雪冰冻灾害、破坏性地震、电力供应、生产场所防恐怖袭击、突发群体事件、涉外突发事件、新闻危机、网络信息与安全和突发公共卫生事件等专项预案，各分省公司及所属生产经营单位还根据实际增加了其他预案。

到目前为止，公司各专业管理部门完成了《公司人身事故应急预案》等15项专项应急预案的编制；分子公司共修订、编制了8个总体预案和108个专项预案；各分子公司所属的电力生产、运行和基建施工单位148家企业共计完成编制总体预案120个、专项预案1808个、现场处置方案6952个。部分省公司已经开始指导县级供电单位编制预案。

(三) 应急保障系统建设

应急保障系统包括应急队伍建设、应急物资管理和与政府主管部门、重点单位和重要用户的应急联动。

(1) 应急队伍建设。电网企业内部建设“平战结合”的应急队伍，在极端情况下借助系统外部应急资源。公司制订了《公司安全生产应急救援队伍建设指导意见》，各分省公司及所属生产经营单位着手建立和完善应急救援队伍。目前，公司系统对应急队伍采用“分层分块”的管理方式，通过制订和实施应急预案，在所属单位、部门组建专业齐全的专职和兼职应急队伍与专家队伍，目前总人数已达30 178人。

(2) 应急物资保障建设。公司系统应急物资按照“分级管理、合理储备、信息共享、统一调配”的原则进行管理，根据物资的电压等级、类型等对应急物资进行分级，在分省公司和供电局层面分别采购、储备和管理。目前正在逐步探索应急物资的配备及使用管理标准，完善应急保障体系。2008年公司编制、印发了《应急物资管理指导意见》，明确了“分工负责、归口管理”的原则，不断规范各类应急物资的储备、采购、调拨和使用，做到“专业管理、保障急需、专物专用”；各分省公司也逐步制订应急物资管理办法或实施细则、分省公司及所属生产经营单位分层制订各类应急物资配置标准，建立应急物资配置台账；各单位按年度制订应急物资的采购计划，并纳入本单位的年度总预算，保证应急物资的资金投入，并对应急备品备件进行日常维护和动态管理。

(3) 与政府主管部门、重点单位和重要用户的应急联动机制建设。突发事件应急处置是一个系统工程，特别是电力企业作为国民经济的基础产业，其应急处置涉及全社会各方利益。在2008年雨雪冰冻灾害的处置中暴露出气象部门与基础设施企业之间的日常沟通、灾害性天气的监测和预警机制未建立和完善；公司对重要用户管理还不到位，其一表现为对重要用户应急保安电源的配置还需加强指导和督促，部分要害部门、重要用户过度依赖电网供电，没有根据国家有关要求配置备用电源、保安电源和非电保安措施；其二是缺乏应急发电设备的管理机制。

在吸取上述经验教训的基础上，公司重视建

立与重点单位和重要用户的应急联动机制，及时制订了《应急联动机制建设指导意见》，提出了与涉及民生的要害部门、重点单位建立“资源共享，协同应对，快速处置”的应急联动机制工作目标；建立关注极端气候、地震、地质灾害和其他自然灾害的工作机制和预警机制。公司应急办公室规范了政府预警信息的处理流程，各省公司主动和地方气象部门、“三防”指挥部、地震监测部门等机构建立和加强日常交流；部分省公司建立突发事件预警管理制度并及时发出预警；加强与地方政府的联系和协调，充分利用社会资源，完善与网外送售电单位和并网发电企业相互支援机制，共同保障电网稳定运行，共同维护重要用户和高危用户的供电安全，不断提高公司系统应对各类突发事件的能力；指导重要用户加强应急电源配置和管理，制订了《应急发电设备管理规定》，确定了应急发电设备网络管理、分散布置和集中使用的基本原则，以保证在重大事故和灾害情况下，要做到调得出、用得上。

（四）应急运转机制建设

应急运转机制建设包括应急相关管理制度的建设完善和执行、应急演练和培训等内容。

（1）应急管理制度建设。应急体系的“一案三制”中的“三制”之一就是机制建设，而机制建设中的重要内容就是应急管理制度建设。公司在应急制度建设方面主要注重应急管理工作规定的制订，其中对应急管理组织机构、各方职责以及工作内容进行了明确和规范；其次在应急预案编制方法、信息报送、应急保障建设和应急联动机制建设方面制订了规定或指导意见。公司颁布实施的主要管理制度包括《应急管理工作规定》、《突发事件专项应急预案编制指南》、《突发事件总体应急预案》、《突发事件信息管理规定》、《应急队伍建设指导意见》、《应急物资管理指导意见》和《应急联动机制建设指导意见》等文件。南网总调和各分省公司也制订了应急管理办法、工作规定或实施意见，使应急工作全面走上体系化轨道。

下一步，公司将在预案管理、应急平台建设、应急演练、应急培训等方面系统地建立相关管理规范，逐步形成完整的制度体系。

（2）应急管理培训。应急培训是增强危机意识和责任意识、提高事故防范能力的重要途径，是提高应急人员和职工应急能力的重要措施，是保证应急预案贯彻实施的重要手段。公司将应急培训纳入安全生产教育培训规划之中，并实行分层次分级实施原则，分别针对各级领导、各级管理人员、生产一线人员及应急救援人员开展形式多样的应急培训。对领导干部培训重点是了解国家相关法律法规、掌握应急管理知识、提高应急管理和应急指挥处置能力；对应急管理人员培训重点是掌握应急管理理论及相关法律法规、应急救援相关知识和专业技能、应急预案的编制方法和要点，提高突发事件应急处置能力等；对生产一线人员应急培训重点是熟悉应急预案，熟练掌握本岗位应对突发事件的应急处置程序，增强防范意识，提高应急处置和自救互救能力。2008年，公司系统参加应急培训的各级安全监察人员、生产管理人员和应急抢修人员合计超过3.1万人次。

（3）应急演练。应急演练是各类突发事件应急准备过程中的一项重要工作，可以充分检验应急人员实际操作水平，发现并及时修改应急预案中的缺陷和不足，解决各方协同配合等问题，增强预案的科学性、可行性和针对性，提高快速反应能力、应急救援能力和协同作战能力。目前，公司的应急演练按照分级管理原则，层层制订演练计划，各级安监部门监督执行。在企业内部开展应急演练的方式或内容主要包括系统仿真演练、人员个人防护演练、重要输变电事故应急演练、针对各类自然灾害的应急演练、黑启动演练、保供电演练以及其他演练。

在2006年，公司系统举行各类突发事件应急演练达1159次，2007年为1200次，2008年达1480次。特别是从2005年开始公司配合政府部门开展了一系列大规模、大范围的电网大面积停电事件应急演练。到2007年12月底，先后完成了广东、贵州、海南3个省级电网大面积停电事件演习和广州、南宁、昆明、贵阳、海口、深圳、东莞、佛山、桂林、三亚、遵义5个省会城市和其他6个重点城市电网大面积停电事件演习。除重点城市外，目前公司系统所辖区域其他地级市也陆续开展演习。

三、应急管理体系建设效果及实践

（一）总体效果

在“三个系统，一个机制”的应急管理体系

的保障下，公司成立以来，全系统没有发生对社会和公司造成重大不良影响、对资产造成重大损失的生产安全事故；没有发生特大人身事故，没有发生人员责任的重特大电网事故，没有发生重特大设备事故，没有发生电厂垮坝事故。

（二）应急实战

由于应急体系的建立健全，公司应对各种突发事件的能力得到增强，全体员工的应急意识和应急技能大幅度提高。以 2008 年为例，公司系统启动各类应急预案 286 次。应急体系的有效运转最大限度地预防和减少了各类突发事件及其造成的损害和影响，保证了员工生命安全和电网安全。

1. 抗击“达维”台风

2005 年 9 月 26 日，海南电网遭受了近 32 年来最强烈的台风袭击，引发电厂连续跳机解列，系统瓦解。事故发生后，海南电网公司迅速启动应急预案，沉着应对，反应快速、行动果断、组织得力，仅用 1 小时 25 分钟就“黑启动”成功，很快恢复了重点单位、重点用户、重点部位的供电，保住了发电设备的安全，保住了主网架的安全，把灾害损失降到最低。

2. 抗击云南普洱“6·3”地震灾害

2007 年 6 月 3 日，云南省普洱市境内发生 6.4 级地震，造成 110kV 配网受损严重，普洱市宁洱、墨江、景谷三县部分地区供电中断。云南公司立即启动了《地震事故应急预案》，全力开展救援和抢修工作，6 月 3 日晚就通过特殊供电方式，恢复对普洱市宁洱、墨江、景谷三县的供电，震中所在地宁洱县城区也基本恢复供电。

3. 战胜雨雪冰冻灾害

2008 年初，在贵州冰灾刚开始加剧时，公司及时发出冰灾应急预警通知；在冰灾开始蔓延时，公司及时启动了处置电网大面积停电应急预案，全面进入紧急状态；应急总指挥部按照中央“保交通、保供电、保民生”的要求迅速部署，环环相扣发布 1、2、3 号特别令和特别安全令；南网总调发布特别调度令，明确保主网、稳广东、救贵州；应急办公室确保信息上下畅通，各部门协调配合，全网上下一盘棋调集所有资源开展线路抢修和恢复供电，公司应急体系高效运转，仅用 48 天就打完了一场歼灭战。

4. 抗击台风“黑格比”

2008 年 9 月 24 日，12 年来最强台风“黑格比”对广东阳江、湛江、茂名电网造成严重破坏，广东省直接经济损失超过 113.8 亿元。广东电网公司及时启动Ⅰ级响应，调集 31 支队伍、约 1.3 万抢修人员展开会战，投入抢修车辆 1994 台，调用 209 台发电机送往灾区海陵岛，及时恢复了 32 712 个配电台区、2 441 245 个用户的正常供电。

公司作为服务于南方五省区的国有大型企业，建立健全电力应急体系义不容辞。在下一步的工作中，公司将按照国家安监总局、电监会等部委的要求继续做好应急指挥系统、应急预案系统、应急保障系统及应急运转机制的完善和规范工作，真正形成统一指挥、功能齐全、反应灵敏、运转高效的应急机制，为确保南方五省区经济持续、更快发展作出应有的贡献。

（安全监察部）

大　事　记

2008年公司大事记

1月

7日　经公司研究，决定成立鼎和财产保险股份有限公司。

10日　公司总经理赵建国赴深圳供电局检查创建国际先进水平供电局工作，现场考察了深圳供电局调度、创先展厅和营销指挥系统。

14日　国务院国有资产监督管理委员会副主任、党委副书记李伟一行到公司调研中央企业改革发展经营情况，在公司党组书记、董事长袁懋振、总经理赵建国等陪同下考察南网总调、南方电网仿真实验室。

16日　公司与中国农业银行银企全面合作暨授信协议签约仪式在广州举行，中国农业银行向公司提供的授信额度提高至600亿元。公司总经理赵建国、中国农业银行副行长杨琨在协议上签字。

同日　经中共中国南方电网有限责任公司党组研究决定：周佑明同志任中共鼎和财产保险股份有限公司党组成员、书记；李文中同志任中共鼎和财产保险股份有限公司党组成员；张晓英同志任中共鼎和财产保险股份有限公司党组成员。

同日　经研究，并经鼎和财产保险股份有限公司董事会讨论通过，聘任：李文中同志为鼎和财产保险股份有限公司董事长；张晓英同志为鼎和财产保险股份有限公司总经理；周佑明同志为鼎和财产保险股份有限公司副总经理。

18日　受冰灾影响，南方电网第一条500kV鸭烽线中断停运，贵阳与遵义电网断开，西电东送大动脉受阻。

21～22日　公司2008年工作会议暨一届一次职工代表大会在深圳召开，公司党组书记、董事长袁懋振作工作报告，公司党组成员、总经理赵建国作总结讲话，会议通过了《中国南方电网公司一届一次职工代表大会关于2008年工作报告的决议》。

21日　公司在深圳召开工作会议期间，发现贵州电网500kV倒塔后，立即召开公司应急领导小组会议，启动应急预案，宣布全网进入紧急状态。会议明确提出了保主网、保重点城市、保人民群众生活、保要害部门、保重点单位的要求。

22日　公司发布特别调度令，再次召开应急领导小组会议，进一步做出具体部署，采取切实措施保主网、稳广东、救贵州。公司副总经理祁达才一行赴贵州指导抗灾抢险工作。

23日　下午，广东电网公司入黔抗冰救灾的首批28名抢险队员分别从广州、深圳、珠海出发，奔赴贵州抗冰救灾一线。南方电网公司共分6批调集全网技术力量6000余人支援贵州。

同日　广东省输变电工程公司党委在接到抗冰抢修任务的当天，就成立了分赴贵州与韶关两个临时党支部。在这次抗险救灾抢修复电中，在一线成立了166个临时党支部、98个临时团支部，组织了1884支党员、团员青年突击队。

25日　公司果断决策，投入1.9亿元紧急购置和组织5469台柴油发电机（车），2月5日前分发到各受灾县、镇、村，保证了春节期间100%的县城、乡镇都用上电。

26日　贵州电网公司铜仁供电局陈斌在抢修因凝冻倒塌的电线杆时，献出了年轻的生命，年仅39岁。

26～27 日　公司总经理赵建国到贵阳视察被冰棱压倒的 220kV 筑风线Ⅰ回和 110kV 筑南铁塔抢修现场。

27 日　17 时 22 分，广东电网公司韶关始兴供电局马市供电所职工刘焕松在参加马市 10kV 抗冰复电抢险工作中，由于电杆突然折断随杆摔落，身负重伤，经抢救无效，不幸因公殉职，终年 47 岁。

29 日　公司召开抗冰救灾与保障春节期间供电电视电话会议。

30 日　中共中央政治局常委、国务院总理温家宝在中共中央政治局委员、广东省省委书记汪洋，国家电监会主席尤权，广东省省长黄华华等陪同下，到公司视察抗灾保电工作。在调度通信中心听取了公司党组书记、董事长袁懋振的情况汇报后，温家宝总理作出了重要指示，并对南方电网全体干部职工表示亲切慰问。

同日　公司党组书记，董事长袁懋振赶到贵州电网慰问一线员工，检查指导工作。

31 日　国家电监会主席尤权赶到受凝冻灾害最为严重的贵州，在贵州电网应急指挥中心现场听取了汇报，对下一步抗冰抢险和保春节期间供电作出重要指示。

2008 年1 月30 日，中共中央政治局常委、国务院总理温家宝（左二）到南方电网公司视察抗灾保电工作，在调度通信中心听取公司董事长袁懋振（左一）的工作汇报。（南网新闻中心　提供）

2 月

1 日　中共中央政治局常委、中央书记处书记习近平在贵州省省委书记石宗源、省长林树森等陪同下，来到贵州电力调度通信局，视察抗冰抢险工作，听取了公司党组书记、董事长袁懋振的汇报，并作重要指示。

同日　经研究，决定成立中国南方电网有限责任公司技术情报中心，公司技术情报中心挂靠公司生产技术部。

同日　公司总经理赵建国、广西自治区副主席杨道喜到桂林检查电网抢修工作。

同日　公司副总经理肖鹏赴云南电网公司，到曲靖供电局了解灾情，又赶到 500kV 宣曲线覆冰现场，慰问现场抢修的员工。

同日　公司副总经理王良友赴韶关检查指导抗冰抢险保电工作，并看望慰问了因公殉职的刘焕松的家属。

2 日　国务院副总理曾培炎率国务院工作组到贵州指导抗灾救灾工作，在公司党组书记、董事长袁懋振的陪同下，到筑观二回筑兴线15号塔抢修现场，慰问现场抢修人员。

3 日　公司召开党组扩大会议，总结了第一阶段抗冰保电工作，研究部署下一阶段抗灾保电和春节前后有关工作，公司整体进入紧急状态。

4 日　11时30分，广东电网公司清远供电局职工黄伟明在抢运供电线路物资时，因吊车不幸侧翻造成重伤，经抢救无效，光荣殉职，终年35岁。

同日　国家人事部、国务院国有资产监督管理委员会决定追授南方电网广东电网公司韶关供电局员工刘焕松“中央企业劳动模范”荣誉称号。

5 日　下午，中共中央政治局常委、国务院总理温家宝到贵阳，在贵州省省委书记石宗源、省长林树森，公司总经理赵建国等陪同下，前往黔南州龙里县观音山110kV龙龙黑线抢险现场慰问电网职工，了解电网抢险工作，并连夜召开会议研究电网灾情和抗灾救灾情况，作出具体部署。

同日　贵州220kV都凯线，经过广东电网支援抢修队伍5个昼夜的抢修，在大年二十九恢复供电，为停电12天的都匀地区送去了光明。

同日　公司党组书记、董事长袁懋振到桂林兴安县220kV大丰到南塘线抢修现场。

6 日　中共中央总书记、国家主席、中央军委主席胡锦涛在公司党组书记、董事长袁懋振的陪同下视察桂林灾区抢修现场。

同日　公司组织专家研究电网整体修复的规划和建设标准问题，率先进行了标准问题的讨论。

同日　广西桂林110kV挡道线经过广西电网4天的全力抢修，在胡锦涛总书记视察桂林的除夕晚上18时25分恢复供电，保障了桂林地区3个县的用电。

同日　公司副总经理周继太到超高压公司广州换流站慰问一线员工。

同日　公司副总经理王久玲检查南网总调、安监部工作，并向总部坚守人员拜年。

同日　公司副总经理祁达才到遵义电网，向战斗在一线的电力职工致以春节的慰问，并到220kV金鸭线看望正在抢险施工的云南送变电公司员工。

7 日　大年初一，中共中央总书记、国家主席、中央军委主席胡锦涛在广西自治区党委书记郭声琨和政府主席马飚等的陪同下，到广西电网调度中心看望慰问坚守岗位的职工，察看电网运行情况，听取公司工作汇报，并作出了重要指示。公司党组书记、董事长袁懋振为胡锦涛总书记在广西考察的随行人员，公司总经理赵建国在广西电网迎接胡锦涛总书记一行。

同日　凌晨3时左右，参加桂林110kV挡道线抗冰救灾保供电抢修的广西送变电建设公司员工蒙笑因劳累过度，心脏骤停，经桂林市兴安县人民医院抢救无效，不幸以身殉职，年仅43岁。

同日　公司党组纪检组组长王玉霜到广州蓄能水电厂看望慰问节日坚守岗位的一线干部职工。

同日　公司副总经理王良友到云南受灾最严重的昭通地区视察。

7～8日　公司副总经理肖鹏到广东韶关了解粤北地区受灾情况，问候坚守岗位的电网职工，看望慰问因公殉职的刘焕松的家属，并到当地农户中了解复电情况。

8日　公司董事长、抗灾保电总指挥部总指挥袁懋振签发公司1号“特别安全令”，明确了具体的组织措施和技术措施，防止在大规模抢修恢复工作全面展开后发生人员伤亡事故。

9日　公司抗灾保电总指挥部发布1号令（即全面复电令），明确公司内部控制的目标是力争3月10日全面恢复电网正常供电。

10日　21时31分，广西主电网向广西受灾最严重的桂林资源县恢复试供电成功，标志着广西电网供电区域内17个受停电影响的市县全部恢复供电，提前11天完成胡锦涛总书记提出的元宵节确保资源县城用上大网供电的要求。

12日　公司召开党组扩大会，进一步贯彻胡锦涛总书记、温家宝总理等中央领导到南方电网视察工作时的重要讲话精神，回顾总结了公司抗灾抢险抢修复电的阶段性成果，对下一步工作提出了明确的目标和要求。

13日　《人民日报》头版刊登了《点亮万家灯火——南方电网抗冰保电纪实》。在这次抗险救灾抢修复电中，从报纸、电视、电台到网络，全网见报见播新闻报道11 326篇。其中《人民日报》58篇，新华社169篇，中央电视台播出新闻205条，并创下了连续18天在《新闻联播》播出的纪录。

同日　18时09分，500kV安青天Ⅱ回线路带电成功，贵州第一条500kV线路成功修复，确保了贵阳南部电网供电更加可靠和贵州电网的安全稳定性。

14日　中国人民解放军成都军区决定抽调5000人，大型军车100辆、直升飞机3架，火速集结贵州，支援贵州电网恢复重建工作。此前已有1616名人民解放军已先期到达并开展抢险工作。

同日　公司党组书记、董事长袁懋振在广东电网公司总经理吴周春、党委书记黄建军的陪同下，到韶关灾区检查指导抗险救灾抢修复电，看望慰问一线员工，要求广东电网3月5日以前一定率先恢复供电。

15日　公司副总经理祁达才代表公司党组赴500kV青河Ⅱ回线路位于贵州省惠水县的抢修现场，慰问奋战的成都军区红军团官兵。

16日　17时20分左右，贵州电网公司都匀供电局员工杨文在抢修线路时，被挂断的导线弹飞到施工桥墩基础坑内，因伤势过重，抢救无效，因公殉职，终年46岁。

同日　23时35分，贵广交流柳贺甲线提前4天成功修复，作为西电东送主网架第一条修复的500kV受损线路，打通了西电东送主网架广西段线路，使得龙滩电厂可多送广东90万kW电力。

19～20日　公司在贵阳市召开了“南方电网提高应对低温雨雪冰冻等重大自然灾害能力的专题研究报告”专家评审会，提出了电网抵御冰冻自然灾害的三项措施。

21日　在抢修复电进入关键攻坚阶段时，公司董事长、抗灾保电总指挥部总指挥袁懋振签发公司总指挥部2号令，对全体员工进行再动员，继续调集力量，充分发挥部队的优势，确保工程进度可控、在控。

27日　12时，广西境内南方电网管辖的供电区域内所有因灾受损电力设施全部修复，受停电影响的17个县、106个乡、531个村、7822个屯全面恢复正常供电。

同日　20时31分，超高压公司黔电送粤北通道500kV青河线Ⅱ回经过22天的奋力抢修成功恢复送电，独山大决战取得胜利。

28日　16时05分，110kV乌峰变电站1号主变压器正常投运，云南电网1091条停运线路、76座停运变电站全部恢复正常运行。标志着云南电网全面恢复运行。

29日　随着220kV连阳甲线的修复，广东受停电影响的12个市县、66个乡镇、21.1万户、83.9万人全面恢复正常供电。

同日　在抢修复电攻坚战即将取得全面胜利时，公司抗灾保电总指挥部发布3号令，安排抢修完成后对修复的设施进行复查，确保重建工程质量，同时，对整个电网进行普查，提出整改意见和措施，提高今后的防灾御灾水平。

3月

3日　因灾停运的南方电网西电东送主网架贵广交流双回、贵广Ⅰ回直流的“两交一直”三条大通道全部抢修完成，恢复到灾前的正常送电能力。

4日　凌晨，随着500kV鸭福Ⅰ回线、鸭烽线、黔烽Ⅰ回线这3条主干线路的送电成功，之前解列为主网、北部电网、东部电网3片运行的贵州电网成功并网并运行，至此，贵州电网解网运行43天的局面结束。

同日　公司成立中国南方电网有限责任公司企业年金理事会，企业年金理事会成员组成如下：周继太、李文中、江毅、王振升、孙展、唐虎延、黄建军、张滇生、罗体承、廖新和、黄立新、周正风、吴建宏。企业年金理事会理事长周继太，常务理事唐虎延。

5日　公司在贵阳举行新闻发布会，宣布“固主网、保东送”目标提前实现，贵州电网已恢复正常方式运行。当日18时25分，贵州东送电力达到499万kW，比2007年同期增加44%。

同日　贵州省委、省政府与公司在贵阳市人民广场举行隆重仪式，欢送支援贵州电网灾后重建部队子弟兵。

同日　云南电网公司普洱供电局员工蒋迎青，在抗冰抢险工作中由于连日劳累，气候恶劣，身患重感冒，仍坚持在现场工作。凌晨6时59分，经抢救无效，因公殉职，终年27岁。

8日　13时，随着贵州凯里雷山县掌雷村自然村寨——排芒组76户苗族乡亲家家户户全部复电，贵州电网实现“户户复电”，标志着南方电网灾后修复重建工作全面完成。

20日　国务院国资委在北京召开“优质服务年”活动总结表彰暨“金牌服务迎奥运”视频会议，公司系统广东电网公司广州供电局等8家单位获“优质服务明星”称号，广东电网公司汕头供电局市场及客户服务部客户服务管理专责杨胜伟等14名个人“优质服务标兵”称号。

21日　公司召开抗险救灾抢修复电总结表彰大会，公司党组书记、董事长袁懋振在总结表彰大会上作重要讲话，公司总经理赵建国主持会议。公司副总经理肖鹏宣读了公司的表彰决定及追认因公殉职的同志为公司劳动模范的决定。68个单位获“中国南方电网公司抗灾抢修复电先进集体”荣誉称号，208名同志获“中国南方电网公司抗灾抢修复电先进个人”荣誉称号。刘焕松等6位同志被追授为“中国南方电网公司劳动模范”荣誉称号。

同日　公司发出《关于追授刘焕松等六位同志“中国南方电网公司劳动模范”荣誉称号的决定》，追授刘焕松、陈斌、蒙笑、黄伟明、杨文、蒋迎青等6名同志“中国南方电网公司劳动模范”荣誉称号。

24日　公司承担的国家发改委重大产业技术专项“基于广域信息的多直流自适应协调控制技术”获得重大突破，成功举行世界首次闭环试验，凌晨5时06分，南方电网“多直流广域协调控制系统”3小时闭环试验顺利完成。

28日　公司与中国建设银行股份有限公司在广州签署战略合作协议，建行向公司提供的综合授信额度提高至800亿元。公司董事长袁懋振、中国建设银行行长张建国出席签约仪式并致辞。公司副总经理周继太、中国建设银行副行长陈佐夫分别代表双方在协议上签字。

同日　公司在广州召开“优质服务年”总结表彰暨金牌服务迎奥运启动电视电话会议。部署了以“责任在我心，奥运伴我行”为主题的2008年金牌服务迎奥运工作。公司金牌服务迎奥运活动领导小组组长肖鹏、副组长王玉霜出席会议。

4月

8日　公司总经理赵建国会见了到访的越南电力集团总经理兼首席执行官范黎青一行，公司副总经理王久玲、总经理助理曲曙参加了会见。

8～12日　公司总经理赵建国前往贵州省委省政府、成都军区及贵州省军区、中国人民解放军第十三集团军座谈慰问，送上锦旗、感谢信，并到医院看望慰问了在凝冻灾害期间援助贵州电网抢修光荣负伤的两位解放军战士。成都军区司令员李世明，贵州省省委副书记、省长林树森和副省长孙国强分别会见了赵建国一行。

10～11日　公司党组书记、董事长袁懋振赴云南对云南省委省政府、中国人民解放军第十四集团军进行感谢慰问，期间，袁懋振与云南省省委书记、省人大常委会主任白恩培进行了亲切友好的会谈。

11日　“2008全国电力抗冰保电图片展”在北京劳动人民文化宫拉开帷幕。此次图片展由中国电力报社发起，中国南方电网公司等7家单位联合主办，公司党组成员、纪检组长王玉霜出席了开幕式并剪彩。

14日　在国务院国资委和瑞典政府共同举办的中国—瑞典企业社会责任高层论坛上，公司总经理赵建国应邀作了题为《中国电网企业的社会责任》主题演讲。

同日　公司与中国电信集团公司在北京举行战略合作签字仪式，公司副总经理祁达才与中国电信集团公司副总经理孙康敏出席签字仪式。

15日　南方电网直流融冰装置样机试制合同签署，公司首套直流融冰装置投入生产，防冰抗冰预警系统进入实施阶段。

18日　国务院国资委举办中央企业“迎奥运、塑形象、添光彩”劳动竞赛活动主题演讲比赛，代表公司出赛的广东电网公司刘宾和广西电网公司吴敏分别获金奖和铜奖。

21～22日　受公司党组的委托，公司副总经理肖鹏携慰问团赴广西，感谢自治区党委、政府、广西军区、武警广西部队以及驻桂某集团军在冰灾期间给予的大力支持和帮助。广西自治区副主席杨道喜，广西区党委、广西军区、武警广西总队领导出席了答谢慰问会。

23 日　公司党组书记、董事长袁懋振率队赴广州军区总部赠送锦旗和感谢信，感谢为南方电网抗灾救灾工作作出突出贡献的广州军区全体指战员。广州军区司令员章沁生、政委张阳、副政委田义功等首长出席了座谈会。

24～25 日　公司党组书记、董事长袁懋振，副总经理周继太应邀出席海南建省办经济特区20周年庆祝活动，专赴现场检查指导特级保电工作。

29 日　国务院国资委在北京召开2008年中央企业抗击雨雪冰冻灾害总结表彰大会，公司党组书记、董事长袁懋振参加表彰大会。广东电网公司党委书记、副总经理黄建军作为优秀共产党员代表在大会上发言。公司系统14个先进集体、25名先进个人，9个先进基层党组织、14名优秀共产党员受到国务院国资委表彰。

5 月

1 日　公司系统共有16个集体中华全国总工会被授予全国五一劳动奖状，20名个人被授予全国五一劳动奖章。公司应急指挥中心荣获全国五一劳动奖状。

9 日　公司在广州对外发布了《中国南方电网公司2007年社会责任报告》，这是公司首次发布社会责任报告。公司党组书记、董事长袁懋振在发布会上致辞，公司总经理赵建国主持发布会。

11 日　云南电网公司统调负荷最高达9202MW，同比增长13.09%，是2008年第9次创新高。

13 日　公司全力支援抗震救灾，紧急调运救灾物资赶赴灾区，领导带头、员工踊跃捐款。

20 日　公司邀请了《人民日报》、新华社、《经济日报》、《光明日报》、中央人民广播电台、《中国电力报》、《南方日报》等11家中央和地方主流媒体采访公司金牌服务迎奥运工作，进一步展示公司优质服务水平，树立良好形象。公司副总经理肖鹏出席了媒体见面会。

25 日　鼎和财产保险股份有限公司保险业务启动仪式在深圳举行，标志着该公司正式开展保险业务。公司副总经理周继太出

▲ *2008年6月27日，共青团中国南方电网公司第一次代表大会在广州召开。右图为公司副总经理王良友出席大会并讲话。（南网新闻中心　提供）*

席了启动仪式。

30 日　南方电网“十一五”西电东送重点工程——500kV 滇南外送工程如期实现全线贯通投产。

同日　中国南方电网有限责任公司应急指挥中心成立。

6 月

4 日　贵州电网公司统调负荷最高达10 426 MW，同比增长 3.19%，是2008 年第4 次创新高。

6 日　国务院国资委和共青团中央命名、继续认定了一批青年集体为 2007 年度全国青年文明号，超高压输电公司南宁局 500kV 平果变电站等公司系统 34 个青年集体获此殊荣。

23 日　海南电网公司统调负荷最高达 1696MW，同比增长达 6.0%，是 2008 年第 4 次创新高。

27 日　共青团中国南方电网公司第一次代表大会在广州隆重召开。公司副总经理王良友出席大会并讲话。中央企业团工委书记许高峰、共青团广东省省委副书记白涛出席会议。大会以无记名投票方式选举产生共青团中国南方电网公司第一届委员会。

7 月

5 日　在中央企业第三届乒乓球比赛中，公司代表队获得团体总冠军。公司副总经理肖鹏获领导干部组单打冠军；公司派出的另外 4 个参赛组分获 2 个团体冠军、2 个团体亚军。

9 日　美国《财富》杂志公布了 2008 年世界 500 强企业排行榜，中国南方电网公司以 338.61 亿美元的营业收入排名第 226 位，较 2007 年提升了 11 位。

13 日　公司首个国家级科研项目“大容量、远距离交直流输电电网稳定技术开发”通过验收。

14 ~ 16 日　国家电力监管委员会副主席王野平率电监会安全生产专项督查组一行 11 人，就公司隐患排查治理、迎峰度夏暨奥运保供电等工作进行安全生产专项督查。公司总经理赵建国，副总经理祁达才、王良友等参加工作汇报会。

2008 年7 月15 日，公司与深圳举行第26 届大运会电力供应合作伙伴签约仪式，图为公司董事长袁懋振在会上讲话。（南网新闻中心　提供）

15日　公司与第26届世界大学生夏季运动会执行局在深圳举行签约仪式，成为大运会合作伙伴。

18日　500kV黎平至桂林变甲线启动成功，标志着500kV施秉—贤令山双回线路全线投运，南方电网迎峰度夏重点工程全面告捷，西电东送能力提升至1800万kW。

20日　南方电网统调负荷最高达88 868MW，同比增长13.7%，是2008年第13次创新高。

同日　广东电网公司统调负荷最高达60 274MW，同比增长11.35%，是2008年第10次创新高。

22日　正值奥运会期间，12号台风“鹦鹉”袭击广东，公司全力应对，做好防御台风的各项工作。

28日　公司与澳门特别行政区政府能源业发展办公室在澳门签署了2010～2020年电力合作框架协议，公司副总经理王久玲与澳门能源业发展办公室主任山礼度代表双方在协议上签字。当天，粤澳两地电力合作的首条220kV输电工程投产。

28～29日　日中科技协力会议2008年度理事会在上海召开。公司董事长袁懋振作为理事出席了会议。会议期间，袁懋振会见了日本关西电力公司顾问、原董事长藤洋作先生。

31日　国家发改委在南京组织召开了全国电力需求侧管理工作现场会。公司副总经理肖鹏在大会上作了交流发言，介绍了公司近年来开展需求侧管理工作的经验和取得的成效。

8月

4日　公司组织的粤港奥运保供电联合反事故演习成功举行，南网总调、广东中调和香港中华电力控制中心参加了本次演习。

同日　公司副总经理王良友到云南电网公司检查迎峰度夏暨奥运保供电工作。

5～7日　公司副总经理肖鹏到贵州电网公司检查奥运保供电和维稳工作。

5～6日　公司副总经理周继太到广西电网公司检查奥运安全保供电工作。

5日　公司副总经理祁达才到广东电网公司检查奥运保供电工作。

6日　“北冕”台风袭击广东，造成广东、广西150万用户受灾，公司全力组织抢修，在奥运会开幕式前恢复灾区10kV以上线路运行。

9月

4日　公司与法国电力公司在广州签署了合作框架协议，公司副总经理王久玲与法国电力公司中国区总裁吉强毅代表双方在协议上签字。

5日　公司年度科学技术奖获奖项目正式揭晓。高压直流输电基本设计软件包的开发与利用、贵广二回±500kV直流输电工程系统研究和成套设计自主化和基于广域信息的多回直流自适应协调控制技术研究及实施获一等奖，二等奖26项，三等奖44项。

10日　广东省省情调查研究中心发布2008年广东九大服务行业居民评价调查报告，公司连续三年蝉联总体服务满意度评价第一。

17日　公司召开珠三角地区用电市场汇报会，公司总经理赵建国、副总经理肖鹏出席会议。

19 日　广东省电力设计研究院博士后科研工作站挂牌成立。

23～26 日　23 日第 14 号强台风"黑格比"在广东、广西两省登陆，累计造成公司 4638 条线路跳闸，截至 26 日线路已恢复 4505 条，220kV 及以上受灾线路全部恢复。

24～25 日　公司在广东江门首次召开营销管理创新经验交流会。公司副总经理肖鹏出席会议并讲话。

26 日　国务院国资委副主任、党委委员黄淑和到公司检查指导工作，公司党组书记、董事长袁懋振，总经理赵建国以及领导班子成员参加了汇报会。

10 月

6 日　公司 2008 年迎峰度夏暨奥运保供电总结表彰电视电话会议召开。

9～10 日　公司总经理赵建国到梅州实地考查五华抽水蓄能电站选点和规划情况，并深入梅州供电局调研。

12 日　国内首套大容量直流融冰装置在贵州电网 500kV 福泉变电站研制成功。

17～21 日　公司王良友、孙兆媛、于俊岭、潘超、焦素萍 5 位同志作为中国工会十五大代表，赴京参加中国工会第十五次全国代表大会。

21～22 日　公司党组书记、董事长袁懋振，副总经理王久玲应邀出席了第五届中国—东盟博览会。袁懋振一行分别拜会了广西自治区党委常委、纪委书记石生龙，自治区副主席杨道喜、林念修。王久玲出席了中国—东盟电力合作与发展论坛。

24 日　公司 80 亿元企业债券在全国银行间债券市场成功发行。

26～29 日　公司董事长袁懋振率团赴澳门出席第十七届亚太电协大会开幕式并致辞，公司副总经理王久玲发表《气候变暖带来的挑战》主题演讲。

30～31 日　公司召开 2008 年信息化工作会议，公司总经理赵建国、副总经理祁达才出席会议并讲话。

31 日　贵州节能发电调度煤耗在线监测系统研究与应用项目科技成果通过鉴定。

11 月

6 日　公司总经理赵建国会见中国东方电气集团公司党组副书记、总经理斯泽夫一行，斯泽夫感谢南方电网公司在其遭受汶川大地震重创时给予的大力支持和帮助，并向公司赠送锦旗。

8 日　公司召开 2008 年度财务决算会议及 2009 年度财务预算会议。

12～13 日　公司副总经理肖鹏出席在北京中国国际展览中心举行的中国电力改革开放 30 年成就展，并在 11 月 13 日召开的纪念中国电力改革开放 30 年座谈会上作专题发言。

▲ *2008 年 11 月 12 日，中国电力改革开放 30 周年成就展在北京国际展览中心举行，图为公司副总经理肖鹏在座谈会上作专题发言。（南网新闻中心　提供）*

13～14 日　公司举行总部 2008 年软课题评审会，公司党组书记、董事长袁懋振出席并讲话，总经理赵建国作会议总结，共有 9 项课题研究获奖，4 个部门获优秀组织奖。

15 日　国务院国资委主任、党委书记李荣融带领有关厅局负责人广州调研，在公司总部召开了部分中央企业负责人座谈会，在公司党组书记、董事长袁懋振，党组成员、总经理赵建国的陪同下，到南网调度中心视察。

18 日　南方电网应急通信网投运试验成功。

2008 年11 月15 日，国资委主任李荣融（左二）到南方电网公司视察。（南网新闻中心　提供）

20 ~ 21 日　公司在昆明举行第三届“万家灯火南网情深”杯优质服务技能竞赛。

27 日　广东节能发电调度正式启动。

同日　广州蓄能水电厂获安全生产风险管理体系四钻认证。

12 月

4 ~ 5 日　第五届南方电网技术论坛在海南三亚举行，公司副总经理祁达才出席论坛并讲话，共评出科学技术奖 73 项，优秀论文 48 篇。

5 日　公司荣获 2008 年度“中华慈善特别贡献奖”。

10 日　聘任吴周春同志为公司总经理助理，南方电网国际有限责任公司董事长。聘任于培双同志为行政部（办公厅）主任。

同日　聘任赖佳栋同志为广东电网公司总经理，廖建华同志为广东电网公司副总经理，金基民同志享受广东电网公司领导班子正职级待遇，杨爱民同志为广州供电局局长，赵树华同志为广东电网公司助理巡视员。

同日　公司在贵阳召开提高抗灾能力有关措施落实情况汇报会，国家电监会主席史玉波、贵州省副省长孙国强、贵州省军区司令员凌峰等出席会议，公司总经理赵建国作总结讲话，副总经理祁达才主持会议。

同日　2008 中国国际供电会议在广州白云国际会议中心举行，公司副总经理王良友出席开幕式并致辞。

11 日　广西壮族自治区成立 50 周年庆祝大会，广西电网公司实施特级保供电，公司总经理赵建国应邀出席会议，并亲临保供电现场。

2008 年12 月11 日，公司总经理赵建国出席广西自治区成立50 周年庆祝大会，并亲临保供电现场。（南网新闻中心　提供）

12 日　中国建设监理创新发展 20 周年总结表彰大会上，公司系统多个监理企业及个人获得“中国建设监理创新发展 20 周年工程先进监理企业”和“中国工程建设监理大师”荣誉。

21 日　南方电网多直流协调控制系统闭环扰动试验获得圆满成功，广域控制领域水平世界领先。

23 日　公司为纪念改革开放 30 周年及公司成立 6 周年，举办“同心结南网——南网之歌合唱比赛”。

30 日　公司在广州召开了创建国际先进水平供电局会议。

2008 年12 月23 日，公司举办“同心结南网——南网之歌合唱比赛”。（南网新闻中心　提供）

获奖及表彰

国家民政部获奖项目

2008年度“中华慈善奖”特别贡献奖

中国南方电网有限责任公司

中华全国总工会获奖项目

一、全国“五一”劳动奖状获得单位

中国南方电网有限责任公司应急指挥中心
广东电网公司
广东电网公司佛山禅城供电局城区供电所急修班
广东电力调度中心调度部
中国南方电网超高压输电公司梧州局输电部
广西电网公司南宁供电局抢修中心
广西电网公司柳州供电局客户服务班
广西电网公司桂林供电局
广西电网公司河池供电局
广西水电工程局
广西送变电公司一分公司
云南省送变电工程公司送电一处
贵州送变电工程公司
贵阳供电局
安顺供电局输电管理所
都匀供电局平塘县供电局大塘供电所
海南电网琼海供电公司博鳌供电所

二、全国“五一”劳动奖章获得个人

赵曼勇　南方电网公司电力调度通信中心继电保护处高级工程师

侯卫东　南方电网超高压输电公司总经理

于俊岭　广东电网公司副总经理

金基民　广东电网公司深圳供电局局长

黄伟斌　广东电网公司揭阳供电局高级工程师

杨鸿升　广东电网公司中山供电局办公室主任

廖毅强　广东电网公司梅州供电局生技部主任

刘荫来　广东电网公司江门新会供电局局长

余荣瑞　广东省输变电工程公司输电第一分公司一队队长

张卫平　广东电网公司茂名信宜供电局局长

黄伟明　广东电网清远阳山供电局外线工（追授）

蒙　笑　广西送变电公司一分公司职工（追授）

胡学柳　广西电网公司桂林供电局输配电管理所输电班班长

覃美世　广西电网公司百色供电局输配电管理所主任

何　建　云南电网公司昭通供电局输电管理所作业班班长

蒋迎青　云南电网公司普洱供电局输电所员工（追授）

罗智燃　遵义供电局工程师

潘武忠　凯里供电局班长

陈　斌　铜仁供电局沿河县供电局泉坝供电所员工（追授）

杨　文　都匀供电局独山供电局员工（追授）

尹　炼　海南电网公司总经理

全国精神文明建设指导委员会表彰

一、全国文明单位

佛山三水供电局、韶关供电局、中山供电局、广西电网公司（机关）、广西壮族自治区水电工程局（机关）、玉林供电局、云南省送变电工程公司、曲靖供电局、大理供电局、遵义供电局、安顺供电局、都匀供电局、铜仁供电局、三亚供电公司、天生桥水力发电总厂。

二、全国精神文明建设工作先进单位

惠州供电局、江门新会供电局、肇庆供电局、南宁供电局、柳州供电局、北海供电局、钦州供电局、贵港供电局、河池供电局、来宾供电局、崇左供电局、云南电网公司、玉溪供电局、昭通供电局、罗平县供电有限责任公司、云南文山电力股份有限公司、贵州电网公司（本部）、开阳县供电局、凯里供电局、毕节供电局、海南电网公司（本部）、琼海供电公司、超高压输电公司天生桥局。

人力资源和社会保障部、国务院国有资产监督管理委员会联合表彰情况

一、中央企业先进集体

南网电网技术研究中心
广东省电网公司深圳供电局
广东省电网公司韶关供电局
广东省输变电工程公司
广西壮族自治区电网公司南宁供电局

广西壮族自治区送变电建设公司

云南省电网公司

云南省电网公司昆明供电局东区变运分局500kV宝峰变电站

贵州省送变电运行检修公司

贵州省电网公司都匀供电局

海南省电网公司海口供电公司

超高压输电公司

调峰调频发电公司广州蓄能水电厂

二、中央企业劳动模范

汪际锋　电力调度通信中心主任

赖佳东　广东电网公司副总经理、广州供电局局长

张溢滔　广东电网公司佛山供电局输电部主任

王文洪　广东电网公司东莞供电局变电二部试验分部主管

欧锐明　广东电网公司清远供电局输电部主任

赵　伟　广西电网公司桂林供电局输配电所四班班长

赵　坚　广西电力试验研究院有限公司院级首席工程师

黄战英（女、壮族）　广西田东县电力公司副经理

吴海峰　云南电网公司曲靖供电局宣威分局送电一队队长

李洪明　云南省送变电工程公司送电工程三处副主任

洪贵平　云南电力调度中心方式科副科长

陈德权　贵州电网贵阳供电局生技部分室主任

唐建兴　贵州电力调度通信局调通局安稳专职

杨　华（土家族）　贵州电网公司铜仁供电局继电保护班班长

武　钰　海南电网儋州供电公司副经理

俞　彦　超高压输电公司副总经理

陈　涛　调峰调频发电公司天生桥水力发电总厂厂长

国务院国有资产监督管理委员会表彰情况

一、2008年中央企业抗击雨雪冰冻灾害表彰

（一）先进集体

中国南方电网有限责任公司电力调度通信中心

中国南方电网有限责任公司贵州电网公司

中国南方电网有限责任公司贵州电力调度通信局

中国南方电网有限责任公司贵州电网公司都匀供电局麻江供电局

中国南方电网有限责任公司贵州电网公司铜仁供电局输电管理所

中国南方电网有限责任公司广东电网公司

中国南方电网有限责任公司广东电网公司韶关供电局

中国南方电网有限责任公司广东省输变电工程公司

中国南方电网有限责任公司广西电网公司

中国南方电网有限责任公司广西电网公司桂林供电局

中国南方电网有限责任公司云南电网公司

中国南方电网有限责任公司云南电网公司曲靖供电局宣威供电分局

中国南方电网有限责任公司超高压输电公司

中国南方电网有限责任公司海口供电公司

（二）先进个人

尚　春　中国南方电网有限责任公司超高压公司副总经理、总工程师、党委委员

丘东锋　中国南方电网有限责任公司超高压输电公司梧州局生安部副主任

乔国强　中国南方电网有限责任公司海南送变电工程有限公司经理、党支部副书记

毛　健　中国南方电网有限责任公司贵州电网公司遵义供电局调度中心主任

（三）先进基层党组织

中国南方电网有限责任公司直属党委

中国南方电网有限责任公司贵阳供电局党委

中国南方电网有限责任公司贵州送变电工程公司党委

中国南方电网有限责任公司广东电网公司广州供电局党委

中国南方电网有限责任公司广东电网公司清远供电局党委

中国南方电网有限责任公司广西电网公司柳州供电局输配电管理所党支部

中国南方电网有限责任公司云南电网公司昭通供电局党委

中国南方电网有限责任公司超高压输出电公

司贵阳局党委

中国南方电网有限责任公司海南电网公司儋州供电公司党委

（四）优秀共产党员

袁懋振　中国南方电网有限责任公司董事长、党组书记

赵建国　中国南方电网有限责任公司总经理、党组成员

李　强　中国南方电网有限责任公司总法律顾问

余建国　中国南方电网有限责任公司生产技术部主任

谭小清（女）　中国南方电网有限责任公司贵州电网公司贵阳供电局副局长

曾　勇　中国南方电网有限责任公司贵州电网公司六盘水供电局输电管理所主任

黄建军　中国南方电网有限责任公司广东电网公司党委书记、副总经理、纪委书记

温志坚　中国南方电网有限责任公司广东电网公司清远供电局输电部检修专责

宫　宇　中国南方电网有限责任公司广西电网公司党组书记、副总经理

陆兴干　中国南方电网有限责任公司广西送变电建设公司第二分公司副经理

赵建宁　中国南方电网有限责任公司云南电网公司副总经理、总工程师、党组成员

姚文俊　中国南方电网有限责任公司曲靖供电局会泽分局输电班班长

卿东生　中国南方电网有限责任公司超高压输电公司柳州局副局长、工会主席

黎兴江　中国南方电网有限责任公司海南电网三亚供电公司副经理

二、中央企业2008年抗震救灾表彰

（一）先进集体

贵州电网公司物资供应分公司

（二）先进个人

吕朝忠　贵州电网公司物资供应分公司副经理

三、中央企业2007年优质服务明星单位和优秀服务标兵

（一）优质服务明星单位

广东电网公司广州供电局

广东电网公司深圳供电局

广西电网公司钦州供电局

云南电网公司昆明供电局

贵州电网公司贵阳供电局

海南电网公司琼海供电局

超高压输电公司贵阳局

调峰调频发电公司广州蓄能水电厂

（二）优质服务标兵

杨胜伟　广东电网公司汕头供电局市场及客户服务部客户服务员

黄倩云（女）　广东电网公司珠海供电局市场及客户服务部客户服务专责兼客户服务中心主任

周敏容（女）　广东电网公司江门新会供电局客户服务呼叫中心班长

杨中柱　广东电网公司韶关坪石供电局用电所配电营业部主任

陈　贤（女）　广西电网公司柳州供电局95598呼叫中心班长

林春虹（女）　广西电网公司北海供电局营业部经理

张路才　云南电网公司曲靖供电局装表接电

刘　欢（女）　云南电网公司玉溪供电局优质服务专责

赵正晖　贵州电网公司都匀供电局营销部检修安装中心主任

刘家丽（女）　贵州电网公司凯里供电局用电接洽班班长

冯　翔　海南电网公司澄迈供电公司营销主任

吴洪涛　海南电网公司陵水供电公司调度所所长

汪　黎　超高压输电公司天生桥局助理工程师

李应刚　调峰调频发电公司天生桥水力发电总厂生产部副主任

四、2007年度中央企业信息工作先进单位和先进个人

先进单位：中国南方电网有限责任公司

先进个人：郑志全

五、中央企业先进保密工作集体

中国南方电网有限责任公司

中共国资委委员会表彰情况

一、国资委党委2008年先进基层党组织和优秀党务工作者

（一）先进基层党组织

贵州电网公司直属党委

（二）优秀共产党员

吴周春　广东电网公司总经理、党委副书记

牛保红　超高压输电公司副总经理

（三）优秀党务工作者

张慧清　云南电网公司党组书记、副总经理

马占国　海南电网公司直属党委副书记、政工部主任

二、中央企业思想政治工作先进单位和优秀思想政治工作者

（一）先进单位

广东电网公司

云南电网公司

贵州电网公司

（二）优秀思想政治工作者

魏善琪　超高压输电公司党委书记

邓吉坤　调峰调频发电公司天生桥水力发电总厂助理调研员

马彩强　广西电网百色供电局党委书记、纪委书记

马占国　海南电网公司政工部主任

国务院国资委、共青团中央联合表彰情况

中央企业2007年全国青年文明号

中国南方电网有限责任公司超高压输电公司南宁局500kV平果变电站

中国南方电网有限责任公司电力调度通信中心调度处

中国南方电网有限责任公司云南省滇东电业局500kV罗平变电站

中国南方电网有限责任公司超高压输电公司广州局广州换流站

中国南方电网有限责任公司广东电网公司肇庆供电局输电部超高压班

中国南方电网有限责任公司汕头供电局500kV汕头变电站

中国南方电网有限责任公司广东电网公司珠海明源机电工程有限公司

中国南方电网有限责任公司广东电网公司广州供电局市场及客户部业扩分部

中国南方电网有限责任公司广东电网公司深圳供电局95598客户服务呼叫中心

中国南方电网有限责任公司广东电网公司茂名供电局分界配电营业所

中国南方电网有限责任公司广东电网公司江门新会供电分公司客户服务中心

中国南方电网有限责任公司广东电网公司中山供电客户服务中心

中国南方电网有限责任公司广东电网公司佛山供电分公司电力客户服务呼叫中心

中国南方电网有限责任公司广东省输变电工程公司变电分公司

中国南方电网有限责任公司广西防城港供电局220kV新兴变电站

中国南方电网有限责任公司广西电网公司柳州供电局沙塘变电站

中国南方电网有限责任公司广西区桂林供电局电力故障报修服务中心

中国南方电网有限责任公司南宁供电局客户服务中心东方明珠营业厅

中国南方电网有限责任公司广西区南宁供电局配电抢修中心

中国南方电网有限责任公司玉林供电局500kV玉林变电站

中国南方电网有限责任公司广西电网公司梧州供电局220kV平浪变电站

中国南方电网有限责任公司云南曲靖供电局220kV三岔变电站

中国南方电网有限责任公司云南电网公司昆明供电局用电营业大厅

中国南方电网有限责任公司云南电网公司楚雄供电局青年志愿者服务站

中国南方电网有限责任公司云南电网公司送变电工程公司送电三处

中国南方电网有限责任公司云南电网公司玉溪供电局220kV江川变电站

中国南方电网有限责任公司云南电网公司红河供电局个旧营业厅

中国南方电网有限责任公司贵州省都匀供电局信息自动化分部

中国南方电网有限责任公司贵阳市北供电局息烽分局

中国南方电网有限责任公司遵义供电局城区分局红花岗区营业厅

中国南方电网有限责任公司贵州电网公司凯里供电局继电保护班

中国南方电网有限责任公司海南电网琼海供电公司220kV官塘变电站

云南火电建设公司电仪专业分公司

广西电网公司桂林供电局营业厅

审计署全国内部审计表彰情况

先进单位：中国南方电网有限责任公司

云南电网公司

贵州电网公司

先进工作者：广西电网公司审计部　韦　健

云南电网公司审计部　杨蓉晖（女）

共青团中央、全国青联表彰情况

全国五四青年奖章

陈　斌　贵州电网公司铜仁供电局泉坝乡供电站工人

黄伟明　广东电网公司阳山县供电局附城供电所职工

全国优秀共青团干部

冯　杰　云南送变电工程公司团委书记

全国优秀共青团员

王　越　海南电网公司琼海供电公司地调所通信班班长

杨宗茂（布依族）　贵州送变电超高压运检公司贵阳工区班长

中央企业团工委表彰情况

一、中央企业五四红旗团委

广西电网公司玉林供电局团委

二、中央企业五四红旗团支部

玉林供电局客户服务中心团支部

三、中央企业青年岗位能手

宁进荣　广西电网公司玉林供电局继电保护班班长

黄金泉　广西电网公司来宾供电局职员

四、中央企业青年文明号

中国南方电网有限责任公司来宾供电局输配电管理所配电班

超高压输电公司广州局广州换流站

中国南方电网有限责任公司220kV官塘变电站

2008年度获电网建设优质工程奖单位

一、2008年度中国电力优质工程奖

500kV墨江输变电工程

500kV肇花博输变电工程

500kV广南变电站工程

500kV施秉变电站工程

琼海220kV东路至官塘输电线路工程

二、中国南方电网有限责任公司2008年度电网建设优质工程

500kV墨江输变电工程

500kV肇花博输变电工程

500kV广南变电站工程

500kV施秉变电站工程

220kV琼海官塘送变电线路工程

500kV百色变电站至文福220kV输变电工程

国家电力监管委员会表彰情况

电力行业奥运保电先进单位

南方电网电力调度通信中心

广东电网公司

中国电力设备管理协会表彰情况

第二届全国电力行业设备管理工作先进单位

广州蓄能水电厂

广东电网公司佛山供电局

广东电网公司深圳供电局

广东电网公司东莞供电局

广东电网公司中山供电局

贵州电网公司贵阳供电局

贵州电网公司遵义供电局

贵州电网公司安顺供电局

中国电力企业联合会表彰情况

一、全国电力行业优秀企业名单

广州蓄能水电厂

云南电网公司昆明供电局

二、全国电力行业优秀企业家

云南电网公司曲靖供电局　李晓彤

广东电网公司梅州供电局　时蕴伟

中国水电质协会电力分会表彰情况

一、全国电力行业用户满意服务明星

（一）全国电力行业用户满意服务明星班组

广西电网公司南宁供电局 95598 呼叫中心营业班

广西电网公司南宁供电局配电抢修中心

广西电网公司北海供电局客户中心营业二部

贵州安顺供电局城区分局抢修班

贵州开阳供电局城郊供电所

贵州遵义供电局 95598 客户服务中心

贵州贵定供电局沿山供电所

（二）全国电力行业用户满意服务明星

广西南宁供电局用电检查二班　李家卫

广西南宁供电局营销部呼叫中心　陈燕红

广西北海供电局客户服务中心营业一部　林春虹

贵州省毕节供电局 95598 客户服务中心　周　梅

贵州省遵义供电局城区分局客户服务中心　周　彦

贵州省贵阳供电局城南分局装表接电中心　代继贤

贵州省安顺供电局南华客户服务营业厅　林　梅

（三）全国电力行业用户满意杰出管理者

贵州遵义供电局　焦建设

贵州都匀供电局　肖　永

广东电网公司中山供电局　黄汉棠

二、2007 年度“全国电力行业实施卓越绩效模式先进企业”和“五满意”奖

（一）全国电力行业实施卓越绩效模式先进企业

广西电力工业勘察设计研究院

贵阳供电局

广东省电力设计研究院

（二）全国电力行业用户满意企业

云南电网公司昆明供电局

云南电网公司曲靖供电局

晋宁供电有限责任公司

曲靖供电有限责任公司

大理供电有限公司

云南电网公司西双版纳供电局

广西电力工业勘察设计研究院

广东电网公司广州供电局

广东电网公司惠州供电局

贵州电力工程建设监理公司

贵州送变电工程公司

贵阳供电局

（三）全国电力行业用户满意服务

广东电网公司江门供电局（电力客户服务）

广东电网公司珠海供电局（供电服务）

广东电网公司惠州惠东供电局（供电服务）

遵义供电局（供电服务）

贵阳供电局（供电服务）

（四）全国电力行业用户满意产品

广西电力工业勘察设计研究院（500kV 天广四回输变电工程）

（五）全国电力行业用户满意建筑工程

贵州送变电工程公司（施秉 500kV 变电站新建工程）

（六）全国电力行业实施用户满意工程先进单位

广西电力工业勘察设计研究院

全国安全生产月活动组织委员会表彰情况

2008 年全国安全生产月活动优秀单位

广东电网公司

公司 2007～2008 年度文明单位

广东电网公司广州供电局

广东电网公司东莞供电局

广东电网公司潮州供电局

广东电网公司电力科学研究院

广东电网公司教育培训中心

广西电网公司梧州供电局

广西电力试验研究院有限公司

广西宜州水力发电厂

云南电网公司昆明供电局
云南电网公司西双版纳供电局
云南省电力设计院
贵州电网公司六盘水供电局
贵州电网公司兴义供电局
贵州电力设计研究院
海南电网公司海口供电公司
海南电网公司陵水供电公司
超高压输电公司广州局
调峰调频发电公司鲁布革水力发电厂

公司劳动模范 （追授）

刘焕松　广东电网公司韶关供电局员工
黄伟明　广东电网公司清远供电局员工
陈　斌　贵州电网公司铜仁供电局员工
杨　文　贵州电网公司都匀供电局员工
蒙　笑　广西送变电建设公司一分公司员工
蒋迎青　云南电网公司普洱供电局员工

公司2008年度劳动模范

广东电网公司广州供电局	张志文
广东电网公司深圳供电局	周伟才
广东电网公司佛山供电局	钟连宏
广东电网公司东莞供电局	杨　程
广东电网公司汕头供电局	朱俊瑞
广东省输变电工程公司	沈　坚
广西电网公司来宾供电局	梁志业
广西送变电建设公司	蒙志忠
广西田东县电力有限责任公司	黄战英
云南电网公司昆明供电局	徐孝强
云南省火电建设公司	王小平
云南电网公司迪庆供电局	冯　刚
贵州电网公司毕节供电局	夏开胜
贵州电网公司铜仁供电局	冉　义
贵州送变电工程公司	袁　彬
海南电网公司电力调度通信中心	李　献
海南电网公司儋州供电公司	吴天杰
超高压输电公司安宁局	俞永忠
调峰调频发电公司天生桥水力发电总厂	杨永宏
南方电网公司计划发展部	王昌照

公司2008年度工人先锋号

广东电网公司惠州供电局调度中心调度班

广东电网公司中山供电局变电二部二次2班

广东电网公司韶关供电局调度中心调度班

广东电网公司珠海供电局变电部凤凰巡维中心

广东电网公司肇庆供电局通信中心通信运检一班

广东电网公司揭阳供电局网络信息部网络组

广东电网公司河源供电局配电部配电一班

广东火电工程总公司焊接技术培训中心

广东省电力技术改进公司送变电GIS班

广西电网公司百色供电局百色线路一班

广西电网公司南宁供电局东方明珠营业厅

广西麻石水力发电厂发电机班

广西水电工程局安哥拉公司工业园工程项目部机械班

广西阳朔县供电局城区供电所维修班

云南电网公司昆明供电局营销稽查中心窃电查处二班

云南电网公司曲靖供电局220kV花山变电站

云南电网公司红河供电局220kV云龙变电站

云南电网公司玉溪供电局配电营业所抢修班

云南电网公司楚雄供电局500kV和平变电站

贵州电网公司遵义供电局桐梓分局报修维护中心

贵州电力调度通信局运行方式科

贵州电力信息通信有限公司工程部工程管理班

贵州电网公司铜仁供电局输电管理所高压带电作业班

贵州电网公司六盘水供电局电力95598客户服务中心

海南电网公司三亚供电公司城区营业所前台服务班

海南电网公司琼海供电公司嘉积供电所

超高压输电公司南宁局输电部百色工作站

超高压输电公司广州局肇庆换流站

调峰调频发电公司惠州蓄能水电厂检修部自动化分部

调峰调频发电公司鲁布革水力发电厂水工部

公司2008年度技术能手

广东电网公司江门供电局　张全仔
广东电网公司湛江供电局　陈　岚
广东电网公司茂名供电局　梁　汇
广东电网公司梅州供电局　张达洄
广东电网公司清远供电局　侯红卫
广东电网公司阳江供电局　何　平
广东电网公司潮州供电局　杨联鑫
广东电网公司汕尾供电局　孙庆恭
广东电网公司云浮供电局　伍东生
广东省电力调度中心　李一泉
广东电网公司电力科学研究院　陈　迅
广东省电力物资总公司　欧阳科
广东省电力设计研究院　彭雪平
广东省电力第一工程局　肖学如
广东电网公司生技部　余兆荣
广西电网公司贵港供电局　甘伟超
广西电网公司河池供电局　韦军校
广西电网公司柳州供电局　叶文德
广西电网公司南宁供电局　林瑞胜
广西灵山供电有限公司　黄家贤
广西水电工程局　莫建全
广西送变电建设公司　彭小武
广西兴安县供电公司　乔　军
广西水利电力建设集团有限公司　黄大健
云南电网公司普洱供电局　黄惜斌
云南电网公司保山供电局　崔大铭
云南电网公司普洱供电局　王成龙
云南省送变电工程公司　杨　宏
云南省送变电工程公司　黄　军
云南电网公司大理供电局　张　海
云南电网公司楚雄供电局　刘建明
云南电网公司曲靖供电局　郭玲艳
云南电网公司曲靖供电局　罗　艺
贵州电网公司贵阳供电局　卢兴福
贵州电网公司安顺供电局　周　新
贵州电网公司六盘水供电局　向庆梅
贵州电网公司都匀供电局　潘晓军
贵州电网公司凯里供电局　杨胜猛
贵州电网公司铜仁供电局　杨　华
贵州电力试验研究院　李永忠
贵州电力信息通信有限公司　姜　海
贵州送变电运检公司　王坤辉
海南电网公司海口供电公司　林晓琼
海南电网公司海口供电公司　杨君林
海南电网公司屯昌供电公司　王诒建
超高压输电公司南宁局　陈　岳
超高压输电公司贵阳局　卢世才
调峰调频发电公司天生桥水力发电总厂　李云生
调峰调频发电公司广州蓄能水电厂　彭煜民
南方电网公司技术研究中心　欧开健

公司2007～2008年度先进基层党组织

广东电网公司生产技术部党支部
广东省电力工业学校（培训中心）党委
广东省电力设计研究院变电部/工程造价部党支部
广东电网公司东莞供电局党委
广东电网公司珠海供电局党委
广东电网公司汕头供电局党委
广东电网公司湛江供电局党委
广西电网公司南宁供电局党委
广西电力试验研究院有限公司党委
广西电网公司贵港供电局党委
广西麻石水力发电厂党委
云南电网公司昆明供电局党委
云南电网公司大理供电局党委
云南电网公司丽江供电局党委
云南电网公司对外经济贸易分公司党总支
贵州电网公司六盘水供电局党委
贵州电网公司兴义供电局党委
贵州电网公司都匀供电局党委
贵州电力设计研究院党委
海南电网海口供电公司龙华供电所党支部
海南电网保亭供电公司党支部
超高压输电公司柳州局党委
调峰调频发电公司天生桥水力发电总厂党委
中国南方电网公司市场交易部党支部

公司2007～2008年度优秀共产党员

陈建福　中国南方电网公司生产技术部生产

运行处处长

张瑞阳　中国南方电网公司电力调度通信中心调度处调度长

熊焰雄　广东电网公司工程建设部副主任

赵国雄　广东电网公司安全监察部专责

高　毅　广东省电力技术改进公司副总经理

郑育森　广东电力设备厂总装车间主任

钟立华　广东省电力物资总公司品质控制部经理

杜　鹏　广东电网公司广州供电局副局长

张益滔　广东电网公司佛山供电局输电部主任

钟竟成　广东电网公司江门供电局发展规划部主任

杨志欣　广东电网公司肇庆供电局团委书记

梁江华　广东电网公司中山供电局小榄供电公司副经理

曾培亮　广东电网公司潮州供电局生产技术部主任

黄月德　广东电网公司云浮供电局配电部急修班班长

杨　旭　广东电网公司揭阳供电局副局长

欧锐明　广东电网公司清远供电局输电部主任

杨楚明　广东省电力科学研究院高压室主任

李昌富　广西电网公司桂林供电局党委书记

陈祖斌　广西电网公司物资分公司总经理

岑建军　广西电网公司贺州供电局规划建设部工程管理中级师

廖玉忠　广西电网公司百色供电局220kV沙坡变电站站长

梁　俊　广西电网公司北海供电局变电管理所主任

黄少鹏　广西水电工程局柳州阳和大道项目经理

陈　刚　广西送变电建设公司第三分公司经理

黄小章　广西电网公司凭祥市供电局局长

邓　华　云南电网公司昆明供电局输电分局副分局长

兰　马　云南电网公司曲靖供电局修试所油化班班长

时　雨　云南电网公司红河供电局输电管理所主任

张雍忠　云南电网玉溪供电局变电管理所副主任兼党支部书记

王　静　云南电网公司西双版纳供电局修试所继电保护工

李双武　云南电网公司德宏供电局220kV盈江集控站站长

杨建兴　云南省送变电工程公司电网运检处线路主任工程师

李华龙　云南省火电建设公司经理助理

杨　韬　贵州电网公司铜仁供电局松桃供电局局长

申友强　贵州电网公司遵义供电局城区分局抢修维护中心主任

刘振铭　贵州电力调度通信局调度科科长

张才华　贵州电网公司凯里供电局工程公司经理

沈光友　贵州电网公司安顺供电局500kV安顺变电站站长

周　宇　贵州电力建设第二工程公司黔北项目部经理

邓有桐　贵州送变电工程公司经理助理

谢　雯　贵州电力职工教育培训中心（职院）教务处处长

陈泽诚　海南电网乐东供电公司经理、党总支书记

郑在新　海南电网文昌供电公司党委委员、副经理、工会主席

谢星保　海南电网三亚供电公司配电管理所所长助理

王　贤　海南电网儋州供电公司那大供电所所长、党支部书记

陈　立　超高压输电公司广州局修试中心保护班班长

覃起拓　超高压输电公司南宁局继电保护班班长

方　峻　调峰调频发电公司广州蓄能水电厂自动化分部长

汤雨生　调峰调频发电公司惠州蓄能水电厂运行部部长

黄有为　南方电网财务有限公司办公室主任

沈　冰　南方电网国际有限责任公司老挝项目部经理

张巧玲　鼎和财产保险股份有限公司团委书记

公司2007～2008年度优秀党务工作者

陈敬宁　南方电网公司党群工作部宣传处副处长

黄　毅　广东电网公司梅州供电局政工部副主任

郑　容　广东电网公司茂名供电局政工部主任

黄国良　广东电网公司深圳供电局政工部副主任

江锡章　广东电网公司韶关供电局党委副书记、纪委书记

郭元炽　广东电网公司广州增城供电局党委副书记

夏莎蓉　广东电网公司调度中心政工部主任

李建明　广西电网公司钦州供电局党委书记

王永敏　广西电力工程建设公司越南海防电厂项目党支部书记、副经理

欧阳向上　广西电网公司阳朔县供电局党总支副书记

袁　红　云南电网公司党群部组织处主管

蔡保平　云南电网公司曲靖供电局党委书记

陈世芬　云南电网公司临沧供电局党群部主任

王长友　贵州电力建设第一工程公司党委书记

姜　进　贵州电网公司贵阳供电局惠水供电局党支部书记

李建生　贵州电网公司凯里供电局施秉电力局党支部书记

胡昌优　海南电网陵水供电公司经理、党总支副书记

马宗宝　海南电网琼海供电公司政工部副主任

曾宪刚　超高压输电公司天生桥局党委书记、副局长

王晓贤　调峰调频发电公司鲁布革水力发电厂党委书记、副厂长、工会主席

公司抗灾抢修复电先进集体和先进个人

一、先进集体

贵州电网公司抗灾保电指挥部

贵州电网公司贵阳供电局输电管理所

贵州电网公司贵阳供电局清镇分局暗流供电所

贵州电网公司遵义供电局输电管理所

贵州电网公司遵义供电局仁怀电力公司

贵州电网公司六盘水供电局输电管理所

贵州电网公司都匀供电局线路管理所

贵州电网公司都匀供电局麻江供电局

贵州电网公司凯里供电局输电管理所

贵州电网公司安顺供电局输电管理所

贵州电网公司兴义供电局晴隆县供电局

贵州电网公司铜仁供电局输电管理所

贵州电网公司毕节供电局送电管理所

贵州电力调度通信局

贵州电力试研院大龙电厂技术支持组

贵州电力设计院电网设计部

贵州送变电工程公司运检公司

贵州送变电工程公司安青线抢修队

贵州电建一公司送变电分公司

贵州电建二公司送变电分公司

贵州电网公司物资公司合同配送部

贵州电网公司信通公司通信部

广东电网公司抗灾保电指挥部

广东电网公司广州供电局抗灾复电抢修队

广东电网公司深圳供电局抗灾复电抢修队

广东电网公司佛山供电局抗灾复电抢修队

广东电网公司东莞供电局抗灾复电抢修队

广东电网公司中山供电局抗灾复电抢修队

广东电网公司珠海供电局抗灾复电抢修队

广东电网公司汕头供电局抗灾复电抢修队

广东电网公司韶关供电局抗灾复电抢修队

广东电网公司清远供电局抗灾复电抢修队

广东电网公司湛江供电局抗灾复电抢修队

广东电网公司揭阳供电局抗灾复电抢修队

广东省电力物资总公司抗灾复电抢修材料配送队

广东省输变电工程公司抗灾复电抢修队

广东省电力第一工程局抗灾复电抢修队

广西电网公司抗灾保电指挥部

广西电网公司桂林供电局调度管理所

广西电网公司桂林供电局输配电管理所

广西送变电建设公司第一分公司

广西电力试验研究院有限公司抗灾保电专家组

广西电力调度通信中心运行方式科

广西电网公司柳州供电局输配电管理所

广西电网公司物资分公司招标中心

广西兴安县供电公司

云南电网公司抗灾保电指挥部

云南电网公司曲靖供电局输电管理所

云南电网公司曲靖供电局宣威供电分局

云南电网公司昭通供电局配电所

云南省送变电工程公司抗灾复电抢险队
云南省火电建设公司抗灾复电抢险队
云南电力调度中心
云南电力线路器材厂镀锌车间
云南电力建设监理咨询有限责任公司监理部
云南电网公司昭通前线指挥部现场安全监察队
云南电网公司曲靖供电有限责任公司播乐供电所
超高压输电公司独山现场管理部
超高压输电公司贵阳现场管理部
超高压输电公司物资公司
超高压输电公司生技处
超高压输电公司柳州局输电部
超高压输电公司梧州局输电部
海南电网海口供电公司抗灾复电抢修队
海南电网儋州供电公司抗灾复电抢修队
中国南方电网电力调度通信中心方式处
中国南方电网电力调度通信中心通信处
南方电网技术研究中心电网技术研究处

二、先进个人

（一）公司总部（10 名）

祁达才　许超英　余建国　侣蜀明　李　晖
方　珂　陈　玮　陈向阳　陈　坚　郑立春

（二）贵州电网公司（60 名）

唐斯庆　孙兆媛　秦　华　邓恩宏　石帅军
娄　山　谭召辉　范　伟　陈德权　孙培臣
郝昌银　潘家富　王守能　陈　骏　唐家川
冯佑军　毛　健　吴道伟　欧阳鹏　肖　永
蔡华裕　邹建华　王建宏　邹冰洋　杨　彬
李　群　韦先胜　张　猛　杨湘松　彭华刚
黄松学　周宏伟　代传洋　付成鹏　何庆华
杨永谦　夏开胜　徐　胜　张　林　王宇恩
吴湘黔　代志强　黎　智　李绍煌　周小平
袁　彬　陈黔刚　田锦华　邓红波　杨宗茂
刘宏武　杜金鸿　朱安林　王祥玉　付　强
谈竹奎　陈　良　邱　林　谢百明　夏忠贤

（三）广东电网公司（43 名）

吴周春　于俊岭　徐达明　林　雄　张文峰
容　军　谭绍祖　杜满权　刘汉才　谭　琼
钟卫良　张伟文　黄镜荣　朱俊瑞　罗其真
陈建辉　冯国鹏　杨少群　黄梓林　郭兆华
蒙广彬　时蕴伟　黄小勇　黄燕夫　吕普生
朱江利　褚伟龙　袁东海　庄彦斯　张朝良
李庆江　冯源成　叶国文　单子谦　钟清波
曹信坤　陈寿权　郑晓光　金晓华　陈玉昌
龙建平　梁　广　张　雨

（四）广西电网公司（27 名）

黄进平　李一平　林火华　王　文　顾南峰
李斯剑　文　杰　廖　健　杨廷林　江革力
黄维强　李林峰　张　锴　党广平　徐兆伟
胡学柳　周　强　黄永政　黄耀坚　李桂生
陆兴干　卢　勇　刘剑锋　伍雄斌　刘邦鸿
黄战英　李必锋

（五）云南电网公司（31 名）

廖泽龙　赵建宁　李品清　邹立峰　李晓彤
刘正雷　石光宏　陈　力　韩　涛　杨　云
潘基书　戴剑平　何贵先　陈开平　张红林
梁朝阳　朱宗弥　余鹏飞　侯　光　胡　波
方加林　邵益华　张红明　王金华　段云波
吴仕荣　方顺平　凌　祥　孟乔云　陈继标
余国清

（六）超高压输电公司（18 名）

侯卫东　牛保红　尚　春　黄　昆　陈　兵
蔡希鹏　李　三　任成林　张旭光　张胜慧
丘东锋　罗国明　林均发　上官亚辉　高锡明
刘更生　袁　兵　孙江玉

（七）海南电网公司（9 名）

尹　炼　庞　准　黄泽波　解时来　乔国强
黎兴江　郑庆伟　孙运武　李利民

（八）中国南方电网电力调度通信中心（7 名）

汪际锋　张　昆　赵曼勇　何毅冰　黄　河
侯　君　胡　荣

（九）南方电网技术研究中心（2 名）

彭　波　傅　闯

（十）调峰调频发电公司（1 名）

郝明全

金牌服务迎奥运先进单位、先进班组和先进个人

一、先进单位

广东电网公司：广州供电局、深圳供电局、佛山供电局、惠州供电局、汕头供电局、中山供电局。
广西电网公司：南宁供电局、河池供电局、

北海供电局。
云南电网公司：昆明供电局、玉溪供电局、西双版纳供电局。
贵州电网公司：凯里供电局、六盘水供电局、兴义供电局。
海南电网公司：海口供电公司、三亚供电公司、陵水供电公司。
超高压输电公司：超高压公司梧州局。
调峰调频发电公司：鲁布革水力发电厂。

二、先进班组

广东电网公司：东莞供电局城区客户服务班、江门供电局客户服务呼叫中心、珠海供电局客户服务中心、肇庆供电局客户服务呼叫中心、清远供电局客户服务呼叫中心、茂名供电局配电二班、韶关供电局配营部业扩班、潮州供电局配电营业部西湖营业厅、云浮供电局新兴供电局集成供电所。
广西电网公司：南宁供电局95598呼叫中心、北海供电局客户服务中心营业二部、玉林供电局客户服务中心外校班、钦州供电局客户服务中心营业部、贵港供电局客户服务中心营业大厅。
云南电网公司：曲靖供电局用电检查班、红河供电局用电检查班、昭通供电局供电服务班、大理供电局95598呼叫中心、普洱供电局95598呼叫中心。
贵州电网公司：毕节供电局城区分局抄核收班、都匀供电局市场营销部、凯里供电局大客户管理所综合班、六盘水供电局水城供电分局客户服务中心、兴义供电局用电管理所大客户班。
海南电网公司：海南电网95598电力服务呼叫中心、三亚供电公司电费结算中心、儋州供电公司那大供电所军屯营业班、琼海供电公司上埇电工班。
超高压输电公司：超高压公司柳州局桂林变电站。
调峰调频发电公司：天生桥水力发电总厂发电部运行二值。

三、先进个人

广东电网公司：曾宪毅、黄昆彪、麦霭庭、冼瑞成、陈碧莹、唐俏丹、陈加勉、李天毅、梁柳梅、刘奕忠、梁洁文、张国杰、黄慧、刘萍、孙小平。
广西电网公司：韦木兰、邢晖、杜晨、肖雪英、苏翠红、江广均、姚国斌、文冲。
云南电网公司：朱旭东、杨志军、杨建芝、王馨、王连、徐宏、郭琼英、金剑。
贵州电网公司：李堑、黄娟、蔡斌、李明莉、赵朝明、姜继辉、李一静、刘钢。
海南电网公司：马芸、陈洪、张卫东、徐训轩、莫寒、林娜、占达联。
超高压输电公司：林克灵、扬帆。
调峰调频发电公司：李安平、陈安。

2008年迎峰度夏暨奥运保供电先进集体和先进个人

一、先进集体

南方电网电力调度通信中心：方式处、自动化处。
南方电网技术研究（信息）中心：电网仿真实验室。
超高压输电公司：安全监察处、柳州局、贵阳局。
南方电网调峰调频发电公司：天生桥水力发电总厂、鲁布革水力发电厂。
广东电网公司：生产技术部、广东省电力调度中心、广州供电局、深圳供电局、东莞供电局、佛山供电局、珠海供电局、惠州供电局、韶关供电局、江门供电局、阳江供电局、中山供电局。

广西电网公司：电力调度通信中心、南宁供电局、玉林供电局、鹿寨供电公司。

云南电网公司：云南电网公司调度中心、昆明供电局、大理供电局、云南送变电工程公司。

贵州电网公司：贵州电力调度通信局、贵阳供电局、贵州送变电工程公司、都匀供电局。

海南电网公司：省调度中心、海口供电公司、琼海供电公司。

二、先进个人

南方电网电力调度通信中心：刘启宏、张昆、周红阳、王勇、唐红兵、龙云、代红阳、赵有铖。

南方电网技术研究（信息）中心：陈一良、柳勇军、张建设、傅闯。

超高压输电公司：陈乃添、黎刚、简洪宇、张雪波、梁敬成、王伟杰、吴畏、郝志杰、刘相枪、李罡、高锡明、王志滨、冯田、朱炳坤。

南方电网调频调峰发电公司：周刚、杨旗荣、凌正飞、杨俊海。

广东电网公司：徐达明、陈曦、李广华、杨骏伟、张新建、韩忠辉、龚建平、余晓峰、苏志鹏、梁少川、具小平、詹铭、张民兵、周金孝、张升平、罗辑、罗瑞彬、周林、杨爱民、杨志勇、张飞华、周桂、陈剑锋、黄远明、林辉、林小平、邝锋、李伟东、张伟文、邓永保、马超然、梁异先、黄国栋、杨毅斌、潘亮、李爱辉、陈森光、曾理、陈贤彬、陈炽光、李剑辉、林英明、彭向阳、蒋康明、詹万强、秦慧琳、徐斌、马兴炼、丁小明、谭沛光。

广西电网公司：顾南峰、黄晓晴、赵坚、邹仁良、林世铭、陈天胜、黎宝群、陈开林、叶雄、陈宝盛、刘德平、梁胜杨、罗秉强、胡瑞、魏胜友、秦祥生、张芳。

云南电网公司：沈龙、李宏杰、叶煜明、李翔、谢一工、张晓春、金龙、赵现平、柳柏、赵建刚、杨智浩、廖晓峰、黄华、李斌、王乐宇、郑文荣、朱贵。

贵州电网公司：古大林、牟浩、吴道伟、杨廷榜、李敬、任碧成、龙家焕、刘永革、龙鸿柯、吴洪娟、张林、陈建国、刘学仪、刘康、李艳、张衡、李巍、罗杨。

海南电网公司：夏伟、吴雄文、巫志业、解时来、陈益剑、陈维东、符永丁、武钰、欧志平、何瑞辉、王文侦。

公司“优质服务年”先进单位、先进班组和先进个人

一、先进单位

广东电网公司：广州供电局、深圳供电局、佛山供电局、东莞供电局。

广西电网公司：南宁供电局、钦州供电局、北海供电局。

云南电网公司：昆明供电局、西双版纳供电局、曲靖供电局。

贵州电网公司：贵阳供电局、安顺供电局、兴义供电局。

海南电网公司：琼海供电公司、海口供电公司。

超高压输电公司：贵阳局、广州局。

调峰调频发电公司：广州蓄能水电厂、天生桥水力发电总厂。

二、先进班组

广东电网公司：深圳福田供电局抄核收班、

广州供电局电力客户服务呼叫中心、佛山供电局佛山营业厅、中山小榄供电公司急修班。

广西电网公司：桂林供电局客户服务中心营业大厅、柳州供电局95598呼叫中心、南宁供电局东方明珠营业厅。

云南电网公司：玉溪供电局电力营销部电费复核组、楚雄供电局楚雄营业厅、普洱供电局95598电力呼叫普洱分中心。

贵州电网公司：六盘水供电局95598客户服务中心、铜仁供电局95598客户服务中心、遵义供电局95598客户服务中心。

海南电网公司：儋州供电公司大户室、文昌供电公司潭牛供电所。

超高压输电公司：南宁现场管理部、曲靖局变电部检修班。

调峰调频发电公司：鲁布革水力发电厂发电部值守二值、广州蓄能水电厂电气分部。

三、先进个人

广东电网公司：杨伟胜（汕头供电局）、黄倩云（珠海供电局）、周敏容（江门供电局）、杨中柱（韶关供电局）、李昕（肇庆供电局）、李鹏飞（惠州供电局）。

广西电网公司：陈贤（柳州供电局）、林春虹（北海供电局）、李厉（防城港供电局）、何建东（百色供电局）。

云南电网公司：张路才（曲靖供电局）、刘欢（玉溪供电局）、陈珠（大理供电局）、罕萍燕（西双版纳供电局）。

贵州电网公司：赵正晖（都匀供电局）、刘家丽（凯里供电局）、何国林（贵阳供电局）、林红（遵义供电局）。

海南电网公司：冯翔（澄迈供电公司）、吴洪涛（陵水供电公司）、陈毅生（三亚供电公司）。

超高压输电公司：汪黎（天生桥局）、吴泽辉（广州局）。

调峰调频发电公司：李应刚（天生桥水力发电总厂）、孙忠生（鲁布革水力发电厂）。

（办公厅）

公 司 概 况

组 织 沿 革

中国南方电网有限责任公司是根据国务院《电力体制改革方案》（国发［2002］5号）、《关于组建中国南方电网有限责任公司有关问题的批复》（国函［2003］114号）和国家发展和改革委员会《关于印发〈中国南方电网有限责任公司组建方案〉和〈中国南方电网有限责任公司章程〉的通知》（发改能源［2003］2101号）等文件精神，由广东省、海南省和国家电网公司在广西、贵州、云南所属电网资产为基础组建的国有企业，由中央管理，在国家实行计划单列，财务关系在财政部单列。经国务院批准，2002年12月29日挂牌成立，2004年6月18日完成工商注册登记。公司总部设在广州市。2005年，公司跻身全球500强企业，列316位；2006年排名上升50位，列266位。2007年位列第237位，在国内企业中列第7位。2008年，公司在世界500强企业中的排名上升至第226位。

经 营 范 围

根据公司章程的规定，公司经营范围为：依法经营公司及有关企业中由公司投资形成并拥有的全部资产；投资、建设和经营管理南方区域电网，参与投资、建设和经营相关的跨区域输变电和联网工程；从事电力购销业务，负责电力交易和调度，管理南方区域电网电力调度交易中心；根据国家有关规定，经有关部门批准，从事国内外投融资业务；经国家批准，自主开展外贸流通经营、国际合作、对外工程承包和对外劳务合作等业务；从事与电网经营和电力供应有关的科学研究、技术开发、电力生产调度信息通信、咨询服务和培训等业务。经国家批准或允许的其他业务。

领 导 班 子

袁懋振任公司党组书记、董事长；赵建国任公司党组成员、董事、总经理；肖鹏、周继太、王久玲、祁达才任公司党组成员、董事、副总经理，王玉霜任公司党组纪检组长，王良友、张晓东任公司党组成员、副总经理，李文中任公司总会计师。

组 织 机 构

公司总部设有14个部门，以及南方电网电力调度通信中心、年金（社保）中心。公司下设超高压输电公司、调峰调频发电公司及南网技术研究中心3个分公司，广东、广西、云南、贵州、海南电网公司、南方电网国际公司、鼎和财产保险股份有限公司7个全资子公司，控股南方电网财务公司。详见公司2008年组织机构图。

电 网 基 本 情 况

公司辖属的南方电网覆盖五省区，供电面积100万km^2，供电总人口2.3亿人，占全国总人口的17.8%；2008年GDP总量53 361亿元，占全国GDP总量的17.8%；全社会用电最高负荷9920万kW，全社会用电量5944亿kWh。

南方电网东西跨度近2000km，网内拥有水、煤、核、抽水蓄能、油、气、风力等多种电源，2008年末总装机容量1.4亿kW（不含港澳），网内220kV及以上输电线路总长67 691km，变电容量25 036万kVA；110kV及以上输电线路总长134 851km，110kV及以上变电设备容量41 625万kVA。截至2008年底，西电东送已经形成“八交四直”（500kV天广、云广各2回，贵广交流4回；±500kV天广直流、三广直流各1回，贵广直流2回）12条500kV大通道，输电能力达到1800万kW，是2002年底的5倍。

南方电网远距离、大容量、超高压输电，交、直流混合运行，既有直流电触发技术，又有光触发、可控串补、超导电缆等世界先进技术。正在建设的世界上第一个±800kV特高压直流输电示范工程，是世界上结构最复杂、科技含量最高的电网之一。

南方电网与东南亚国家接壤，与港澳电网紧密相联，具有独特的区位优势，是国务院确定的大湄公河次区域电力合作中方执行单位，是国内

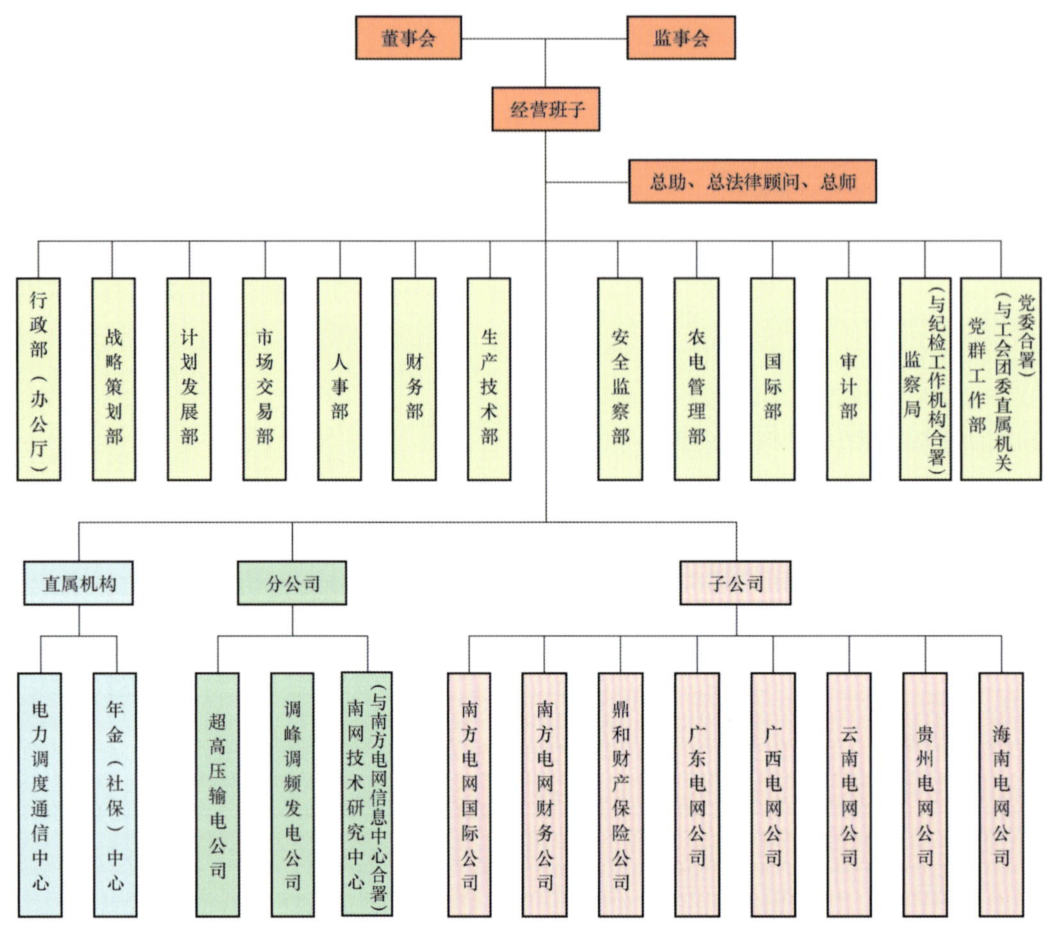

中国南方电网有限责任公司 2008 年组织机构图

率先“走出去”的电网。2008 年底，3 条 220kV 和 4 条 110kV 线路向越南送电，送电量 32.7 亿 kWh。另外，南方电网和香港电网通过 4 条 400kV 线路及 7 条 132kV 线路相联，与香港电力相互支援、互通有无；有 3 条 220kV 和 4 条 110kV 线路向澳门送电，2008 年送电量达到 23.1 亿 kWh，约占澳门用电量的 65%。

过去 6 年来，公司累计完成电网建设投资 2134 亿元，超过了建国以来到 2002 年底的总投资。售电量年均增长 14.3%，累计达到22 552 亿 kWh。主营业务收入年均增长 17.8%；线损率累计下降了 1.32 个百分点，可控成本降低了 10 个百分点；西电东送电量年均增长 31.8%，6 年累计达到 3814 亿 kWh，其中广东受西电 3368 亿 kWh，广西受西电 446 亿 kWh，云南送出电量 618 亿 kWh，贵州送出电量 1243 亿 kWh。西电东送对保证广东、广西电力供应，促进东、中、西互联互动、经济社会协调发展发挥了重要的作用。

2008 年工作概况

2008 年是南方电网发展历程中极不平凡、极不寻常的一年，公司坚决贯彻落实党中央、国务院的决策部署，始终把国家利益和人民利益放在首位，发挥中央企业“顶梁柱”的作用，经受住了一系列历史罕见的重大挑战和考验，夺取了抗冰救灾的全面胜利，全力以赴支援抗震救灾，圆满完成了奥运保供电任务。

2008 年电网保持了安全稳定，主要生产运行指标持续向好。全网统调负荷最高达到 8887 万 kW，增长 13.7%。公司售电量达到 4826 亿 kWh，增长 4.9%；西电东送受端电量 1057.8 亿 kWh，增长 22.58%；调峰调频电厂发电量 149.7 亿 kWh，增长 2.1%。主营业务收入达到 2842 亿元，增长 7.5%；利税总额 291.4 亿元。完成固定资产投资 632 亿元，其中电网建设投资 478 亿元，投产 220kV 及以上输电线路 7974km，变电容量 3076 万 kVA。

截至2008年底，公司资产总额3837亿元，资产负债率63%。公司职工总数27万人，全员劳动生产率达到27.91万元/（人年）。

（办公厅）

惠州蓄能水电厂概貌。（南网新闻中心　提供）

电网建设与农电

电　网　规　划

开展中长期电力规划

2008年初发生的冰灾给电网造成了严重的破坏，电力供应受到了严重影响，引发了对电网安全、供电安全的反思，电力规划思路有了新的转变。电力规划要更加注重“以客户为中心，以市场为导向”的理念，电力规划建设必须要满足系统安全稳定和提高供电可靠性的要求，电力规划要遵循经济合理、节约、节能的原则。

公司超前开展了南方电网“十二五”及中长期发展规划，完成了电力需求预测、西电东送规模研究、电源规划等初步方案，初步提出“十二五”西电东送分别新增送电广东1300万kW、广西260万kW的研究成果，并组织专家进行评审和与五省区主管部门进行了汇报沟通。组织开展了规划相关专题研究工作。

根据“十一五”前两年南方电网电力发展情况和2008年的实际情况，汇总电网优化研究成果，提出了电网建设规模和投资计划调整方案，并抓紧实施加装串补等西电东送网络完善工程，提高电网输电能力。

编制完成了《广东电网2020年抽水蓄能电站选点规划及2030年抽水蓄能电站规划研究》，初步提出了清远蓄能电站之后其他蓄能电站的规划建设意见。

项目前期工作

狠抓电网工程及调峰调频电源各项前期工作，着力落实“十一五”规划建设目标。“十一五”前两年，公司共向国家发改委上报并获准了三批76项工程开展前期工作，已核准37项，具备核准条件22项，投产36项。完成了加装串补等西电东送网络完善工程的可行性研究，并向国家发改委上报核准申请。清远抽水蓄能电站项目进展顺利。向国家发改委上报了第四批申请开展前期工作的项目（共17项）获得批复。全年完成500kV输变电项目核准14项，审核和转报500kV输变电项目申请报告29项。

按照国家发改委同意开展前期工作的意见，开展溪洛渡右岸、糯扎渡电站送电广东直流工程项目可行性研究等前期工作，重点从建设规模、电网安全稳定、电网适应性、系统网损等方面进行了技术经济比较，研究了溪洛渡、糯扎渡直流输电规模对南方电网安全稳定的影响，编制完成溪洛渡右岸电站送电广东直流输电工程和糯扎渡电站送电广东直流输电工程的可行性研究报告。

健全规划管理制度

制订了《公司境外投资电力项目前期工作管理办法》，理顺和明确了境外电力项目前期管理工作的职责分工与管理界面。出台了《调峰调频电源项目前期工作管理办法》，明确了前期工作深度要求及工作流程。修编了《新建电厂并网管理办法》，规范了新建电厂并网行为。

实施“走出去”战略

积极参与GMS电力贸易协调委员会（RPTCC）有关工作，研究并推动GMS联网总体规划。中越500kV联网项目计划完成可行性研究咨询单位招标工作。云南电网与老挝115kV联网供电工程进展顺利。推进了越南平顺永兴电厂、老挝南塔河水电站、柬埔寨柴阿润水电站、柬埔寨松博水电站的前期工作。

计 划 投 资

计划和投资管理

电力基本建设投资累计完成投资 506.85 亿元，占年计划的 90.83%，其中：电源项目完成投资 11.92 亿元，占年计划的 102.88%。累计投产 220kV 及以上输电线路 7974km，占年计划 81%；变电容量 3076 万 kVA，占年计划 46%。其中：500kV 输电线路 4395km，占年计划 100%，变电容量 1450 万 kVA，占年计划 48%；220kV 输电线路 3579km，占年计划 58%，变电容量 1626 万 kVA，占年计划 44%。

在年初遭遇特大冰雪凝冻灾害面前，努力做好投资计划管理和电力工程造价与定额管理工作。抓好年度投资计划的跟踪落实，按时完成国资委统一布置的 2008 年季度固定资产完成投资情况分析报告。

抓住国家增加中央投资这一机遇和目前用电增速放缓的契机，加快城网改造和农网完善，进一步加大城网改造和农网完善的投资力度，计划 2009～2010 年每年新增投资 300 亿元用于城网改造和农网完善，切实提高电网保障能力、电网建设运行的经济水平，提高对用户的服务水平。

积极向国家发改委汇报与沟通，争取到国家发改委下达的农村电网（广西、云南）完善项目和无电地区电力建设中央投资（拨款）、新增中部地区城网建设与改造中央投资（拨款）共计 10.666 亿元，这是公司成立以来配电网建设中央预算内投资最多的一年，有力缓解了西部地区配电网建设资本金不足问题。

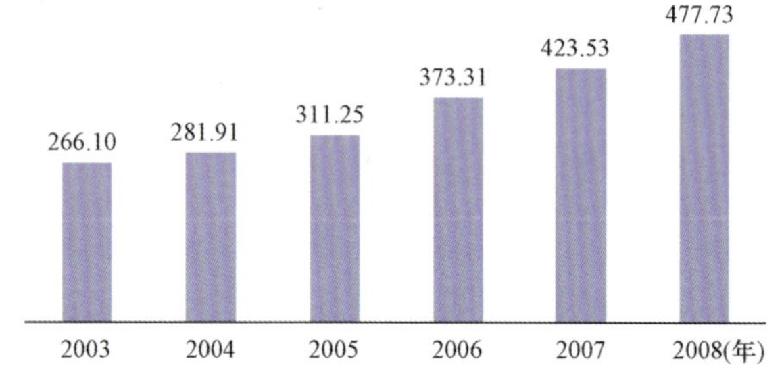

电网建设投资规模（亿元）

迎 审 工 作

2008 年 3～10 月，国家审计署特派员办事处交叉对公司及所属广东、广西、云南和贵州电网公司电力建设情况专项审计调查的迎审工作。按照公司迎审工作领导小组的统一部署，制订电力建设项目专项审计调查迎审工作大纲，提出了工作思路和工作要求，明确了工作内容和工作方式，落实了工作责任和工作措施。组织召开了公司迎审领导小组工作会议、公司总部专项审计调查进点见面会、国家审计署固定资产投资司司长等人员沟通座谈会、公司系统审计工作座谈会等专题会议。提交近 600 份（件）审计组需求资料（数据），提交了反映有利于公司发展的问题与建议，保证了电力专项审计调查工作顺利进行。

电网抗灾减灾保障供电能力研究

及时收集分析冰灾形成和电网受损原因，提出了电网抢修复电的建设标准和实施指导性意见，为加快抢修复电奠定了基础。在抢险救灾复电阶段，抓紧开展增强南方电网抵御冰冻自然灾害能

▲ *2008 年 12 月 10 日，公司在贵阳召开了提高抗灾保障能力有关措施落实情况汇报会。（南网新闻中心　提供）*

力专题研究，提出了提高电网抗灾减灾保障供电能力的措施和实施方案，并组织召开专家评审会中获得通过。在全网恢复供电后，组织完成了南方电网提高抗灾保障能力电源电网规划研究报告，提出了提高抗灾保障能力电源电网规划的指导原则和各省（区）电源电网规划建设的调整方案。推进分布式能源项目的研究和实施。对云广特高压工程进行覆冰校核，提出了加固设计方案并得到实施。组织设计单位编制了《110kV～500kV 架空输电线路设计技术规定》和《中重冰区架空输电线路设计技术规定》，并作为公司的企业标准正式发布。

节 能 管 理

概 况

认真贯彻国务院节能减排工作要求和公司2008年工作会议的工作部署，紧紧围绕公司节能减排重点工作，加强节能减排工作归口管理。根据《南方电网“十一五”节能降耗综合性工作方案及其实施计划》，制订了《南方电网公司2008年节能减排工作要点》，印发了《关于加强公司系统节油节电工作的通知》和《关于进一步加强节能减排工作的通知》。组织公司系统11.4万多员工开展节能减排知识竞赛活动，完成了公司系统节能减排专项检查和《关于加强公司系统节油节电工作的通知》落实情况检查，全面落实公司发、输、配、用各个环节的节能减排措施，不断推进节能减排工作。

发电节能调度

积极推进节能发电调度，效果显著。2008年通过实施节能发电调度，优先吸纳水电、火电按能耗排序发电等措施，消纳富余水电87.8亿kWh，折合减少标煤消耗361万t，相应减少SO_2排放6.9万t。贵州、广东成为全国前两个正式启动节能发电调度试运行的省份。配合政府关停小火电机组332万kW，完成关停小火电机组配套电网建设投资6.3亿元。

抓好线损“四分”管理，完成了5314台高损配电变压器改造，全年综合线损率6.68%，同比下降0.22个百分点，节约电量11.4亿kWh。“绿色行动”向纵深推进，累计为2512家企业开展节能诊断，有580家已完成改造，平均节电率达到8.2%。

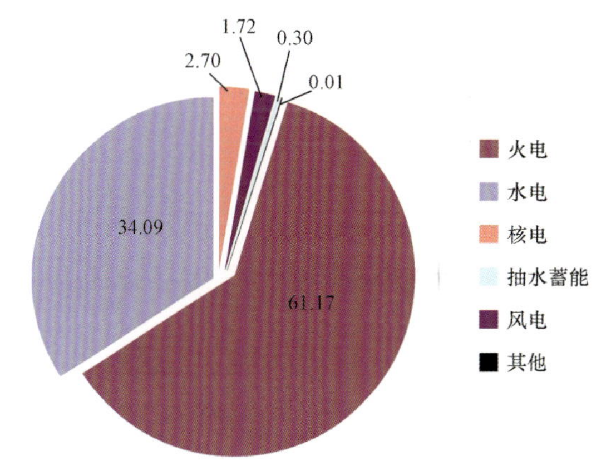

南方电网区域装机结构（%）

充分利用水电资源

最大限度利用水电资源，做好水库联合调度，利用省间调剂能力，实施水电跨区消纳，全年未发生调度和经济原因弃水。

2008年，全网水电发电量同比增长33.25%，购水电比重提高了5.40%。西部水电东送740亿kWh，相当于节约标准煤约2360.6万t，减少二氧化硫排放45.3万t，减少烟尘排放23.6万t。

2008年，累计消纳富余水电87.8亿kWh。其中，在主汛期安排广东累计吸纳富余水电16.7亿kWh，在罕见的秋汛期我们灵活调整调度计划，安排西部增送广东13.74亿kWh。

6年来，西部水电东送2836亿kWh，相当于节约标准煤约9047万t，减少二氧化硫排放173.7万t，减少烟尘排放90.5万t。

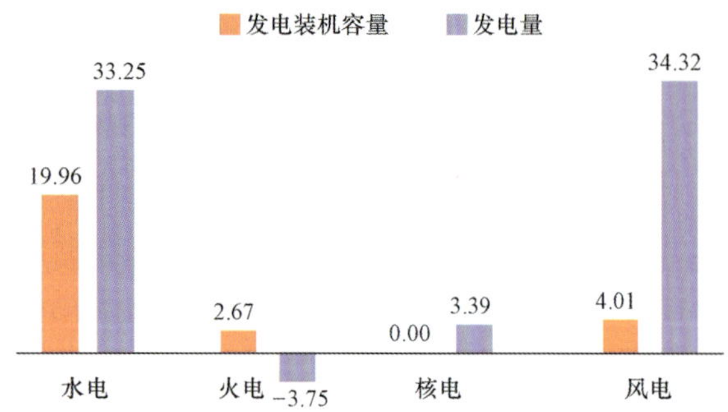

2008年南方五省区发电装机容量和发电量增长比较（%）

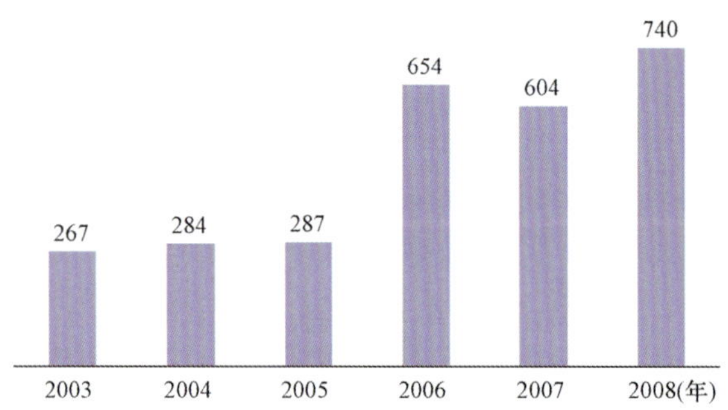

西部水电东送稳步增长（亿kWh）

支持风电发展

鼓励新能源发电，扶持风能、太阳能等新能源发电项目的开发和利用，广东、海南的风电资源开发利用快速发展。2008年风电装机容量达到42.64万kW，相比2005年的9.21万kW增长363%。

落实“上大压小”政策

协助政府关停小火电机组332万kW，累计关停737万kW，完成“十一五”计划的55%；为满足新电源布局下的电力送得出、落得下，投入配套电网建设投资约6.3亿元。

促进燃煤机组脱硫

贵州、广东、广西、云南四省由南方电网统一调度的166台燃煤机组全面实现脱硫实时监测，脱硫实时监测信息接入率达100%，脱硫装置平均脱硫效率在91.45%以上。为促进燃煤机组减少二氧化硫排放，垫付燃煤机组脱硫加价费用35.29亿元。

降低线损

我国《国民经济和社会发展第十一个五年规划纲要》提出，“十一五”期间单位国内生产总值能源消耗要降低20%，主要污染物排放总量要减少10%。南方电网公司是国务院国资委重点监测的30家中央企业之一，公司的节能减排指标为线损率一项，2009年目标为6.66%，2010年目标为6.30%。

我们大力推进线损“四分”（分电压、分区、分线、分台区管理）工作，整治重点区域，优化各电压等级电网结构，推进电网无功优化与经济运行，提高节能电力设备产品在系统中的运用比率，淘汰高损耗设备，取得良好绩效。

启动63家供电企业线损“四分”管理，其中广州、南宁等10家供电局为第一批试点单位。

2008年底，公司农电系统综合线损率在12%和20%以上的县级供电企业，由75家和6家分别下降为64家和4家。

公司计划在2008～2010年改造项目中全部使用节能变压器，逐步更新22 473台S7型高损配电变压器。2008年，共完成5314台高损配电变压器改造，有效降低了电网损耗。

2008年，公司线损率6.68%，同比下降0.22个百分点，节约电量11.4亿kWh，相当于节约标准煤39万t，或少建一个装机为25万kW的电厂。

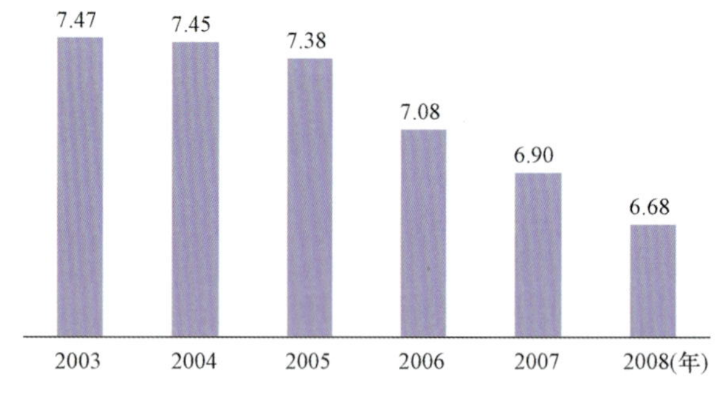

南方电网综合线损率（%）

节约资源

公司全面推行变电站标准设计，降低工程造价，减少占用和消耗土地、材料等资源。

500kV施秉至贤令山输变电工程双回线路全长2×622km。设计架设同塔双回线路，提高线路输送功率264万kW，较传统型线路提高35.34%。输电线路绝大部分应用了紧凑型输电技术，有效地收窄了线路走廊，减少了材料使用，降低了损耗，节约占地3万多亩，工程树木砍伐量大幅降低，保护了生态环境。

办公节能

公司认真落实国务院关于加强节油节电工作和开展全民节能行动会议的布署，对公司系统节油节电工作提出十项规定。公司工会向员工发出全民节能活动倡议书，号召全体员工投身节能行动。

组织开展了以“依法节能，全民行动”为主题的节能宣传周活动，在公司系统组织开展了节能减排知识竞赛活动，11.4万员工参加。

根据《关于进一步加强公司系统节能办公工作的指导意见》，在办公设备招标中优先采用节能设备。

节能减排绩效

2008年节能减排绩效

工作内容	电量或节约电量（亿kWh）	相当于节约标准煤（万t）	相当于减少二氧化硫排放（万t）	相当于减少烟尘排放（万t）
西部水电东送	740.0	2360.6	45.3	23.6
消纳富余水电	87.8	300.3	5.8	3.0
降低线损	11.4	39.0	0.7	0.4
开展客户侧节能	14.0	47.9	0.9	0.5

公司成立6年来的节能减排绩效

工作内容	电量或节约电量（亿kWh）	相当于节约标准煤（万t）	相当于减少二氧化硫排放（万t）	相当于减少烟尘排放（万t）
西部水电东送	2836.0	9046.8	173.7	90.5
消纳富余水电	274.8	876.6	16.8	8.8
降低线损	65.6	224.4	4.3	2.2
开展客户侧节能	19.0	65.0	1.2	0.6
提升电网平均负荷率	218.0	695.4	13.4	7.0

节能环保进社区

（1）公司注重向全社会广泛宣传节能知识。通过开展“小手牵大手”活动，引导孩子们成为节约能源的宣传员、监督员。

（2）公司采用国际先进的设备和工艺，致力于使变电站成为输送清洁能源的动力站。

1）变电站设计采用绿色环保理念，注重与周围设施融为一体。

2）对临近居民区的变电站，选择满足国家标准要求的低噪变压器、采用厚实墙体、改进散热风扇方式，以降低噪声。

3）对室外变电站，加装降噪装置降低低频噪声。

电网建设与管理

工程建设制度建设和协调管理

为进一步提高南方电网应对重大自然灾害能力，统一新建架空送电线路工程项目的设计标准，组织相关设计单位编制完成了南方电网企业标准《110kV～500kV架空输电线路设计技术规定》和《中重冰区架空输电线路设计技术规定》，在国家和行业相关标准出台前，将作为南方电网110～500kV线路设计技术标准。

组织编制完成了南方电网企业标准《架空送电线路机载激光雷达测量技术规程》，此标准是国内首个机载激光雷达在工程应用领域的标准，填补了国内空白。

颁发《南方电网公司电网建设员工安全行为规范手册》和《中国南方电网有限责任公司电网工程建设监理工作典型表式》。开展编写《电网工程施工工艺控制规范》工作，以适应新的建设管理体制的要求。完成了公司物资供应商诚信备案管理体系相关管理办法的制订。完成了公司《电网建设优质工程评选和奖励管理办法》的修编。

为了更好地激励各分子公司安全、优质、按期完成重点工程建设任务，规范公司重点工程建设管理工作，公司出台了《重点工程管理及考核激励办法》。由于受冰灾影响，部分重点工程施工工期滞后30~40天。针对基建工程时间紧、任务重、安全压力大的特点，加大组织协调和监督检查的工作力度。公司基建系统克服了冰灾的影响，确保了滇南外送，砚山、贤令山输变电工程等重点工程按期投产，为迎峰度夏和奥运保供电创造了良好的条件。西电东送形成“八交四直”的12条500kV大通道，输电能力超过了1800万kW。

抗 冰 抢 险

抗冰抢险修复工程施工和物资支援迅捷有力。面对年初突如其来的冰雪凝冻灾害，全力以赴投入电网抢修复电和灾后重建工作中。迅速成立南方电网公司抢险救灾物资督导组，通过有力组织协调，在规定的时间内将受灾地区所需220kV及以上的1044基铁塔（总计超过10 000t），全部运抵现场，确保了按时完成抢险、抢修铁塔生产任务。积极协调贵州电网110kV及以下物资的供应，迅速联络近20家生产企业，组织了近14 000根电杆，及时保障了贵州电网配电网修复工程的物资需求。同时调集一切资源迅速开展支援贵州电网抢险施工，根据应急需要，向全国参加了南方电网公司诚信备案的施工企业发出《关于组织施工企业支援贵州电网抗冰抢修恢复工作的函》，紧急组织各施工企业尽最大努力支援贵州抗冰抢修恢复工程施工，并展开协调工作。由于措施得力有效，受损情况得以及早掌握，为迅速开展全面抢修工作创造了有利条件。出台了《南方电网抗冰救灾激励办法》，激励和鼓舞了参建企业的斗志，按时完成了抢险物资的供应协调、调动全国的施工队伍的任务。

重 点 工 程 建 设

公司下达的在建重点工程共22项（新增12项，跨年续建10项）。在建重点工程总投资356.8亿元，其中2008年投资117.2亿元，2008年累计完成投资106.63亿元，完成年计划的90.98%；累计资金到位80.11亿元，完成年计划的68.35%。2008年计划投产13项。

2008年，500kV滇南外送、220kV对澳门送电第四通道等9项重点工程和500kV惠州抽水蓄能电站送出博罗段工程里程碑投产项目上半年按期完成；7月中旬500kV施秉—贤令山输变电工程投产。500kV贤令山输变电工程、±800kV云广直流输电工程还完成了抗冰加固设计，并已在工程施工中实施。2008年投产重点工程13项，其中包括2008年计划投产项目12项，2009年计划投产项目提前投产1项。1项工程因严重受阻，投产时间推迟。云广特高压直流工程取得了突破性的进展，关键设备高端换流变压器通过型式试验。海南联网工程开始海底电缆预敷设。重点工程投产后，西电东送通道能力从2007年的1650万kW增加到了1800万kW，确保了公司电力西电东送安排，为保障迎峰度夏工作和五省区电力供应奠定了坚实的物资基础。

500kV贵州施秉至广东贤令山输变电工程是国家“十一五”西电东送重点工程，2008年投产后使西电东送形成“八交四直”12条大通道，输送能力超过1800万kW，全面缓解了迎峰度夏期间向广东输电紧张局面。

云广±800kV特高压直流工程是世界上第一条±800kV特高压工程，是国家特高压直流输电自主化依托工程，自主化率达60%，计划2009年分阶段投产。

海南联网工程是我国第一个500kV超高压、长距离、大容量的跨海联网工程，海底电缆单根长度世界第一，输送容量世界第二，计划于2009年建成投产。

完善城乡配电网，增强负荷中心区的供电能力。2008年，110kV及以下电网投资223亿元，为历年最多。

变电站标准设计

2008年是公司全面实行南方电网变电站标准设计重要的一年，为指导南方电网变电站标准设计推广应用工作的顺利开展，制订了南方电网变电站标准设计推广应用工作方案及细则。该推广应用工作方案从规划、计划、工程等方面提出了具体的方案和要求，明确了每项工作的完成时间。按下达的工作方案和计划时间表，南方电网公司总部及超高压公司、各省公司均举办了变电站标准设计宣贯、培训，培训总人数达到772人次，极大地促进了各省公司的推广应用工作。

南方电网2008年计划下达新建变电站211个，已明确采用标准设计的新建站有169个，推广应用率为80%。其中，5个500kV、39个220kV新建变电站均已采用标准设计，推广应用率达到100%；167个110kV新建变电站中已采用标准设计的有133个，推广应用率为80%。

电网建设质量和安全管理

颁发《中国南方电网公司2008年电力建设工程质量创优工作方案》，对2008年公司开展电网质量管理工作进行了全面部署，促进了基建单位提高质量管理水平，形成了以不断技术创新、改进和提高质量工艺、创优质工程为重要内容的企业文化氛围。

质量管理取得丰硕成果。500kV肇花博输变电工程、500kV施秉变电站等4项工程达标投产；云南500kV墨江输变电工程等6项工程获得公司电网建设优质工程命名和表彰；500kV广南变电站等5项工程获得中国电力优质工程称号。公司系统6个项目获中电建协、规划行业协会举办的工程建设科学技术奖和四优设计奖；《电网工程建设质量管理系统的优化研究》软课题获得公司软课题评选三等奖；《南方电网变电站标准设计》获南方电网公司科技项目二等奖。

2008年，工程建设安全工作坚决贯彻落实国家和公司有关安全政策，进一步完善基建安全生产保证体系和监督体系。在工程建设中开展“隐患治理年”活动，于4月、6月、9月和12月分别召开了4次基建质量安全工作例会，针对2008年重点工程时间紧、任务重、安全压力大的特点，开展2008年“安全生产月”活动和2008年基建安全大检查活动，组织检查了500kV砚山等工程现场安全情况，促进建设单位和参建企业健全安全管理体系和安全责任的落实。

综合计划和统计管理

按照2008年工作会议要求，对公司计划管理的现状和改进方案开展了深入调研和反复探讨，提出了改进公司计划管理模式的工作设想。

根据公司统计业务的需要，积极推进统计管理信息化工作。牵头加强组织协调，克服了周期紧、任务重以及年初冰雪灾害影响，高质量地建成了公司数据快速通道，将数据统一平台部署至地市供电局，为公司统计工作提供了强有力的技术保障，为公司各类业务数据的统一报送和共享创造了有利条件。在数据统一平台基础上，为配合实施综合计划管理创新的要求，进一步提高综合计划执行情况分析时效性，加强综合计划与综合统计工作的衔接与协调，2008年完成了公司综合计划数据上报平台项目的建设工作，建立了计划上报、下达的数据报送模块，有效实现了综合计划业务数据快速报送。

质量监督中心站

为确保±800kV云广特高压直流工程建设质量，开展大量针对该工程的质量监督协调工作，同时结合世界上第一条特高压直流工程建设和广东惠州蓄能电站工程建设，及时组织编制并颁发了《±800kV云广特高压直流工程质量监督工作大纲》和《南方区域抽水蓄能电站工程质量监督工作大纲》，在质量监督程序、方法和范围及深度上予以了全面规范，并在实践应用中取得良好效果。分别在广州、贵阳举办了南方五省区的培训班，对南方五省区域内约450名工程质量监督人员开展了专业培训。建立和完善了质量管理体系，建立了由各专业和相关单位和部门人员的质量工程师专家库。开展了过程管理中的现场质量检查和抽查。

组织开展的质监工程有：龙滩水电站送出龙平500kV输变电工程、海南联网、滇南外送500kV输变电工程、500kV施秉—贤令山输变电工程、500kV花都变电站扩建工程、500kV罗平变扩建工程，梧州、来宾、南宁、青岩、罗平变电站扩建工程等，对确保工程的安全稳定投产起到了保证作用。

定额站管理

组织了2007年度电网工程定额材料、机械价格水平调整测算，开展了电网工程装置性材料运输费用测算工作，发布了南方电网送变电安装工程定额材机调整系数。在抗击年初低温雨雪冰冻灾害中，及时出台抗灾复建电网费用标准，促进电网抗灾复建工作。明确了新预规及配套新定额适用时间和相关要求。完成±800kV特高压直流工程建设费用定额标准编制专项工作，填补了电力行业缺乏特高压直流工程建设费用定额标准的空白，对于科学合理确定工程造价，提高投资效益，为今后特高压直流工程建设树立标杆，具有十分重要的现实意义。

（陈晓明）

农电工作

经营效益

2008年南方电网公司管辖的县级供电企业共有337家，其中分公司72家、全资子公司91家、控股子公司16家、代管公司158家；管辖乡镇供电所总计3260个，其中县城供电所357个、农村供电所2903个。337家县级供电企业完成供电量3099.39亿kWh，完成售电量2925.39亿kWh，综合线损率为5.61%。

抗冰加固

抗险救灾抢修复电工作夺取全面胜利。积极应对年初历史罕见的低温雨雪凝冻灾害，按照“全网一盘棋”的要求，农电战线干部职工顽强拼搏、夜以继日地奋战在抗冰复电的第一线，确保了公司3月8日“户户复电”目标的实现。

全面提高农网抗灾保障能力，立足于袁懋振董事长提出“通过冰灾把坏事变成好事，把危机化为转机”，按照公司抗灾保电总指挥部3号令的部署，从农网灾后普查和评估入手，把制订《35kV及以下架空电力线路抗冰加固导则》作为首要任务，采取一系列“化危为机”的工作措施，努力提高农网抵御冰灾的能力。

（1）开展农网灾后普查和消缺工作。对农网受损线路复查并登记造册，全面完成消缺和临时复电措施的整改工作。在2008年5月国家发改委稽查办对贵州凯里农网抢险复电工程质量的专项检查中，得到充分肯定。

（2）开展农网评估工作。制订了《县级供电企业评估导则》，着重分析农村电网的供电能力、技术经济指标、管理水平和电网建设情况的适应性，目前各省正结合评估结果，对农网“十一五”规划进行滚动修编工作。

2008年2月，广西电网公司平南县电力公司先后组织两批突击队奔赴桂林市灵川县灾区抢修复电。图为该台区恢复供电后，村民向平南县电力公司赠送锦旗。（黄思红 摄）

（3）编制并颁布实施Q/CSG11501—2008《35kV及以下架空电力线路抗冰加固技术导则》。明确了35kV及以下架空电力线路抗冰加固要“以避为主、以抗为辅、分段分策”的原则，重点加固受灾线路的重点线段、重要部位和薄弱环节，合理采取“保杆保线”和“保杆弃线”策略。确定农网抗冰加固的目标为：在遭遇类似2008年初南方雨雪凝冻灾害情况时，一级线路不受损；大幅减少二级线路和三级线路的倒杆及断线数量。

（4）全力实施农网抗冰加固工作。在南方电网计［2008］75号《关于35kV及以下架空电力线路抗冰加固工程的批复》中：35kV及以下架空电力线路抗冰加固工程总投资为93 965.02万元，其中一、二级线路加固工程投资43 509.43万元，三级线路加固工程投资50 455.59万元。截至2008年底，抗冰加固工程中一、二级线路加固工程已按计划全部完成；三级线路加固工程累计完成投资6712.57万元，完成计划的13.3%。

（5）组织开展农村配网人工除冰工作。在贵州电网毕节供电局和六盘水供电局人工除冰技术取得成效的基础上，各省公司结合本地区的实际情况，组织受冰灾的县级供电企业科学、合理地开展农村配网人工除冰工作。

基础管理

2008年，在337家县级供电企业中共有266家达到省级达标企业标准；申报2007年度南方电网公司达标企业的有78家县级供电企业；137家2005、2006年度南方电网公司达标企业中，有134家通过了复查，在提高县级供电企业基础管理水平方面取得明显成效。农村供电营业所规范化管理达标率98%，95598服务热线农村覆盖率95.29%，广东、海南实现100%覆盖。县级供电企业基础管理达标工作扎实地致力于“三个推进”：

（1）未达标企业向实现达标企业进程推进。申报2007年度南方电网公司达标企业的有78家县级供电企业。各县级供电企业结合实际、因地制宜，在实现达标的手法和方式上特色凸显。广西电网田东县电力有限公司是当地政府实践科学发展观试点单位，该公司把基础管理达标工作与深入实践科学发展观有效结合起来，把达标工作的着眼点放在优质服务和节能降耗方面，取得了显著成效；贵州电网册亨县供电局提出了安全管理“五步法”，通过“一问、二看、三查、四干、五收”提高安全管理水平。各省公司在推进基础达标工作中，坚持高标准、严要求、多种形式并举，工作成效显著。广西电网公司把达标与网区供电局的经营责任目标挂钩，建立专业对口帮扶机制，确立达标工作双闭环管理模式。

（2）已达标企业向建立常态化管理机制推进。137家2005、2006年度南方电网公司达标企业，有134家通过了复查，对未通过复查的3家企业则要求一年内限期整改、堵塞漏洞。已达标的县级供电企业正在逐步实现常态化管理，各项管理水平在原有达标的基础上进一步提升，亮点纷呈。贵州电网开阳供电局把基础管理日常工作细化分解，落实到岗、到人，由常态化管理办公室每周定期编制“五基常态化管理周报”，及时掌握工作的存在问题并协调解决，有效地促进基础管理常态机制建立。各省公司在立足于达标工作的基础上，也不断致力于管理模式的创新，在切实提高县级供电企业管理水平上下功夫，广西电网公司将管理标准向县级供电企业延伸，实施农电管理“七统一”（统一组织结构、统一企业标准、统一财务管理模式、统一人力资源管理模式、统一信息管理平台、统一管理评价模型、统一企业文化和品牌形象）；云南电网公司则把“五抓”（抓安全、抓管理、抓改革、抓服务、抓队伍）作为2008年的重点工作，形成层层落实、环环推进的农电管理格局。

（3）基础好的达标企业向建立标杆示范企业推进。2008年有16家县级供电企业，在各省公司指导下开展创省级标杆示范企业工作。广东电网公司成立了县级供电企业创标杆示范工作领导小组，制订并印发了《县级供电企业创建标杆示范单位工作方案》，确立了44项创标指标，并选择新兴供电局、吴川供电局、梅县供电局、南雄供电局、英德供电局作为在接管后的全资子公司中的创标杆示范单位，把其中的新兴供电局列为创标杆工作的重点示范单位；广西电网公司也出台了创建标杆县级供电企业实施方案，确立38项标杆指标，运用标杆管理方法，按“三步骤”的工作计划，选取5个县公司创建标杆县级供电企业，巩固和发展基础管理达标成果。

农网建设

把服务好社会主义新农村建设作为农电工作的出发点和落脚点，高度重视欠发达地区特别是偏远农村的电网建设改造，加大对县级电网建设、无电地区电力建设的督导和管理力度，没有因灾害而延缓农电建设与改造的步伐，确保农网建设工程质量和工程进度在控、可控。

（1）切实加强县级电网建设的管理。按时、按质地完成年度计划任务，为发展农村经济、提高农民生活质量提供电力支撑。2008年完成县级电网建设投资136亿元，完成计划的100.7%，其中广东、贵州超额完成投资，广西、海南未能按计划完成县级电网建设投资；全面完成总投资为7.8亿元的中西部农网完善工程。

（2）认真履行好解决无电人口用电问题的社会责任。2008年共解决38个行政村、16.6万户无电人口的用电问题，其中广东1.57万户、广西3.91万户、云南8.04万户、贵州2.89万户、海南0.19万户，南方五省区供电区域内行政部通电率达到99.94%，户通电率达99.5%。广东、广西供电区域内实现了电网覆盖范围内的“户户通电”；广西成为继广东、海南、贵州之后第四个实现行政村村通电的省份，提前两年全面完成供电区域内无电地区电力建设工程和“户户通电”目标，受到了自治区党委、政府的高度赞扬；云南的玉溪、昆明地区也提前实现“户户通电”的目标。在奥运前夕，广东、广西和云南电网公司分别举办了“迎奥运、送光明”系列活动，通过赠送电视机看奥运的方式举办无电村通电庆典仪式，着力宣传“户户通电”的工作成效。

2008年3月，农电工们在紧张、有序地进行线路架设。（南网农电部　提供）

（3）全力实施2008年四季度增加安排的农网完善工程。为扩大内需、促进经济平稳较快增长，国家发改委在2008年四季度增加安排农网完善工程投资15.61亿元，其中广西2.5亿元、海南2.5亿元、贵州5亿元、云南5.61亿元。按照公司的部署和安排，农电部是公司农网完善工作组的牵头部门，根据农网实际情况，配合编制《南方电网配电网规划指导原则》；指导农网发展规划，完善农村电网结构，解决电网覆盖范围内无电户供电问题；稳步推进农电体制改革。配合计划部完成农网完善项目的汇总及投资计划的上报与下达工作；负责统筹农网完善项目所需集中统一招投标的设备的类型、参数和所需数量。

体制改革

农电体制改革继续稳妥推进。多年来僵持的县级供电企业代管格局出现了新的突破，广东50家代管县级供电企业，广东电网公司已接管47家，其中32家代管县级供电企业农电资产接收方案已获国资委批准；公司董事会议审议并通过了广西电网公司采用无偿划转方式接管33家供电企业地方国有产权，云南电网公司采用无偿划转方式接管12家供电企业地方国有产权、采用合资方式与地方政府组建22家供电有限责任公司。

五省公司结合各自的实际情况，在农电体制改革方面继续深入探索。广东电网公司加大50家代管县级供电企业接管工作力度，在2007年接管的36个代管县级供电企业的基础上，2008年又完成了11家代管县级供电企业接管协议的签订工作，还剩3个尚未完成接收工作；按照接管后同网同价的原则计算，一年约减轻地方电费负担17亿元，对广东省两翼和山区经济欠发达地区的经济发展起到非常重要的作用。广西电网公司大力推进无偿划转为主、股改为辅的农电体制改革，43家代管县级供电企业中，有42家完成了县级供电企业改制工作，其中无偿划转35家、股改7家，采用无偿划转方式接管33家供电企业地方国有产权的方案已通过南方电网公司董事会的审议。云南电网公司根据云南省委、省政府提出的“一张网，全覆盖”的精神，认真探索地方电力体制改革模式，采用无偿划转方式接管12家供电企业地方国有产权、采用合资方式与地方政府组建22家供电有限责任公司的方案已通过南方电网公司董事会的审议。贵州电网公司完成了对49个代管县级供电企业人员、财务状况以及县政府、县级供电企业的无偿上划意向摸底调查工作，制订了代管县级供电企业无偿上划总体方案，目前拟对27个资产清晰、经营状况良好、无重大遗留问题的县级供电企业继续开展下一步的无偿划转工作；对暂不能无偿划转的县级供电企业也要理清症结，安排逐步消化，最终达到无偿划转条件。海南电网公司加快农垦农场、地方农林场、小水电自供区供电区域的接管工作，全省农村地区和96个农场已全部接管到位，完成47个地方农林场供电资产清查工作，接管了临高县抱美水电站自供区，其中，有95个垦区农场电价实现同网同价，平均电价由原来的0.82元/kWh下降至0.6元/kWh，垦区居民每年减少电费支出2.16亿元。

2008年10月，广东电网公司接管海丰县供电局签字仪式在广东汕尾举行。（南网农电部 提供）

节能降耗

积极推进农电节能降耗。认真贯彻落实公司节能降耗工作部署，加大推动县级供电企业开展线损“四分”管理试点工作力度。对2007年综合线损率在12%以上的75家县级供电企业进行了重点整治，2008年底已由75家下降为65家，其中线损率20%以上的由2007年的6家下降为4家。云南电网公司对综合线损率超过10%的36家县级供电企业开展原因分析，查找技术、管理上的差距，制订降损措施；海南电网公司6家综合线损率在12%以上的供电公司经过重点整治，2008年底减少到了2家。各县级供电企业从实际出发、充分挖掘潜力，纷纷组织开展有特色、有影响、有成效的节能活动，以广东电网江门开平供电局为代表的部分县级供电企业还开设了电力节能展示厅，用最直接、最生动、最形象的方式传递和宣传节能意识。

农电培训

系统开展农电培训。按照公司关于培训工作和培训资源要向基层、向一线员工倾斜的要求，把农电培训与《隐性知能显性化体验式培训研究与实践》软课题研究相结合，深入研究、探讨适合基层农电企业培训的新方法、新举措。联合公司人事部、各省公司有关部门，开展隐性知识显性化体验式培训与实践课题研究，选择了广东电网江门开平供电局作为这次研究示范的对象，分别举办了县级供电企业领导体验式培训示范班和乡镇供电所所长体验式培训班示范班。培训反馈效果良好，研究并确立了围绕面向农电企业培训的五个核心课题：一是宣贯南网方略，加快南网方略和企业文化在县级供电企业的贯彻落实；二是培养员工意志、奉献、忠诚、合作、创新的团队精神和合作意识；三是规章制度的贯彻落实；四是规范管理和作业行为；五是基本技术技能的掌握和熟练运用。实践证明体验式培训是一种适合基层技能培训的有效方法，有利于农电企业经营管理水平和农电员工队伍整体素质实现持续地“两促进、双提高”，下一步将在农电系统全面推广。

▲ 2008年7月，公司县级供电企业领导体验式培训实践班在广东开平举行开班仪式。（南网农电部　提供）

各省公司不断加大农电培训力度，制订并实施县级供电企业教育培训规划和工作指导意见，共举办了各类培训班1767个，培训员工达12.88万人次。广东电网公司出台了《县级供电企业（子公司）教育培训指导意见》，制订县级供电企业教育培训“三步走”规划，开展全员核心胜任力培训、全员岗位胜任力培训和员工素质学历教育；广西电网公司制订了《县级供电企业“十一五”职工教育培训规划》，累计开展适应性、应急性、资格取证等岗位培训98期，参加培训总人数9832人次，完成培训计划率100%，干部轮训率85%；云南电网公司制订了县级供电企业教育培训规划（2008～2012年），建立了三级培训网络体系，重点开展领导、管理、专业技术、生产技能、辅助五类人员的培训，共培训了79 111人次，其中农电工培训13 222人次；贵州电网公司与贵州省劳动与社会保障厅、联合举办了“2008年农网配电营业工职业技能竞赛”，有2人获“贵州省技术能手”称号。

信息化建设

加快推进农电信息化建设。组织编制《县级供电企业经济技术指标体系》和《南方电网农电基本信息制度》，重新筛选和整理农电的关联指标和关键指标，建立健全农电统计信息系统。完成农电综合统计信息系统的升级工作，把农电综合统计信息系统纳入南方电网公司数据报送快速通道，实行统一维护、管理和升级，实现农电信息化进程与公司数据快速报送通道的有效衔接，实现农电信息化、标准化管理向县级供电企业的延伸。

（关岚）

中国南方电网
CHINA SOUTHERN POWER GRID

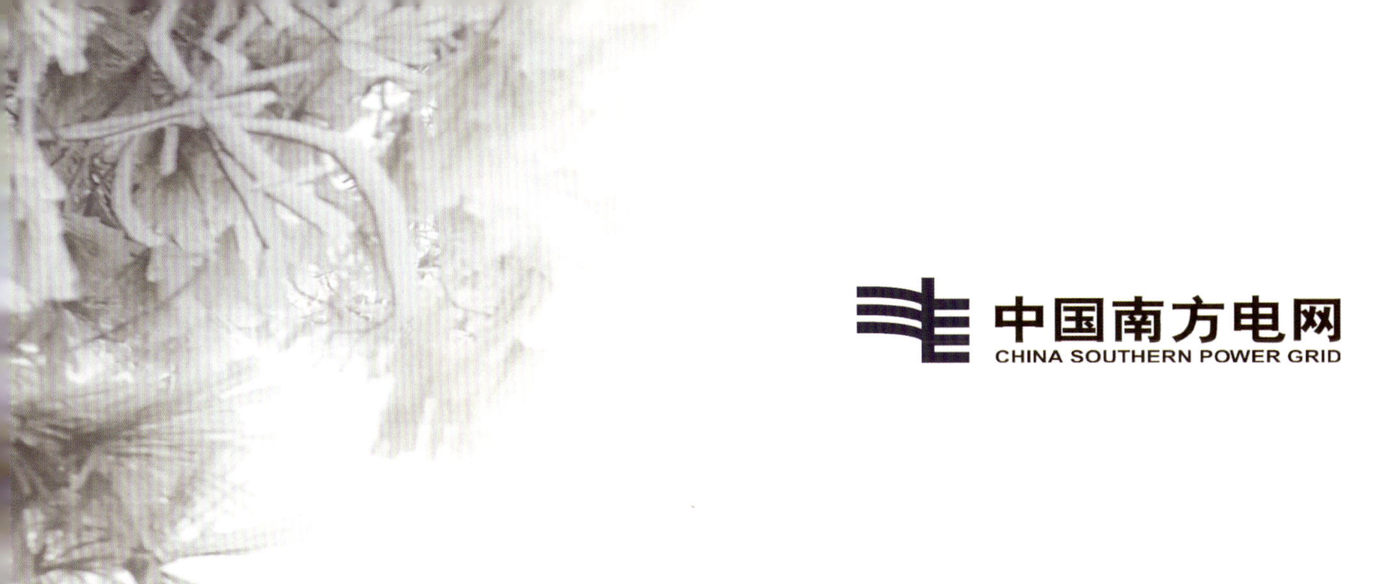

市场交易与营销服务

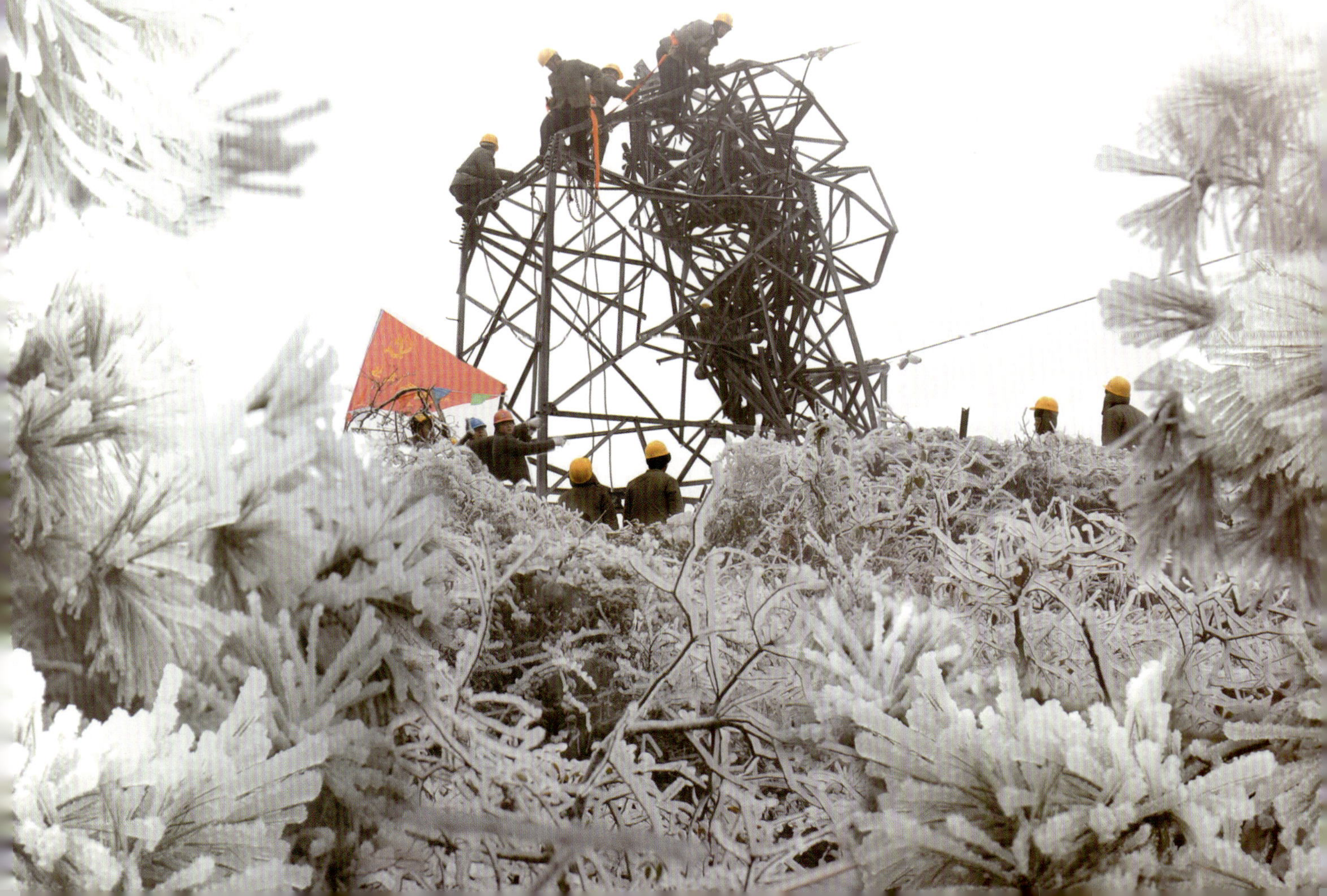

基 本 情 况

经 营 指 标

公司系统完成购电量5169亿kWh，同比增长4.6%；公司系统完成售电量4826亿kWh，同比增长4.9%。全年售电费（营销口径统计）2914.1亿元，营销口径欠费19.37亿元，比2007年增加2.66亿元。各项交易与营销指标均超计划完成。

公司购电结构中，统调水电、统调火电、核电、地方水电、地方火电、外购电、风电等其他能源电量分别增长37.97%、-2.69%、3.74%、37.53%、-24.84%、-8.51%、42.00%，分别占总购电结构的21%、59%、4%、4%、5%、5%、2%。购电结构进一步优化，详见图1。

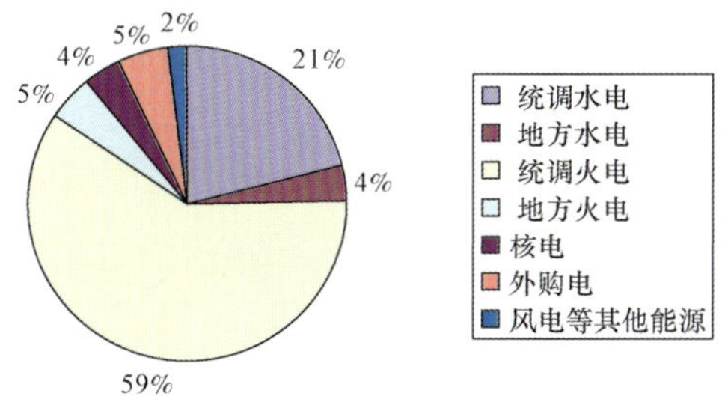

图1　购电结构示意图

西电东送电量1056亿kWh，同比增长22.4%，完成全年计划的109.8%。其中，西电送广东926亿kWh，同比增长17.7%，完成全年计划的108.9%；西电及省间调剂送广西电量131.5亿kWh，同比增长72.5%，完成全年计划的117.6%。云南送出177亿kWh，同比增长28.3%，完成全年计划的112.9%。贵州由于受冰灾影响，送出338亿kWh，同比增长15.4%，完成全年计划的89.2%。

2008年度，公司从网外购入电量248.4亿kWh，同比减少9.8%，完成全年计划的96.5%。向网外售电量63.1亿kWh，同比增长13.1%。其中，向越南售电量32.7亿kWh，同比增长22.5%；向澳门售电量23.1亿kWh，同比增长36.8%；向湖南售电量5.0亿kWh，同比减少39.9%；向重庆售电量2.3亿kWh，同比减少41.8%。

公司终端售电结构中，大工业、非普工业、商业、居民、农业、趸售、其他用电、网外售电分别同比增长了2.09%、1.20%、8.24%、12.75%、3.86%、5.57%、-5.03%、13.09%。各种类型用户售电量所占比重分别为54%、11%、5%、11%、1%、16%、1%、1%，详见图2。

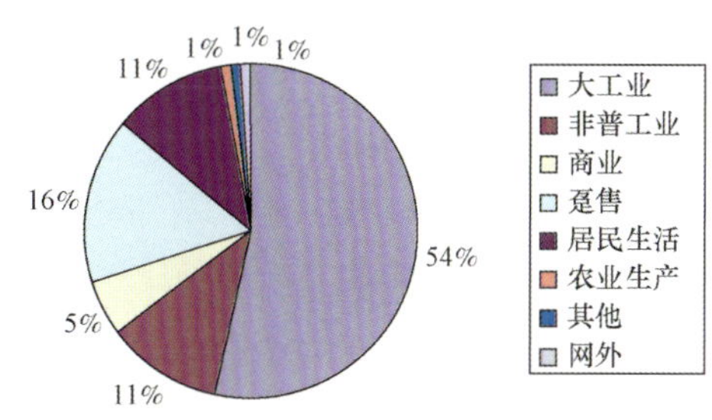

图2　售电结构示意图

制 度 建 设

（1）制订了《客户停电管理规定》，规范和改进了客户停电管理，明确了客户停电管理范围、内容、停电时间统计分析方法及管理考评办法，客户预安排停电原则每年不超过3次，总停电时间不超过24小时。制订了《客户停电时间统计标准》，规范客户停电时间的统计。

（2）制订了《客户受电工程管理规定》，明确了客户受电工程相关资质核查及信息发布、客户受电工程服务，检查和监督等内容，以指导公司各级单位客户受电工程管理工作。

（3）制订了《跨省区电能交易管理办法（试行）》和《汛期水电电能交易管理办法（试行）》，以规范公司跨省（区）及网外电能交易、汛期水电电能交易行为，充分发挥南方电网大平台优势，促进省（区）间资源优化配置。

（4）制订了《多种交费方式应用方案》，推广应用充值卡交费、自助服务终端交费、网上交费、电话交费、手机交费、邮政超市交费等多种交费方式。

市 场 交 易

电力供应及跨省区交易

2008年，全网电力供需形势复杂多变，电力供应面临的困难是前所未有的。年初，南方地区遭遇历史罕见的特大冰雪凝冻灾害，电网设施严重受损，电力供应受到极大影响。1～4月，由于电煤供应持续紧张、电力需求仍保持较高增长等原因，全网电力供需呈电力电量双缺的局面，最大错峰1480万kW，错峰电量128亿kWh（含贵州因冰灾受损电量）。5月以后，随着电煤供应逐步好转，再加上气温偏低、雨水较多，用电需求增长放缓，南方五省区供需形势趋于缓和。迎峰度夏期间，除广东因网络受限有所错峰外，其余省区基本放开用电，奥运保供电任务圆满完成。受国际金融危机影响，全网电力市场需求下滑，广东用电从6月就开始显现下滑，10月后西部用电负荷也出现大幅下滑，全网电力供需形势发生根本改变。10月下旬，各主要流域遭遇多年罕见的冬汛，自11月初起主要水电站均出现弃水情况，大量火电机组被迫停机备用，各省区均出现较大电力电量富余。

公司充分发挥大电网优势，统筹优化资源配置，加大电网建设力度，为五省区经济增长提供了保障。全年西电东送最大电力1816万kW，同比增长20%，电量1056亿kWh，同比增长22%。冰灾期间，公司安排贵州送出西电全停，临时组织云南、广西增送广东最大电力达120万kW，紧急启动广东120万kW 9E、9F机组，广东最大错峰705万kW，远远低于超过1200万kW的预期水平；春节期间安排广东反送西部电力80万～120万kW，支持西部存煤蓄水。迎峰度夏期间，贵州电煤供应紧张，公司相应调减贵州送出西电31亿kWh，帮助贵州电网渡过难关。11月，西部水电大发，公司积极协调各方，增加消纳西部富余水电电量44亿kWh。

抗灾（震）保供电

冰灾期间，公司准确判断电网恢复进度，动员营销系统立即组织发电车（机），采用非常规手段保障受灾地区老百姓春节有电用。从1月25日起，共11次发出明传电报，在全网范围内紧急征调5469台柴油发电车（机）抗灾保电。各级营销部门和物资部门一起，克服了天气和交通条件极度恶劣等不利因素，确保所有应急发电设备在2月5日前全部安装到位。大年三十晚，南网各省100%的县城和乡镇用上电，广东、广西做到了“村村有电”，受灾最严重的贵州灾区有82%的农村人口用上了电，得到了党中央、国务院、地方政府和社会各界的高度肯定。

在四川遭受特大地震后，公司紧急调运2851万元救灾物资支援灾区，同时全力保证抗震救灾物资生产企业的生产用电，树立了良好的社会形象。

奥运保供电

奥运保供电期间，正逢电网冰灾后“大病初愈”，一次能源价格持续上涨、供应紧张，自然灾害频发，电力供需形势复杂多变。公司成立了供电服务组和电煤供应协调小组，每日跟踪掌握电厂存煤情况，及时发布预警信息，积极配合政府部门协调解决电煤问题。迎峰度夏期间，全网存煤可用天数维持在12～15天，除广东个别高温情况下最大错峰电力407万kW外，其余四省区基本放开用电。各供电局积极主动配合重要客户完善安全用电措施。在奥运期间内部控制暂停计划检修，暂停停电催费，保障了电力有序供应，保障了城乡居民正常收看收听奥运节目，保持了稳定和谐的客户关系，圆满完成了迎峰度夏暨奥运保供电任务。

“走出去”战略

与周边国家和地区的电力交易规模进一步扩大。组织各方召开对越南送电专题会议，加强对越南送电合同履行中有关问题的协调工作。积极参与大湄公河次区域电力合作，在丽江召开中越电力市场交流第三次会议。全年共售澳门电量23.1亿kWh，同比增长36.8%；售越南32.7亿kWh，同比增长22.8%。

电力营销

需求侧管理及节能降耗

紧紧围绕向客户可靠供电这个核心目标，查找差距、分析原因，从打牢基础、明确标准、优化流程、加强管理等各个方面，系统扎实地开展工作。在11家供电局开展客户停电时间统计试点工作，并在国内率先制订了《客户停电时间统计工作规划》和《客户停电时间统计标准》。营销部门在停电管理中的作用逐步凸现，实现了停电管理由“设备停电”向“客户停电”的转变。佛山供电局已经建立了相对完善的客户停电管理工作体系，城市客户停电时间比2007年减少6%。广州供电局通过加强综合停电管理、转供电管理和配网带电作业等9项措施，减少迂回检修、重复停电、超时停电和临时停电，城区平均停电时间大幅下降41%。

购电结构进一步优化。汛前积极协调有关各方，明确汛期低谷曲线外电量消纳原则，利用通道富余能力，最大限度安排水电发电，全年水电发电量同比增长33%，购水电比重提高5.4个百分点，消纳富余水电88亿kWh，相当于减少标煤消耗361万t，减少二氧化硫排放6.9万t。

深入开展节能服务“绿色行动”，引导客户节能。全年累计为2512家企业开展节能诊断，有580家完成改造，平均节电率达到8.2%。加强节能服务组织体系建设，云南、贵州等省公司及多个地市供电局成立了科学用电指导中心，其中，云南科学用电指导中心获得政府认可的节能服务资质。积极探索节能服务市场化机制，曲靖和江门供电局试点采用合同能源管理的方式，为客户提供包括能源系统诊断、节能项目建设在内的多种服务。

客户服务

认真开展“金牌服务迎奥运”活动，切实解决客户反映的热点和难点问题，获得国资委的表扬。巩固开放客户工程市场的工作成果，制订了《客户受电工程市场管理规定》，昆明客户工程市场新增施工企业比以前增加了11倍。制订《多种交费方式应用方案》，每个地市供电局实现了向客户提供5种以上的交费方式。进一步优化服务流程，为客户提供业扩报装和故障抢修的快捷服务，服务时限分别比国家规定的标准少了50%和25%。加强95598供电服务热线的运营管理，人工接通率达到92%。制订了《客户用电安全服务管理办法》，主动为客户提供安全用电方面的技术指导和咨询服务。成功举办第三届“万家灯火、南网情深”杯优质服务技能竞赛，锻炼了队伍，提高了水平。广东电网公司有针对性地实施了“五零五百”工程，并在全省社情民意调查中连续三年获得满意度第一，广州供电局在美国盖洛普公司开展第三方的满意度调查中达到国际领先水平。

在国际金融危机蔓延的形势下，部分企业经营十分困难。公司积极研究客户产权界面划分工作，加大电网建设投入力度，规范业扩投资行为，减轻客户负担。广西、云南等省还落实政府出台的电价优惠及让利措施，共稳定负荷158万kW，涉及电量95亿kWh。对有市场、有效益，暂时困难客户的电费回收实行差异化管理，有效帮助客户度过难关，为企业稳定和社会稳定作出了积极贡献，也有效避免了公司用电市场的萎缩。

电费回收

确保了公司经营成果的全面兑现。加强电费回收动态管理，全网当年电费回收率99.76%，旧欠电费回收率26.94%，用户欠费19.37亿元，比2007年增加2.66亿元。其中，当年欠费较2007年同期增加了3.40亿元，回收率下降了0.10个百分点，陈欠电费较2007年同期减少了0.68亿元，回收率下降了0.61个百分点。

营销稽查

健全基层单位营销稽查机构，推广抽样稽查方法，确保服务质量可控在控。全年营销稽查共查处内部差错5772起，涉及电费1152万元，查处违章窃电行为1.8万起，挽回电费损失1.2亿元。

营销技术进步

认真落实营销自动化、信息化“十一五”规划，按照“功能统一、规范统一”的原则，指导全网开展营销自动化、信息化建设。统一公司各类营销系统数据的分类与编码，修编和完善营销自动化、信息化规划和营销分析系统功能规范，先后制订了营销技术及管理标准规范12项。各基层单位根据规划确定的原则和技术方向，积极推进营销信息化、自动化建设，广东电网公司完成了17个供电局营销管理信息系统升级工作，深圳供电公司开发应用了营销ERP系统，广西电网公司在全省推广电费充值系统，云南营销信息系统覆盖至35个县级供电企业，贵州电网公司推出掌上营销信息系统，海南电网公司全省数据集中的营销信息系统也已进入建设阶段，有效地提高了营销管理水平和服务能力。

（张森林）

安全与生产

安　全　生　产

概　　况

2008年初南方电网遭受了严重冰灾袭击，电网和设备遭受严重破坏；汛期，多次台风袭击南方沿海区域；迎峰度夏期间我们迎来了奥运会，确保奥运期间安全供电是公司成立以来范围最广、持续时间最长的保供电活动；年末全球金融海啸逐步蔓延影响到实体经济，南方区域电力供应形势出现逆转，给电网运行方式安排、水火电调剂等带来新的困难。在公司党组的正确领导下，安全生产系统全体干部员工上下同欲、迎难而上、沉着应对，夺取了抗灾全面胜利，确保了电网安全稳定运行，保证了奥运会期间安全供电，公司系统没有发生较大及以上生产安全事故，保持了安全生产局面平稳。2008年，南方电网连续第6年保持安全稳定运行。一般生产安全事故169起，同比减少27起，降幅13.8%。综合电压合格率99.23%，同比提高0.04个百分点；220kV及以上继电保护正确动作率99.89%，同比提高0.06个百分点；线损率6.68%，同比降低0.22个百分点；电网频率合格率99.9999%，同比下降0.0001个百分点；受冰灾影响，部分指标同比有所降低，其中，城市供电可靠率99.85%，同比下降0.05个百分点；500kV输电线路可用系数96.87%，同比下降2.7个百分点。主要经济技术指标优于年度计划指标。

2008年3月25日，公司安全生产工作会议在广州召开。（南网新闻中心　提供）

电　网　安　全

各单位深入分析电网存在的安全风险，认真落实风险控制措施。南网总调分析了年度电网运行存在的八方面主要风险及迎峰度夏期间十大安全风险，提出了重点措施和要求，细化月、周、日方式安排，针对薄弱环节制订防范预案820份。广东按期完成了500kV增横甲线、增莞乙线跳通改造，开展了北郊等5个枢纽站设备改造工作，缓解了短路电流超标问题。广西制订了电网运行十大风险对策，落实了42项安全整改措施。海南针对大机小网问题，及时调整完善了安稳系统和低频减载方案，有效抵御了多次大机组跳闸对海南电网的冲击。

各单位强化二次系统管理，不断提高电网安全防护水平。南网总调、南网研究中心和各省公司克服冰灾及基建工程滞后等困难的影响，6月底前完成南方电网安稳系统改造和联调。调整完善了兴安、高肇直流控制保护策略，直流故障再启动成功率提高了26个百分点。强化机组一次调频和AGC管理，按0.1Hz考核的频率越限时间同比减少22%，为电网安全运行提供了有力保障。

各单位加强重点工程的协调管理，克服了自然灾害频发和建设资源紧张的困难，抢回了工程建设进度。超高压公司顺利完成了500kV施秉—贤令山、滇南外送重点工程。广东解决了红海湾电厂等送出工程的受阻问题，在迎峰度夏前完成罗洞站主变压器扩建改造，公司10项迎峰度夏重点工程顺利投产，为电网安全稳定运行创造了良好的条件。

安　全　生　产　管　理

公司在全网试点建设南方电网安全生产风险管理体系，2008年15个试点单位认真组织体系工作方法和技能培训，开展企业危害识别和风险辨识，逐步编制标准化体系文件，组织体系审核标准研究，深圳供电局和广州抽水蓄能电厂已完成第一批审核工作，安全生产风险管理体系稳步推进。总部和分省公司全面梳理生产核心业务，配套完善管理制度建设，以分省公司为实施主体，选择了7个试点单位开展生产管理规范化工作，取得初步成效。调度系统积极开展体系化、规范化、指标化建设，逐步规范发电厂调度管理、通信模式管理，深入开展调度通信安全性评价工作。全面推进变电站标准化管理，制订了3年实施计划，首批740个110kV及以上变电站标准化管理已通过验收，完成了输电线路运行管理标准化试点应用总结工作，编制了《输电线路运行管理标准》。以提高供电可靠率为总抓手，逐步完善配网规范化管理。编制了“十一五”城市供电可靠性规划和提高供电可靠性综合方案，研究制订了供电可靠性管理、配电运行管理等标准。积极推进广州、深圳配电自动化试点应用研究，在南宁、贵阳开展了配网带电作业试点工作。通过各项综合性措施，不断提高供电可靠性。

设 备 管 理

公司加强设备规范化管理，组织编制了公司年度生产技术分析报告，深入分析设备运行存在的突出问题并提出对策和反事故措施。加大了主网设备技术改造管理的力度，制订了重点技改项目后评估管理办法。开展了主设备运行分析评价工作，提出了主设备运行分析评价报告，指导分省公司设备选型和维护工作。在迎峰度夏前开展了安全生产隐患排查治理和百日督查行动，全力排查设备隐患，排查安全隐患18 319处，整改16 837处，整改率92%，为治理重大隐患投入4532万元。强化重点设备巡视、检查和维护，广东、云南电网公司根据公司防开关及保护拒动工作要求，完成了3个变电站27台断路器及92套保护的特殊维护。超高压公司及时发现并处理了贺罗Ⅰ线92号塔因山体滑坡倾斜的重大隐患，确保了重要线路安全可靠运行。开展了直流电源和站用电系统安全隐患专项排查工作，发现并处理了145项缺陷和隐患。迎峰度夏前送电主通道和500kV主要设备预试定检计划完成率100%，为电网安全运行打下了良好基础。

节 能 降 耗

公司稳步推进节能发电调度工作，制订了节能发电调度技术支持系统建设指导意见，并网燃煤机组脱硫在线监测系统已在全网建成投入运行，贵州、广东节能发电调度分别于1月1日和11月17日在全国率先投入试运行。全网通过节能发电调度减少燃料消耗折合标煤361万t，相应减少二氧化硫排放6.9万t。发挥大电网优势，统筹全网资源，公司市场和调度部门加大省间协调力度，最大限度安排水电多发，主汛期共安排广东吸纳富余水电16.7亿kWh。11月，各流域出现了历史上罕见的秋汛，各级调度快速、灵活调整调度计划，安排西部增送广东13.74亿kWh，全年水电发电量同比增加35%。全面推进线损“四分”管理，公司制订了“四分”达标评价工作实施方案，广州、南宁等10家试点单位进展良好，全网63家供电企业线损“四分”管理工作全面启动，贵州电网贵阳供电局首家通过了公司线损四分管理达标验收。颁发了《配电变压器能效标准及技术经济评价导则》，制订了“十一五”后三年更新22 473台S7型高损配变计划，2008年5314台高损配电变压器改造计划已全面完成。继续深入推进绿色行动，严格执行国家差别电价政策，市场营销部门积极为客户提供节能服务，累计为2512家企业开展节能诊断，每年可节约用电11亿kWh，平均节电率达到8.2%。

安　全　监　察

概　况

2008年，在一系列重大挑战和考验中，公司系统安全生产年工作按照体系化、规范化、指标化管理思路，稳步推进安全生产风险管理体系、应急管理体系、安全监察体系和安全生产责任制传递机制建设，积极应对雨雪冰冻灾害和其他频发自然灾害的袭击，圆满完成了电网迎峰度夏暨奥运保供电任务，确保了电网安全稳定运行和安全生产形势平稳，为公司快速发展创造了安全稳定的基础。

2008年，公司系统没有发生对社会和公司造成重大不良影响、对资产造成重大损失的生产安全事故，没有发生重大及以上各类事故，没有发生电厂垮坝事故，保持了安全生产局面平稳，发生一般生产安全事故169起，同比减少27起，降幅13.8%。其中人身事故3起（死亡1起、重伤2起），同比减少4起；一般电网事故15起，同比减少4起；一般设备事故151起，同比减少21起。

安全生产风险管理体系建设

2008年，公司主要开展了安全生产风险管理体系15个单位的试点工作，重点是围绕体系宣贯、培训、建设、指导及应用方面开展工作，为下一阶段应用积累经验。编写了宣贯与培训教材，组织了三期针对各分子公司和体系应用单位领导层和管理层的体系培训班，共有320多人参加，使各级人员对安全生产风险体系的认识更加统一；开展体系应用方法研究，规范了体系文件和体系工作标准编写，对作业危害辨识与风险评估标准进行了修改，为试点单位提供技术方法支撑；组织体系审核标准研究和编写工作，并初步形成了与国际接轨并具有南方电网特色的审核模式，《安全生产风险管理体系审核模式研究》获公司总部软课题研究二等奖。

各试点单位工作思路清晰，组织措施到位，通过组织全员风险知识培训，开展风险评估与控制，梳理核心业务与工作流程，编制或完善工作标准和作业指导书，使风险管理的思想和方法融入了实际工作，并将体系要求与生产规范化建设有机结合。

2008年12月12日，公司开展安全生产风险管理体系培训。（南网新闻中心　提供）

经过一年的实践，体系建设工作取得了一定的成效：一是通过安全风险分析与评估，使企业清楚自身面临的风险，确保风险控制针对性，同时也强化了员工的安全风险意识；二是形成了一套规范化管理方法，实现流程管理和PDCA闭环管理，确保管理有效；三是生产现场进一步得到规范，确保现场风险控制；四是实施持续改进，促进了安全生产长效机制的形成。

应急管理体系建设

2008年，公司继续贯彻落实国务院及有关部委对应急工作的部署和要求，确立了“三个系统，一个机制”的应急体系框架，即应急指挥系统、应急预案系统、应急保障系统及应急运转机制，完善了应急体系建设；成功应对了各种自然灾害及其他突发事件。

公司、分子公司及其所属生产经营单位分别成立了上下一致的应急指挥中心，明确了职责，应急指挥系统更加健全；公司系统三层应急预案编制工作全部完成，公司各专业管理部门完成了《公司人身事故应急预案》等15项专项应急预案和《公司应急工作手册》的编制，各分子公司修订、编制了8个总体预案和108个专项预案，各分子公司所属电力生产、运行和基建施工单位的148家企业完成编制120个总体预案、1808个专项预案和6952个现场处置方案。

在此基础上，公司着手开展了应急保障系统及应急运转机制建设。制订了《突发事件信息管理规定》，规范了应急信息报送的责任、渠道、内容、流程和格式；制订了《公司安全生产应急救援队伍建设指导意见》、《应急物资管理指导意见》和《应急联动机制建设指导意见》，南网总调和各分省公司也制订了应急管理办法、工作规定或实施意见，并逐步建立密切关注极端气候、地震、地质灾害和其他自然灾害的工作机制以及建立与重点单位和重要用户的应急联动机制；将应急培训纳入安全生产教育培训规划之中，开展全方位应急培训。全年参加培训的各级安全监察人员、生产管理人员和应急抢修人员总计达3万1千多人次；大力开展各种形式的应急演练，其中南网总调举办大型联合应急演习2次，各分子公司举办各种演练89次，参演人数4084人次；所属生产经营单位层面举行各种演练1389次，参演人数达49614人次。

2008年10月13日，江门供电局电网大面积停电应急演习现场。（南网新闻中心　提供）

2008年是公司成立后遭受自然灾害最严重的一年。面对冰雪凝冻灾害、地震、台风等一系列突发事件，公司系统充分发挥应急体系的作用，及时启动应急预案，应急指挥机构人员迅速到位、果断决策并靠前指挥，应急队伍迅速奔赴救灾前线，应急物资及时到位，各方协调配合、有条不紊的开展应急抢险工作，全力以赴开展应急救援和恢复供电。公司系统启动各类应急预案286次，成功抗击了雨雪冰冻灾害，应对了“浣熊”、“鹦鹉”和“黑格比”等8次台风侵袭，积极支援“5·12”汶川地震的抗震救灾工作，并有效抗击了“8·21”云南盈江地震灾害。在应对各类突发事件期间，公司确保了信息上通下达。在各级应急办公室的配合下，公司应急办公室在抗击雨雪冰冻灾害应急期间编发应急专报48期，并及时上报国务院有关部委；完成了奥运保供电警戒状态信息报送、迎峰度夏暨奥运会保供电专项工作组信息报送。

2008年6月24日，广东电网公司在抗击台风“黑格比”中抢修受损铁塔。（南网新闻中心　提供）

安全监察体系和安全责任传递机制建设

公司大力开展安全监察体系和安全生产责任传递机制建设，进一步明确各级人员安全生产责任并督促落实，建立一级对一级负责的责任传递机制；深入分析电网存在的安全风险，编制《2008年安全风险分析报告》，认真落实各项风险控制措施，将落实保障电网运行安全的各项措施作为各级安全监察部门的工作重点，使安全监察从传统单一的事后监察转向为事前的风险辨识和控制，把事前和事中的应急控制和事后事故调查、原因分析和责任追究相结合，实现了安全的闭环控制，让“一切事故都可以预防”的安全理念落地生根。

严格安全监察，减少各类事故发生的概率。

安全监察系统认真履行监督、检查、指导职责，督促深入查找管理漏洞，督促制订和落实事故预防措施。将人身事故、恶性误操作事故作为安全监察重点防范的对象，安监部组织防止人身事故的工作经验交流，严格执行人身死亡事故的考核、责任追究和“说清楚”制度，并做到关口前移、防微杜渐。对公司成立五年来发生的100起误操作事故进行了深入研究和分析，根据规律提出了具体防范措施，特别是加强对“两票”、解锁装置和接地线的管理；坚持“四不放过”的原则，严格事故管理，减少各类事故发生的概率。认真审核事故报告，督促查明原因、分清责任。2008年安监部共审核事故报告145份，提出审核意见99条；及时跟踪安全生产事故、异常情况，做好定期分析，提出改进措施和建议。每日跟踪事故和重大异常信息，奥运保电期间执行安全生产要情通报制度，增加事故报告信息管理系统周报功能，缩短了报告周期；评价安全绩效，分析突出问题，提出改进建议；加强对农电的安全管理。规范农电系统事故报告和统计，印发《关于加强农电生产安全事故报告和统计工作的通知》，开展农电系统管理状况摸底调查工作，加大农电安全监察力度。

推进安全监察体系建设，提高安监人员工作能力。安监部开展安全监察机构现状调研，稳步推进安全监察体系组织机构建设；组织安监人员培训，举办公司系统安全监察机构负责人员培训班，组织公司总部各部门和各分子公司主要领导人员参加安全生产法律法规和规程规定问卷答题，编制公司系统生产人员安全考试题库，配合人事部开展安规考试工作；印发《2007年度典型事故汇编》，对2007年度人身、恶性误操作、电网和设备事故的详细经过、事故原因、暴露问题及预防措施进行详细分析；制作和发放了《电力生产安全事故警示片（第二辑）》，对2007年发生的两起人身伤亡事故和一起恶性电气误操作事故，进行了深入剖析，为提升班组建设水平、提高事故分析与调查处理能力提供了良好的教材。

推进安全生产责任传递机制建设。进一步明确各级人员安全生产责任并督促落实，完善考核和事故责任追究，建立一级对一级负责的责任传递机制；修订公司《安全生产责任制考核细则》，将人为责任事故纳入考核范围；严格执行安全生产奖惩规定，严肃追究领导人员的管理责任，促进责任制落实；着手修订公司《总部各部门安全生产职责规定》，进一步规范和明确总部各部门履行安全生产的检查、指导、监督、协调和服务职责，促进安全生产责任有效落实和传递到位。

综　合　管　理

2008年，公司按照《国务院办公厅关于进一步开展安全生产隐患排查治理工作的通知》及国家电监会等一系列文件精神，印发了《2008年安全生产隐患排查治理工作实施方案》。公司系统紧紧围绕抗灾抢险、迎峰度夏、防风防汛和奥运保供电等重点工作，针对安全生产各个环节，全面开展隐患排查和治理工作。全年共排查出各类安全隐患18 319处，整改92%，其中重大隐患543处，整改83%。对重大隐患实行分级管理和督办，加快整治进展，定期跟踪和督促，并及时落实治理重大隐患资金4531.67万元。

完成安全生产百日督查专项行动。公司印发《迎峰度夏专项检查暨安全生产百日督查专项行动工作方案》，健全组织制度、定期报告制度、监督检查制度和迎检准备制度，突出工作重点，为确保完成迎峰度夏和奥运保供电任务奠定基础。

开展安全生产月活动。公司印发了《关于开展2008年“安全生产月”活动的通知》，以“治理隐患、防范事故”为主题在全网开展安全月活动，期间开展了形式多样、内容丰富的各项活动。

配合公安部等九部委继续开展全国打击盗窃破坏电力电信广播电视设施违法犯罪专项斗争工作，以确保北京奥运会期间电力设施安全为重点，制订活动方案，配合政府开展各项工作。开展电力设施安全保护工作大检查及形式多样的宣传活动，加强企业内部保卫工作机制建设，并强化技术防护措施的实施。据统计，2008年，公司系统发生盗窃破坏电力设施案件49 820起，同比下降34.4%；造成经济损失22 208.8万元，同比减少32.2%。

科　技　创　新

概　　况

2008年1月，南方电网公司被正式列为国资委、科技部、全国总工会确定的第二批创新型试点企业。公司高度重视，在年初的工作会议上，明确提出自主创新能力是企业发展的核心驱动力，也是现代化大电网的重要支撑。要围绕打造南方电网技术品牌，重点在交、直流混合电网安全稳定控制核心技术，以及特高压输电的新设备集成技术、节能降耗和提高电网经济运行的集成技术等领域取得重大突破，形成多项世界领先、具有自主知识产权的技术成果。力争到2010年，建成以自主创新为主体的科技创新体系；建设一支以知名专家为领军人物的顶尖人才队伍，培养一批创新型科技人才和高素质技能人才；建立若干个国内领先并具有国际影响的电网技术重点实验室和试验研究基地。要通过创新型企业建设，使公司在促进电网可持续发展、实施国家能源发展战略、推动全面建设小康社会进程中的作用显著提高，在技术创新中积极发挥主体作用和表率作用，为创新型国家建设做出积极贡献。

创新型企业试点目标

建立以自主创新为核心的规划科学、分工明确、配置合理、运作高效、具有南网特色的科技创新体系。建立一支以知名专家为核心的顶尖人才队伍，培养形成一批适应公司发展需要的创新型科技人才和高素质技能人才；大幅提升集成创新和引进消化吸收再创新的能力和水平，在特高压输电技术、电网安全稳定控制技术、交直流系统协调控制技术、电网仿真技术等方面取得重大突破，达到世界领先水平，形成多项具有自主知识产权的技术成果，并有1～2项成果获得国家级的科技奖；继电保护和安全自动装置正确动作率、500kV主设备可用系数、直流能量可用率要在国内领先，综合线损率、频率合格率、综合电压合格率以及城市供电可靠率等指标也要达到国内先进水平；营造公司系统崇尚科技、踊跃创新的氛围，形成勇于创新、大胆超越、富有激情的创新文化，赋予南方电网鲜明的创新内涵。

科　技　投　入

2008年，公司科技立项投入资金达15.8亿元，同比增长81%。科技立项紧密围绕公司科技规划明确的12个重大科技攻关领域和25个重点科技专项，确立了电网安全综合防御系统、柔性直流输电、分布式供能等多项重大科技专项，公司系统2008年新立项科技项目超过600余项。其中针对2008年初发生的低温、雨雪冰冻灾害给电网造成了严重的破坏和巨大损失，及时安排了抗冰融冰关键技术研究及应用和电力通信应对重大自然灾害能力措施及技术方案研究与实施两大专项，计划投入近9000万元的科研经费，目标是通过项目的研发与实施，并完成工程示范应用，为提高南方电网应对低温雨雪冰冻等极端气候造成重大自然灾害的能力提供技术支撑和保障。

国家级科研任务

南方电网公司一直把积极承担国家级科研任务作为推荐技术创新的重要契机，力争通过项目的实施，充分发挥企业在技术创新中的主体作用和表率作用，切实解决电网发展及电网运行存在的突出问题，实现南方电网核心技术的重大突破，不断增强自主创新能力和水平，不断提升企业核心竞争力。公司承担并实施了共3项包括17个课题的国家级科研任务，研究内容涉及电网安全稳定技术、特高压输电技术、节能降耗技术等多方面，预期取得的研究成果均占据国际领先技术水平，对于推动我国电力行业整体技术装备水平具有重大积极的意义。详见表1。

表 1　　公司承担的国家级科研任务

项　目　名　称	包含课题	国拨资金（万元）	自筹资金（万元）	实施年限（年）
国家发改委重大产业技术专项：大容量、远距离交直流并联电网稳定技术开发	3	300	2240	2005～2008
国家科技支撑计划重大项目：特高压输变电系统开发与示范	12	3367	12 070*	2007～2009
国家高技术研究发展计划（863）重点课题：高效节能与分布式供能技术	2	894	894	2008～2010
国家科技支撑计划重大项目（申报中）：电网抵御极端天气灾害关键技术及装置开发与应用	4	2000	8000	2008～2010

* 12 070 万元包括联合产学研共同自筹资金，公司实际自筹 3540 万元。

（1）大容量、远距离交直流并联电网稳定技术开发。项目包括交直流并联电网在线稳定分析技术研究、直流多落点电网安全稳定技术研究和多回直流基于广域信息的自适应协调控制技术研究 3 个核心子课题。项目联合北京四方、清华大学、华南理工大学等科研院所共同实施。项目已于 2008 年 7 月通过国家发改委组织的验收，研究成果获得专家一致好评，并认为：项目针对南方电网安全运行面临的大容量远距离交直流并联输电和直流多落点等问题，研发了在线稳定分析、多回直流协调控制、直流多落点稳定等技术，用于交直流并联电网在线安全稳定预决策系统和多回直流基于广域信息的自适应协调控制系统两大示范工程，为电网安全稳定运行提供了技术支撑和保障，大大提升了大容量远距离交直流并联输电能力和安全稳定运行水平。通过项目研究，共发表论文 42 篇，申请发明专利 9 项，发布标准规范 7 项。项目研究成果电网在线预决策系统、多直流协调控制系统均已在电网生产实际中得以应用，取得良好效果。

（2）特高压输变电系统开发与示范。南方电网公司负责组织 ±800kV 直流输电关键技术研究和直流工程关键设备研制两部分内容共 12 个课题。共有国内 20 余家科研院所和企业共同参与了项目研究。9 月已通过科技部组织的中期评估和检查，检查结果表明项目整体执行情况良好，部分课题已超前完成研究任务，具备提前结题验收条件，其中 ±800kV 换流变压器、干式平波电抗器、换流阀以及控制保护等关键设备样机研制取得突破进展，满足正在建设的世界第一条 ±800kV 云广直流示范工程的进度要求。通过项目实施，已发表论文 122 篇，申请专利 37 项，其中申请发明专利 15 项，制订完成 2 项国家标准，4 项行业标准。

（3）高效节能与分布式供能技术。项目包括 MW 级燃气轮机分布式冷电联供技术集成与示范研究和兆瓦级冷热电联供分布式能源微网系统并网关键技术研究与工程示范两项课题。中科院工程热物理研究所、天津大学、北京四方参与该项目研究。已完成课题开题、示范工程选点及负荷预测、工程总体技术方案等工作，两项课题完成的总体技术方案均通过专家评审，为下一步示范工程实施奠定了良好的基础，正在进行示范工程主设备招标和设计工作。科技部刚刚组织完成对课题年度执行情况的检查，给予课题组织管理与实施高度评价，评为 2008 年度亮点课题。

科技创新平台建设

2008 年，公司申报的特高压工程技术（昆明、广州）国家工程实验室建设项目通过国家发改委组织评估，已正式批复核准。实验室建设正式启动，已完成工程初步设计，正在进行有关土建和设备安装调试工作，各项工作均按计划顺利实施。建成后的特高压实验室将为高海拔特高压输变电工程建设提供技术支撑，全面提升电网防御自然灾害能力，增强特高压输变电领域的自主创新能力，对于推动和提高我国特高压试验研究技术水平具有重要意义。为深入推进公司科技创新基础平台建设，优化整合全网科研资源，南方电网公司组织开展了第一批重点实验室申报工作，通过申报评审，将确定南方电网公司第一批电力系统仿真、电力系统控制和保护、高压输变电技术、电能计量及自动化系统、电能质量测试技术等专业的重点实验室名单，将为进一步优化整合全网科研资源，全面提高科研水平奠定良好的基础。2008 年中国南方电网公司科学技术奖共评出 73 项成果获奖，其中一等奖 3 项、二等奖 26 项、三等奖 44 项，相对 2007 年 44 项成果获奖，有较大幅度提高。从 2004 年开始已连续 5 年举办南方电网技术论坛，通过优秀论文评选、宣读等形式，为国内外行业专家、学者和公司广大工程技术人员提供了一个技术交流平台，取得了良好的效果。2008 年技术论坛共征集 800 余篇论文，数量和质量远远超过往年水平。公司通过国家认定的科技创新平台信息见表 2。同时，公司加强知识产权管理，公司累计获得专利 115 项。

表 2　通过国家认定的科技创新平台信息

序号	名　称	认定机关及有关信息
1	特高压工程技术实验室	国家发改委（2007 年） 国家工程实验室
2	南方电网技术中心	国家发改委（2007 年） 国家认定企业技术中心（第 14 批）
3	中国南方电网有限责任公司 第二批创新型试点企业	科技部、国资委、全国总工会（2008 年）
4	中国南方电网有限责任公司 博士后工作站	国家人事部（2004 年）
5	广西水电科学研究院/广西水电工程质量检测中心	中国实验室国家认可委员会（2004 年） 国家认可检测和校准实验室
6	广西电力试验研究院有限公司	中国实验室国家认可委员会（2006 年） 国家认可检测和校准实验室
7	广东省电力工业局试验研究所	中国国家认证认可监督管理委员会（2005 年） 国家批准计量认证
8	广东省电力工业局试验研究所	中国合格评定国家认可委员会（2006 年） 国家认可检测和校准实验室

（郭晓斌　鲁周勋　陈曦）

财务管理

财务管理工作

预算管理与考核体系

2008年1月9日，公司召开预算管理委员会会议，通过了公司和总部机关2007年预算执行情况分析报告及2008年预算方案，批复下达了2008年下属单位预算方案，编制了2008年公司预算。同时为提高预算准确性，强化预算执行刚性，加强预算编制的流程控制，公司进一步细化了预算编制标准，完善、推广预算编制模型，实现了预算编制过程精细化、方法科学化和内容规范化。

6月12日修订了《经营业绩考核办法》，提高经营业绩考核指标的针对性。对各单位的考核指标和计分方法进行适当调整，加强电网公司售电量预算率考核，将经济增加值和线损率纳入考核指标，将主营业务利润比重和内部融资额考核修正指标，提高考核的针对性，加强国资委经营业绩考核的压力传递。

大力倡导勤俭办企业、向内挖潜，加大降本增效工作力度，制订下发了《关于加强降本增效工作的通知》等文件，从紧安排非生产性开支，从严控制生产性耗费，努力减少金融危机对公司的影响。剔除冰雪凝冻灾害等因素影响，公司可控供电单位成本比预算降低1.2元/MWh，降幅1.7%，四项费用比年初预算下降了5.3%。加大了应收电费回收力度，应收电费余额控制在年初预算范围内。

2008年，面对特殊的形势、特殊的挑战，公司总部各部门、各分子公司不断强化预算管理，统筹安排，积极应对，相互配合，预算总体执行情况良好，预算执行刚性不断增强，预算管理在公司经营中的约束与引导作用越来越充分。经过公司系统全体员工的共同努力，公司在国资委年度经营业绩考核中再次荣获A级的好成绩。

资金管理

2008年公司资金管理克服冰雪凝冻灾害、银根紧缩等不利条件，加强资金集中管理、多渠道开源节流，保证了资金链的安全、稳定。

抓住债券市场利率快速下降的有利时机，2008年8月20日成功发行50亿元短期融资券，票面利率4.79%；10月23日发行80亿公司债券，其中5年期品种70亿元，7年票品种10亿元，比同期银行贷款利率低约2.77个百分点。两项融资年均节约利息支出超过3.1亿元。

面对银行贷款出现头寸紧张、利率上浮的不利局面，公司进一步巩固与各大商业银行的良好合作关系，提前沟通贷款需求，2008年公司总部及各子公司所有银行贷款均实现了基准利率下浮10%。与建行、农行重新签订战略合作协议，公司整体银行授信额度增加至2690亿元。

2008年1月16日，公司与中国农业银行银企全面合作暨授信协议签约仪式在广州举行。（南网新闻中心　提供）

加大资金集中管理力度，要求各子公司提高对所属单位资金归集频率，减少沉淀资金，资金归集率超过80%，公司资金集中管理程度大大提高。财务公司延伸结算取得较大进展，广东电网公司四大供电局及驻广州单位已全部通过财务公司办理内部结算，财务公司在内部结算中的作用进一步提升。

价格管理

在年初物价指数高位运行、电煤价格迅速攀升的困难环境下，公司积极向国家有关部门反映电网受灾影响及电网建设还本付息的压力，在6月的全国调价中争取到电网环节加价，一定程度上解决了电网环节积累的电价矛盾。部分省份实现工商业并价，优化售电结构，推进了城乡各类用电同价，妥善解决了网属鲁布革、天生桥电厂水资源费和广东居民用电可再生能源附加费等电价遗留问题。

严格执行差别电价、脱硫电价等节能减排价格政策，采取差别电价加价收入上缴财政，统一用于促进节能减排政策的实施。建设脱硫设施运行在线监控系统，垫付燃煤机组脱硫加价费用35.29亿元。

2008年受冰雪灾害、一次能源供应及网络受限等因素影响，前三季度全网最大错峰1480万kW，其中广东地区电力供需矛盾较为突出。为保证广东电力供应，公司对广东燃油机组进行发电补贴，全年购油机电量250亿kWh时，支付补贴金额34.5亿元。

出台跨省区临时电能交易价格管理的指导意见，对未纳入年度交易计划的跨省（区）临时电能交易价格管理提出具体意见，规范了公司系统跨省区电能交易电价管理。统筹全网及各省公司利益，协调东西部临时交易电价问题。配合国家有关部委完成相关电价检查，落实国家政策、规范电价执行。

配合国家发改委开展《国内外电价比较》、《销售电价结构调整研究》等课题研究任务。完成了惠州抽水蓄能电站电价测算和报批工作，并获得国家发改委下文批复。

组织公司系统各单位配合国家发改委完成2007年度省级电网输配电价、销售电价核定及公布工作；严格按照国家政策做好可再生能源电价附加的征收管理，并配合国家相关部委完成附加资金的调配工作。

会 计 管 理

实施新会计准则后，公司修订了会计核算办法，使会计政策基本实现与国际会计准则趋同，为公司作为世界500强企业大力实施“走出去”战略、逐步走向国际资本市场奠定了坚实的会计基础。在全球500强企业中上升11位，至226位。国内专业评估公司授予公司主体信用等级为AAA级。同时继续完善经济活动分析方式、方法，密切结合宏观经济环境及公司经营情况，多维度多视角深入剖析公司的经营现状。

下发了《关于公司受灾损失及救灾费用会计处理的通知》（财［2008］12号），指导各单位做好抗冰救灾期间的会计处理工作。

持续推进财务管理信息系统建设，完成了四大核心管理业务模块的推广验收及数据集中工作，搭建了以会计信息为基础、以预算管理为核心的一体化财务管理信息平台。不断扩展、持续优化，重点在系统应用环节下功夫。开展资金与成本费用模块等业务试点工作，扩大财务信息服务功能，提升财务集中管控能力。同时进一步规范会计信息的披露管理，细化会计信息安全等级，完善审核程序，畅通披露渠道。指导各单位开展新旧准则的转换工作，统一组织聘请会计师事务所对执行新准则的期初数进行审计，出具审计报告。在不断提升会计信息质量的同时，确保公司会计信息的安全性和时效性。

资产与税收管理

经国务院国资委批准，无偿接收广东32家，广西33家、云南12家供电企业地方国有产权，以控股方式与地方政府组建22家供电有限责任公司。完成天生桥二级电站的公司化改制工作。对37项资产评估项目进行备案。经国务院国资委批准，协议转让中国电力财务有限公司、长安保险经纪有限公司股权。

做好冰灾资产保险管理，调拨移动发电设备做好救灾工作，获得13亿元冰灾保险赔款。大力整合公司保险资源，完成鼎和财产保险公司筹建工作，采取有力措施促进鼎和保险公司起步发展。

工 程 财 务 管 理

应用和推广工程财务管理信息系统，在系统内实现工程的立项和审批，借助工程财务管理信息系统，进一步加强了工程项目立项、融资、资金支付、成本核算、竣工决算、效益评价等全过程的管控水平。强化投入产出管理，确保投资带动效益，效益支撑发展。

年初的低温雨雪冰冻灾害给电网基础设施造成了罕见的严重破坏。灾后，公司根据“实事求是、突出重点、统筹兼顾、积极有序”的原则，按照分批实施的工作思路，兼顾经济效益和社会效益，确定了3年的重点线路修复重建实施计划，2008年计划已实施完毕。公司加强对灾后修复重建工程的管控力度，在工程概算、竣工决算等方面严格把关，确保修复重建实施计划又好又快的推进。

公司高度重视城市电网改造和农村电网完善工程财务管理工作，严格执行国家有关工程财务管理、农网建设（改造）财务管理的相关法律法规，加强工程财务管理、资金管理和资产管理，强化监督检查，确保国家扩大内需政策得到有效执行。

制度与队伍建设

进一步完善公司系统财务管理制度，印发了《中国南方电网有限责任公司会计核算办法》、《中国南方电网有限责任公司投资收益管理暂行办法（修订）》、《中国南方电网有限责任公司经营业绩考核暂行办法》、《中国南方电网有限责任公司重大财务事项报告实施细则（修订）》，修订增补了公司系统《固定资产目录》等。

邀请知名投资银行、会计师事务所对系统内财务人员做了关于资本市场运营和国内外宏观经济形式变化、会计政策变化等专题讲座，开阔了财务人员的视野，全面提高自身素质。同时结合国家2009年将执行的增值税改革政策，举办了税收法规培训班，邀请国家税务总局的领导和专家，针对新颁布的《中华人民共和国增值税暂行条例》，以及企业所得税法与企业会计准则差异分析与纳税调整，对系统内财务人员进行培训，为确保2009年实施工作积极有序开展奠定了坚实的基础。

对会计知识大赛中涌现出来的优秀选手进行重点培养，选拔推荐财务骨干到总部锻炼，加强财务人员交流。

（樊莉）

年金社保工作

社会保障管理

2008年，中心全体人员牢固树立为公司员工服务的宗旨，积极做好总部机关和直属单位员工包括养老保险、医疗保险在内的基本社会保险服务工作。

进一步加强公司社会保险工作规范化管理，建立和完善公司系统社会保障体系，为积极推进公司内部的改革和发展发挥积极作用。中心从维护企业和职工的利益出发，切实加强收集有关社保政策及相关信息，做好研究和分析工作，增强政策敏感度，树立“服务电力职工，以人为本”的宗旨，贯彻执行国家、省和广州市劳动保障局有关社会保险政策，五项社会保险基金实行“全额收缴、全额支付、收支两条线”管理。

2008年，中心对所属单位的社会保障管理工作情况进行了调研，了解掌握新《劳动合同法》实施和接收农电县等新情况带来的社会保障工作新问题和国家社保政策变化、各省（区）社保政策执行中的差别等社保具体情况，积极研究探索在公司又好又快发展的前提下，如何提高职工保障水平。

企业年金管理

（1）公司企业年金方案获人力资源和社会保障部备案资格，公司企业年金基金投入市场化运营。在公司年金方案取得国资委企业年金备案资格的基础上，切实按照劳动保障部两个令的有关要求，完善年金报备有关材料，5月16日，人力资源和社会保障部以《关于中国南方电网公司企业年金计划确认的函》（人社厅［2008］85号）批复同意公司企业年金计划方案和年金基金管理合同，公司年金方案备案工作全部完成，企业年金规范化管理、市场化运作工作取得了实质性进展，标志着公司的企业年金制度得到了国家的最终认可，公司企业年金制度的发展和完善有了法律保障。年金备案资格的取得拓宽了年金基金投资渠道，完善了年金基金投资风险监控体系。6月2日，公司首批企业年金基金正式委托投资管理人投入市场化运作。

（2）注重风险控制，确保年金资金安全。在年金基金管理运作过程中，始终把确保基金安全放在第一位。年金基金委托投资管理人运作后，坚持投资管理人和托管人职责严格分离的原则，投资管理人负责年金的投资运作，托管人负责资金的保管、划拨，确保两者相互监督、相互制约。充分利用托管人提供的托管服务平台，实时监控投资管理人的投资行为，及时发现并避免投资管理人投资运作过程中的风险。

利用公司软课题研究的契机，开展了企业年金风险管理研究。会同外部咨询机构认真梳理、分析研究了年金管理流程的每个风险节点，从基金缴费一直到待遇发放的每一个环节都提出了风险防范和应对措施，完善内部控制制度，将风险控制的责任分配落实到人，为有效防范年金基金风险提供了制度保障。

（3）优化年金资产配置，尽心尽职运作企业年金。公司年金方案取得人社部年金备案确认函后，督促托管银行和各投资管理人在第一时间开立了托管账户、投资管理专户、证券账户、银行间交易乙类账户等资金、交易专用账户，按照理事会决议通过的年度投资方案，划拨资金委托投资管理人投资运作。为确保年金基金投资“绝对安全、适度收益”，秘书处委派专人监控各投资管理人的管理运作行为，在市场风险比较大的情况下，严格限制风险资产的投资比例，提高债券投资安全等级，保证了年金基金的安全，提高了年金投资收益。2008财务年度（2008年4～12月），企业年金基金投资实现年化收益率7.39%，其中委托投资管理人运作的年金基金实现年化收益率11.32%。

制度建设

针对公司系统各单位不同程度存在的对年金政策理解、研究不够透彻，对公司年金管理有关制度执行不到位，管理流程不统一等问题，坚持高标准、严要求，狠抓基础管理工作，规范和完善年金、社保制度建设，以制度约束管理行为，提高公司年金社保管理水平。2008年，制订出台了《企业年金理事会章程》、《企业年金资金管理办法》、《企业年金会计核算办法》、《企业年金财务管理制度》等一系列规章制度。各分子公司年金社保管理部门也进一步加强了基础管理工作，积极查找基础管理工作短板，下大力气做好拾遗补漏工作，理顺年金社保会计核算体系，完善内部控制制度，消除了年金社保资金管理的安全隐患。

队伍建设

针对公司系统年金社保机构配备专职人员少，年金社保政策变化快，年金社保从业人员素质有待进一步提高的实际情况，年金中心制订了切实可行的培训计划，加强对系统内企业年金社保管理专业人员业务培训力度。2008年，年金中心举办了年金投资策略、年金基金会计核算办法和业务知识、企业年金个人账户管理系统使用等培训班，通过培训使大家熟悉和掌握年金社保有关的政策、规章、制度和流程，明确工作流程和操作规范。同时，大力加强中心员工教育培训工作，采取各种方式积极倡导自觉学习、创建学习型部门。

（储元群）

中国南方电网
CHINA SOUTHERN POWER GRID

行政管理与战略体改

行 政 管 理

抗 冰 救 灾

2008年初，一场前所未有的冰雪凝冻灾害席卷南国，公司系统电力设施遭受严重破坏，大量线路杆塔倾倒损坏，变电站被迫停运，部分地区电网瓦解，近2700万群众受到停电影响。危机面前，在党中央、国务院的正确领导下，公司党组果断决策，采取一系列紧急措施，组织和带领全体职工全力投入抗冰救灾，经过1884支抢修队伍、17万抢修大军一个多月夜以继日的奋力拼搏，最终提前完成了南方电网灾后恢复重建任务，夺取了抗冰救灾的全面胜利。在这场惊心动魄的考验面前，办公厅坚决贯彻执行公司党组的各项决策部署，①快速启动应急协调体系，协助总指挥部开展工作。坚持24小时值班，每天向国家有关部委汇报公司抗冰动态，及时在公司系统内快速传达上级指示和总指挥部、前线指挥部的决策命令，督察公司特别调度令、特别安全令和总指挥1、2、3号令的执行情况，保障了整个应急体系紧张有序协调运行。②随同公司领导深入抗冰救灾一线，了解灾情发展，掌握第一手情况，及时反馈信息，为公司准确判断、果断决策提供服务。③紧急组织中央和地方媒体深入灾区抢险一线采访报道，使公司抗冰保电进展的消息和涌现的英雄事迹源源不断地向社会公众披露，凝聚了人心，鼓舞了士气，展示了公司良好形象。④办公厅全体员工日夜加班加点，认真做好领导服务、文字材料、应急值班、信息传递、后勤保障等方面工作，为抗冰保电的全面胜利作出了应有的贡献。

奥 运 安 保 维 稳

按照党中央国务院关于做好奥运供电安全保障的总体部署和要求，公司把系统的安全保卫和维护稳定作为2008年的一件头等大事，认真开展专项布置、检查和落实。①加强领导，周密部署。先后下发了《关于加强迎峰度夏暨奥运保供电期间安全保卫和信访工作的通知》、《关于强化电力设施保护和应急处置措施的通知》、《关于进一步加强奥运期间安全保卫工作的通知》，对重要生产场所的安全保卫和公司系统维护稳定工作进行了全面布置，要求各单位迅速开展安全隐患和矛盾纠纷排查，切实加强安全保卫和维护稳定工作，并实行每天信息报告制度。②制订措施，落实责任。组织召开了公司系统信访、安保专题会议，传达贯彻了中央文件精神和公司领导的指示，听取了各分子公司和隐患突出单位的情况汇报，对安保和维稳形势进行深入分析，研究对策，部署任务，落实责任。及时编制了《公司生产场所防恐怖袭击应急预案》、《公司突发性群体事件应急预案》和《公司突发公共卫生事件应急预案》、《公司新闻公共危机处理应急预案》，并布置和指导各分子公司编制相关预案，组织开展应急演练。③排查隐患，认真整改。先后组织各单位进行安全隐患排查整改和矛盾纠纷排查化解工作，及时采取相应措施堵塞安全漏洞。据统计，在奥运保电期间，公司系统共检查重要电力设施18 656个(次)，排查出安全隐患3134起，并及时进行整改；投入整改资金4525万元，新增保卫人员2521人，增加专职巡护人员3076人。在此基础上，组织公司检查组分赴各地进行抽查，实地了解情况，指导解决问题。及时协调处理了海南电网公司内退职工群体上访问题、贵州威宁火电厂改制群体上访问题等重大问题。全面进入警戒状态后，公司系统各单位守土有责，确保了电网安全稳定运行和电力设施安全，确保了公司系统的和谐稳定，圆满完成了“北京奥运会、残奥会举办期间，公司系统未发生员工进京上访，未发生大规模群体性事件及越级上访事件，坚决防止重要电力设施被蓄意破坏”的目标任务。

信 息 和 督 办

（1）加强经济信息收集整理，密切关注五省区经济形势变化，及时汇总反映经济发展趋势的各行业综合指标数据，为公司领导分析判断提供基础材料。

（2）加强国家宏观政策和产业政策研究分析，密切跟踪行业政策变化，建立重大政策信息上报跟踪制度，强化政策信息报送的时效性，为公司领导决策提供服务。

（3）加强信息调研，紧紧围绕上级关注的热点问题进行深入分析，向上级报送了电力供需形势、打击涉电犯罪等多条有决策参考价值的信息，其中，中办、国办采纳21条，中央政府网站采纳47条，国家部委采纳210条，国资委网站采纳365条。

（4）坚持办好《南方电网信息》，为上级领导单位了解公司情况提供窗口，为分子公司掌握党组工作思路提供渠道，努力提高信息服务水平。

（5）协助公司领导起草好重要文稿和综合性材料，努力提高政策把握水平和理论阐述水平，完成文字材料710个，256.4万字。

（6）加强督查督办，确保工作落实。将公司重大决策、重要事项、重点工程列为督查工作重点，定期通报进展情况，建立重点事项督查与绩效考核挂钩的工作机制。联合相关部门赴基层调研，督促抓好专项任务的落实。开展《公司督促检查工作运行机制》软课题研究，提出优化督查运行机制的方案，最终形成了质量较高、切合实际、具有可操作性的研究报告。

公 文 保 密

进一步加强基础管理，努力做到机制健全、管理规范、保障有力，确保了总部机关有序、高效、协调运转。①公文处理和档案管理水平稳步提高。及时准确处理了5000多份公文，实现了公司总部无纸化办公。②制订《中国南方电网公司档案工作评估办法》，完成了对公司系统下属28家单位的档案评估工作，完成了2007年公司总部文件及抗冰保电文件资料的归档。编辑出版了《中国南方电网公司年鉴2008》。③机要保密工作得到切实加强。通过开展多种形式的保密教育和保密培训，不断强化机要保密工作人员和涉密人员的保密意识，加强了对密纸和涉密载体的管理，确保公司秘密事项的安全。

▲ *2008年10月14日，公司办公厅会议在广州召开。（南网新闻中心 提供）*

后 勤 服 务

节能办公取得初步成效。根据国务院文件和公司党组有关加强节油节电指示精神，制订了《关于进一步加强公司系统节能办公工作的指导意见》，积极在公司总部大楼推行节能措施，努力降低消耗，总部用电用水量同比下降5个百分点。后勤服务进一步优化。认真做好总部物业、食堂、车队、医务室等后勤服务，完善服务制度，强化物业管理，为总部人员提供良好的办公环境，确保食堂饮食质量和车队行车安全，组织了年度体检，开展了两期健康保健知识讲座。较好发挥了北京办事处的窗口作用，积极协助公司领导加强与国家有关部委的联系汇报，做好公司与相关部委之间的信息沟通联系，圆满地完成了各项接待服务任务。

北 京 办 事 处

积极主动地加强同国家有关部委的联系与汇报，协助公司领导与有关部委保持密切的联系；与有关部委建立起正常通畅的工作联系和沟通渠道，保证了公司与有关部委之间信息和文件资料及时准确地传递和处理。年初，南方地区突发严重的冰冻灾害，公司所辖电网受损严重，北京办事处按照公司的统一部署，在人手紧缺的情况下，安排人员代表公司认真参加国务院煤电油运指挥中心和各指挥部的工作，及时向中央、指挥中心和各指挥部汇报公司抗冰救灾进展情况，反映急需中央协调解决的困难，及时将中央和指挥中心的指示精神和决策传达到公司。在参加指挥部工作中，认真敏感地把握中央的重要决策动向，结合公司抗冰救灾的实际情况，为公司提供准确的工作信息，对国家发布的涉及公司抗冰救灾的信息予以把关。完成了公司向总书记、总理以及有关机构工作汇报材料的呈报工作，传递领导的批示和指示。积极主动联系中央电视台、《人民日报》等主流媒体和宣传机构，及时准确地报道公司抗冰救灾的进展情况，争取社会各方面的理解和支持。同时，及时将全面掌握的信息向有关的公司领导、部门汇报、沟通，为公司争取国家政策支持以及与各部委之间工作的协调提供了可靠的依据和帮助。

精心组织，圆满地完成了奥运保卫和组织观看工作。2008北京奥运会期间，北京办事处按照国资委的布置认真做好票务协调、购买和分配工作，并组织观看赛事。按照北京市政府规定认真落实各项措施，做好安全保卫工作；做好各项接待工作，圆满地完成了奥运期间的各项工作。

坚持热情、周到、规范、适度和勤俭节约的接待原则，严格执行公司有关接待规定和《北京办事处接待管理办法》。在办事处的日常接待工作中，不仅强调要达到高星级的住宿餐饮用车标准，满足生活上的需要，更重要的是要给公司领导和工作人员以及有关客人提供满足要求的工作条件。办事处对网络和办公设备进行了更新改造，提升了与公司内网的连接速度和功能；车队实行24小时值班，推行“司机联系卡”，先后5次修改标准菜单，完善并落实接待规范等。很好地完成了国资委和公司各类培训班、研讨会和公司各类工作团体的接待工作，多次为国家有关部委办、新闻媒体机构的工作和活动提供后勤保障，受到了一致的好评。

公关宣传

新闻宣传

充分利用重大事件引起社会关注的机会，把新闻危机转化为新闻公关，通过广泛报道公司在突发重大事件面前准确判断、果断决策、众志成城、顽强拼搏，进一步树立公司“责任南网”的良好形象。①全力做好重大事件的对外新闻宣传。抗冰保电期间，大力组织报纸、电视、广播、网络等各类媒体记者深入抗冰抢险一线，对公司救灾情况进行全方位报道，突出宣传公司千方百计“保民生、保经济”，宣传公司万众一心、浴血奋战的英雄事迹，获得了各级党委政府和社会各界的充分肯定。其中，《人民日报》头版刊登《点亮万家灯火——南方电网抗冰保电纪实》、《新闻联播》报道《南方电网点亮灾区除夕夜》、新华社通稿《扼住“冰魔”的咽喉——中国南方电网公司英雄群体会战电网抢修纪实》、《求是》杂志发表的《灾后重建　电力先行——访中国南方电网公司党组书记、董事长袁懋振》，引起了各级政府和社会的普遍关注，产生广泛影响。专题片《点亮万家灯火——中国南方电网抗灾保电纪实》、大型纪实画册《大爱融冰》、南方电网抗冰保电长篇纪实文学再现了公司系统抗灾保电全局和精神风貌，进一步弘扬了抗灾精神和南网文化。②结合国家方针政策在公司的贯彻落实情况如节能减排、社会责任报告发布等组织开展宣传报道，围绕公司认真落实中央领导“建设人民放心电网”的指示精神开展电网加固、交直流融冰技术开发应用、应急通信网建设等进行宣传报道，树立了公司负责任、受尊敬的良好社会形象。③强化舆论引导，通过现代办报理念提高报刊水平，形成良好的企业内部舆论环境。围绕公司工作会议精神、金牌服务迎奥运等中心工作开展报道，结合纪念改革开放30周年等活动展开宣传，通过推出28个专版、6个专题、4组系列报道，营造了积极向上、团结和谐的舆论氛围。

公关品牌建设

会务接待规范有序。圆满完成2008年工作会议暨一届一次职工代表大会、抗险救灾抢修复电总结表彰大会、2007年度社会责任报告发布会等重要会议的筹划和会务组织工作，圆满完成了国家领导及有关部委领导调研考察的接待工作。

持续推进公司品牌建设，不断提升公司形象。将品牌建设与公司重大事件相结合，抗冰救灾期间，突出公司万家灯火、南网情深的品牌宣传；奥运期间，在北京中华世纪坛组织公司形象展览；通过公司与2011年深圳大运会组委会合作，努力在更高的平台上展示公司品牌；在公司网站建设“品牌建设与公关接待”栏目，提高公司系统品牌建设水平。

（安华云）

战略体改

创建先进水平供电局试点工作

创建先进水平供电局，是践行南网方略、实现公司战略目标的重要载体，是以更宽阔的视野、更长远的眼光谋划南方电网新一轮发展的具体实践。公司确定在广州、深圳供电局开展创建国际先进水平供电局试点工作以来，试点单位认真贯彻落实公司的部署和要求，企业面貌发生了很大的变化。在广州、深圳局的示范引领下，公司在2008年启动了广西、云南、贵州、海南4个省会城市的创建国内先进水平供电局工作。

国际创先工作立足供电可靠率、电网安全、电网供电能力、客户服务、可控成本、节能降耗等关键领域，全球视野定标杆，结合实际寻路径，持之以恒求实效。抓住三大成功要素，形成了南网特色的创先之路：①树立正确的理念。追赶国际先进水平，注重领悟指标背后的理念，真正把以客户为中心的理念有效融入到日常工作中。②建立合理的流程。把理念落实到各项业务流程中，优化组织结构，规范制度程序，并用信息化的手段固化流程，引导正确的行为。③实行有效的考核。跟进绩效管理，有考核、有评价、有反馈，形成闭环管理，持续改进。形成了四条基本经验：①创先工作作为一把手工程来抓。②系统谋划、持续改进。③调动各级的积极性和创造性。④利用外脑，内外结合，以我为主。

广州供电局通过一系列有力的技术和管理措施，显著提高了供电可靠率。同2006年相比，2008年城市客户停电时间每户13.98h，减少10.55h；每户年平均停电次数3次，减少1.43次，接近了国内先进水平。该局以客户需求为驱动，完成了安全生产、供电可靠性、营销管理、财务管理、电网规划建设及物流管理六大专业共251个流程再造设计，其中优化132个流程，新建79个流程，优化流程比例为84%。建立了4660多万条配电设备与用电客户之间的逻辑关系，实现“营配一体化”管理。经盖洛普公司开展第三方调查，广州供电客户服务满意度达到了74%，处于盖洛普全球数据库中30%优秀企业行列，已接近国际优异表现。

深圳供电局大力加强供电可靠率管理，城市客户年平均停电时间从2006年的26.2h/户降至2008年的5.83h/户。成功上线南方电网首个营销ERP系统，建立了国际先进的客户关系管理和营销作业管理体系，打造了客户需求导向的基于全业务流程的差异化服务机制。全面优化96个营销业务流程。实现网上办理交费、用电申请、账单查询等业务。该局大部分指标已处于国内领先水平，部分指标已达到或接近国际先进水平。每百万客户投诉量大幅下降到70次，同比下降87.6%。经零点调查公司开展第三方调查，深圳供电客户满意度为77.8%。被国务院国资委授予“中央企业2007年优质服务明星单位”称号。

其他4个省会城市供电局成立了组织架构，建立了工作机制，初步制订了创先工作方案。引入咨询机构开展了访谈培训和对标分析，引导全员转变观念，找准差距，明确方向，完成了创先框架规划。

▲ *2009 年5 月26 日，中国南方电网2008 年社会责任报告发布会在广州举行。（南网新闻中心　提供）*

社会责任报告

5 月 26 日，南方电网公司发布了 2008 年社会责任报告。报告从董事长致辞、关于我们、抗冰保电、安全供电、经济绩效、节能环保、社会和谐七个方面全面阐述了公司 2008 年履行社会责任的情况，集中展示了南方电网勇担责任、科学发展的最新成果，真实客观地呈现了公司积极应对历史罕见特大自然灾害，坚持企业效益为重、社会效益优先，保证安全，强固电网，提升服务，促进和谐等各方面的工作。广西、云南、贵州、海南电网公司其后相继发布了本单位社会责任报告。

软课题研究

2008 年，公司系统软课题研究工作全面展开、不断深入。总部制订了总部软课题评审实施细则，进一步细化了软课题评审规则和流程，共完成软课题研究项目 21 项。各分、子公司按照工作会议的部署，积极组织开展软课题研究工作，全年累计开展软课题研究项目 97 项。公司总部软课题研究项目获奖情况见下表。

公司总部软课题研究项目获奖情况

一等奖	生产技术部	安全生产技术指标评价体系软课题结题报告
二等奖	安全监察部	安全生产风险管理体系审核模式研究报告
	党群工作部	南方电网公司服务文化建设及转化软课题研究报告
	战略策划部	电网建设及运行法律风险防范研究

续表

一等奖	生产技术部	安全生产技术指标评价体系软课题结题报告
三等奖	人事部	工资总量调控机制研究报告
	市场交易部	配网管理对供电服务的影响研究
	计划发展部	电网工程建设质量管理系统的优化研究
	南网总调	中国南方电网电力调度体系　建设问题研究
	审计部	工程项目管理内部控制审计　方法研究

股份制改革

2008 年 1 月，公司在多方征求意见的基础上，向国务院国资委正式上报了《中国南方电网有限责任公司整体重组改制并境内外上市方案》。积极主动与国家发展改革委、电监会、财政部、国土资源部、证监会、商务部、国家工商总局、国家税务总局 8 个部委和各股东就上市方案进行了多轮汇报沟通，争取理解与支持。

规范职工投资发电企业

公司严格按照国务院国资委、国家发展改革委、财政部、电监会四部委联合印发的《关于规范电力系统职工投资发电企业的意见》文件要求，明确公司清退和转让的职工人员范围，精心组织、抓好落实，截至 2008 年底，基本完成了规范要求范围内人员持有的发电企业股份的转让清退工作。

法　律　事　务

制订公司法治工作三年规划

按照国资委法制工作会议的要求，公司组织编制并印发了《公司法治工作三年规划》。确定了今后三年公司法律工作基础建设、法律风险管理和法制宣传教育等方面的工作重点和目标。

法律课题研究

公司总部完成《电网建设及运行法律风险防范》研究，清理出电网建设及运行存在的主要法律风险，对各种风险的预防和处置提出了意见。组织各省公司开展并完成《直购电法律问题研究》、《物权法对电网建设的影响及其对策研究》、《越南、老挝和柬埔寨电力投资若干问题研究》、《电费回收法律风险防范研究》和《触电损害赔偿法律问题研究》五大法律课题研究工作。

公司法律风险管理

公司总部合同管理信息化系统正式投入运行，合同管理实现无纸化、信息化，效率显著提高。2008 年，总部共审查各类合同近 200 份，涉及金额53 亿元人民币，各分、子公司共审查合同63 000多份，涉及金额 1790 亿元，有效控制了合同法律风险。做好规章制度的合法性审查，2008 年总部完成各类重大制度的合规审查 20 多项，各分、子公司完成制度审查 1500 多项，确保各项制度合规、合法。公司试点“法律诊所”正式运作，为公司系统法律风险常态化管理建设积累了重要经验。

“五五” 普法

公司深入开展“五五”普法工作，举办《中华人民共和国反垄断法》和《中华人民共和国合同法》（分则）专题法制讲座，开展知识竞赛。组织编写并出版“五五”普法读本——《电网企业典型民商法律案例评析》。广西电网公司因工作成绩突出，被评为国资委“五五”普法中期先进集体。

▲ *2008 年6 月26 日，公司法律工作会议在广州召开。（南网新闻中心　提供）*

（龚鹤强）

人力资源管理

领导班子建设

认真学习贯彻全国组织工作会议和公司“四好”班子建设座谈会会议精神，继续深入地、有特色地加强“四好”班子建设。深化基层供电局“四好”班子建设，提升了各级班子的建设水平。修订完善了《公司“四好”领导班子建设责任制考核评价办法》，进一步推进了考核评价工作的规范化、科学化，巩固了分、子公司“四好”班子建设成果。下发了公司《关于进一步深化地市级和加强县级供电局“四好”班子建设的通知》，从能力建设入手，加强工作指导，推动了地市级和县级单位“四好”班子建设上水平。

首次全面、深入、大规模地开展领导班子、领导干部和后备干部的考核考察工作，并对考核结果进行了全面反馈。通过考核，全面摸清了班子、干部队伍的结构、能力水平、表现以及群众的评价和存在的问题，形成了一个既有定性、又有定量的评价结果。第一次建立了比较完整的后备干部库，形成了梯队，为公司发展储备了实力和后劲。从考核考察的结果来看，领导班子、领导干部总体情况是好的，得到广大干部职工的充分认可，各分、子公司领导班子的员工满意率都在93%以上，领导干部的优秀率与称职率之和超过90%的达到98%。

在重大困难和挑战中考察和考验干部，促进了各级班子和干部的能力建设。2008年，公司面临抗冰保电、防汛抗洪等极端天气和自然灾害的重大困难和挑战，各级领导班子领导、组织、协调和驾驭复杂局面的能力得到了充分体现和集中检验。

干部培训

印发了《关于做好公司处级及以上领导干部十七大精神集中轮训工作的通知》，对轮训工作做出全面部署。公司总部结合中心组（扩大）学习、反腐倡廉纪律教育月等活动，举办了6次十七大精神专题辅导讲座。各分、子公司也采取集中脱产培训、讲座、网络学习、自学等多种方式，举办培训班23期，讲座25场，轮训全系统处级以上干部1440人，轮训率达100%。

2008年，公司依托国家干部教育培训基地和有关高校，送培领导人员5人；首次在中国浦东干部学院举办了2期（行政党群人事类、经营管理类）A级管理人员研修班，在公司教育培训中心云南基地举办了2期（生产运行类、基建规划类）A级管理人员研修班；以各分、子公司为实施主体，公司系统共举办A级管理人员培训班34个，培训2102人次。从2007年以来，公司系统A级管理人员公共必修课轮训工作已基本完成，轮训率达到96.6%。公司系统举办B、C级管理人员培训班1093个，培训30 005人次。

2008年1月11日，南网公司组织副处级以上干部学习十七大精神。（南网新闻中心　提供）

人才队伍建设

稳步推进技术、技能人才岗位发展通道建设。研究颁发了《公司技术专家选聘管理办法》，设立了从技术专家到特级技术专家的岗位序列，形成了梯级递进的专业技术人才岗位发展通道。认真分析电力生产实际，积极研究技能人才的成长途径，研究了《公司技能人才选聘管理办法》。逐步建立起有利于技术、技能人才脱颖而出、人尽其才、人岗相适的机制。

加强人才评价工作，逐步完善人才评价体系。创新专业技术人才评价机制。上半年，分别在贵阳、桂林、广州举办了11场专业技术资格评审会，调配专家132人，采取网络评审方式，经过个人无纸化申报、各级评价机构逐级审核、系统随机抽取评委专家、评委登录网络计算机进行评分、全体评委会成员无记名网络投票、网络系统自动统计评审结果等程序，评审材料660份，通过人数485人，通过率为73.5%，顺利完成了2007年度公司系统工程、经济、会计、政工4个专业高级资格及教授级高工的评审工作，开创了全国企业职称评审工作网络评审的先河。健全人才评价标准，建立了总部51个处级岗位的1个通用类和4个鉴别类胜任能力模型；开发了公司7大专业类别、45个工种、从初级工到技能专家6个等级的技能人员知识和技能评价标准；开发了15万余题的各类人员专业试题库。创新评价手段，开发了包含素质潜能、心理、职业适应性、绩效、专业技能、情景模拟6个方面的管理人员网上评价系统。加强持证上岗管理工作，颁发了《中国南方电网公司持证上岗工作指导意见》。各单位大力推行一线员工持证上岗工作，县级及以下供电企业一线员工持证上岗率达到64.3%，其他单位达到92.1%。积极开展技能鉴定工作，2008年共鉴定通过高级技师90名，技师887名，高级工3303名。公司各类人才评价体系逐步形成，为员工职业发展夯实了基础。

教育培训管理

加强教育培训工作的宏观管理，编制规划，强化考核。印发《2008年公司教育培训工作要点》，对全年重点工作做出部署。编制了《2008～2012年中国南方电网公司教育培训规划》，明确了公司教育培训工作的重点和目标。强化教育培训目标考核工作，修订并下发了《中国南方电网公司教育培训工作目标考核办法》，把教育培训目标考核结果纳入公司“四好”班子建设考核内容。组建了权责明晰、分工合理的公司内外部考核专家组，设计了清晰、规范的考核流程和工作守则，对各分子公司2008年度教育培训工作进行考核，反馈了考核结果和意见。组织完成了2008年度全国电力教育培训新星奖推选工作，公司系统1人获特等奖，4人获一等奖，6人获二等奖。开展培训创新，将培训与人才评价有机结合起来，成功探索培训前考试摸底、培训后考试评估的工作方法。

大规模抓好一线员工的教育培训，提高一线员工的专业知识和岗位技能。制订了公司《关于加强一线员工教育培训工作的指导意见》，对一线员工的教育培训做出全面部署，提出具体要求，各分、子公司认真贯彻指导意见，制订实施办法，全面开展一线员工教育培训工作。有重点地举办了公司高级技术人员、高技能人员和县级供电企业管理人员培训班，形成了良好的示范效应；通过案例教学、现场培训、人人上讲台、安规强化与“应知应会”考试等多种方式，大规模开展一线员工专业技能培训、普考和竞赛。11～12月，南网公司举办了“安康杯”技能竞赛，先后组织公司系统变电检修、高压线路带电检修、营销服务3大工种的3300名从业人员参加了技能普考和竞赛。各单位依托培训基地和职业鉴定站，以安全基本知识与技能培训为基础，大规模开展提升员工岗位技能的系列培训。2008年，公司系统共举办各类培训班10 362期，培训员工390 234人次，培训覆盖率为93.9%，全员培训积分达标率为88.7%。其中，举办班组长培训班383期，培训班组长12 860人次；举办一线员工培训班8451期，培训一线员工310 654人次，一线员工积分达标率达到91.6%，一线员工的培训经费达到年度总使用经费的74.9%。

2008年7月31日，一线员工在公司高技能人员培训班上进行高压线路带电检修操作。（南网公司教育培训中心　提供）

教育培训体系

加强培训基地统筹管理，协助计划部对各分、子公司重点培训基地建设进度情况进行跟踪、协调。2008年，公司已认定的培训基地充分发挥企业内训功能，共承办公司系统各类培训班1104个，培训员工58 796人次。开展生产技能培训基地建设，2008年公司系统各单位共投入8618万元用于新建、改扩建培训场地和购买生产技能培训设备。

开展课程体系开发工作。全面完成公司B、C级管理人员专业基础课教材和岗位主修课大纲开发任务，共开发121门教材和200余门培训大纲。各分、子公司按照要求，开展了专业基础课的部分课程试点班。与中国电力出版社合作，就公司系统B、C级管理人员和生产技能人员课程的开发、编辑出版工作进行了调研，对课程体系的出版工作进行统筹部署。

加大专兼职教师培训力度，分期分批开展了内部师资培训与聘任工作。2008年，公司系统共举办专兼职内训师培训班61期，培训师资1939人次，公司系统拥有专兼职师资4632名，占在册员工总数的2.2%。

进一步升级完善公司总部和试点单位的教育培训信息管理系统建设，实现了公司总部网上培训计划流程管理。完成了公司总部与各分、子公司教育培训信息系统的对接以及培训与人力资源管理信息系统数据接口的审定。实行公司系统教育培训信息定期报送制度，日常信息每周一报，重要信息随时专报。

劳动用工管理

大规模开展劳动用工检查工作，强化基础管理，积极应对可能引发的法律风险。认真学习贯彻《中华人民共和国劳动合同法》和《中华人民共和国劳动合同法实施条例》，落实公司《关于进一步规范劳动用工管理的通知》，下半年深入五省电网公司和超高压、调峰调频公司本部及其二级、三级单位，开展劳动用工管理大检查，全面地掌握了公司系统存在的共性问题和个性问题，并将检查结果、存在的问题进行了书面反馈，分别提出了整改意见和建议，要求各分、子公司继续加强劳动用工规范管理工作。各单位按照要求及时开展整改，劳动基础管理得到进一步夯实和规范。

为了把好人员入口关，从用工总量、形式、结构等方面着手，建立严格的用工计划审批制度。在奥运会与迎峰度夏保供电期间，深入各单位对重点人员、重点事件等潜在不稳定因素进行排查和监控，指导并协助解决存在的问题，确保了员工队伍的稳定。开展了供电企业人力资源配置统计调研工作，积极对《公司水电厂人力资源配置标准》进行研究。组织开展职系规范管理试点工作，进一步规范了组织管理和分层次岗位体系，形成了“纵向畅通，横向互通”人才竞相发展的职业发展通道，盘活了公司内部人才资源。

薪酬管理

加强薪酬调控管理，化解了工资总量调控机制转变带来的政策风险。2008年，公司在工资总量调控上面临了两大挑战，一是受自然灾害、国际国内经济形势等外部环境的影响，公司经济效益同比下降；二是国资委改变了工效挂钩办法实行工资总额预算管理。为了应对新情况，公司将各阶段广大干部员工抗灾救灾现场实景、损失等，制成幻灯片、报告，积极向上级主管部门主动汇报和反映情况、困难，加强联系和沟通，取得了上级有关部门的理解和政策支持，同意了公司报送的2008年度工资总额预算方案。切实加强工资计划和工资总量调控管理，开展劳资统计和基础管理大检查，规范工资发放行为，规范统计口径，开展人工成本核算，为工资总额新旧调控办法的平稳过渡奠定了基础，保证了公司工资总量的可控在控。

稳步推进内部分配机制的创新，积极理顺分配关系。研究探索用人工成本调控工资总量的内部管控模式。在深化昆明和茂名供电局试点工作的基础上，修订完善了《公司职系分类试行标准》和《公司完善和优化薪酬试点方案》，做好了扩大试点的准备工作，并将方案向人力资源与社会保障部劳动工资研究所专家进行了咨询，得到了专家们的充分肯定。认真研究地方县级供电企业人员、工资关系的接收、管理问题，出台了指导意见，为确保人员、工资、社保关系的合法规范接收、平稳过渡和下一步规范管理奠定了良好的基础。

人力资源管理信息系统建设

研究制订了《人力资源管理信息系统编码标准》和《人力资源管理信息系统业务需求书》，进一步规范了人力资源管理主要工作流程，明晰了管控模式和权限。公司总部开发完成人力资源规划管理、组织结构管理、员工信息管理、合同制员工调配、考勤休假管理、薪酬福利管理、社会保险管理共7个核心业务模块，实现了各模块之间主要业务信息的共享和流转，形成了系统1.0版。

广东电网公司完成21家供电企业和省调度中心的试运行工作，省公司本部采用身份识别卡通过系统验证进行登陆的方式，保障了人事数据的安全。2008年12月，中山、汕头、梅州、河源供电局通过系统验收并完成人员信息核心数据集中到省公司。2008年9月，中山供电局实现系统单轨运行，并在教育培训业务模块引入闭环流程管理，可操作性强；广州供电局组织开发了员工休假管理业务流程，实现了员工休假的网上审批功能。

（杨申）

中国南方电网
CHINA SOUTHERN POWER GRID

国际合作与交流

国际电力合作

2008年，国际部以GMS电力合作为工作重点，开展积极务实的国际合作，全面完成了2008年的工作任务。

（1）“GMS跨境电力交易行动路线图谅解备忘录”正式签署。积极与发改委、外交部等部门沟通汇报，代表国家参与了《GMS跨境电力交易行动路线图谅解备忘录》的起草和备忘录签署的准备工作。2008年3月31日，在老挝万象举行的GMS第三次领导人峰会上，GMS六国政府共同签署了谅解备忘录。备忘录制订了实现GMS电力贸易发展第一阶段及在此基础上向第二阶段迈进的具体行动计划，包括各项重点工作的完成时间及工作里程碑。该协议的签署将有力地推进GMS电力合作的进一步开展。

（2）GMS电力合作门户网站正式启用。6月17～18日，在老挝万象举行的GMS电力贸易协调委员会重点工作组第六次会议及规划工作组第五次会议上，宣布了由公司牵头组建和维护的GMS电力合作门户网站（www.gmsrptcd.com）的正式启用，门户网站的服务器放置在广州，由公司人员担任GMS电力数据库和门户网站的总协调员。门户网站的正式启用，建立起GMS各国开展电力合作的信息交流平台。

（3）参与并完成了GMS电力发展总体规划。中方作为GMS电力贸易协调委员会重点工作组及规划工作组第一届轮席主席国，在两年任期内（2006～2007年）积极履行主席国职责的同时，积极推动GMS电力发展总体规划的进程。经过GMS各国一年多的积极配合，由亚洲开发银行聘请的咨询公司于2008年上半年完成了GMS电力发展总体规划报告。

（4）完成了援助老挝电力发展总体规划项目。继2007年完成了中国政府援助缅甸水电项目开发总体规划项目后，公司于2008年1月正式向老挝政府移交了中国政府援助老挝电力发展总体规划报告。

（5）完成了公司国际化战略的研究报告。“国际化战略”是公司三大发展战略之一。自2007年5月立项以来，公司与国务院发展研究中心企业研究所一起开展了国际化战略的研究。经过访谈、邀请发改委、国资委、国网电力经济研究院等国内专家评审、征求公司各相关部门意见，2008年5月29日召开了公司“走出去”战略实施研讨会，会上对“国际化战略”展开讨论并提出修改意见。之后，《国际化战略研究报告》通过了公司的审定并已正式下发。国际化战略的制订，进一步明确实施公司国际化战略的目标、任务、实施步骤及保障措施，对公司开展国际合作具有指导作用。

（6）继续推进与周边国家和地区的电网互联。

1）220kV向澳门送电通道按期投产，与澳门政府签订了2010年以后的中长期电力合作框架协议。在公司领导的直接指导下，积极协调解决220kV向澳门送电项目建设过程中所出现的问题，确保了220kV送电通道按计划在6月22日正式投入运行。2008全年向澳门供电23.06亿kWh，约占澳门用电量的65%。为进一步扩大对澳门的供电，确保澳门中长期的电力供应，公司抓住澳门今后将不再新建电厂的良好机遇，积极与澳门特区能源办公室进行沟通与协调，双方于2008年7月正式签订了2010年以后的中长期电力合作框架协议，为进一步加强双方电力合作奠定了基础。

2）向越南提供可靠稳定的电力。在2008年初遭遇罕见的雨雪凝冻灾害的情况下，信守合约，确保对越供电，越方对此表示赞赏和谢意。截至2008年底，南方电网通过3条220kV、4条110kV线路向越南北部8省送电73.86亿kWh，交易金额3.3亿美元。2008年全年向越南送电32.7亿kWh，同比增长23%。

3）启动向老挝的送电项目。受公司的委托，云南电网公司启动了与老挝国家电力公司就115kV电压等级向老挝供电项目的谈判工作。项目的各项设计、勘测工作已全部完成，但由于老方缺乏资金，老挝国家电力公司已正式向老挝总理府申请建设资金，待老方资金到位后，即可开展项目的建设。

（7）推动和规范境外投资项目的前期工作。对越南永兴燃煤电厂一期工程、老挝南塔河1号水电站项目、柬埔寨柴阿润和松博两个水电站项目的各项前期工作加强了协调管理和规范，完成了境外电力项目投资风险分析及其防范措施的软课题研究、以及《大湄公河次区域能源项目投资环境研究》（初稿）。

1）越南永兴燃煤电厂Ⅰ期工程。正在进行煤炭供应及购售电协议的谈判准备，同时由于越南金融危机的影响，由越方负责的项目港口、场地平整等基础设施实施主体和资金均未最终落实。除此以外，项目的其他各项前期工作已完成，待落实基础设施建设问题并完成相关协议谈判后，将签署 BOT 合同。

2）老挝南塔河 1 号水电站项目。除移民、电力市场及项目融资担保问题外，项目的其他各项前期工作已完成，待以上问题解决落实后，将签署 BOT 合同。

3）柬埔寨柴阿润水电站项目。该项目的可行性研究报告于 2008 年 4 月 27 日通过中国水电水利规划设计总院审查，并于 2008 年 4 月 30 日报送柬埔寨政府审查。柬埔寨政府工业部于 2008 年 10 月组织了第一轮可行性研究报告审查。

4）柬埔寨松博水电站项目。该项目的方案研究报告已于 2008 年 7 月进行了国内专家的评审，并于 10 月底按 MOU 要求报送柬埔寨政府。

5）缅甸北部水电资源开发项目。自 2007 年公司与中电投签订了《合作开发缅甸水电项目备忘录》以来，双方共同开展了开发缅甸北部恩梅开江、迈立开江及萨尔温江密松以上流域共 7 级 1650 万 kW 装机容量的水电资源的前期准备工作。

6）缅甸塔山项目。塔山项目位于缅甸中部靠近泰国边境，为萨尔温江流域梯级电站最大的一级，装机容量为 10 台 71.1 万 kW 机组，总容量 711 万 kW。总投资约 60 亿美元。项目由泰国、老挝和中国三方共同开发，其中，中方占 45% 的股份，由中国水电建设集团、中国长江三峡开发总公司和南方电网公司三方组建联合体，三方已签署共同开发萨尔温江流域的框架协议，并成立了三方工作组共同开展工作。

（8）积极推进利用世界银行赠款开展节能调度项目。“GEF 中国火电效率项目”是由财政部和世界银行于 2007 年共同开发的全球环境基金项目，旨在利用 GEF 赠款支持我国的节能降耗事业。广东电网节能发电调度被国家发改委列为利用世界银行 GEF 赠款（277 万美元）的我国试点项目之一。广东电网公司作为项目的具体实施单位，正在按照财政部和世界银行的要求进行各项工作的前期准备工作，待项目正式获批后，将按照财政部的统一部署开展项目的研究工作。该项目的实施，将为我国电力节能调度积累经验、资料和基础数据，为国家制订节能调度政策提供科学的依据，同时为公司在项目管理上与国际接轨积累经验。

（9）积极参与公司境内外上市的各项工作。积极配合公司境内外上市工作小组的各项工作，向国家发改委能源局和外资司、商务部合作司和外资司、证监会国际部等政府部门汇报公司境外上市及境外募集资金投向计划事宜，积极推动公司的境外上市工作。

（10）加强公司系统进出口业务的管理和指导。2008 年以来，国际部加强了对公司系统进出口情况的跟踪、统计和分析，协助分、子公司办理进口设备免税申办工作，成功办理了免税额约 5.95 亿元的云广特高压工程免税项目确认书。鉴于海南联网工程设备受《国内投资项目不予免税的进口商品目录（2006 年修订）》（简称《目录》）的限制，明确不属于享受进口免税优惠的项目，考虑到海底电缆的特殊性，为降低工程造价，国际部与超高压公司一起，积极与发改委、海关总署等有关政府部门进行沟通与协调，取得了免税额约 2.3 亿元的免税项目确认书。而且，即将颁布实施的《目录》不再将 500kV 海底电缆列为不予免税设备，为海南联网工程设备免税进口扫清了障碍。

外 事 管 理

（1）完成了公司在广东省外办的外事立户备案。在广东省外办的外事立户备案，不仅解决了公司因公出国团组领区签证困难的问题，还有效地堵塞了公司系统外事审批中存在的漏洞，防范了外事风险。

（2）严格出国团组审批。严格按照中央《关于进一步加强因公出国（境）管理的若干规定》（中办发［2008］9 号文），对计划内团组实行二次审批，对一般性考察团组出访严格审批，杜绝借公务之名公费旅游。同时，积极保障公司重点工程项目团组和围绕公司中心工作的团组按时出访，为公司重点工程项目团组开辟绿色通道，办理了半年多次往返出访国的签证，保证了团组在工作需要出访时能及时走出去。特别是保障了公司云广直流特高压工程项目出国监造任务的顺利完成，为特高压工程项目的顺利进行提供了良好的服务和支持。1~12月，受南方冰冻灾害、四川汶川特大地震以及北京奥运会的影响，公司系统因公出国（境）团组大幅减少。

（3）围绕公司重点工程项目，做好邀请外国人来华审批工作。贯彻落实外交部关于“邀请外国人来华工作的指示”精神，召开了南方电网公司邀请外国人来华工作座谈会，明确邀请外国人来华要严格遵守“跟着项目走”的原则，“谁邀请、谁负责，谁接待、谁负责”，对受邀来华的外国人要定期向公司通报他们在华的情况。公司邀请外国人来华工作进展顺利，为公司云广直流特高压项目、海南联网海底电缆工程施工项目以及惠州抽水蓄能电站调试等项目的开展起到了积极作用。截至2008年11月31日，公司系统共邀请外国人来华130人次。

（4）编制完成《中国南方电网公司涉外突发事件应急预案》。规范了公司涉外突发事件应急工作流程，进一步完善了公司外事管理有关规章制度。

（5）国际交流与合作成绩显著。

1）公司参与国际会议的层次进一步提高，参与的程度进一步加深。2008年6月，公司袁懋振董事长率团参加了第十二届圣彼得堡国际经济论坛；8月，袁懋振董事长在上海参加了日中科技协力会议理事会，10月，袁懋振董事长率团分别参加了在广西南宁举行的第五届中国—东盟博览会和在澳门举行的第十七届亚太电协大会。此外，还牵头组织公司有关专业部门参加了在新加坡举行的2008亚洲能源大会和亚洲输配电大会、在日本举行的2008国际电力技术大会和在法国举行的2008国际大电网会议。通过国际会议的成功参与，不仅提升了公司的国际知名度和影响力，还为公司未来的国际交流与合作创造了良好的外部环境和广泛的合作空间。

10月27~31日，在澳门举办的第十七届亚太电协大会是公司2008年对外交流工作的重点。来自38个国家和地区共计1344名代表参加了本次盛会。本届大会由澳门电力公司主办，南方电网公司协办。袁懋振董事长率公司代表团一行78人出席了本届大会。这是公司成立6年以来首次派出如此大规模的代表团参加在境外举办的国际会议。大会开幕式上，袁懋振董事长致开幕辞，王久玲副总经理作了题为《气候变化带来的挑战》的主旨发言。公司研究中心吴小辰作为大会特邀专家在会上作了题为《基于广域测量系统的多回直流阻尼控制》的演讲。此次大会，公司共有18名作者的20篇论文被大会录用，15名论文作者参加了大会各技术分会的演讲和讨论。此外，开幕式上由南方电网同心网艺术团表演的气势恢宏的威风锣鼓，展览会上“绿色、环保、清洁能源”为主题的设计新颖、主题鲜明的公司形象展台，“文化之夜”具有独特风格的少数民族歌舞表演，使来自世界各地的参会代表们深深记住了南方电网公司。

12月11~13日，公司组织参加了在越南河内举行的2008越南国际电力工业技术及设备展览会。公司的展台位于河内讲武展馆的中心位置，面积为81m^2。此次参展，以公司参与大湄公河次区域电力合作为主题，展示了公司在大湄公河次区域电力合作中取得的成果。此外，展台还向观众展示了公司节能环保、科技领先的绿色电网和科技电网的形象。展览期间前来公司展台参观、咨询、洽谈的观众络绎不绝。通过此次展览会，南方电网公司的企业实力与影响力得到更进一步的宣传，国际形象得到更进一步的提升。

2）积极加强与国际同行之间的交流，寻求合作与发展机遇。与法国RTE公司共同组织了区域电力市场研讨会；与法国电力公司签署了交流合作备忘录；与日本东京电力公司开展了节能减排技术交流；与日本电源开发株式会社建立了联系；与越南国家电力集团开展了电力市场培训。

（6）外事队伍培养成效明显。针对公司外事队伍人员年轻化、工作经验和知识储备都比较缺乏的问题，加强对年轻员工的培训，制订学习大纲、形成学习制度。开展了外事礼仪、着装搭配，公文写作基础知识及办公流程等内容的业务培训。同时，努力为年轻新员工提供在职培训及学习的机会。1~11月期间，先后派出多名员工参加了外交部、商务部等组织的业务培训；12月初，2008年公司系统外事办主任及专办员培训班在云南举办，邀请了外交部有关领导到会，传达中央对外事管理的方针、政策及有关规定，对外事礼仪、证照办理等业务知识进行了培训。通过外事培训，不断提高外事队伍人员，特别是年轻外事人员的政策水平和业务素质。

主要外事活动

1月10～11日，祁达才副总经理赴香港中华电力公司执行安全生产风险管理体系考察任务。

3月29～4月4日，王久玲副总经理率公司代表团赴老挝万象参加了大湄公河次区域第三次领导人峰会，并出席了《大湄公河次区域跨境电力交易实施路线图计划谅解备忘录》签字仪式等活动。期间，王久玲副总经理拜会了老挝国家副总理宋沙瓦、老挝国家能源矿业部部长曼坎尼和老挝国家电力公司总经理坎曼尼，就进一步加强电力合作，加快南塔河1号水电项目等交换了意见。之后，王久玲前往柬埔寨进行工作访问，在金边拜会了中国驻柬埔寨大使张金凤女士。

4月8日，赵建国总经理会见了越南电力集团总经理兼首席执行官范黎青一行。该会见由王久玲副总经理主持，双方就合作中所关注的问题以及未来的合作方向和方式进行了深入交流和探讨。范黎青对南方电网公司一直以来，特别是在电网遭受雨雪凝冻灾害期间仍确保向越南送电表示感谢。

4月23日，袁懋振董事长会见了澳门电力股份有限公司行政总裁、亚太电协大会筹委会主席魏立民一行。双方达成一致共识，将进一步建立完善沟通交流机制，共同为澳门社会经济繁荣发展做出新的贡献。

6月6～9日，第十二届圣彼得堡国际经济论坛在俄罗斯召开。公司袁懋振董事长应邀出席了论坛，参加了由俄联邦总统梅德韦杰夫主持的特别圆桌对话会议。期间，袁懋振董事长还拜会了中国驻俄罗斯大使馆李惠来公使。

6月17～18日，大湄公河次区域电力贸易协调委员会重点工作组第六次会议/规划工作组第五次会议在老挝万象召开，公司相关部门人员参加了本次会议。会议进一步部署和落实了领导人峰会期间签署的跨境电力交易行动路线图计划中明确的有关工作。

7月11日，王久玲副总经理会见了美国联合技术动力公司全球副总裁顾罗笛，对方介绍了美国联合技术动力公司在全球的业务、分布式能源成功案例等内容。

7月28～29日，日中科技协力会议2008年度理事会在上海召开，袁懋振董事长作为理事出席了会议。期间，袁懋振董事长会见了日本关西电力公司顾问、原董事长藤洋作先生。

7月28日，公司与澳门特别行政区政府在澳门签署了2010～2020年电力合作框架协议。王久玲副总经理与澳门能源业发展办公室主任山礼度代表双方在协议上签字。王久玲副总经理当天应澳门电力股份有限公司邀请出席了粤澳首条220kV联网工程及鸭涌河变电站揭幕仪式。

8月4日，袁懋振董事长会见西门子能源业务首席执行官戴恩，双方就±800kV云广高压直流工程有关情况进行了交流。

9月4日，王久玲副总经理会见了法国电力集团中国区总裁吉强毅一行。会谈结束后，双方签署了《中国南方电网有限责任公司与法国电力公司合作框架协议》，为双方进一步交流与合作搭建了平台。

9月9日，王久玲副总经理会见了日本电源开发株式会社中国总代表片平猛，双方就大湄公河次区域电力合作可能性及双方签署交流合作备忘录等有关事宜进行了交流。

10月22～25日，第五届中国—东盟博览会在南宁举行。袁懋振董事长应邀出席了博览会开幕式和中国—东盟商务与投资峰会开幕式；王久玲副总经理应邀出席中国—东盟电力合作与发展论坛高峰对话会并作了发言。

10月26～31日，第十七届亚太电协大会在澳门召开。本届大会由澳门电力公司承办，南方电网公司支持协办。来自38个国家和地区共计1344名代表参加了本次盛会。袁懋振董事长率公司代表团一行78人应邀出席了本届大会。

11月7日，王良友副总经理会见了西门子PTI公司总经理布莱恩·盖梅尔先生一行。

11月17日，王久玲副总经理会见了摩根士丹利公司亚太区电力及公共事业部董事总经理黄守仪先生一行，就国际合作及电力企业进行海外收购等有关事宜进行了交流。

11月1～15日，陈允鹏总经济师赴美国参加中组部第九期中国高级管理人员培训班。

11月17～28日，祁达才副总经理率团赴法国电力集团（EDF）进行访问，就电网调度、生产运行维护和安全监察到法国输电网公司（RTE）进行了考察和调研。期间，祁达才副总经理与法国电力集团国际业务运营高级执行副总裁 Gérard Wolf 先生、法国输电网公司国际公司董事长 M. Lavoine 先生进行了会见。双方下一步拟就系统安全稳定分析及对策和调度运行管理开展深入合作。

11 月 20 ~22 日，公司代表团参加了在越南胡志明市召开的大湄公河次区域电力贸易协调委员会第七次会议及能源论坛第二次会议。本次会议主要对咨询公司 SOLUZIONA 就其负责完成的“6304 号技援项目”成果，包括培训、数据库及网站建设、电力规划方法及结论、运行标准研究、输电规则研究等内容进行回顾和总结，并对新任咨询公司 RTE INTERNATIONAL 及其将负责开展的“6440 号技援项目”工作大纲及工作计划进行讨论和确定。

11 月 26 ~28 日，公司与越南电力集团第三次电力市场经验交流会在云南丽江召开。双方就电力体制改革、电力市场设计方案及下一步电力市场的发展规划等内容进行了交流和讨论。2009 年的第四次电力市场交流会议将在越南举行。

12 月 3 ~5 日，陈允鹏总经济师率公司代表团赴香港中华电力公司执行供电可靠性管理考察。在港期间，参观了“绿适天地”、系统控制中心及客户服务中心，并就客户停电时间统计、电网可靠性规划等议题展开了深入的交流和探讨。

12 月 6 ~9 日，2008 年公司系统外事办主任及专办员培训班在云南昆明召开。邀请了外交部有关领导到会，传达中央对外事管理的方针、政策和有关规定；介绍了东南亚形势，开展了外事礼仪、证照办理等业务培训。

12 月 9 ~21 日，王久玲副总经理一行赴美国、日本执行分布式电源和燃机考察任务，先后赴美国 UTC 公司、Capstone 公司、英格索兰公司和日本电源开发株式会社及川崎重工进行了访问和参观。

12 月 11 ~13 日，2008 越南国际电力工业技术及设备展览会在越南河内举行。公司应邀组团参会参展。此次展会由中国电力企业联合会和中国国际贸易促进委员会电力行业委员会联合越南国家电力技术工业协会、越南国家电力公司共同举办。越南工业贸易部副部长杜友豪、越南科技部副部长阮军、越南国家电力集团副总经理窦德启以及来自十几个国家的 21 家电力企业 200 多位代表出席了展览会开幕式。

（李清瑶）

2008年4月23日，公司董事长袁懋振（右）在广州会见澳门电力公司行政总裁魏立民（左）。（南网新闻中心 提供）

2008年10月26日，公司董事长袁懋振出席第十七届亚太电协大会，期间拜会澳门行政区长官何厚铧。（南网新闻中心 提供）

2008年10月27日，公司董事长袁懋振在第十七届亚太电协大会开幕式上致词。（南网新闻中心 提供）

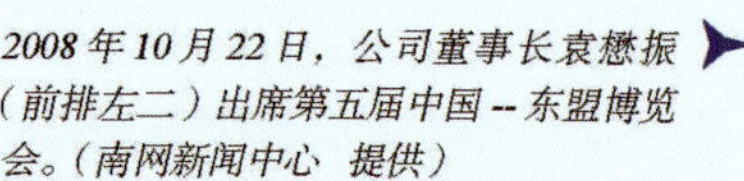

2008年10月22日，公司董事长袁懋振（前排左二）出席第五届中国--东盟博览会。（南网新闻中心 提供）

2008 年 4 月 8 日，公司总经理赵建国（右）在广州会见越南电力集团总经理范黎青（左）。（南网新闻中心　提供）

2008 年 7 月 28 日，南方电网公司与澳门特别行政区政府在澳门签署 2010 ~ 2020 年电力合作框架协议。（南网新闻中心　提供）

2008 年 7 月 28 日，公司副总经理王久玲（右二）出席粤澳首条 220kV 联网工程及鸭涌河变电站揭幕仪式。（南网新闻中心　提供）

2008年9月4日，南方电网公司与法国电力公司在广州签署合作框架协议。（南网新闻中心 提供）

2008年11月25日，公司副总经理祁达才（右三）赴法国电力公司考察参观 Poteau Rouge 变电站。（南网新闻中心 提供）

2008年10月27日，第十七届亚太电协大会在澳门开幕，图为南方电网同心网艺术团“威风锣鼓”的精彩表演。（南网新闻中心 提供）

中国南方电网
CHINA SOUTHERN POWER GRID
纪检监察与审计

纪 检 监 察

惩治和预防腐败体系建设

公司高度重视中共中央《建立健全惩治和预防腐败体系2008～2012年工作规划》（简称《工作规划》）的贯彻落实，在认真组织学习的基础上，制订并下发了公司贯彻落实《工作规划》的实施办法和分工方案，明确了指导思想、基本原则和工作目标。分工方案进一步明确了各部门的职责，使惩防体系建设责任进一步得到落实。公司惩防体系建设与加强企业管理、健全内控机制的融合更加紧密，形成了相互协调、齐抓共管、整体推进的良好态势。全年公司系统共制订各项规章制度1339项，修订完善制度389项，惩治和预防腐败的制度体系进一步完善。全面推行“双合同”制度，各单位在与合作单位签订经济合同的同时，都签订了“廉政合同”，有效地规范了双方工作人员的从业行为。全系统共建立供应商诚信档案2446份，员工诚信档案15 765份。各单位认真贯彻公司《关于在公司内部公布行贿单位名单的实施意见》，公司系统共公布“黑名单”37个，在系统内外引起了较大的反响，产生了一定的震慑力，起到了净化南方电网市场、扼制腐败现象发生的作用。公司党组认真落实党风廉政建设责任制，每年都层层签订党风廉政建设责任书，全年公司系统共签订责任书10 711份。通过实施党风廉政建设责任制，进一步增强了各级领导干部的廉洁意识和责任意识，公司党风廉政建设责任体系进一步完善，有力地促进了公司的发展。

贯彻落实中央“七项要求”和“三重一大”集体决策制度

公司党组高度重视党中央对国有企业领导人员提出的廉洁自律“七项要求”和“三重一大”必须集体决策的要求，下发了《关于认真贯彻落实国有企业领导人员廉洁自律七项要求有关事项的通知》等3个文件，研究制订了落实方案，积极组织系统各级领导班子和领导干部开展深入学习对照。按照国务院国资委的要求，部署了自查自纠工作。公司系统有1451名副处级以上领导干部开展了自查，纠正领取兼职工资、奖金、津贴19.27万元；公司认真贯彻落实国务院国资委等四部委《关于规范电力系统职工投资发电企业的意见》要求，清理副处级以上干部投资持股金额7494万元。公司按照国务院国资委对中央企业执行“三重一大”集体决策情况进行督察的部署，以完善制度、规范决策行为、提高制度执行力为目标，以发现问题，认真进行整改为重点，在公司总部开展了“三重一大”集体决策制度执行情况的自查自纠。对总部涉及“三重一大”集体决策的50项制度以及149项决策行为进行了认真的审查。经查，需要修改完善的制度3项，需要建立的制度4项，未发生领导班子违反“三重一大”集体决策的问题。一年来，公司党组高度重视对各级领导班子和领导干部的监督管理，公司系统内领导人员任职前廉洁谈话2000余人，诫勉谈话230人，14 271人进行了廉洁承诺，6792人进行了述职述廉。

▲ *2008年3月22日，公司纪检监察审计工作会议在广州召开。（南网新闻中心 提供）*

反腐倡廉教育和廉洁文化建设

公司将反腐倡廉教育纳入干部员工教育培训

规划和年度计划，全年有 32 584 人接受了反腐倡廉教育培训，反腐倡廉教育已步入常态化、制度化轨道。以“讲党性、重品行、作表率”为主题，在全系统开展了 2008 年纪律教育月活动。各级领导人员亲自上党课或作反腐倡廉专题报告，组织观看反腐倡廉电教片、知识测试 1753 场次，接受教育 20.52 万人次，“清白做人、干净干事”的廉洁理念更加深入人心。公司坚持以南网方略为统领，建设具有南方电网特色的廉洁文化。一年来，开展了丰富多彩的廉洁文化“五进”活动共 1095 场次。组织参加中央纪委等部委开展的“扬正气、促和谐”廉洁公益广告作品展播活动，激发了广大员工参与热情和创作的积极性，公司共收到各类作品 1012 部（幅），共组织 13.36 万人次参观展播，有 3 个单位和 30 部（幅）作品得到公司奖励，有 3 幅作品获得中央纪委表彰（《廉洁从业、幸福一生》和《广而兼、是为廉》获影视类二等奖，《越位》获广播类三等奖）。通过开展廉洁文化建设活动，大力宣贯了南网方略和廉洁理念，廉洁文化起到了凝聚人心、引领风尚、兴企育人的作用。

▲ *2008 年9 月16 日，公司董事长袁懋振（左一）参观防腐倡廉图片展。（南网新闻中心　提供）*

效　能　监　察

公司围绕中心工作和生产经营管理的重点、难点积极开展效能监察。各级纪检监察部门主动加强与业务部门的工作联系，充分发挥效能监察在强化内部监督控制中的作用。全年共立项 385 项，监督工程招标金额 103.07 亿元、物资采购金额 256.26 亿元，提出监察建议 733 条、监察决定 30 个，避免和挽回经济损失 1012 万元。广东电网公司监督一级招标采购金额 140.7 亿元，通过效能监察，采购价与市场价相比平均下降 8.7%，节约资金 12.2 亿元，取得明显的经济和社会效益。

纠　风　工　作

认真贯彻落实国务院纠风工作会议精神，按照国务院国资委的部署，开展了“金牌服务迎奥运”优质服务年活动。公司系统共聘请行风监督员 5973 名，召开行风监督员座谈会 873 次，开展明察暗访 3685 次，全年客户满意率达到 99.7%，公司在广东省社情民意调查中连续第三年获得满意度第一。公司在抓好行风建设的同时，认真开展纠风工作，查处了两起行风事件，并在全网进行了通报，起到了警示作用。

信访与案件工作

认真落实信访工作责任制，加大了督查督办力度，严肃查处各类违纪违规案件。公司系统共受理来信来访和电话举报 778 件，初核 665 件，了结 639 件；立案查处 29 件，涉案人员 71 人，给予党纪政纪处分 29 人，组织处理 17 人，移送司法机关 41 人；通过办案挽回经济损失 520.31 万元。各单位认真分析信访举报存在的问题，加大矛盾疏导的力度，加强了对干部的教育监督和管理，为公司系统保持队伍稳定，营造“人网共安、和谐发展”环境发挥了积极的作用。

队　伍　建　设

按照“政治坚强、公正清廉、纪律严明、业务精通、作风优良”的要求，加强了纪检监察队伍的自身建设。在 2008 年初抗击南方特大雨雪凝冻灾害工作中，各级纪检监察人员认真贯彻公司党组的部署，积极投身抗冰抢险，组织督查组深入抗冰抢险现场，严把物资采购和工程建设质量关，开展了抢险物资采购管理督查，确保了抗冰复电工作规范有序进行，充分发挥了监督保障作用，为电网恢复重建作出了贡献。共有 30 个先进集体、308人次受到公司及地方政府的表彰，进一步树立了纪检监察干部可亲、可信、可敬的形象。为提高纪检监察干部的业务素质和履职能力，公司系统共举办纪检监察工作培训班79期，培训3447人次。开展纪检监察理论研究和优秀论文评比活动，全年共发表论文76篇，有48篇获得公司及省部级优秀论文奖。

（梁欣）

审　计

概　况

审计部是公司开展内部经济监督和经济鉴证工作的职能管理部门。在公司党组和董事会的领导下开展工作，服从公司总体经营目标。内部审计工作作为公司经营管理的关键环节和内部管理控制的重要组成部分，是公司依法经营、规范管理、规避风险、实现可持续发展的重要手段，是建设“两型两化”一流电力企业和落实“南网方略”的重要组成部分。公司内部审计工作坚持监督与服务并重的原则，监督寓于服务。

公司按照国家有关规定，实行内部审计制度，建立内部审计机构，配备内部审计人员。在董事长领导下，内部审计机构对公司及全资企业、控股企业进行审计监督，并定期提交内部审计报告。

公司审计部作为公司内部审计工作的专业归口职能部门，主要职责是：负责公司总部及全资企业、控股企业以及分公司、代表处等分支机构的经营管理活动的审计监督；负责公司内部控制情况的检查和评价；负责公司总部直接管理领导人员的经济责任审计；负责公司外派监事的业务指导；配合公司监察（纪检）部门对有关经济案件进行审计调查；指导公司系统审计工作。

2008年，公司系统共完成审计项目8595项、签证审计45 107项，参与招标监督、重大合同谈判3704次，促进增收节支31 215万元，提出审计建议4742条。

迎　审　工　作

2008年3～11月，国家审计署开展了全国电力建设项目审计调查，其中对南方电网公司的审计调查涉及公司总部、广东、广西、云南、贵州电网公司和超高压公司、调峰调频发电公司、南方电网财务公司共8个单位。

按照公司对迎审工作的统一部署，各单位将迎审工作作为2008年工作的头等大事，认真主动地做好迎审配合。①组织到位。各单位纷纷成立了迎审机构，多次召开专题会议，研究部署迎审工作。②统筹兼顾。各单位及时调整了年度审计计划，确保常规工作和迎审工作两不误、两促进。③信息畅通。定期编发迎审信息，及时通报迎审动态。④抓住关键。高度重视审计情况反馈，切实做好审计取证记录的核实和回复工作。⑤热情服务。认真做好迎审接待工作，确保了审计工作的顺利开展，得到了审计组的充分肯定。

审计部主动了解审计的有关安排，及时向公司进行了汇报，并积极做好组织、协调工作。①加强联系、沟通，编写了书面报告，制作了专题幻灯片，积极汇报公司抗冰救灾、抢修复电工作的有关情况和公司经营管理情况，争取上级机关的理解和支持。②审计部负责人经常赴各公司及所属单位审计现场进行沟通、协调，及时掌握审计调查的进展情况，检查、指导各单位开展迎审和自查自纠工作，督促做好审计整改，妥善处理好有关问题，确保迎审工作有序开展。

抗　冰　抢　险

2008年初，面对南方雨雪凝冻灾害对电网造成的巨大损失，公司党组要求监督部门积极跟进抗冰抢险工作，发挥好应急时期的监督和保障作用。公司总部印发了《关于做好抗灾保电和恢复重建期间有关工作的通知》，要求各级监督部门贯彻落实公司部署，立足本职，配合好抢修复电工作。大力加强新闻宣传，及时向国资委统计评价局、审计署经贸司、审计署广州特派办报告公司抢修复电情况，得到上级有关部门的高度重视和支持。审计署网站和《中国审计报》报道了公司抗灾保电工作及审计干部积极投身电网抗灾抢险工作情况，国资委统计评价局、审计署广州特派办也来电表示关心与慰问。

各单位围绕监督重点，及时制订了有关抢险管理审计制度。各审计部门深入到抗灾抢险现场，开展了抢险物资管理审计和抗冰工程结算审核工作，及时规范了专项资金、物资管理、受损资产处置工作，确保了抗灾保电工作规范有序进行。贵州电网公司下发了7个审计文件，针对抗冰保电3个不同阶段的工作重心提出审计要求。云南电网公司开展了5个受灾片区抗冰抢险费用审计，审核了69家单位的抗冰保电工程结算，审计资金1.94亿元，审减费用431.57万元。广东电网公司印发了《抗灾复电抢修拆卸物资处理规定》等制度，开展了抗冰救灾保险理赔情况审计调查，维护了企业合法权益。

专 项 审 计

（1）进一步深化经济责任审计。公司将经济责任审计工作作为内部审计工作的重点，转发了国资委《关于加强中央企业经济责任审计工作的通知》，强调坚持“离任必审”的原则。印发了《关于加强届中经济责任审计工作的指导意见》，很好地推进了届中经济责任审计的广泛开展。

公司系统各单位开展了经济责任审计187项，其中：离任审计125项，有效地促进了干部管理和班子建设；届中审计62项，占经济责任审计比率为33%，加大了事前、事中监督力度，强化了权力运行过程的监督，起到了预防、预警的作用。通过审计，及时发现和处理了经营管理中存在的问题，增强了企业领导人员依法经营和责任意识，提高了经营管理水平。海南电网公司在人员少、任务重的情况下完成了海口、三亚、文昌供电公司等8项任期经济责任审计。

公司总部按照年度公司审计计划，完成了广西、贵州、海南电网公司和调峰调频发电公司、南方电网年金（社保）管理中心共5项离任经济责任审计。本年开展的经济责任审计突破了审计主要是查错纠弊的传统观念，着眼于增强大局意识和服务意识，注重从企业宏观管理和战略发展的层面提出建设性的审计意见、建议，把着力点放在推动公司持续健康发展提供优质服务上，进一步提升了审计的层次和水平。

（2）努力推进内控制度审计。公司在主要分子公司组织开展了营销管理、大修技改内控制度审计。为确保审计成效，公司印发了营销管理和大修技改内控制度审计方案，及时组织针对性的教育培训，举办了两期内控制度审计专题培训，公司系统131名审计骨干参加，有力地指导了各单位内控制度审计工作。

各分子公司组织开展了各类内控制度审计93项，发现了个别基层供电企业计量、线损、营销管理制度不健全；销售电价和小水电上网电价未严格执行省级物价部门核定电价；业扩报装未执行规定流程，先装表接电，后补签合同；电能表未实行定期轮换和检定；未设立独立的用电稽查机构，配备专职人员等内部控制问题，提出了改进措施，促进了管控制度、流程的健全和有效执行。贵州电网公司电力营销内控制度审计抽查了18个县级供电局，19个乡镇供电所，发现内部控制问题114个；大修技改内控制度审计抽查了336个项目，发现内部控制问题133个。

（3）扎实开展各类专项审计。各单位结合企业实际，开展了工程管理、资产经营责任、预算管理、财务收支、风险管理等专项审计7849项，其中：基建和农网工程审计5995项、预算管理审计140项，多层次、多角度强化了企业内部管理，防范了经营风险，提高了经济效益。广西电网公司开展了979项工程审计，审减工程投资1802.72万元。云南电网公司开展了曲靖、玉溪、楚雄地区4个县级供电企业的经济效益审计，挖掘了企业降本增效的潜力。南方电网财务公司结合自身业务特点，开展了资金管理审计和风险管理审计，强化了资金管控和风险防范。

公司总部开展了500kV贵广二回直流输电工程管理审计，在广度和深度上都取得了较大的突破。一是审计时间跨度长，覆盖了从工程可研到竣工投产的建设全过程；二是审计的关注面广，延伸到项目审批、组织管理、安全生产、质量管理、工期控制、资金管理等领域，取得了良好的成效。

审 计 调 查

各单位更加重视审计调查工作，将发挥审计调查的参谋、服务、增值作用作为履行审计职责的重要方面，加大了调查的深度，扩大了调查的范围。如广东电网公司抓住经营管理的薄弱环节，组织开展了所属单位物资盘点审计调查，摸清了物资管理的实际情况。广西电网公司开展了对县级供电企业的审计工作情况的专项审计调查，为县级供电企业审计机构建设提供了依据。贵州电网公司贯彻节能减排方针，以南方电网公司线损四分管理为标准，对所属地市供电局及18个县级供电企业开展了线损管理审计调查。公司系统共开展大修技改、线损管理、电费回收等审计调查466项，强化了关键岗位、关键环节的控制，充分发挥了审计调查的服务作用。

公司在全系统组织开展了资金管理和农电管理审计调查。资金管理审计调查共检查了58个地市级供电局、99个县级供电局、21个其他直属单位，调查资金覆盖面达40%。农电管理审计调查是近年来规模最大、范围最广、动用力量最多的一次审计调查，涉及了公司系统所有县级供电企业，覆盖面达到100%，各县级供电企业均出具独立的调查报告，层层上报汇总。审计部牵头，联合农电部、市场部、财务部等相关部门组成了审计组，赴各省电网公司检查了农电调查开展情况，并印发了《关于加强农电管理审计调查的指导意见》，有力地指导了农电审计调查工作。

审计信息化建设

公司积极推动全系统审计信息化建设，在五省区进行了广泛的调研，完成了《中国南方电网公司审计信息系统规划报告》。各单位的审计信息化建设有了重大突破，广东电网公司以佛山供电局为试点研发的审计管理信息系统通过了功能验收，已投入试运行。贵州电网公司和海南电网公司的营销、财务在线审计系统在部分单位投入试运行，推动审计工作模式向连续审计转型。公司总部联合国资委统计评价局开发审计管理信息系统，完成了开发方案，已进入实施阶段。

完善审计制度体系

各单位紧紧抓住管理制度这个核心，努力推进审计制度建设。公司系统共完善了220项审计制度，其中制订92项，修订128项，审计制度体系进一步健全。云南电网公司、贵州电网公司、超高压公司、财务公司和鼎和保险公司2008年制订了依法经营2号令实施细则。超高压公司制订了《审计处理处罚及违规违纪责任追究办法》，修订了《党风廉政建设责任考核办法》，增加审计分值达20分，加大了对审计查处的违规违纪行为的处罚力度。调峰调频发电公司制订了《审计整改规范要求》，将审计整改纳入年度党风廉政建设目标责任制考核，提高了审计整改执行力。

理论研究和审计队伍建设

积极开展内审理论研究。各单位在风险管理审计、效益审计和工作评价等方面的理论研究取得了丰硕成果。公司系统共发表审计论文40篇，其中在国家一级刊物发表11篇，在国家二级刊物发表15篇。在中国内审协会电力分会举办的优秀审计论文评选中，公司总部和广东、云南、贵州电网公司提交的7篇论文获得一、二、三等奖。公司完成了工程项目管理内控制度审计方法研究和风险导向内部审计应用研究2个课题，组织编写了工程建设内部控制制度审计指南并用于实践。开展了优秀审计项目暨优秀审计论文评比活动，评出7个优秀审计项目，其中贵州电网公司获得一等奖，云南电网公司获得二等奖。评出23篇优秀论文，广东电网公司的3篇审计论文获得一等奖，贵州电网公司和云南电网公司各有一篇论文获得一等奖。

增强审计力量配置。公司系统开展了形式多样的审计培训58期，培训人数1250人次。超高压公司设立了独立的审计部，并增设了审计科，审计人员由2人增加到6人，进一步完善了审计组织体系。海南电网公司成立了审计中心，审计人员扩充到12人，充实了内审力量。

（陈亮）

党 群 工 作

党 建 工 作

（1）中心组学习。印发了年度公司系统党委（党组）中心组学习的意见，制订了公司党组中心组年度学习计划。重点围绕学习党的十七大和十七届三中全会精神、学习科学发展观、纪念改革开放30周年、应对国际金融危机等方面，组织了15次公司党组中心组理论学习，其中7次邀请外部专家学者作专题讲座。

（2）党员学习教育。公司各级党组织通过形势教育报告会、征集学习感言、研讨交流以及开辟专题网页专栏等形式，开展纪念建党87周年、纪念改革开放30周年系列活动。公司各级党组织围绕关系公司改革发展的关键问题以及工作中不符合科学发展观要求的突出问题，广泛开展了“解放思想大讨论”活动。

▲ *2008年6月30日，公司纪念中国共产党成立87 周年大会在广州召开。（南网新闻中心　提供）*

（3）民主生活会。组织召开了公司党组和各级领导班子“学习和实践科学发展观”专题民主生活会，认真做好2007年意见的整改落实和2008年意见的征求汇总工作，得到了上级领导的高度评价。同时深入各分、子公司和直属单位，指导各党委（组）开好民主生活会。

（4）党建基础管理。继续推进党建管理信息化建设，初步完成了公司党建管理信息系统项目开发和试运行工作，开发了七大功能模块，覆盖了党组、党委、党总支、党支部和党小组的日常活动，启动了公司总部、广西、海南、云南等12家单位的试点工作。修订完善了公司党建工作责任制考核管理办法，进一步量化考核目标，加强考核管理，减少交叉考核，落实和完善先进性教育长效机制。采取开办培训班、外出培训、考察学习等多种形式，加强政工干部队伍建设，开展业务培训，提高队伍素质。

（5）直属党委工作。开展了“继续解放思想，坚持改革开放，争当实践科学发展观的排头兵”学习讨论活动，组织党员参加了“学习党的十七大有奖知识大赛”和“学报告、学党章”答题活动。认真做好入党积极分子培训和发展党员工作，公司直属党委全年培养积极分子15人，发展党员25人，批复成立了国际公司直属党委和直属纪委。制订了《建设学习型、服务型、和谐型、效能型总部机关主题活动方案》及实施细则，把机关建设细化、量化，纳入常态管理，初步形成了加强机关作风建设的长效机制。

宣传思想文化工作

（1）灵活多样宣贯南网方略。一是继续加强全系统南网方略宣贯工作。出版发行《南网方略与企业文化》电子课件（光盘）16万张，组织全员学习、培训与考试。广东电网公司修订了《广东电网企业文化战略》，广西电网公司开展了“践行南网方略、构建和谐电网”活动，贵州电网公

▲ 2008年6月30日，公司领导为先进党组织和优秀共产党员代表颁奖。（南网新闻中心　提供）

司印发了《2008年南网方略宣贯工作实施方案》，海南电网公司建设了以弘扬南网文化为中心的软实力工程，调峰调频公司开展宣贯南网方略“六个一”工程。二是加大县级供电企业南网方略宣贯力度。开发了《学习南网方略，解读工作报告》、《南网文化与我》等课程，通过培养内部培训师深入县级供电企业宣讲的方式，全面铺开县级供电系统南网方略培训。广东电网公司加大南网方略和广东电网发展战略在县级供电企业的宣贯力度。广西电网公司通过实施基础管理“七统一”工作，强化南网方略与南网文化的全员培训。

6月26日，公司在中央企业党建工作会议上就企业文化建设经验作大会交流发言，李荣融主任在讲话中对南网方略和公司企业文化建设给予了充分肯定。

（2）首次开展企业文化建设评价工作。参与国务院国资委《中央企业企业文化建设评价体系》课题研究和《中央企业企业文化建设评价暂行办法》文件起草工作，并被国资委列为8家试点单位之一。公司以试点工作为契机，以中央企业企业文化建设评价指标体系为依据，全面开展公司系统企业文化建设评价工作，自评得分932分，在8家试点企业中排名第一。

（3）完成服务文化建设及转化课题研究。完成了“公司服务文化建设及转化”课题研究，初步探索了把南网方略融入管理、切入业务、植入行为，转化为生产力和竞争力的企业文化建设的模式。课题从文化管理的角度，厘清了公司服务文化建设的内涵和思路，构建了公司服务文化的体系框架，为其他子文化建设提供了方法借鉴；从营销管理的角度，汇集、整理和分享营销服务的最佳实践，制订了凸显“以客户为中心”服务价值观的营销服务行为规范，促进了公司营销服务水平的提升；从党群管理的角度，进一步探索党群工作如何更好地融入中心工作的新思路、新方法。

（4）开展了纪念改革开放30周年系列活动。参加中组部组织的纪念改革开放30周年理论研究、国务院国资委组织的中央企业“纪念改革开放30周年”征文活动和《中国改革开放30年》央企卷画册的编辑，以及中电联牵头组织的中国电力改革开放30年系列活动。

（5）扎实开展维稳工作。把信访维稳工作放在与电网安全同等重要的位置，在迎峰度夏和奥运会期间，周密部署，落实责任，认真排查，确保了公司系统没有发生员工进京上访、群体越级上访、恶性群体性事件，没有发生重要电力设施被蓄意破坏等重大事件。

工　会　工　作

（1）加强民主管理。建立了网公司层面的职代会制度，按照规定程序，选举了86名职工代表，召开了公司一届一次职代会，收集和解答了职工提案，选举产生了公司工会委员会，成为国资委“指导意见”颁布后第一个建立集团一级职代会的中央企业。

（2）抓好评先表彰。各级工会参与和组织了全国总工会、国资委和各级地方党委、政府组织的评选表彰，为各单位和广大员工争取了应得的荣誉，公司先进模范人物和集体不断涌现。

（3）开展技能竞赛。举办了2008年“安康杯”变电检修、高压线路带电检修技能竞赛。各级工会先后组织了500kV输电线路带电作业、变电值班、送电线路架设、焊接等多种专业的技能竞赛或技术比武活动，引导和鼓励广大员工立足本职，钻研技术，走岗位成才的道路。

（4）开展主题活动。开展了以“迎奥运、讲文明、树新风”为主题的系列活动。

2008年12月2日，南网公司2008年"安康杯"变电检修技能竞赛在广东举行。（南网新闻中心　提供）

2008年11月27日，南网公司2008年"安康杯"线路带电检修技能竞赛在平果赛区举行。（南网新闻中心　提供）

（5）开展帮扶互助工作。各级工会在节日期间坚持到生活困难的员工、退休员工、生病住院的员工、农电工、劳动模范等家中慰问。开展"金秋助学"、"姐妹献爱心"、建设希望小学等活动，为职工送温暖、为社会作贡献。

共青团工作

（1）健全组织机构。召开公司第一次团员代表大会，选举产生共青团中国南方电网公司第一届委员会，健全公司团委组织机构，成立总部直属团委。

（2）开展主题活动。围绕公司安全生产的总体部署，启动"青年安全生产示范岗"品牌活动。围绕加强机关作风建设的要求，开展"学习型、服务型"团组织建设。开展"青"字号主题实践活动。组织了青年思想政治教育、青年创新创效、青工技能大赛、青年岗位能手、青年技术管理论坛、青年安全监督岗等活动。

（3）开展"青年志愿者"活动。共成立657支志愿者服务队伍；组织开展志愿者活动1421次，公司团员青年志愿者参与人数达到31 204人。

政研会工作

（1）完成了中央企业党建政研会立项课题《从南方电网实践看中央企业"四好"领导班子建设的意义与成效》，获中央企业2007～2008年度优秀研究成果一等奖，公司获优秀组织单位奖。

（2）撰写的《以改革创新精神加强企业党建和组织工作》获得中组部和全国党建政研会征文活动优秀论文奖。

（3）编写并出版《实践科学发展观创新党建思想政治工作》一书，汇集了公司党建思想政治工作与企业文化建设典型经验。

（4）组织完成公司党建政研会2008年立项课题研究和成果评选，表彰了15个优秀研究成果，并编辑出版《公司党建思想政治工作优秀研究成果文集（2008）》。

抗冰保电

（1）发动广大员工积极投入抗灾保电中。①党建作用发挥到位。在一线成立了3个临时党委、166个临时党支部、98个临时团支部，419名入党积极分子"火线"入党，组织了1884支党员、团员青年突击队，主动承担急、难、险、重的工作任务，体现了党的先进性。②宣传舆论引导到位。深度挖掘、及时报道蒙笑烈士等先进人物可歌可泣的事迹，展现南网人优秀的作风、过硬的本领和顽强的意志。建立手机短信平台，组织网络评论员队伍，及时准确地通报抗灾保电工作动态。通过多种形式，积极引导网上舆论，有效地传达信息，充分发挥众多主流新闻媒体和内外部各种载体的作用，提高宣传层次，扩大宣传范围，鼓舞了干部员工士气，树立了公司的形象，

2008年11月6日，公司总经理赵建国在广州会见东方电气集团公司斯泽夫总经理，并接受赠予的锦旗。（南网新闻中心　提供）

取得了社会各界的理解和支持。③关怀慰问传递到位。广大政工人员组织劳保用品送到一线，及早开展慰问；开展了“致抗冰复电前线亲人一封家书”、“三到”一线、“24小时服务热线”等活动，用爱心、亲情鼓舞抗冰救灾一线员工。

（2）大力宣传和弘扬抗灾精神。采取多种形式，大力宣传和弘扬抗灾精神，不断丰富和发展南网方略，赋予南网方略新的内涵。组织了抗灾抢修复电图片同步联展和巡展，先后在五省区17个城市的繁华地段，以及广州农讲所、华南理工大学展出，多家新闻媒体对此进行报道。组织参加了全国抗冰保电图片展和广东省委宣传部组织的摄影展。编辑出版了《党旗在冰雪中飘扬》、《为了万家灯火》、《冰雪英雄》、《大爱融冰》、《不胜不休》等纪实书籍和摄影集。组织了8场抗冰救灾先进事迹报告团巡回报告，近万名员工聆听了报告会。

抗震救灾

全力支援抗震救灾工作和灾后重建工作。

（1）迅速派出援助小组。四川汶川发生特大地震后，各级党群组织迅速响应党中央、国务院号召，按照公司党组统一部署，动员广大党员干部、团员带头发扬“一方有难，八方支援”精神，派出援助小组赶赴灾区一线，全力支援抗震救灾工作和配合政府做好对口支援工作。

（2）组织开展了“共产党员和中央企业在抗震救灾中的义务和责任”专题组织生活会，做到党员尽义务、企业尽责任。

（3）组织员工踊跃捐款捐物。全公司捐赠款项物资金额累计1.3亿元，其中公司员工捐款8974.8万元（包括党员缴纳特殊党费4280多万元、团员缴纳特殊团费66万余元），体现出高度的责任感和使命感，提升了公司“负责任、受尊敬”的企业形象，得到了中央、各级地方党委和政府及社会各界的充分肯定和广泛赞誉。

（4）慰问关心受灾员工。公司工会还协助人事部慰问川籍员工家庭受灾情况，及时帮扶有需要的员工。

（王基巩）

中国南方电网
CHINA SOUTHERN POWER GRID
南方电网
电力调度通信中心

概　况

2008年是极不寻常的一年。南方电网遭受了罕见雨雪冰冻灾害重创，遭遇了众多强台风、暴雨、地震袭击，承担了长时间、大范围、高要求的奥运保电任务。各级调度面对前所未有的严峻挑战和考验，以南网方略统揽全局，迎难而上、顽强拼搏，牢牢把握电网安全这条生命线，努力保障电力供应，全面完成了全年各项任务。

各级调度未发生人身伤亡事故；未发生重大电网、设备事故；未发生有责任的电网稳定破坏事故；未发生调度责任区域内重大火灾事故；未发生调度自动化系统失灵和调度通信系统中断造成的电网事故。

电网规模

（1）机组。全网统调装机容量较2007年底增长24.37%，其中直调、广东、广西、云南、贵州、海南分别增长41.89%、32.90%、11.18%、21.14%、3.95%、17.04%。统调装机中水电较2007年底增长52.48%，火电较2007年底增长15.27%。南方电网2008年底统调装机情况见表1。

表1　　南方电网2008年底统调装机　　MW

统计口径				全网	直调	广东	广西	云南	贵州	海南
统调装机	总装机		容量	118 473	19 450	49 613	12 394	16 441	17 928	2647
			台数	1554	43	158	418	596	154	185
	水电		容量	33 181	9060	2710	6245	9828	4693	645
			台数	1107	25	16	393	468	89	116
			容量比例（%）	27.99	46.44	5.46	50.39	59.78	26.18	24.37
	火电	燃煤	容量	66 641	10 390	29 195	6134	6535	13 235	1212
			台数	229	18	93	24	23	65	6
			容量比例（%）	56.30	53.56	58.80	49.49	39.75	73.82	45.79
		非燃煤	容量	12 415	0	11 668	15	0	0	732
			台数	51	0	37	2	0	0	12
			容量比例（%）	10.47	—	23.52	0.12	—	—	27.65
	核电		容量	3948	0	3948	0	0	0	0
			台数	4	0	4	0	0	0	0
			容量比例（%）	3.33	—	7.96	—	—	—	—
	风电		容量	428	0	291	0	79	0	58
			台数	156	0	—	0	105	0	51
			容量比例（%）	0.36	—	0.59	—	0.48	—	2.19
	蓄能		容量	1800	0	1800	0	0	0	0
			台数	8	0	8	0	0	0	0
			容量比例（%）	1.52	—	3.63	—	—	—	—

续表

统　计　口　径				全网	直调	广东	广西	云南	贵州	海南
中调装机	总装机		容量	107 203	19 450	40 583	11 748	15 912	17 246	2264
			台数	819	43	158	140	359	93	26
	水电		容量	29 223	9060	875	5614	9298	4056	320
			台数	433	25	16	116	231	37	8
			容量比例（%）	27.24	46.44	2.16	47.79	58.43	23.52	14.13
	火电	燃煤	容量	64 661	10 390	27 260	6134	6535	13 190	1212
			台数	220	18	93	24	23	56	6
			容量比例（%）	60.39	53.56	67.17	52.21	41.07	76.48	53.53
		非燃煤	容量	7432	0	6700	0	0	0	732
			台数	49	0	37	0	0	0	12
			容量比例（%）	6.93	—	16.51	—	—	—	32.33
	核电		容量	3948	0	3948	0	0	0	0
			台数	4	0	4	0	0	0	0
			容量比例（%）	3.68	—	9.73	—	—	—	—
	风电		容量	79	0	0	0	79	0	0
			台数	105	0	0	0	105	0	0
			容量比例（%）	0.07	0	0	0	0.50	0	0
	蓄能		容量	1800	0	1800	0	0	0	0
			台数	8	0	8	0	0	0	0
			容量比例（%）	1.68	—	4.44	—	—	—	—
地调装机	总装机		容量	11 271	0	9030	646	530	682	383
			台数	736	0	—	279	237	61	159
	水电		容量	3958	0	1835	631	530	637	325
			台数	674	0	—	277	237	52	108
			容量比例（%）	35.12	—	20.32	97.68	100	93.40	84.86
	水电	燃煤	容量	1981	0	1936	0	0	45	0
			台数	9	0	—	0	0	9	0
			容量比例（%）	17.58	—	21.44	—	—	6.60	—
		非燃煤	容量	4983	0	4968	15	0	0	0
			台数	2	0	—	2	0	0	0
			容量比例（%）	44.21	—	55.02	2.32	—	—	—
	风电		容量	349	0	291	0	0	0	58
			台数	51	0	—	0	0	0	51
			容量比例（%）	3.10	—	3.22	—	—	—	15.14

注　1. 各省统调装机指中调、地调统一调度机组容量。

2. 广东电网蓄能只计算广东份额，大亚湾核电容量按装机计算；广东地调装机的水电、火电台数及100MW以下机组台数未作统计。

3. 桥口、鲤鱼江机组计入直调，不计入广东。

4. 上表统计数据以各省（区）中调上报数据为准。

（2）输变电设备。截至2008年底，500kV变电站同比增加7座，变压器增加18台，变电容量增加14 500MVA，500kV线路增加36条；220kV变电站增加37座，变压器增加96台，变电容量增加17 330MVA，220kV线路增加158条。南方电网2008年底输变电设备情况见表2。

表2　　南方电网2008年底输变电设备统计

统计口径		直调	广东	广西	云南	贵州	海南	全网
交流500kV	变电站座数	37	17（27）	0（16）	10（14）	4（11）	0	68
	变压器台数	2	65	21	22	13	0	123
	变压器容量（MVA）	1500	56 250	15 250	16 500	9500	0	99 000
	线路条数	113	59	2	31	24	0	229
	线路长度（km）	14 688	3235	39	4059	1542	0	23563
交流220kV	变电站座数	0	241	82	78	52	13	466
	变压器台数	0	548	166	138	99	24	975
	变压器容量（MVA）	0	98 802	20 391	20 523	15 886	3180	158 782
	线路条数	10	642	205	213	161	32	1263
	线路长度（km）	200	14 757	8632	9747	6453	1423	41 212
直流	换流座数	6	0	0	0	0	0	6
	换流变压器台数	12	0	0	0	0	0	12
	直流线路条数	3	0	0	0	0	0	3
	直流线路长度	3062	0	0	0	0	0	3062

注　1. 括号内为变电站按所在省（区）进行统计的数目，500kV鲤桥线和桥曲双线计入直调，江城直流未包含在内。
2. 表中统计主变压器台数不含发电机变压器组及厂用变压器。
3. 表中统计220kV输变电设备数据取自中调上报年度统计数据。
4. 500kV江茂乙线∏接成的500kV茂蝶乙线和蝶江乙线于2009年1月1日投产，表中仍计为江茂乙线。

主设备运行

（1）机组。

1）大机组检修。2008年，各省（区）机组非计划检修比例偏高，除海南外，各省（区）的实际平均检修容量均高于计划平均检修容量。2008年南方电网机组检修容量见表3。

全网大机组共检修557台次，平均每台机组检修2.33次。广东电网大机组年平均检修台次较2007年有显著下降，计划检修比2007年减少49.55%，大机组非计划检修比2007年大幅减少60.91%。广西电网200MW及以上机组总计有22台，总检修有96台次，较2007年有显著增加。其中，计划检修29台次，占总检修次数的30.20%；临时检修67台次，占总检修次数的69.80%。大机组临时检修频繁是机组平均检修次数较高的主要原因。贵州电网大机组检修次数仍然偏高，主要原因是大部分机组长期满负荷运行甚至带病运行，非计划检修次数较多，占总检修次数的66.82%。海南电网年平均每台大机组检修了1.73次，较2007年大幅减少。2008年大机组检修情况见表4。

表3　　2008年南方电网机组检修容量统计表　　MW

统计口径	全网	直调	广东	广西	贵州	云南	海南
2008年年底统调装机容量	118 473	17 520	49 613	12 394	17 928	16 441	2647
计划最大检修容量	11 845	1915	7035	2500	3985	1783	301
实际最大检修容量	16 236	2140	7390	4357	3825	2072	471
计划平均检修容量	6347	513	2841	1044	1044	736	169
实际平均检修容量	8060	465	3523	1488	1669	805	110
非计划最大检修容量	5650	700	3120	2745	1800	741	221

注　1. 直调包括天一、天二、龙滩；贵州包括盘南电厂、发耳电厂、光照电厂；云南包括滇东电厂、鲁布革电厂；广西包括贵港电厂、防城港电厂；鲤鱼江、桥口电厂未包含在内。
2. 计划数据来自月度方式。

表 4　　大机组检修次数统计表

统 计 口 径		全网	直调	广东	广西	贵州	云南	海南
统计机组数（台）		239	17	70	22	63	41	26
总检修次数（台次）		557	45	114	96	217	40	45
类型	计划检修次数	226	23	56	29	60	26	32
	临时检修次数	287	8	43	67	145	11	13
	事故抢修次数	44	14	15	0	12	3	0
平均检修次数（台次/年）		2.33	2.65	1.6	4.36	3.4	0.98	1.73
2007 年平均检修次数		2.98	2.31	3.26	3.23	3.95	1	3.17

注 1. 直调包括天一、天二、龙滩所有机组；贵州包括盘南电厂、发耳电厂、光照电厂；云南包括滇东电厂、鲁布革电厂；广西包括贵港电厂、防城港电厂；鲤鱼江电厂、桥口电厂未包含在内。广东统计 300MW 及以上机组，广西、贵州、云南统计 200MW 及以上机组，海南统计 50MW 及以上机组。

2. 列入调度月运行方式安排的检修项目为计划检修，未列入调度月运行方式安排，运行单位临时申请并获批准进行的检修项目为临时检修；设备事故跳闸后转入检修的检修项目和运行设备申请紧急停运（要求 8h 内必须停运）的检修项目为事故抢修，临时检修与事故抢修统称非计划检修。

3. 2008 年桥口电厂共进行临时检修 2 台次；鲤鱼江电厂共进行计划检修 2 台次、临时检修 1 台次、事故抢修 3 台次。

4. 直调电厂与鲤鱼江、桥口电厂检修数据来自检修申请系统。

2）大机组异常。2008 年，全网大机组共跳闸 315 次，平均每台机组跳闸 1.32 次。2008 年大机组故障情况见表 5。

（2）线路。

1）检修。2008 年，全网 500kV 线路共检修 332 条次，平均每条线路检修 1.47 条次。新（改）建线路较多，全网线路平均检修次数与 2007 年基本持平。某些线路停电检修次数偏多，主要原因有配合基建工作、临时消缺等。2008 年 500kV 线路检修情况见表 6。

表 5　　大机组故障情况统计

统 计 口 径	全网	直调	广东	广西	贵州	云南	海南
统计机组数（台）	239	17	70	22	63	41	26
跳闸次数（台次）	315	6	70	69	90	71	9
平均跳闸次数（台次/台年）	1.32	0.53	1.00	3.14	1.43	1.73	0.35
2007 年平均跳闸次数	1.63	0.31	1.73	4.27	1.94	1.71	0.33
熄火次数（台次）	692	0	1	14	646	30	1

注 1. 直调包括天一、天二、龙滩所有机组；贵州包括盘南电厂、发耳电厂、光照电厂；云南包括滇东电厂、鲁布革电厂；广西包括贵港电厂、防城港电厂；鲤鱼江电厂、桥口电厂未包含在内。广东统计 300MW 及以上机组，广西、贵州、云南统计 200MW 及以上机组，海南统计 50MW 及以上机组。

2. 熄火指机组未解列，贵州数据包括溜负荷、紧急停运等其他异常。

3. 机组跳闸次数来自 2008 年第 12 期南方电网调度运行简报。

4. 鲤鱼江电厂机组跳闸 0 次、熄火 3 次，桥口电厂跳闸 3 次、熄火 16 次。熄火次数取自调度日志。

表 6　　2008 年 500kV 线路检修次数统计表

项目 \ 维护单位		全网	超高压	广东	广西	贵州	云南	海南
线路条数（条）		226	53	79	18	38	38	32
线路长度（km）		23 316	9735	4566	1224	2728	5063	1423
检修次数（条次）		332	91	69	35	83	54	88
类型	计划检修次数（条次）	235	61	55	26	29	50	61
	非计划检修次数（条次）	97	30	14	9	54	4	27

续表

项目 \ 维护单位	全网	超高压	广东	广西	贵州	云南	海南
平均检修次数（次数/条年）	1.47	1.72	0.87	1.94	2.18	1.42	2.75
2007年平均检修次数（次数/条年）	1.42	1.53	1.71	1.50	1.06	0.89	3.7
平均检修次数（次数/百公里年）	1.42	0.93	1.51	2.86	3.04	1.07	6.18
2007年平均检修次数（次数/百公里年）	1.48	0.85	2.97	2.18	1.59	0.78	7.87

注 1. 海南统计220kV线路，全网及其他各方统计500kV线路。
2. 500kV鲤桥线和桥曲甲、乙线2008年检修5次，平均检修次数1.67（次数/条年）、1.35（次数/百公里年）。

2）故障与异常。2008年，全网500kV线路共发生故障291条次（对线路进行强送时跳闸未计算在内），平均每条线路故障1.20次，每百公里故障1.18次，均高于2007年水平。线路单相故障272条次，重合成功210条次，重合成功率77.21%，低于2007年水平。由于年初冰灾影响，贵州维护线路平均故障次数最高，达2.45次，其每百公里线路故障为3.40次。其他各省（区）维护线路平均故障次数、每百公里线路故障次数均较2007年有所上升。由于冰灾原因，部分线路在1~3月故障率较高，如：500kV安青二线跳闸16次，其中1月跳闸13次；500kV柳贺甲线8次其中1月跳闸3次，2月跳闸4次；桥曲甲线跳闸6次，均在1月；青河一线和青河二线各6次；500kV罗百一线跳闸5次，均在2月；岩沙线跳闸5次。2008年500kV线路跳闸与强迫停运情况见表7。

3）主变压器。2008年，南方电网500kV主变压器共检修138台次，平均检修1.12台次。500kV主变压器共跳闸6次，平均故障0.05台次。主变压器电气量保护误动、其他设备故障造成主变压器跳闸与保护误动是主变压器故障的主要原因。广东主变压器一次故障原因均为恶劣天气等原因导致高压套管或开关TA绝缘降低，发生接地故障。2008年主变压器运行情况见表8。

表7　2008年500kV线路跳闸与强迫停运次数统计表

项目 \ 维护单位	全网	超高压	广东	广西	贵州	云南	海南
线路条数（条）	226	53	79	18	38	38	32
线路长度（km）	23 316	9735	4566	1224	2728	5063	1423
跳闸次数（条次）	291	84	62	13	93	39	26
单相跳闸次数（条次）	272	73	60	13	87	39	26
单相重合成功次数（条次）	210	62	50	9	65	24	23
单相重合成功率（百分比）	77.21	84.93	83.33	69.23	74.71	61.54	88.46
平均跳闸次数（次数/条年）	1.29	1.58	0.78	0.72	2.45	1.03	0.81
2007年平均跳闸次数（次数/条年）	0.76	1.37	0.61	0.5	0.48	0.41	0.57
平均跳闸次数（次数/百公里年）	1.25	0.86	1.36	1.06	3.41	0.77	1.83
2007年平均跳闸次数（次数/百公里年）	0.79	0.76	1.06	0.73	1.26	0.36	1.2
强迫停运次数（条次）	34	5	0	4	25	0	10

注 1. 海南统计220kV线路，全网及其他各方统计500kV线路。强迫停运不记入跳闸。
2. 500kV鲤桥线和桥曲甲乙线2008年故障次数9次，单相故障次数4次，单相重合成功率25%，平均故障次数3.00（次数/条年）、2.40（次数/百公里年）。

表 8　　2008 年主变压器运行情况

项目 \ 调管单位		全网	直调	广东	广西	贵州	云南	海南
主变压器台数（台）		123	2	65	21	13	22	27
检修次数（台次）		138	3	67	39	11	18	48
平均检修次数（台次/台年）		1.12	1.5	1.03	1.86	0.85	0.818	1.78
跳闸次数（台次）		6	0	6	0	0	0	2
跳闸原因	内部故障	0	0	0	0	0	0	0
	本体保护误动	0	0	0	0	0	0	0
	电气量保护误动	1	0	1	0	0	0	0
	其他	5	0	5	0	0	0	0
平均跳闸次数（台次/台年）		0.05	0	0.09	0	0	0	0.074

注　海南统计 220kV 主变压器，全网及其他各方统计 500kV 主变压器（不含发电机变压器组、站用变压器）。其他是指外部故障原因造成主变压器跳闸。强迫停运不记入跳闸。

4）直流系统。2008 年，西电东送形成了八交四直，交直流并联运行的主网结构。4 条直流线路总输送容量达 10800MW，直流系统稳定运行对南方电网的安全至关重要。

2008 年，4 条直流共检修 49 次，其中天广直流检修 24 次，高肇直流 10 次，兴安直流检修 9 次。天广直流、高肇直流及兴安直流全年共发生非计划检修及强迫停运 35 次，其中线路原因 4 次（主要是受 2008 年初冰冻灾害影响），站内辅助系统（主要是马窝站、广州站及宝安站直流阀冷系统）原因 10 次，站内一次设备（换流变压器、阀厅等）原因 16 次，保护控制系统原因 5 次。直流频繁停运对系统运行方式影响很大。2008 年直流检修情况见表 9。

表 9　　直流检修次数统计

统计口径	天广直流	高肇直流	兴安直流	江城直流
计划检修	3	3	2	1
非计划检修	13	6	6	5
强迫停运	8	1	1	0
总检修次数	24	10	9	6

注　天广直流、高肇直流及兴安直流有关数据由超高压提供，江城直流数据由总调统计。

2008 年，4 条直流共发生跳闸 68 次，其中一半以上（48 次）是线路故障，包含兴安直流 2 次接地极线路故障。由于 2008 年初冰冻灾害及兴安直流受雷击影响，直流线路故障较 2007 年大幅增加。阀冷系统漏水和故障导致天广直流、兴安直流多次非计划停运及跳闸。直流保护控制系统故障和误动作是造成直流跳闸次数增多的另一原因。2008 年直流跳闸情况见表 10。

表 10　　直流跳闸原因统计

统计口径		天广直流	高肇直流	兴安直流	江城直流
线路跳闸		0	3	7	5
站内设备	一次设备	1	1	1	0
	保护控制	3	4	4	1
	辅助系统	1	1	3	0
	小计	5	6	8	1
合　计		5	9	15	6

注　天广直流因整流站设备故障造成跳闸 3 次，逆变站设备故障造成跳闸 2 次；高肇直流因整流站设备故障造成跳闸 2 次，逆变站设备故障造成跳闸 4 次，兴安直流因整流站设备故障造成跳闸 4 次，逆变站设备故障造成跳闸 4 次。

运　行　指　标

2008 年电网主要运行指标继续保持良好水平。频率 ±0.2Hz 合格率为 99.9999%，较 2007 年的 100% 略有下降，5 月 12 日江城直流受汶川大地震影响双极闭锁，导致低频越限 11s。±0.1Hz 合格率达 99.9967%，同比提高 0.0012 个百分点，±0.1Hz 越限 1077s，同比减少 308s。500kV 平均电压合格率 99.9728%，同比下降 0.0257 个百分点。220kV 及以上保护正确动作率 99.87%，提高0.09个百分点；500kV系统继电保护正确动作率99.82%，同比提高0.11个百分点。安全自动装置正确动作率99.49%，提高0.1个百分点；一级通信电路生产实时控制业务通道可用率99.995%，提高0.012个百分点；远动系统可用率99.89%，提高0.02个百分点。

全网统调负荷13次创新高，统调最高负荷88 868MW，同比增长13.74%。其中，广东、广西、云南、贵州、海南创新高的次数分别为10、6、9、4、4，最高分别为60 274MW、10 056MW、9202MW、10 426MW、1696MW，同比增长分别为11.35%、5.13%、13.09%、3.19%、6.0%。

2008年4月10日，中国南方电网2008年调度工作会议在广州召开。（南网总调　提供）

抗灾保电

2008年初的雨雪凝冻灾害，累计造成全网10kV及以上线路7541条停运，35kV及以上变电站859座停运，通信光缆中断106条，西电减送广东最大电力740万kW，电网安全供电经受了严峻考验。面对突如其来的灾害，各级调度反应灵敏，判断准确，始终牢牢把握调度工作主动权。省及以上调度通信机构超前编制方案预案逾930份，操作逾11万次，成功实施地区电网黑启动6次；全网保护动作26 176次，正确动作率99.99%。温家宝总理在抗灾关键时刻，亲临总调调度室视察，在调度系统的共同努力下，确保了主网的安全稳定运行，保障了重点城市以及要害部门、人民群众生活和重要用户用电，圆满完成了抗险救灾和抢修复电调度工作，得到了各级领导的充分肯定和多次表扬。

认真落实三号令，建成应急通信网，共建设光缆332km，载波设备62套，卫星通信站61个，租用公网2M电路129条。应急通信网充分发挥了低电压等级光缆、地埋光缆、电力载波、公网通信、卫星通信的优势，与现有电力通信网络形成了优势互补的、立体的保障体系，实现了在严重自然灾害下，网、省、地调度之间，以及与重要电厂站之间的调度电话和调度自动化业务不中断，不因通信通道原因，导致线路或机组强迫停运或无法恢复的目标。

奥运保电

各级调度以高度的政治责任感，发扬"一切为了奥运、一切服从奥运、一切服务奥运、一切奉献奥运"的精神，落实各项保电措施，积极主动、全力以赴做好奥运保供电工作。超前编制各种方案。年初即组织有关专业着手准备2008年迎峰度夏及奥运保供电工作，5月就完成了《中国南方电网2008年迎峰度夏暨奥运保供电调度运行方案》，全面分析了迎峰度夏及奥运会期间，南方电网运行面临的形势及薄弱环节，突出风险评估及防范，明确具体措施与要求；奥运会开幕前又精心编制了《南方电网奥运保供电电网运行专项方案》，提出了奥运期间保证南方电网，特别是保证与香港联网系统安全稳定运行的各项措施。奥运期间，又根据电网运行情况的变化，及时组织编制了奥运会开闭幕式期间，电网运行专项调控方案。全力做好电力供应。克服火电厂来煤少且煤质差、机组运行不稳定等困难，调动一切积极因素多发多供。组织制订全网及广东电网大负荷运行方案、西电东送大负荷运行方案，保证全网统调最大负荷8887万kW、广东统调最大负荷6027万kWh的电网运行安全。充分发挥南方大电网资源优化配置作用，根据各省电网负荷变化、出力变化、来水来煤变化等，在保证电网安全的基础上，快速、灵活调度，调剂余缺，7～9月，调整涉及电量51亿kWh。加强应急管理。组织制订了《迎峰度夏暨奥运保供电事故应急处理预案》，针对电网薄弱环节制订详尽预案，明确事故处理原则，并结合奥运期间电网特点，组织开展了全网联合反事故演习。加强应急通信网建设，提高应对自然灾害的能力。强化与香港中华电力、广东核电集团的运行联系机制，组织进行了南网总调、广东中调、香港中华电力三方参与的粤港奥运保供电联合反事故演习。

安全稳定运行

超前分析电网运行特性，精心安排月、日运行方式。提前编制2008年运行方式、迎峰度夏暨奥运保供电调度运行方案，分析2008年电网运行存在的八个主要风险、迎峰度夏期间电网运行的十大安全风险和两大电力平衡突出问题，提出了防范风险的重点措施与要求。加强运行管理，精心调度、精心操作。总调调整了全网CPS控制参数，提高了控制要求，各中调围绕控制目标，强化机组一次调频和AGC管理，总调直调电厂全部投入AGC功能。

建立健全应急管理组织体系，根据电网运行方式变化，及时制订事故预案，加强对预案的演练，奥运保电前，总调牵头举行了首次由总调、广东中调、香港中华电力控制中心三方参加的联合反事故演习。全年全网联合反事故演习2次，粤港联合反事故演习1次，总调内部反事故演习23次；各中调组织省网内联合反事故演习14次，中调内部反事故演习50次。各级调度联合处理事故水平得到进一步提升，经受了6.18罗洞开关TA爆炸等严重故障的考验。

加强电网故障和异常的跟踪分析，基本做到24小时内形成专题报告，对跳闸原因进行分析，对问题提出对策。深入开展“隐患治理年”活动，结合电网运行实际，开展了总调直调厂站安自装置专项检查和整改、通信电源检查、通信系统$N-1$分析、自动化“人员、设备、制度、图纸资料”四查等活动，及时消除安全隐患，切实落实相关措施。

电力供应

2008年用电需求复杂多变，前三季度电煤供应十分紧张，煤电油运对电力供应的影响凸显。优化设备检修，克服冰灾影响，重新调整检修计划，4月底前完成了主网因冰灾推迟的设备检修，以及水电机组的检修，6月底前全部完成了年度检修计划，为迎峰度夏打下了坚实的基础。做好新设备投产调度工作，创造系统条件确保新设备投产，未发生因调度原因延误工程投产。

加强发电侧调度，强化一次能源调度管理，完善了电煤预警机制，发布预警941次。根据燃料、水情、设备状况，合理安排发电计划。完善负荷侧调度管理，加强负荷预测分级管理，结合经济形势、天气变化等因素，深入分析负荷特性，全网96点负荷预测准确率96.7%。

节能发电调度

各级调度按照《南方电网节能发电调度指导意见》的要求，做好各项工作。贵州、广东成为全国前两个正式启动节能发电调度试点的省份(贵州于1月1日在全国率先进入试运行，广东于11月17日进入试运行)，并基本完成技术支持系统建设。总调与广西、云南、海南中调节能发电调度准备工作按计划推进。

加强水调管理，总调成立水调处，各中调设立相应的机构或岗位，加强南方电网区域的水调工作，初步建立了南方电网水调管理体系，同时，建立水调联系机制，成立了红水河流域梯级优化调度联合工作组，乌江、澜沧江流域建立了相应的联系机制。加强和规范全网水情预报，针对入汛早、来水大的特点，提前做好度汛准备，密切跟踪来水变化并滚动调整水电计划，组织制订红水河、乌江、澜沧江流域梯级水电优化调度方案，优化流域梯级水电调度，加大全网火电调峰力度。

2008年，南方电网节能发电调度成效显著。通过优先吸纳水电，火电按能耗水平排序发电等措施，全年共减少燃料消耗折合标煤361万t，相应减少二氧化硫排放8.6万t。

调度管理

进一步规范调度管理，各级调度深入宣贯

《中国南方电网电力调度管理规程》，网省调度修编规程规定95项。完善基础管理，健全电网技术数据、图纸资料、设备台账，完善保护、安稳、自动化通道命名。开展500kV线路保护端子、压板标准化设计，规范地区电网保护整定原则，编制现场保护作业指导书。规范网省地三级通信网运行方式。加强南方电网新EMS分布式建模管理，确保数据准确、完整、及时。

深化调度通信工作及安全性评价，根据持续改进的评价思路，修编了新的更高水平的评价标准，从下半年开始执行，新标准更加注重评价工作的质量、效率和指标的提升。下大力气抓好总调直调厂站评价。及时总结调度通信工作及安全性评价在管理方面的创新，总调在调度系统推行的评价体系，获得2008年中电联管理创新二等奖。

规范对发电厂的调度管理，完善调度信息定期发布机制，每月发布调度运行简报，定期通报全网统调机组跳闸情况，促进发电企业加强设备运行维护。积极推进机组励磁参数实测和PSS试验，完成2007年底前投产机组励磁参数实测85台，已测机组达应测总台数的72.5%；完成2007年底前投产机组PSS试验48台，已试机组达应试总台数的82.8%；2008年新投机组全部按规定完成励磁参数实测和PSS试验。

科 技 进 步

网省地三级调度承担或参与的科研项目获国家专利7项、省部级以上科技奖19项。

“基于IEC61970标准和EMS平台的在线分布式电网建模”项目整体达到国际领先水平。南方电网新EMS一期工程正式投运，监控范围进一步扩大到全网220kV及以上系统，具备全息保存历史数据、稳态及动态电网分析功能。“南方电网在线分析及预决策系统”项目通过国家发改委组织的验收。

开展全网调频模式研究，完善了CPS控制策略。开发了电网功率振荡源排查软件，大幅提高分析处理效率。强化计算分析，深化了对功率振荡机理的认识。深入研究直流、串补控制保护系统，完善了兴安、高肇直流控制保护策略，故障再启动成功率大幅提高26个百分点。云广直流、海南联网工程投产后电网特性研究取得了阶段性成果。完善了PMU、继电保护故障信息系统，开发了广域保护系统并投入试运行，建成了主干综合数据网以及通信资源管理系统。

（白培林）

中国南方电网
CHINA SOUTHERN POWER GRID
南方电网技术
研究中心

概　况

南方电网技术研究中心（简称南网研究中心或中心）是中国南方电网公司的分公司，专门从事基础性、前瞻性的电网核心技术研究开发；同时，负责整合和优化配置公司系统科研资源；对外承接技术研发、HVDC成套设计、仿真测试、工程调试、咨询和培训等业务。

南方电网技术研究中心致力于解决南方电网规划、建设、生产运行中重大技术问题；管理电网仿真实验室和重点试验基地；引进消化超高压直流输电技术及其国产化实施；建立和管理博士后科研工作站；开展国内外技术交流与合作；出版和发行《南方电网技术》杂志；整合配置公司系统科研资源，协调指导技术研发；参与重大技术方案和科研成果评审（估）；组织开展电网技术监督。

2008年，按照“强本、创新、领先”的发展思路，抓好分公司规范运作，按时完成抗冰融冰关键技术和装置研发，全力以赴做好迎峰度夏和奥运保供电等生产技术支持，稳步推进重点科技项目，推进云广直流输电工程技术自主化，推进科技基础平台建设，进一步增强了自主创新能力，较好地完成全年各项任务，取得了多项可喜的成绩，为南方电网公司又好又快发展作出了积极贡献。

组织机构

南网研究中心内设综合管理处、电网技术研究处、直流输电研究处、电网仿真实验室和特高压实验室共五个处室。组织机构图如下：

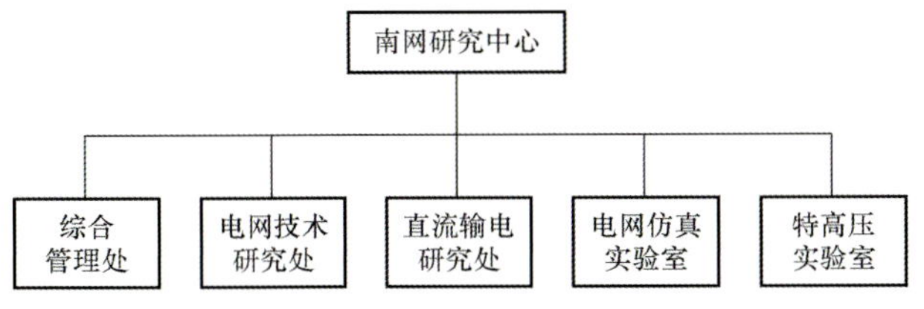

领导班子

2008年末南网研究中心领导班子成员组成如下：

主任：赵杰

副主任：饶宏

副主任：王兵

抗冰保电

面对重大冰雪凝冻灾害，中心快速反应，启动应急技术支持机制，迅速成立了抗冰抢险应急支持小组，积极参与抗冰抢险工作。技术人员第一时间赶赴贵州、广西、云南，协助计算电网应急运行方式、编织电网应急运行控制和恢复预案。发挥仿真系统优势，建立了贵州110kV及以上电网的电磁暂态RTDS仿真模型，在电网恢复过程中快速仿真分析，超前做好恢复过程电压计算，提出了有效的应对措施。

结合南方电网实际，首次系统地提出《南方电网抗冰及融冰技术报告》。完成输电导线交直流融冰试验，掌握了各种条件下不同型号输电导线最小融冰电流。承担了“南方电网抗冰融冰关键技术研究与应用”重大科技专项，取得了一系列成果。该项目的成果主要有实现直流融冰装置关键技术的突破，成功研发了国内第一套基于集装箱结构的大容量直流融冰装置，并于10月在福泉变电站通过现场试验，全面掌握了装置参数计算与选择、设计制造、试验与调试等关键技术；此外建成了线路灾害（覆冰）预警监测系统，包括南网主站、贵州主站和贵州110kV及以上线路30个现场监测点，集成应用了自动化、无线通信和计算机技术，在国内首次建立了功能规范化、终端功能集成化、通信规约统一化和应用支撑一体化的线路灾害预警系统综合平台，实现输电线路及运行环境在线监视。直流融冰装置和覆冰预警监测系统投入运行，构成了完整的线路融冰系统，在贵州、云南、广东进行了多条500、220、110kV线路的实际融冰，效果非常显著，充分证明了融冰系统的有效性，为提高电网抗灾保障能力作出了积极贡献。

中心还积极稳妥开展高频高压激励、激光融冰等新技术和新型防冰材料的可行性研究。推进冰灾工况下在线RTDS仿真平台和直流融冰装置实时仿真试验技术研究。同时积极主动向国家科技部申请和跟进“电网抵御极端天气灾害关键技术与装置开发”科研任务。

▲ 2008年6月4日，南网研究中心人员融冰技术攻坚克难取得进展。（南网新闻中心　提供）

电网安全运行技术支持与服务

进一步完善应急技术支持内部管理和协调机制，围绕迎峰度夏和奥运保供电等中心工作，密切关注电网运行状况，配合南网总调完成了“4·12”、“11·9”低频振荡和“7·30”贵州安稳误动分析、开展2008年电网黑启动方案过电压计算和孤网运行技术研究；协助超高压公司完成百色串补MOV爆炸事故分析并提出相关措施。

高质量制订2008年主网架安全稳定控制系统策略表并完成联调投运，与南网总调共同开展安稳策略规范化研究，制订有关安全稳定反事故措施。

利用RTSD系统开展系统典型故障仿真试验分析。先后完成了“5·5”兴安直流双极闭锁反事故措施仿真试验、“6·18”高肇直流故障仿真试验、盘南电厂TSR装置的专项试验、直流纵联差动保护改进试验，及时提交反事故措施研究报告，并积极协助落实反事故措施，进一步提高了直流系统安全运行可靠性。

南方电网发电机励磁系统参数实测和建模技术研究项目通过验收，极大推动了南方电网发电机励磁参数实测工作，仿真模型和参数数据库网站已正式开通，为电网运行分析提供了规范可靠的基础数据。完成南方电网暂态电压稳定分析和措施研究、黑启动技术导则、基于广域信息的新型失步解列系统、远距离小水电群对南方电网安全稳定影响分析及对策研究等项目。深入开展云广特高压工程和海南联网工程投产后对南方电网安全运行影响问题的研究。为电网安全稳定运行提供了强有力的技术支持与服务。

电网核心技术研究

全年科技项目完成率达87.5%，重点科技项目进展顺利。国家重大产业专项重要子课题“多直流协调控制研究”、“直流多落点研究”通过验收。多直流协调控制系统通过了大扰动试验，投运以来在多次电网故障扰动中准确动作抑制电网振荡，完成了软件防误升级和相关试验，具备投入闭环运行的条件。国家863项目“高效节能与分布式供电技术”关键技术“微网”和“燃机”课题完成整体技术方案，明确了课题研究和示范工程建设的具体任务和分工。继续积极参与南方电网安全稳定防御系统核心技术研发。

国家“十一五”科技支撑计划“特高压输变电系统开发与示范”有关课题通过了中期检查。切实履行项目实施管理和课题承担单位的职责，组织开展12个课题检查，总结成果和检查存在问题，项目整体执行情况良好，有6个课题已具备提前结题验收条件。本年度共申请发明专利7项、软件著作权12项；编写国家标准16项、行业标准5项，完成行业标准2项，颁发了19项南方电网企业标准。一系列具有自主知识产权的成果已应用于云广直流输电工程的设计、试验和施工，换流变压器、干式平波电抗器、换流阀、控制保护系统等关键设备样机研制取得突破，促进了我国特高压直流输电核心技术和关键设备研制自主创新能力的提高，为示范工程提供了重要的技术支撑。

云广±800kV直流输电工程

在公司计划部指导下，与超高压公司、设备制造厂家密切配合，进一步加强技术协调和管理，有效解决工程建设的技术问题，保证云广直流输电工程顺利推进。

系统研究、成套设计基本完成。云广工程前期关键技术攻关项目通过评审验收。系统研究报告除少量与试验、保护定值、调试相关部分外，已全部出版。成套设计规范书已全部出版。成套设计施工图全部提交，保证了工程建设的要求。

加强特高压直流设备监造，加强设备生产、原材料、主要组部件、试验等关键环节监督、现场见证和指导，及时发现问题，并组织力量开展技术攻关，解决了高端换流变、直流穿墙套管、换流阀、平波电抗器的型式试验关键问题，保证主要设备质量严格受控。

认真组织做好控制保护系统功能和动态性能试验工作。针对控制保护系统软件编程严重滞后的问题，及时调整试验场地和计划，组织力量完成试验系统的建立。采取积极有效的应对措施，提早进入FPT预试验，发现和协调解决了一系列控制保护软件设计技术问题，加快软件设计进度，顺利在春节前完成了FPT试验。在严格把守质量关的前提下，确保试验工作基本满足工程进度的要求。

做好云广工程系统调试准备，通过招标确定了现场测试参与单位并签订合同，完成测试方案和调试计划的研讨，安排调试技术培训，开展测试设备采购、研制和校验。

电网规划与建设技术服务

进一步强化电网规划与建设技术服务。组织完成了溪洛渡右岸电站、糯扎渡电站送广东直流输电工程规模对南方电网影响专题研究报告，超前开展工程前期关键技术研究。高质量完成了十一五南方电网网络完善工程中9个串补项目过电压计算、云南电网应用SVC和串补提高水电外送能力的专题研究报告。协助超高压公司完成天广直流控制保护系统改造设备功能规范书、设计规范书编制，参与设备招标，完成功能试验和动态性能试验、系统调试技术准备。

±500kV直流输电工程技术自主化成果突出。2008年贵广二回直流输电系统能量可用率达到99%，处于国际领先水平。“贵广二回直流输电工程系统研究及成套设计关键技术自主化”、“高压直流输电基本设计软件包开发与应用”、“直流换流站主控楼和阀厅自主设计研究”、“高压直流自然积污实验装置自主研发及应用”等自主化专项资金支持项目通过了鉴定，得到了高度评价，解决了直流换流站自主化设计最关键技术难题，实现了直流输电工程设计的突破。

科技基础平台建设

特高压工程技术国家工程实验室初步建成。克服上半年严重雨季等不利因素造成的施工困难，理顺了设计和建设管理关系，组织落实主设备供货与验收、初设审查、项目概算调整审批，开展一系列技术研讨与咨询，努力推进特高压试验基地的建设。年前一期工程初步建成，±1200kV直流发生器和±800kV直流试验线段已投运，开始高海拔电磁环境研究项目的试验。总进度计划达到78%，完成年度投资计划的100%。通过认真调研，结合实际提出了特高压工程技术国家工程实验室（昆明）管理机构和运行管理模式，正式开始运作。

与超高压公司签订了《合作建设广州特高压试验大厅框架协议》，进一步明确分工和职责，携手推进试验大厅选址、可研等工作。通过积极争取，国家发改委已批准广州特高压试验大厅纳入特高压工程技术国家工程实验室的一部分。

实时仿真实验室的应用功能与水平进一步提高。RTDS扩增设备通过了调试验收，规模达到24个RACK，增强了实时仿真和研究南方电网交直流主网架系统的能力，与直流控制保护装置及安全稳定控制装置相连接构成了完善的闭环试验系统，在实时仿真规模、功能及技术含量等方面居于世界领先水平。搭建了特高压控制保护设备、安稳装置、SVC、串补和次同步振荡保护装置的仿真测试平台，开展相关设备的性能、功能可靠性等方面验证试验工作，使实时仿真系统应用能力有较大提升。

完善实验室直流控制保护光接口系统，增加交直流滤波器保护、换流变压器保护、故障录波装置等功能。BPA-RTDS数据转换建模研究取得实质性进展。开展大系统建模及新型无功补偿装置RTDS研究。

结合公司重点实验室申报，加强电网仿真实验室的规范管理，提高服务意识，发挥实验室在技术培训的资源优势，全网生产系统300人次在实验室开展相关仿真试验和技术培训。

内部规范化管理

以中心转制为分公司运作为契机，健全组织

机构，充实部分技术人员。按照“完善、规范、巩固、提高”的总体要求，持续改进各项管理工作。建立健全分公司管理制度，完善内部考核办法，进一步规范了财务、招标、合同管理，加强财务审计与监督，确保各项费用收支合法合规。严格控制成本，办公、会议、差旅、接待等费用比预算降低5%。

高度重视教育培训工作。积极开展了直流工程系统研究与成套设计技术、电网分析软件、实时仿真、抗冰融冰、发电机调速器测试及建模等17个关键技术专题培训，全员培训覆盖率96%，教育培训考核达到“良好”水平，不断提高员工队伍的专业技能和综合素质。

积极开展了落实国有企业领导人员廉洁自律七项要求的监督检查及述廉议廉等活动。加强投标招标和合同管理，全面推行“双合同”制度。推进企业文化建设，广大技术人员在抗击自然灾害、迎峰度夏、奥运保供电中发挥了重要作用，涌现出一大批先进典型。电网处、仿真实验室分别被评为南方电网公司抗灾抢修复电、迎峰度夏暨奥运保供电先进集体。

加强与有关高校博士后流动站的合作，办好博士后工作站。2008年有1位博士出站、2位博士进站。

科技开发和研究成果

建立科技项目管理信息系统并投入使用，进一步规范科技项目管理，加强项目立项、验收、成果申报管理和资金使用监督，科技项目完成率及科研成果总体质量明显提高。全年申请和获得专利共16项。3个科技项目包揽了2008年南方电网科学技术一等奖，9个项目获得了二等奖。“基于广域信息的多回直流自适应协调控制技术研究与实施”和“高压直流输电工程系统研究成套设计自主化技术开发与工程实践”2个项目获得了中国电力科学技术一等奖，有1个项目获得二等奖，另有1个项目获得广东省科学技术二等奖，成绩显著。

技术交流与合作

积极主动组织网内科研、设计单位参加云广直流、串补和SVC等工程的成套设计、RTDS实时试验和系统调试，研究如何更有效开展电网应急技术支持、技术监督等工作，参与国家工程实验室的建设和运行管理，共同承担国家重点科研项目，努力把核心技术留在网内，进一步提高全网技术研发水平。加强国内外研究机构、高校的合作与交流，在人才培养、项目研究、科技平台建设中发挥产学研作用，用好有关外部资源。

努力提高《南方电网技术》杂志质量。组织召开杂志编委座谈会，确定杂志办刊宗旨、定位和发展方向与目标，优化栏目设置。积极主动到高校组稿，进一步扩大稿源。建立杂志网站，与有关核心期刊机构和三大数据库建立关系。

（刘抒彦）

中国南方电网
CHINA SOUTHERN POWER GRID
南方电网信息中心

概　　况

2008年公司信息化工作继续坚持“以信息化促进管理现代化”的指导思想，深化“统一领导、统一规划、统一标准、统一开发”原则，加强信息化规划和标准建设，组织开展重点信息化项目的实施和推广，不断优化信息化管理流程，强化统一管理职能。

2008年7月，国资委首次开展央企年度信息化水平评价，在此次评价中，南方电网公司信息化水平指数得分为67.98分，水平级别C级，在参评的145家央企中总排名为67名，处于平均水平偏上，在电力行业中排名第六。10月16日，国资委在北京召开了第二次中央企业信息化工作会议，对央企信息化建设提出更高的要求，要求各央企必须制订确实可行的“登高计划”，提高信息化整体水平。

信息化工作会议

10月30日，南方电网公司召开2008年信息化工作会议，总部相关部门负责人和各分、子公司分管信息化工作的领导及相关代表共计100多人参加了会议。公司赵建国总经理、祁达才副总经理参加了会议并作了重要讲话。

会议贯彻落实了国资委中央企业信息化工作会议精神，总结了2008年公司信息化工作情况，结合面临的形势以及公司的实际情况，对公司信息化工作提出了明确要求。会议表彰了2007年度信息化工作先进单位和先进个人。会议要求各单位要查找差距，制订“登高计划”，确保在“十一五”末期公司信息化水平达到B级的上游水平。会议强调信息化工作要规范管理、标准先行，大力推进落实新修编的公司“十一五”信息化规划，重点抓好财务、人事、生产、营销四大核心业务信息系统建设，使公司的信息化水平实现质的飞跃。会议明确了业务部门是业务信息系统建设的责任主体，信息部门是为各业务部门提供信息支撑和服务的部门，信息部门和业务部门各负其责，共同推进业务信息系统建设工作。

2008年10月30～31日，南网公司2008年信息化工作会议在广州召开。（南网新闻中心　提供）

信息化技术标准和管理规范

“十一五”信息化规划修编。对公司“十一五”信息化规划进行了修编。根据“十一五”前期信息化建设工作的经验总结，以及信息化整体情况，结合新需求和新技术，调整相应的信息化建设任务和目标、实施计划和防护措施，明确“十一五”后期信息化建设总体工作思路，保证“十一五”规划目标的实现。规划修编中提出了公司信息化建设蓝图和愿景目标，南方电网信息化“123计划”，即一个体系、二个统一、三个目标；调整了信息化项目实施计划，目标更清晰，重点更突出；完善了企业信息标准体系和信息安全体系；提出了开放的、面向服务的信息化一体化体系；增加了县级供电企业信息化建设要求。

企业信息标准的不断完善。标准规范是信息化建设的最基础要求，公司信息化标准体系包括技术标准和管理标准两项内容，共分七大类，涵盖信息化项目管理、建设、运行维护、数据分类共享、信息安全等方面，共计127个标准。在2007年的基础上，根据2008年新的管理要求和安全要求，集中进行了移动介质管理、第三方人员管理、信息系统升级管理、信息系统验收标准、系统维护管理、信息系统安全与保密管理、网络与信息安全评估实施指南，以及信息安全事件分类分级标准、数据元素标准等规定的制订，完善了公司信息化建设过程中的各项技术标准和管理标准。

信息分类和编码。在各业务部门的大力配合

下，公司信息分类和编码工作已基本完成，编制下发了人事、营销、财务、工程等专业信息分类编码和公共信息分类和编码。

企业信息资源规划。2007年，公司信息资源规划项目完成了在贵州的试点工作。2008年完成了在其他省的验证工作，并开展了超高压公司和调峰调频公司的资源规划工作。信息资源规划将最终形成两大类标准：各业务的数据元标准和各业务的数据模型标准，这些标准将是公司在数据存储、交换、共享等方面最基本的数据标准。

信息技术架构研究。随着公司信息化应用的不断发展和信息资源的不断积累，要求制订统一、先进与实用的信息技术架构模型用于指导公司信息化建设的需求显得越来越迫切。信息中心组织各分、子公司成立了信息技术架构课题组，开展了南方电网公司信息技术架构研究，提出了公司SOA信息技术架构模型，同时给出了信息技术架构模型实现的关键技术和实施方案。

数据中心建设规范以及数据交换接口标准。为实现业务数据在公司系统内的横向交互和纵向贯通，组织开展了数据中心建设规范研究、数据交换及接口标准研究等工作。编制了《数据中心建设可行性研究报告》、《南方电网公司数据中心建设规范》、《南方电网公司数据交换与接口规范暨数据交换平台建设规范》、《南方电网公司总部数据中心实施方案》，规定了数据中心的建设技术规范、数据中心平台技术规范、业务系统间及业务系统与数据中心间的数据交换原则、标准、交换协议等内容。

业务信息系统建设

统一数据上报平台。2007年，统一数据上报平台已完成公司总部和各省公司本部的系统建设工作，并在每个省选择了一个试点地市供电局。在试点地市供电局成功验收的基础上，2008年进行系统推广工作，将系统从网公司—省公司延伸至所有的地市供电局，实现各类业务数据快速、准确地上报，并自动进行分析、汇总，形成规范格式的报表，为管理和决策提供数据依据。

营销管理信息系统建设及业务规范。完成了营销管理信息系统功能规范、营销综合分析系统功能规范等12个标准规范，形成了完整的营销技术标准与管理规范体系。

2008年，公司总部开展了95598客户服务动态监控系统与用电负荷分析系统项目建设，对营销核心数据抽取进行了有益探索，为下一步搭建公司总部营销决策分析系统积累了经验。各省公司开展了省级营销综合分析系统的建设工作，为实现营销核心数据省级集中、以信息化手段开展营销管理做好了前期准备。广东、广西、云南、贵州所有地市供电局都实现了营销业务处理信息化，营销管理信息系统已覆盖所有地市供电局，截至2008年底，全公司营销管理信息系统营业厅覆盖率达到97.69%。

人力资源管理信息系统。建立涵盖全公司应用系统统一、数据结构统一、编码标准统一的电力人力资源管理体系。按照“先试点、后推广”的思路，明确了系统建设和推广原则：以公司总部-广东电网公司本部-中山供电局作为试点单位，先进行建设，在试点单位建设的基础上，进行全网推广。

2008年，试点单位已完成系统建设工作。公司总部共开发完成人力资源规划管理、组织结构管理、员工信息管理、合同制员工调配、假期考勤管理、薪酬福利管理、社会保险管理共7个核心业务模块，同时进行了管理分类菜单、功能操作界面的优化以及总部数据导入，实现了各模块之间主要业务信息的共享和流转。广东电网公司在试点单位成功验收的基础上完成了第一批地市供电局的推广工作。

财务管理信息系统。按照“统一领导、统一规划、统一标准、统一开发与应用”的建设原则，各分、子公司在公司统一部署下，积极开展财务管理信息系统建设工作，完成了财务软件的统一与集中，顺利实施资产管理、电费管理、预算管理、工程管理四个模块，实现了财务数据的省级单位高度集中。公司总部统一组织开展了财务信息安全与保密研究，查找财务管理信息系统安全问题，提出安全建设重点措施，形成《财务信息安全与保密方案设计》，指导公司财务信息化安全建设。

截至2008年底，公司建成的财务管理信息系统覆盖全网所有二级单位、三级及以上供电类单位（新接收县级供电企业除外）。公司统一的财务管理信息系统初步建立，增强了全网各单位财务业务的管控能力，提高了财务管理工作的质量和效率。

安全生产管理信息系统。编制生产管理信息系统的业务规范和标准，引导各分子公司进行系统完善和改造，完成了公司总部安全生产管理信息系统的建设工作，实现主网设备运行状况及安全生产指标信息上报、统计分析，通过信息化、流程化的手段，在全面及时了解全网的安全生产情况的基础上，规范化、流程化安全生产业务，并通过统计、分析和决策辅助，为公司安全生产工作决策提供重要帮助。

其他业务信息系统建设。党建管理系统：建立覆盖南方电网公司网络化、一体化的党建工作管理信息平台，在最大程度上实现南方电网公司党建工作的信息共享、沟通无限，实现对南方电网公司党建业务的分层管理、垂直监督。已完成系统开发工作。

农电系统升级：根据社会主义新农村建设的需要，按照公司“十一五”县级电网规划及“十一五”信息化规划，对公司农电系统统计指标体系及其应用软件进行升级、改造。配合农电部明确了系统建设思路，成立了项目工作小组，展开县级供电企业信息化现状调查工作。

数字档案馆规范：配合行政部，开展数字档案馆的规范编制工作，为规范全网数字档案馆的建设提供依据。

综合计划统计项目：为提高公司综合计划管理的信息化进程，进一步加强综合计划的管理力度，完善综合计划滚动管理，实现公司年度综合计划和月、季度调整计划、各部门专业计划编制以及分子公司综合计划的编制上报。完成了项目的需求调研和业务实施工作。

大湄公河次区域网站和数据库系统：配合国际部，建设大湄公河次区域网站和数据库系统，网站已投入运行。

信 息 安 全

信息安全保障体系。为使公司信息安全建设更加规范化、系统化，开展了南方电网信息安全保障体系研究。从安全组织、安全管理、安全技术、安全运行等方面，系统性地提出了安全防护措施。安全体系将指导信息安全建设，保证公司网络及基础设施稳定，提高公司信息安全保障水平。

PKI/CA 统一身份认证系统建设。2008 年，按照公司的统一部署，公司总部及各分子公司已基本完成系统建设工作以及部分应用系统安全改造工作，建立公司系统内一体化的以 PKI 为核心技术的证书体系基础平台，以保证业务系统应用的安全。

信息安全等级制订及等级防护。按照公安部、国家保密局、国家密码管理局、国信办联合印发 43 号文《信息安全等级保护管理办法》和电监会 34 号文《关于开展电力行业信息系统安全等级保护定级工作的通知》的要求，组织开展信息系统安全等级保护的定级和备案工作。截至 2008 年底，公司总部、各分子公司及下属单位均已完成信息系统的定级和等级审批工作，并向当地公安机关申请备案。

编写网络与信息安全应急预案。依据电监会《电力行业网络与信息安全应急预案》和公司《应急管理工作规定》，开展了全网信息安全应急响应体系建设工作，建立公司总部、分子公司及其下属单位的三级网络与信息安全应急响应体系，制订了《公司网络与信息安全应急预案》，明确了公司信息安全应急组织结构及分工，规范和指导各分、子公司网络与信息安全应急响应工作和处置流程，完善公司网络与信息安全应急响应机制，有效预防和处置公司网络与信息安全事件，保障基础网络和信息系统的安全稳定运行。同时根据应急管理工作要求，制订了各单项应急预案。

“奥运” 网络与信息安全保卫工作

根据国家和上级单位的要求，在公司网络与信息安全领导小组领导下，全面按照“谁主管谁负责，谁运营谁负责，谁接入谁负责，谁审批谁负责”的工作原则，开展“奥运”网络与信息系统安全保卫工作。

公司下发了《关于开展“奥运”网络与信息安全保卫工作的通知》，要求各单位明确各项“奥运”保障任务，落实责任，完善防护措施，加强运行管理，开展防病毒、防攻击、防破坏、防窃密等安全防范工作，并组织各单位按照工作方案开展信息安全检查工作，采用各单位自查和互查、网公司抽查的方式，全面检查网络与信息系统安全状况，查找安全隐患和薄弱环节。7月底，召开奥运期间网络与信息安全工作部署电视电话会议，部署奥运期间的保卫工作，落实安全责任制，并聘请了国家级安全专门机构对重要信息系统和网站进行安全检测。

在公司领导高度重视和各分子公司齐心合力保障下，奥运期间全网没有发生一例网络与信息安全事件，未发现有影响的入侵事件及大范围的病毒爆发事件，圆满完成了南方电网的奥运信息网络安全保卫工作。

信息服务

2008年，信息中心建设了IT服务管理系统，理顺信息中心服务支持流程，建立单一的对外服务接口，实现了IT服务过程的流程化、规范化。2008年，信息中心共完成计算机故障处理2274项，固定资产采购89项，低值易耗品采购1322项，耗材采购2013项，设备维修39项，系统变更操作466次。

（余芸）

中国南方电网
CHINA SOUTHERN POWER GRID
南方电网
国际有限责任公司

基　本　情　况

概　　况

2008 年是南方电网国际有限责任公司（简称国际公司）完成组建和积极开展基础管理工作的第二年。按照“完善、规范、巩固、提高”的总体要求，强化基础管理，着力抓好以越南永兴火电Ⅰ期为龙头的境外项目前期工作，加强党风廉政和四好班子建设，通过“学中干、干中学”，努力提高各级人员的大局意识和履职能力，锻炼了队伍。始终把“入乡随俗、诚实守信、遵纪守法、社会责任、规避风险、互利共赢”二十四字方针作为开展境外业务的基本原则和行动指南。面对突如其来并迅速蔓延开来的全球经济衰退在世界范围内产生的连锁反应，国际公司调动一切积极因素，沉着应对各种困难，积极稳妥地推进了各项工作。

组　织　机　构

见国际公司 2008 年组织机构图。

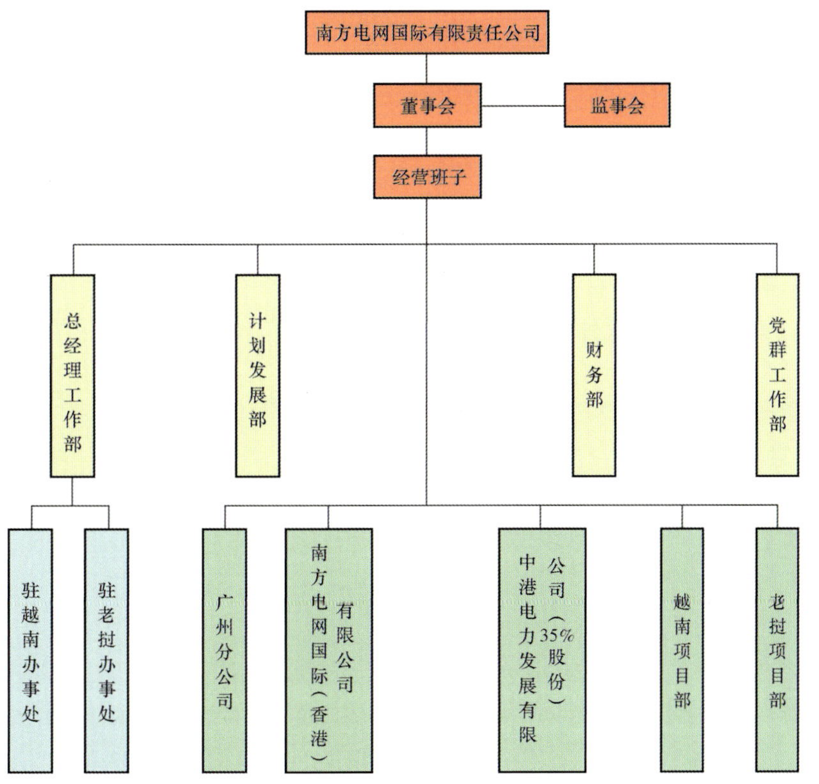

国际公司 2008 年组织机构图

人　员　状　况

2008 年末，国际公司职工总数为 48 人，其中长期合同制职工人数为 30 人，劳务派遣制员工 18 人。按职系结构划分，管理人员 16 人，专业技术人员 14 人，辅助人员 18 人。按文化程度划分，硕士研究生及以上 15 人，大学本科 23 人，大学专科 4 人，中专及以下学历 6 人。国际公司员工平均年龄 38 岁。按专业技术职务划分，高级职称 17 人，中级职称6人，初级职称3人。

领导班子

2008年末国际公司领导班子成员组成如下：

党组书记、董事长曲曙，2008年12月10日南方电网公司任命吴周春同志为国际公司党组成员、书记，免去曲曙同志国际公司党组成员、书记职务。

党组成员、总经理：石生光

党组成员、副总经理：刘智宏、杨华、韩瑞

业务开展

越南永兴火电项目

2008年以来，公司坚持把越南永兴电厂一期BOT项目作为公司的头等大事来抓，务实提出了一切以项目为先、一切以项目为重、一切以项目为主的工作要求。以南网方略中“想尽办法完成每一项任务”的理念全力推进项目。

从2007年底开始，面对国际能源市场的突变，无法及早按越南政府的要求明确适合BOT项目的进口煤源导致项目煤源难以落实的瓶颈问题，公司一方面按照项目使用进口煤的方案，先后同印度尼西亚、中国香港等多家大型境外煤炭生产、销售和运输企业签署了合作框架协议；另一方面积极争取使用越南本地煤。经过坚持不懈的努力，项目燃煤问题终于取得了较大突破。2008年5月26日，作为合作方之一的越南煤炭矿业工业集团（简称越煤集团）书面通知公司，表示同意向永兴一期BOT项目供应越南本地无烟煤，以满足BOT项目要求的25年发电用煤需要。7月18日越南工商部发函同意越煤集团为永兴一期供应越南煤。此外，针对困扰项目按计划实施的另一个主要问题——项目基础设施建设，经公司的积极争取，越南工商部组织相关各方召开了多次关于永兴电力中心基础设施建设的协调会议，目前已初步确定了基础设施建设的责任单位。

经过全体项目开发人员坚持不懈、辛勤工作，公司在项目合同谈判工作上也已取得了阶段性成果，BOT合同主要原则性问题已与越南工商部达成一致意见，并签署了项目协议主要原则性问题清单；明确了政府对电费和相关赔偿金的支付义务、法律稳定性、外汇兑换等担保；确定了两部制电价的原则；合理分配了包括不可抗力、政府事件、各方违约等各种风险的责任；完成购电合同（PPA）的第一轮谈判，与越南国家电力公司（EVN）就电价结构和调度协议等相关议题达成了初步共识；建立并完善了项目财务分析模型。

由于在上述原则性问题上所取得的进展，以及其他包括建厂外部条件在内的有关问题正在逐步得到解决，这些都为项目继续向前推进奠定了基础。

越南永兴电厂一期BOT项目大事记：

2008年1月3～4日，与越南工商部在河内进行了BOT合同首轮第一次谈判，会上双方对原则性问题进行了讨论。

2008年1月23～25日，与越南工商部在河内进行了BOT合同首轮第二次谈判，本次谈判进展顺利、成果显著。双方就法律、税收、风险分配和政府担保等原则性问题进行了讨论，

▲ *2008年1月3日，项目BOT合同首轮第一次谈判。左四为国际公司副总经理杨华，左三为中电国际公司副总经理王子超，右三为越南工商部能源司副司长阮孟雄。（国际公司提供）*

对部分原则问题达成了共识，对仍存在歧义的条款进行了修改并计划在下一次谈判时进行讨论。

2008年3月5~7日，与越南工商部在河内进行了BOT合同首轮第三次谈判，此次会谈基本达到我方预期的目的，我方提出的大部分原则性意见均获得了工商部的同意，会后签署了原则性问题清单。

2008年3月11~12日，在越南河内与EVN举行了PPA首轮第二次谈判，双方在更广泛和更深入的领域进行了沟通，EVN表现出了更为积极主动的姿态。

2008年3月27~28日，项目基础设施建设方案的谈判在河内进行。

2008年4月9日，越南工商部发出190/TB-BCT号文件，明确EVN是项目土地平整的责任单位，要求EVN在2008年12月31日前向项目投资方移交主厂区用地。

2008年5月7~8日，在越南河内与EVN举行了首轮第三次PPA谈判。

2008年5月26日，越煤集团书面通知确认，同意向永兴一期BOT项目供应满足项目25年周期的发电用越南本地无烟煤。

2008年7月15日，完成了供煤协议的第一轮谈判工作，主要就合同煤质、煤量、价格机制以及运输方式等核心问题展开谈判。

2008年7月18日，取得越南工商部对越煤集团供煤方案的书面许可文件。

2008年8月9日，在广州召开了项目的发起人三方协调会议。左三为国际公司总经理石生光，右一为中电国际公司副总经理王子超，左二为越煤集团副总经理阮战胜。（国际公司　提供）

2008年8月9日，在广州召开了项目的发起人三方协调会议，国际公司总经理石生光、中电国际副总经理王子超和越煤集团副总经理阮战胜参加会议。

2008年8月22日，完成了供煤协议的第二轮谈判工作，主要就价格机制以及运输方式等核心问题展开谈判。

2008年8月22~29日，越南工商部先后两次召开关于永兴电力中心基础设施建设的协调会议，EVN以及永兴一期BOT项目的投资方参加了会议。

2008年8月25日，收到越煤集团向项目供煤的预报价文件，明确供煤价格按照市场价格的原则。

2008年10月8日，越南工商部再次召开关于永兴电力中心基础设施建设的协调会议，EVN以及永兴一期BOT项目的投资方参加了会议。

2008年10月11~18日，赴平顺厂址进行灰场踏勘及灰渣综合利用的调研，共对5个拟选灰场进行了踏勘。

2008年11月20日，在越南河内召开了项目的发起人三方协调会议，国际公司总经理石生光、中电国际副总经理王子超和越煤集团副总经理阮战胜分别率团参加会议，会上研究讨论了下阶段工作计划安排、场地平整工程的实施安排、海港的建设责任和模式等事项。期间石生光总经理还会见了越煤集团段文润董事长。

老挝南塔河1号水电项目

南塔河1号水电站项目坚持“高标准、严要求、快节奏”的管理理念，扎实工作、积极进取，项目BOT谈判（PPA/CA/SA）取得阶段性成果。项目部在2007年完成前期工作的基础上，与计划部互相配合、协调工作，通过聘请有丰富经验的高级顾问、委托多年从事老挝水电项目谈判的国际著名律师事务所把关，与老挝政府各单位展开多轮艰苦谈判，先后完成了《购电协议（PPA）》、《特许权协议——主体部分（CA）》、《股东协议（SA）》的谈判工作，双方原则上达成一致，项目各种协议文本具备草签条件。项目《可行性研究报告》获得老挝能源矿产部电力司颁发正式批准证书，《环境影响评估报告（EIA）》、《社会环境影响评估报告（SIA）》和《移民安置报告（RAP）》获得老挝水资源和环境部的正式批准证书，老挝国家总理府为项目颁发电价批文。然而，由美国次贷危机引发的金融风暴席卷全球，南塔河项目的融资工作也遭受严重影响，融资条件更加苛刻。公司领导根据形势变化，及时调整项目开发部署，深刻剖析项目内在风险，在满足银行融资的条件的同时，对项目可行性进行更全面和更有说服力的论证，争取使南塔河项目成为一个技术上可行、经济上合理和管理上科学的境外电源开发项目。

老挝项目开发事件记：

2008年5月，获得老挝能源矿产部电力司出具的南塔河项目可研报告正式批准证书。获得中国水电水利规划总院出具的可研报告审查批文。

2008年5月21日，老挝项目部拜会老挝政府宋沙瓦常务副总理，请求政府为项目提供担保。老挝总理办公会议讨论决定：在项目电价谈定和环境、移民获得WREA批准后，同意为南塔河项目出具担保。

2008年9月，项目部与老挝相关部门共举行《购电协议》谈判九轮、《特许权协议》谈判八轮、《股东协议》谈判三轮。其中，《购电协议》于2008年8月7日双方代表小签，《股东协议》于8月22日小签，《特许权协议》主文本于8月11日双方谈判代表基本达成一致。整个BOT合同谈判过程，都有公司聘请的湄公河律师事务所的专业律师参与，所有合同文件均由律师最终整理核对。

▲ *2008年9月8日，老挝电力公司与国际公司签订了《关于老挝南塔河1号水电站EPC总承包商会谈备忘录》（胡颖　摄）*

2008年9月26日，老挝总理府正式颁发电价批文，批准项目投产年基本电价为5.34美分/kWh（以后每年递增1%、不含库区植被恢复和移民安置点村村通电）。

2008年10月6日，公司委托广西院组织有关施工单位对项目主体工程、送出工程、进场道路等分项工程进行报（询）价，较大程度上降低了项目建设成本。

2008年10月7日，公司作为项目投资主体得到了老挝投资部的批准，国际公司和老挝电力公司在项目公司中的股比分别为75%和25%（其中5%为干股）。

2008年10月9日，老挝水资源与环境部对项目《环境影响评估报告》和《社会环境影响评估报告》下达了批准证书。

香 港 公 司

南方电网国际（香港）有限公司（简称香港公司）筹备等相关工作进展顺利。经南方电网公司批准，公司于2008年11月顺利将先前由南方电网公司在香港注册成立的同名企业的投资主体变更为国际公司，并经国家商务部核准完成了相关变更手续。

在抓紧筹建香港公司的同时，公司还配合中电国际公司积极协调处理中港电力善后事宜。目前，中港电力财务清查、在港办公资产清查工作已经结束，先前根据业务开展需要订购之设备的处理方案，在与有关方面充分协商后已基本谈妥，待相关款项支付完毕后即可收尾。

其 他 项 目

公司在全力做好越南永兴火电厂Ⅰ期和老挝南塔河1号水电站项目的同时，根据“走出去”战略发展规划和当前大湄公河次区域国家电力投资建设条件，结合自身实际，采取谋定而后动的稳妥策略谋划境外业务长远发展。

柬埔寨柴阿润和松博两个水电站的坝址勘查、水文调查，坝址蓄水位、装机容量比较、环境评价等可行性研究工作已经完成。柴阿润项目可行性研究报告已通过柬埔寨工业部组织的内部审查，现根据评审意见对项目可研报告进行修编，加强了项目资料收集工作。

松博项目于2006年10月由南方电网公司与柬埔寨王国工业矿产能源部签订《关于柬埔寨王国松博水电站可行性研究谅解备忘录》MOU。2008年7月，南方电网公司计划部在广西南宁主持召开项目咨询会议，广西电力设计院根据咨询意见对报告进行了修改完善，形成了提交柬方的松博水电站可行性研究报告。2008年10月，国际公司代表南方电网公司，按照MOU要求向柬埔寨工业矿产能源部提交了可研报告。

缅甸塔山水电站项目是大湄公河次区域枢纽电站，整体指标优良，国际公司积极参与。2008年4月，中国南方电网有限责任公司、中国水利水电建设集团公司、中国长江三峡工程开发总公司签署了《缅甸萨尔温江流域水电项目开发战略合作框架协议》。根据南方电网公司授权，国际公司在框架协议内积极配合中水集团和三峡公司做好项目启动相关准备工作。2008年6月23日，萨尔温江流域水电开发联合工作小组成立。2008年11月，三方联合工作小组在北京开展联合办公，积极推动项目开发权落实。

按照南方电网公司与中国电力投资集团2007年7月签订的《中国南方电网有限责任公司中国电力投资集团公司合作开发缅甸水电项目谅解备忘录》，国际公司在南方电网公司指导下，积极跟踪项目进展，争取择机参与。

此外，国际公司还配合南方电网公司开展了中越500kV联网研究等工作。

经 营 管 理

制 度 建 设

国际公司已搭建起了较为系统的管理架构。国际公司党组坚持把南网方略作为治企章法，自觉把各项工作融入到南方电网的大局中去思考去谋划。按照依法治企、合法经营、遵规办事的管理原则，先后制订并颁布了国际公司党组《关于加强自身建设的若干规定》、《公司工作规则》和《公司招投标管理办法》以及《公司本部经费管理办法》等各类基本制度，初步搭建了包括综合、人事、计划、财务以及党风廉政在内的企业制度管理体系，使南网方略根植于国际公司的制度流程和日常管理，为国际公司的科学协调、可持续发展提供了制度保障。

财 务 管 理

2008年，国际公司充分发挥财务核算和监督的职能，以预算控制、降本增效为导向，强化了预算管理，严格控制了各项费用开支。一方面加强预算编制的流程控制，细化预算编制标准，增强预算控制力；另一方面降低费用开支，重点控制可控费用增长，自觉将公司成本开支预算下浮5%。国际公司各项成本支出均能较好地控制在预算范围内，确保了全年经营业绩考核指标的顺利完成。

健全内控制度，防范经营风险。通过聘请普华永道会计师事务所对越南、老挝项目前期费用支出情况的审核，提出了防范风险的建议，主动规避对外投资风险、推动财务基础工作与国际接轨，为公司开展国际业务和实施“走出去”战略提供更好的服务。

推进财务信息化建设，提高财务信息管理水平。不断规范财务管理工作流程，于2008年12月上线试运行了预算和资产管理两大信息模块。通过信息化手段，加强了财务与业务系统的数据交互衔接，使财务信息系统基本做到了覆盖公司重大经营管理业务，为领导决策及时提供数据依据。

人力资源管理

领导班子建设

公司"四好"班子建设得到了加强。按照政治素质好、经营业绩好、团结协作好、作风形象好的标准和要求，全面加强领导班子的理论建设、能力建设、作风建设和制度建设。通过一年来创建活动的开展，国际公司领导班子的凝聚力、向心力和战斗力都得到了增强，班子的治企能力、管理水平、理论素养均有了不同程度的提高。

队伍建设

重视教育培训，队伍整体素质有了一定程度的提高。国际公司党组始终把建设一支高素质、有能力、满足实施"走出去"战略需要的复合型人才队伍当做企业发展的头等大事，不断探索创新用人机制。坚持从实际、实用、实效出发，启动教育培训体系建设，初步形成了有利于能力建设的培训和培养机制。结合境外项目开展实际，积极探索系统化、规范化、差别化和以需求为导向的培训方式，不断提高员工的整体素质和执行水平。先后举办了南网方略、境外项目管理、新劳动合同法、国际商务谈判准则以及电力专业基础知识等各类专题讲座7次，共150余人次接受了在岗培训，国际公司机关全员培训率达到93%。认真学习贯彻《劳动合同法》，研究制订了《公司劳动用工管理暂行规定》和《保密协议》，在规范企业用工行为的同时，初步建立了一支较为熟悉境外项目开发流程的技术与管理人才队伍。

党建和精神文明建设

党建工作

加强党的思想建设。2008年国际公司定期组织党员干部进行理论学习。以十七大精神为重点，深入学习十七大报告和《中共中央关于切实加强党的执政能力建设的决定》，树立全员"立党为公，执政为民"的思想。按照十七大会议精神，为全局党员发放了新党章及党员学习手册，确保党员学习制度化、规范化、有序化。认真贯彻落实十七大报告精神，组织局机关及各基层单位加强了对十七报告的学习研讨，并为各支部发放了十七大报告学习读本，确保出成果、见实效。

重视组织建设。2008年8月，经南方电网公司直属团委批准，国际公司成立了团支部并选举产生了第一届团支部委员；经南方电网公司直属党委批准，2008年10月召开了国际公司第一届全体党员大会，选举产生了一届一次直属委员会和一届一次直属纪律委员会；按照功能组别随后又成立了四个基层党支部，把支部建在了部门、落到了基层，国际公司党的组织架构趋于完善。

在南方电网公司直属党委的关心、重视和支持下，依靠自身努力，2008年国际公司在党的组织建设、四好班子建设以及廉政建设等方面均取得了一定成绩。国际公司临时工会荣获国家能源化学工会"2008年先进基层工会"光荣称号，越南项目部一人当选"南方电网公司2008年度先进工作者"，老挝项目部一人当选"南方电网公司2008年度优秀共产党员"，本部机关一人荣获"南方电网公司抗险救灾抢修复电先进个人"光荣称号。

精神文明建设

2008年，国际公司各部门、所属各单位深入贯彻落实党的十七大、南方电网公司及国际公司2008年工作会议精神，在项目工期紧，人员分散的情况下，国际公司狠花力气宣传、贯彻、实践南网方略。2008年7月1日，国际公司把党课送到了境外，把袁懋振书记在南方电网公司纪念中国共产党成立87周年大会上的讲话精神带到了项目工作最前沿，为坚守在越南工作岗位的项目部留守通知，安排了一次特殊意义的组织生活，在南网系统引起了不小反响，得到了驻外使馆的好评。

（黄娜）

中国南方电网
CHINA SOUTHERN POWER GRID
南方电网
财务有限公司

概　况

南方电网财务有限公司（简称财务公司）是中国南方电网有限责任公司的控股子公司，是中国银行业监督管理委员会批准设立的非银行金融机构。公司成立于2004年12月29日，注册资本10亿元人民币。

公司主要为南方电网公司及其成员单位提供金融服务，目前公司经营范围包括：对成员单位办理财务和融资顾问、信用鉴证及相关的咨询、代理业务；协助成员单位实现交易款项的收付；经批准的保险代理业务；对成员单位提供担保；办理成员单位之间的委托贷款及委托投资；对成员单位办理票据承兑与贴现；办理成员单位之间的内部转账结算及相应的结算、清算方案设计；吸收成员单位的存款；对成员单位办理贷款及融资租赁；从事同业拆借；经批准发行财务公司债券；承销成员单位的企业债券；对金融机构的股权投资；有价证券投资，投资范围限于银行间市场国债、央行票据、金融债、短期融资券、企业债、公司债、货币市场基金、新股申购、证券投资基金等；成员单位产品的消费信贷、买方信贷及融资租赁。

公司按照《中华人民共和国公司法》设股东会、董事会和监事会。公司内部设办公室、财务部、人事部、营业部、信贷部、审计部和投资部7个部门，并分别在广东、广西、云南、贵州及海南设5个业务部。

公司董事长李文中，总经理孙世奇，党组书记、副总经理杨璐。

经　营　管　理

2008年，南方电网系统受冰雪凝冻灾害以及国际金融危机等不利因素影响，给公司资金运营带来较大困难。公司积极应对宏观政策和金融市场急剧变动带来的种种挑战，围绕电网建设开展金融服务，资产规模、盈利水平大幅提高，管理基础不断夯实。2008年，“发行财务公司债券、有价证券投资”等业务资质获得银监部门批准，公司现已具备了《企业集团财务公司管理办法》中规定的所有业务资质，为提升服务能力创造了条件。完成增资扩股，资本金增至10亿元，理顺了股东结构，为公司下一步发展拓展了空间。

截至2008年底，公司资产总额178.8亿元，同比增长48.09%；全年各项业务收入7.06亿元，同比增长35.55%；实现利润总额2.61亿元，同比增长41.85%；净资产收益率19.56%，比2007年提高0.05个百分点；资本充足率29.53%；资本不良贷款率为0。

▲ *2008年4月11日，南方电网财务有限公司2008年股东会暨第二届董事会第一次会议在广东江门召开。（南网财务公司　提供）*

业 务 开 展

1. 信贷业务

公司坚持以电网建设为导向，积极了解各省电网公司的资金需求，广开融资渠道，适时开展信贷资产转让，为电网建设提供低成本的资金支持。科学合理安排资金运用，将资金优先用于保证西电东送电费结算、大额应急款项支付以及抗冰保电、重点电网项目建设的贷款发放，提高了资金的有效利用程度。2008 年公司新签贷款合同 68.6 亿元，发放贷款 77.1 亿元，公司贷款余额 87.73 亿元，同比增长 6%。

2. 资金和投资业务

2008 年，由于宏观经济的影响，公司承受了前所未有的流动性压力。为了保证成员单位的贷款和结算需求，公司采取了一系列措施，保证了流动性紧张情况下的安全备付，实现了资金流动性与资金效益的协调发展。

推行资产负债比例管理。探索低备付形势下资金运行规律，努力吸收存款，提高存款稳定性，加强资金计划管理，为电网建设提供有力的资金保障，存款日均余额同比增长 6%。

拓展银行间市场，加快资金周转。公司利用金融资质积极拓展银行间市场资金来源，开展信贷资产转让业务。在人民银行控制信贷规模的形势下，在保证资金流动性的同时，进一步提高了为南方电网公司提供融资服务的能力。

深化内部资金市场运作，增强资金一体化管理。发挥内部资金市场的作用，灵活调度资金，实现了资金在公司内部的有序流动和余缺调剂，资金运转效率不断提高。内部资金集中程度进一步提高，有力发挥了资金的整体优势，为南方电网公司重要项目提供贷款资金。

公司充分发挥业务资质，以全国银行间债券市场乙类成员的身份在债券交易系统中开展自营结算，开展了短期融资券投资业务。为了严格投资管理，公司投资业务开展均有相应制度对业务审批、操作流程等进行规定，做到了审批程序制度化，操作流程标准化。公司 2008 年针对投资业务的开展需要，新制订了《南方电网财务有限公司债券交易管理办法》与《南方电网财务有限公司债券交易操作流程》，进一步细化完善了公司投资制度体系，有效控制了投资风险。

3. 资金集中

紧抓业务发展，保证资金来源。在资金紧张的严峻形势下，牢牢抓住业务发展的主线，积极推进延伸结算，通过提供优质资金结算服务，不断扩大结算业务量，促进了南方电网系统资金内部流动和集约化管理。2008 年，公司开户数较年初增长 32%；全年结算量 5902 亿元，同比增长 134.31%。结算规模的不断扩大促进了资金存量的稳步增长。年底，吸收成员单位存款余额 163.99 亿元，同比增长 53.19%，为备付和贷款发放提供了资金支持。

▲ *2008 年11 月，中国银监会非银部副主任陈琼一行到南方电网财务公司指导工作。（郭晨　摄）*

4. 业务创新

积极协助南方电网公司直接融资，积极配合金融战略实施。在南方电网公司的安排下，首次以副主承销商兼财务顾问身份，配合南方电网公司成功发行2008南网企业债，在全过程参与企业债券发行工作中，积累经验、锻炼队伍，为投行业务发展打好基础。

积极开展金融产品研究，丰富服务内涵。研究银团贷款、融资租赁、票据贴现、信托理财产品等多种融资方式，为南方电网公司扩大融资渠道、降低融资成本提供方案。成功申请成为银行间债券市场乙类会员，超前制订新业务管理办法和操作流程，在市场不景气的环境下，厚积薄发，下大力气培育创新能力。

风险管理和内部控制

深入开展合规建设。制订合规风险管理办法，建立健全合规风险管理组织和机构。积极开展普法和合规经营教育，依法合规经营的意识深入人心。确立以内部控制为核心、风险管理为导向的内部审计机制。加大内部监督检查力度，对信贷资产质量、资金管理等进行专项审计，查错防弊、堵塞漏洞，保障业务稳健运行。

加强风险管理和控制。以银监部门“财务公司风险评价及分类监管”为契机，认真查找经营管理中存在的和潜在的风险，落实整改措施。以控制流动性风险为核心，制订流动性风险应急预案，建立应对流动性风险的应急机制，使风险管理逐步从事后被动的风险化解转变为主动积极的风险预警与防范。重视信息风险管理，采用中国金融认证中心的身份认证系统，加强身份识别和操作权限管理，实现业务数据异地实时备份。

人力资源管理

加强员工队伍建设。完善重要岗位人员轮换机制，促进公司人力资源的优化配置。建立规范的培训管理制度，加大员工教育培训力度，培养适应市场需求、有责任、懂管理、精业务的高素质人才。营造良好的学习氛围，努力提高员工对形势判断的能力，增强员工对市场的敏感度，全面提升员工综合素质。

公司通过梳理制度、加强培训等多种方式，强化从业人员的专业水平，提高其专业素质，强化人力资源管理制度建设，进一步提高人力资源管理人员的综合素质，使其具备为公司经营决策提供意见的综合能力，推进公司人事管理由事务管理向战略支持转型、管理方式由行政管理向服务支持转型、管理重心由使用型向培养开发转型。

信息化建设

高标准地建设信息化平台。以延伸结算为抓手，依托国内实力强、技术先进的建设银行、工商银行等多家商业银行，公司搭建起了以财企、银财直联为手段的安全高效的资金结算平台，将结算平台直接送到客户面前，实现了“异地业务本地化和柜台业务桌面化”，为公司全方位的金融服务提供了坚强可靠的技术支持。

积极推进财务信息化建设。按照“统一领导、统一规划、统一标准、统一开发和应用”的原则，开展财务集中核算系统建设，实现了财务数据大集中。公司可实时查询各单位的账务、报表等数据，建立起上下贯通的财务数据传递渠道，大大提高了财务工作效率和财务风险的控制能力。加强预算信息化管理，在预算系统中增加财务公司预算模型模块，并实现与南方电网公司预算编制体系的衔接。加强资金集中管理信息化建设，切实保障资金的安全。

企业文化建设

公司以宣传贯彻党的十七大精神，学习实践科学发展观为主线开展各项活动，推进先进性教育长效机制建设，切实增强广大党员干部的大局意识、创新意识和服务意识，统一认识，熔炼团队。从加强作风建设和提高能力素质入手，加强四好班子建设，以核心业务的发展、经营业绩的增长显现领导班子建设成效。加强廉洁文化和制度建设，紧密结合财务公司的业务发展，全面落实党风廉政建设责任制。

开展“深入践行南网方略，扎实开展金融服

务”主题活动，加强员工的作风建设和能力建设，培养员工良好的工作习惯，倡导员工自动自发的工作热情，建立员工日常工作遵规矩、守纪律，创新工作有闯劲、求突破的工作标准。

社会责任

2008年初，南方区域遭受罕见的冰雪凝冻灾害，公司及时发放救灾贷款12亿元，是南方区域第一家为灾区提供贷款的金融机构。公司全年累计发放电网建设及灾后重建贷款77.1亿元，有效支持了南方电网公司抗冰保电工作的顺利开展。2008年5月，公司积极组织为地震灾区的捐款捐物活动，尽己所能为灾区重建贡献力量。公司响应扩大内需保增长的要求，积极配合南方电网公司在南方五省区电网建设项目的审批，共开具贷款承诺55亿元。

（郭晨）

中国南方电网
CHINA SOUTHERN POWER GRID
鼎和财产
保险股份有限公司

基　本　情　况

概　况

鼎和财产保险股份有限公司由中国南方电网有限责任公司和广东电网公司、广西电网公司、云南电网公司、贵州电网公司、云南电网公司、南方电网财务有限公司共同出资设立。2007 年 10 月 13 日，公司经中国保监会批准筹建。2008 年 5 月 16 日获中国保监会批准开业，2008 年 5 月 22 日公司完成工商注册登记，注册资本 5.18 亿元人民币，注册地为深圳。

2008 年5 月25 日，鼎和财产保险股份有限公司业务启动仪式在深圳举行。图为南网公司副总经理周继太（右）、总会计师李文中（左）击鼓启动。（南网新闻中心　提供）

公司经营范围包括财产损失保险，责任保险，信用保险和保证保险，短期健康保险和意外伤害保险，上述业务的再保险，国家法律、法规允许的保险资金运用业务以及经中国保监会批准的其他业务。

2008 年初，南方低温雨雪冰冻灾害发生后，公司筹备组成立应急指挥机构，全力做好受灾地区的保险理赔服务，在第一时间派出工作组奔赴抗灾第一线，集中力量协助贵州电网公司进行查勘定损与索赔，积极协调各承保公司抽调人力迅速安排现场查勘，确定预付赔款，开辟绿色通道，简化理赔手续，加快理赔进度，为各省网公司索赔准备了第一手原始资料。

筹　建　工　作

2007 年 10 月 13 日，中国保监会批准公司筹建。公司筹备组严格按照中国南方电网公司和中国保监会要求，科学制订筹建方案，严格把好公司发展战略关、章程制订关、基础工作关和开业验收关，一手抓抗冰救灾工作，一手抓筹建工作，仅用七个月时间完成办公职场选址、租赁、装修，办公设备购置和安装，员工的招聘和培训，内部管理机构的设备和各类职责制订，公司信息化建设和拟经营产品开发及注册资本金验资手续等工作。2008 年 4 月 25 日，公司通过中国保监会现场验收；5 月 16 日，获中国保监会批准开业；5 月 22 日，完成工商登记注册。

组　织　机　构

公司设股东大会、董事会、监事会和各专门委员会。公司总部设办公室、人事部、财务部、企划精算部、信息技术部、业务管理部、再保险部、市场开发部、投资部、监察审计部、合规部和营业部 12 个部门。2008 年 11 月，经中国保监会批准，公司在广东、广西、贵州筹建分公司。

领　导　班　子

公司董事长李文中，总经理张晓英，党组书记、副总经理周佑明，副总经理黄震，副总经理雷安。

经 营 管 理

经 营 情 况

公司制订了“以股东业务为依托，积极拓展南网自有资产保险业务，同时大力拓展网外业务，重点专注非车险业务”的经营策略，全年实现保费收入 1.23 亿元，完成年计划 1.12 亿元的 109.8%；全年提取再保后各项准备金 1.65 亿元，其中：未到期责任准备金 0.52 亿元，未决赔款准备金 1.13 亿元；公司偿付能力充足率为 2108%；年末累计应收保费为 454.8 万元，滚动应收率为 3.7%；全年实现投资收益 705 万元，完成年计划的 141%，全面完成南方电网公司下达的考核目标。

合 规 经 营

公司从筹建之日就强化合规教育，增强员工按照法律法规和公司各项规章制度开展经营管理的自觉性，防范经营风险，依法合规经营。围绕“内控严密，管理规范”的目标，加速稽核审计平台的建立，把依法合规经营纳入常规审计的重要内容；加强单证管理人员的培训，保证单证管理责任明确，系统监控有力，防止违法违规事件的产生；完善应收保费考核机制，减少应收风险；成立反洗钱工作领导小组，领导公司反洗钱工作，依法对公司的反洗钱工作进行监督管理，认真做好反洗钱工作。

基 础 建 设

制 度 建 设

科学规范的内部管理是公司实现可持续发展的重要保证。公司从筹建开始就十分重视制度建设，先后制订了《鼎和财产保险股份公司工作规则》、《鼎和财产保险股份有限公司财务管理制度》、《鼎和财产保险股份有限公司会计核算办法》、《鼎和财产保险股份有限公司业务管理制度》、《鼎和财产保险股份有限公司员工考勤休假制度》等规章制度，涵盖了人事、财务、业务、销售、信息技术、审计、行政、文秘、法律、党建、培训等方面，规范公司工作，保障公司经营管理的顺畅运行。

信息化建设

公司信息化工作定位于管控业务流程、拓展销售渠道、提高工作效率、防范经营风险，为客户提供全面周到的服务，为公司经营决策提供数据依据。在主机平台上，全面采用 IBM 的解决方案；在网络平台上，主要采用 CISCO 的整体解决方案；在应用平台上，开发实施了承保系统、理赔系统、核保核赔系统、收付系统、财务系统、再保系统、单证管理系统、准备金系统及中国保险监督管理委员会对接系统等子系统，涵盖了财产保险公司的所有业务流程。

队 伍 建 设

“四好” 班子建设

公司十分重视“四好”班子建设，坚持理论学习制度，加强对政治理论、保险专业知识的学习研究，增强班子成员的政治意识、大局意识、责任意识，不断提高实践科学发展观、践行南网方略的能力和经营管理水平，以适应公司发展的需要。班子成员加强团结，注重党政配合，用批评和自我批评的方式，增强班子的战斗力。在搞好总公司班子建设的同时，公司还高度重视配备好业务能力强、管理水平高、具有创新能力的分公司领导班子，为公司发展提供组织保证。

人 力 资 源 管 理

公司以夯实基础为切入点，抓好员工作风建设，提升员工的精神风貌；以完善、执行规章制度为契机，强化员工的执行力，切实做到思想上明责，行动上尽责，监督上问责；完善差异化薪酬方案，形成有效的激励约束机制；以教育培训为载体，围绕业务精、作风硬、纪律严、效率高的素质要求，加大全员培训力度，全年组织各类培训 25 次，有效地提高了员工的业务水平和工作技能，增强了公司的凝聚力和向心力。2008 年末，全公司共有员工 55 人，其中硕士研究生以上学历 11 人，大学本科学历 37 人，大专学历 2 人，绝大部分员工具有保险或电力行业从业经历。

党建和企业文化建设

党建和党风廉政建设

公司十分重视党建和党风廉政建设工作，以坚定理想信念为重点加强思想作风建设，以造就高素质党员、干部队伍为重点加强组织建设，以健全民主集中制为重点加强制度建设。反腐倡廉作为日常工作常抓不懈，公司党组与各部门分别签订廉政责任状，开展了纪律教育月活动，党组织参与企业重大问题决策。工会、共青团组织围绕公司中心工作，开展特色活动，为职工办好事、办实事。精神文明建设成效显著，全体员工共向汶川地震灾区捐款 31 650 元人民币。

南 网 方 略 宣 贯

公司通过精心准备，从 2008 年 7 月起组织开展了为期半年的“解放思想、宣贯南网方略”活动，采取经营班子成员带头宣讲、集体学习与个人自学、参观考察与座谈讨论、专题发言与集体交流等多种形式进行南网方略的宣贯。通过活动的深入开展，加深了全体员工对南网方略、南网企业文化的认同，坚定了融入南网大家庭，自觉践行南网方略的信念，进而转化为团结一心干事业、推动公司发展的不竭动力和为南方电网增添光彩的信心和决心。

十件大事

1月22日，中国南方电网公司行文成立鼎和财产保险股份有限公司，聘任李文中为董事长，张晓英为总经理，周佑明为副总经理；中国南方电网公司党组任命周佑明为公司党组书记，李文中、张晓英为党组成员。

4月25日，公司通过中国保监会开业现场验收。

5月16日，中国保险监督管理委员会批准公司开业，明确李文中公司法定代表人的资格。5月22日，深圳市工商行政管理局向公司颁发企业法人营业执照。

5月25日，公司保险业务启动仪式在深圳举行。南方电网公司副总经理周继太、南方电网公司总会计师、公司董事长李文中出席了业务启动仪式。

8月26日，中国保监会核准公司机动车商业保险条款和费率。

8月28日，中国保监会核准李文中为公司董事长，张晓英为董事、总经理，周佑明为董事、副总经理，金昌铉、陈山、罗体承、周正风、梁明海、吴建宏、孙世奇为董事，黄震、雷安为副总经理。

8月28日~9月10日，公司第一届董事会第二次会议以书面通讯方式召开，会议审议通过了《关于公司机构设置的议案》。

9月5日，中国保险行业协会批准公司入会。

9月24日，中国保监会核准公司经营机动车交通事故责任强制保险业务资格。

11月，中国保监会批准公司筹建广东、广西、贵州分公司。

（毕立真）

▲2008年5月25日，鼎和财产保险股份有限公司业务启动仪式在深圳举行。（南网新闻中心　提供）

中国南方电网
CHINA SOUTHERN POWER GRID
超高压输电公司

基　本　情　况

概　　况

中国南方电网有限责任公司超高压输电公司（简称超高压公司）是南方电网公司的分公司，在原国家电力公司南方公司的基础上改组成立，于2003年2月16日正式挂牌运作，负责建设和管理南方电网跨省区骨干网架和重要联络线服务区域覆盖广东、广西、云南、贵州、海南五省区。截至2008年底，超高压公司管辖的西电东送主通道形成了“八交三直”的坚强网络结构，即500kV天广交流一、二、三、四回，500kV贵广交流双回，施贤线双回等8条交流输电通道，以及±500kV天广直流、贵广一、二回直流等3条直流输电通道，公司资产总额378亿元。西电东送能力（送端）达到16 100MW（向广东送电能力达13 750MW），2008年送电量达838亿kWh。500kV线路长度合计12 529km，其中交流9480km，直流3049km。500kV变电站14座（花都、梧州、贺州、来宾、桂林、柳东、河池、平果、百色、南宁、罗平、青岩、黎平、崇左），500kV换流站6座（广州、马窝、肇庆、高坡、宝安、兴仁）、500kV串补站3座（平果、百色、河池），变电容量14 460MVA；换流容量7800MVA（单端）；串补容量420.6Mvar。

▲ *2008年4月30日，超高压公司总经理侯卫东荣获全国五一劳动奖章。（王小海　摄）*

组　织　机　构

见超高压公司2008年组织机构图。

超高压公司本部设11个处（室、中心）和公司工会、直属管理机关服务中心、物资中心。下设检修试验中心（二级机构），广州、贵阳、南宁、天生桥、柳州、梧州、曲靖、安宁、百色9个局（广州局设海口分局，贵阳局设黎平分局），以及广东南电物资有限公司、广东天广工程监理咨询有限公司、广东新天河宾馆有限公司、广东南方电力通信有限公司、广东美居物业管理有限公司。截至2008年底，公司共有员工3500余人，其中，本科及以上人员占63%，研究生及以上人员占9.8%；具有中级及以上职称人员占31.9%，40岁以下员工占84%。

领　导　班　子

2008年，超高压公司领导班子成员组成如下：

总经理、党委副书记：侯卫东

党委书记、副总经理：魏善淇

党委委员、副总经理：俞彦、牛保红、张卓、尚春（兼任总工程师）

党委委员、纪委书记、工会主席：黄立新

党委委员：张鹏（兼任广州局局长）

总会计师：唐炜

公　司　发　展

2008年，在南方电网公司党组的正确领导下，超高压公司认真落实科学发展观，坚持用南网方略统揽全局，紧紧围绕“建好主网架，管好大通道”的中心任务，克服重重困难，全面完成了各项任务。

超高压公司取得了抗冰救灾的重大胜利，提前28天恢复了受灾西电东送通道的正常运行。确

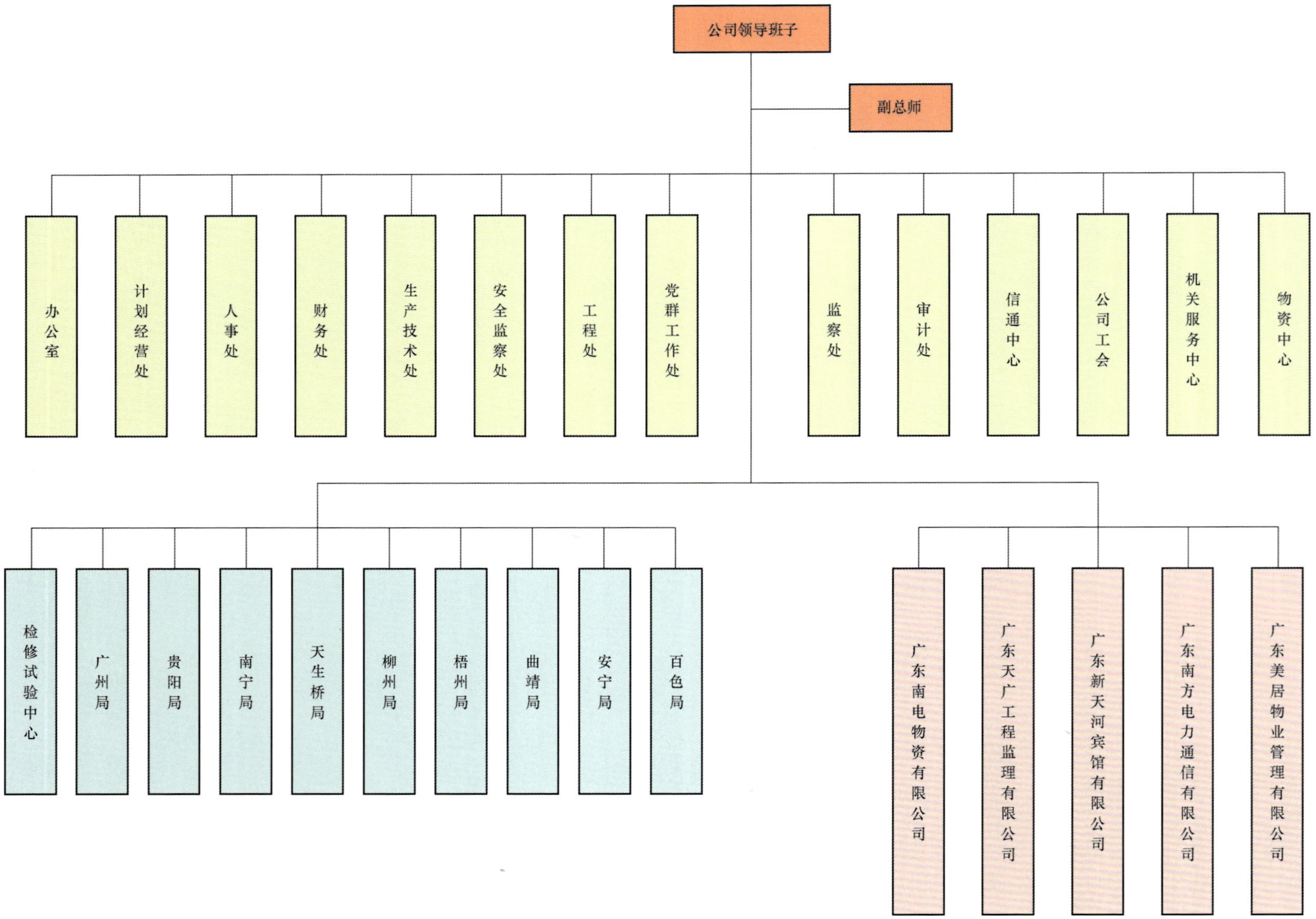

公司领导班子

副总师

办公室
计划经营处
人事处
财务处
生产技术处
安全监察处
工程处
党群工作处
监察处
审计处
信通中心
公司工会
机关服务中心
物资中心

检修试验中心
广州局
贵阳局
南宁局
天生桥局
柳州局
梧州局
曲靖局
安宁局
百色局

广东南电物资有限公司
广东天广工程监理有限公司
广东新天河宾馆有限公司
广东南方电力通信有限公司
广东美居物业管理有限公司

超高压公司2008年组织机构图

保了主网架的安全可靠运行，圆满完成迎峰度夏暨奥运保电任务。按期建成滇南外送、施贤线等迎峰度夏重点工程，云广直流和海南联网两大世界级工程稳步推进。公司全年送电量达838.43亿kWh，主营业务收入242亿元，全面完成经营任务，开源节流成效显著。公司新成立安宁局、百色局和广州局海口分局、贵阳局黎平分局，成立了技术经济中心和物资中心，分设了监察处和审计处，搭建起符合公司专业化管理和快速发展要求的组织框架。建立了公司党群管理标准体系，开创党群工作新局面，党风廉政建设延续零违法违纪纪录。在南方电网目标责任制考核中，超高压公司连续两年在分子公司中总分排名第一。公司系统荣获全国“五一”劳动奖状等省部级以上荣誉达32项。

▲ 2008年2月1日，超高压输电公司总经理侯卫东到贵州独山检查抢险情况。（韦盛军　摄）

▲ 2008年2月18日，超高压公司向袁懋振董事长汇报抢修情况。（陈云亭　摄）

▲ 2008年迎峰度夏期间，超高压公司使用直升机巡检500kV输电线路。（杨婷　摄）

安　全　生　产

安全生产指标

继电保护正确动作率为99.89%，安全自动装置正确动作率和故障录波完好率保持100%，均优于计划目标。扣除冰灾因素，天广、高肇、兴安直流能量可用率分别为98.7%、97.89%和99.19%，均达到国际先进水平。全年没有发生恶性误操作事故和重大及以上电网、设备事故，发生一般设备事故10起。

安全生产基础管理

公司稳步推进安全生产体系化建设。扎实开展“三体系、一机制”建设，突出抓好应急体系建设，编写了12项预案并大力开展演练。梧州局作为南方电网公司首批实施安全生产风险管理体系的试点单位，很好地完成了管理手册的编制和试运行。扎实推进标准化变电站建设，肇庆换流站顺利通过南方电网公司验收并获得高度评价。全面开展标杆变电站、标杆线路和标杆通信站评比，营造了创优争先的良好氛围。在国内率先建成直流检修质量控制体系并开展了试运行。全面推广了“两票”专家系统。

公司高度重视，及早谋划，周密部署，全力做好保电工作。迎峰度夏前用直升机对主网架进行了全线巡查，消除缺陷640余项。奥运警戒状态期间，公司系统严格执行24小时生产值班和领导带班制度，认真做好设备特巡、夜巡。进一步加强信访维稳和安全保卫，职工队伍保持了稳定，没有发生安全保卫事故。广州局全面完成了肇庆换流站噪声治理，消除了一大稳定隐患。通过一系列强有力的措施，公司出色地完成了保电任务，整个迎峰度夏期间没有发生一起生产事故。

设备管理

超高压公司以技术监督为重点加强设备管理，全面开展了技术监督普查，对发现问题及时进行了整改。南宁局、柳州局、梧州局首次全面自主开展了500kV高压设备预试。投入大修技改资金1.52亿元，对威胁电网安全的设备缺陷进行了综合治理。全面细致检查了所有500kV断路器及TA二次回路，发现保护死区6处并全部消除。开展了15个变电站（换流站）的远动系统改造和28条线路主保护的双通道改造工作。公司突出抓好直流和串补的运行维护。组织编写《直流设备年度检修试验技术导则》，推进了检修试验的规范化、标准化。抓住贵广二回直流调试的有利时机，针对天广、高肇直流运行中存在的故障和异常编制了补充调试项目并进行了验证。圆满完成了天广直流408318号、408327号换流变压器的修复工作，其中广州局408327号换流变压器更换仅用了41个小时。进一步加强了技术攻关力度，对直流闭锁的各种因素进行了全面梳理，制订并落实了切实可行的反事故措施。编制了详细的天广直流综合整治方案并开始逐步施行。开展了直流线路防冰闪技术研究，对高肇直流线路进行了防冰闪改造。着力解决了串补测量元件易受干扰等缺陷，天平双线、青河双线串补重投率达到了100%。

科技工作

按照建设创新型企业的要求，大幅提高科技投入。公司荣获了4项国家专利和14项南方电网科技进步奖。其中，“一种塔头导线提升装置”、“六分裂导线钩”和“防高空坠落脚钉”三项获国家实用新型专利，“低损耗多调谐无源滤波器”获国家发明专利。

电网建设

概况

2008年超高压公司电网建设投资达92亿元，为历年之最。年初冰灾严重影响了工程进度，物资供应问题尤为突出，实现投产目标极其困难。公司投入两倍以上的人力和机具，用两个月时间干了三个多月的活，按期建成滇南外送和花都变电站扩建工程。克服了特大洪灾的影响，仅用行业标准2/3的工期将施贤线工程建成投运。龙平线工程于12月30日按期投运。公司全年新增500kV输电线路1928km、变电容量5000MVA万kW。西电东送形成“八交三直”11条大通道，送电能力达到16 100MW。

在投产任务十分饱满的情况下，超高压公司丝毫没有放松云广直流工程和海南联网工程的推进力度。这两项世界级工程建设中许多工作都是国际首创，并无经验借鉴，而实际工作中的困难也超乎预料。公司紧紧抓住关键环节和主要矛盾，举全公司之力推进工程建设。建立了重点工程例会制度，在公司层面及时协调解决问题。加强与设备供应商沟通协调，强化控制力。特别是针对特高压主设备研制中的重大技术难题，在已经委托专业公司开展设备监造的情况下，由公司领导带队多次前往德国西门子公司进行关键设备监造督促，效果良好。密切跟踪市场变化，妥善化解了原材料大幅涨价的突出矛盾，确保了铁塔、金具等物资的及时供应。积极主动协调处理地方关系，尤其是在海南联网工程建设中，公司主动“靠上去”做工作，最大限度地争取海洋、渔业等部门的理解和支持，妥善解决了海缆路由与地方码头规划冲突、海底清理赔偿等重大问题。此外，公司积极参与南方电网“十二五”发展规划研究，配合南方电网公司计划部完成了溪洛渡、糯扎渡送电工程可行性研究。

±800kV 云南至广东直流输电工程

±800kV 云南至广东直流输电工程是世界上首条±800kV 特高压直流输电工程。工程送端换流站选定在云南楚雄州禄丰县，途经云南、广西至广东，受端换流站选定在广州市增城市，额定输电容量为 5000MW，输电距离 1373km。该工程包括新建楚雄换流站、穗东换流站、楚雄—穗东直流线路、接地极及接地极线路、相应的二次系统和控制系统 6 项主要工程。工程动态总投资为 154 亿元。工程于 2006 年 12 月 19 日开工，计划 2009 年单极投产，2010 年双极投产。截至 2008 年底，云广直流工程高端换流变压器通过型式试验；换流站完成土建施工，电气安装完成 34%；线路铁塔组立完成 91%。

500kV 海南联网工程

500kV 海南联网工程是我国第一个超高压、长距离、较大容量的跨海联网工程，也是世界上继加拿大之后的第二个同类工程。工程采用 500kV 交流联网方案，北起广东省湛江港城变电站，穿越琼州海峡，南至海南省澄迈县福山变电站，新建海底电缆 32km 和架空线路 139.9km，额定输送容量 600MW，动态投资约 24 亿元。福山变电站“三通一平”工程于 2007 年 2 月 10 日开工建设，计划于 2009 年 6 月建成投产。截至 2008 年底，海南联网工程 3 根海底电缆已全部生产完毕，已开始海缆预敷设工作。

500kV 施秉至贤令山交流输变电工程

工程横跨贵州、广西、湖南、广东 4 省区，起于贵州黔东南州 500kV 施秉变电站，途经 500kV 黎平变电站和 500kV 桂林变电站，落点广东清远 500kV 贤令山变电站，线路全长 1272km。工程总投资约 30 亿元。工程于 2008 年 7 月 18 日建成投产。

滇南外送通道 500kV 输变电工程

滇南外送通道 500kV 输变电工程（即 500kV 文山—大新—南宁输变电工程），线路全长 453km，是南方电网标准化设计的示范工程，工程投资为 11.4 亿元。工程已于 2008 年 5 月 30 日投产。

500kV 花都变电站扩建工程

500kV 花都变电站扩建工程本期将 500kV 花都开关站扩建为 500kV 变电站，扩建 1000MVA 主变压器 2 组。工程动态投资 3.8 亿元。工程已于 2008 年 6 月 30 日投产。

“十一五” 电网优化工程

“十一五”电网优化工程包括独山输变电工程和南方电网加装串联补偿及无功优化补偿工程。独山输变电工程将加强贵州 500kV 电网，既向黔南州南部地区负荷供电，同时又保证向广西、广东送电。工程静态总投资 3.3 亿元，计划 2009 年 9 月投产。南方电网加装串联补偿及无功优化补偿工程是满足增加对云、贵电力外送变化适应性和调度运行灵活性的重要工程建设项目，各分项工程 2009 年 9 月底前陆续建成投产。

▲ *2008 年5 月，500kV 滇南外送工程崇左变电站施工人员进行电气安装。（王小海　摄）*

经 营 管 理

经 营 业 绩

超高压公司在保证主通道安全畅通、重点工程按计划优质投产的基础上，认真执行电力交易主合同，积极跟踪电力供需形势变化，努力调剂余缺，很好地完成了送电任务。全年送电量达838.43亿kWh，同比增长34%，实现主营业务收入241.58亿元，同比增长34%，全面完成了经营任务。公司超前研究问题，积极送电增收，深入挖潜增效。在抗冰救灾时就对灾后送电进行周密筹划，灾后密切跟踪市场形势，千方百计增加临时交易。特别是第四季度以来，公司及时准确地掌握贵州电煤紧张局面缓解、西部电力需求快速回落的新形势，在有关部门、单位的支持下，生产、基建和经营部门密切配合，反复优化停电检修和线路加固工期，加大云贵特别是贵州的输送电量。进一步加强电价管理，在2008年两次电价调整中，积极进行沟通汇报，很好维持了西电东送输电价水平。各所属公司也都很好地完成了经营考核指标。

节 能 降 耗

公司大力开展节能降耗，进一步深化线损管理，综合线损率比计划指标降低0.52个百分点，线损电量盈余4.16亿kWh。进一步深化全面预算管理和成本精细化管理，公司所有单位都完成了行政费用支出比预算减少5%、可控单位供电成本比预算降低0.5%的要求。在线路加固和龙平线工程建设中充分利用抗冰救灾剩余物资，避免了浪费。

依 法 经 营

公司严格执行依法经营2号令，进一步提高了经营管理水平。通过争取南方电网公司重点项目资本金、加强与金融机构沟通协调、加快电费回收、做好冰灾索赔等措施，保证了资金供应。积极争取政策，云广直流、海南联网工程进口设备免税达3.7亿元。积极争取到优惠贷款利率，降低了融资成本。

企 业 管 理

公司成立了安宁局、百色局，以及广州局海口分局、贵阳局黎平分局，基层力量布局更加合理。成立了技术经济中心和物资中心，分设了监察处和审计处，进一步推进了专业化步伐，加强了内部控制。一个适应公司发展的组织框架已初步搭建起来。新设立的部门和单位能够及时进入角色开展工作，开局良好。为了适应公司发展的要求，公司启动广州生产指挥中心建设，目前已经完成了征地和规划等前期工作。

按照夯实基础、苦练内功的工作思路，公司努力在基础管理上下功夫。正式启动软课题研究，各部门12项研究成果通过了专家评审；部分单位也积极开展研究，南宁局主动参加公司的评审，研究成果得到专家好评。广州局“表单化管理”软课题荣获全国电力企业管理创新成果一等奖。班组建设走出可喜的一步，制订了工作标

▲ *2008年6月27日，超高压公司总经理侯卫东等领导为安宁局揭牌。（陈云亭　摄）*

准并开展了试点。制度建设取得新的突破，制订了制度建设管理办法，全面修编了184项制度，进一步理顺了管理界面和流程。大力推进信息化建设，完成了主要专业系统开发和基础设施建设。大修技改项目实现分层管理，科技项目立项引入竞争机制，有效调动了基层单位的积极性。深入开展“基建精细化管理年”活动，提高了基建管理水平。进一步优化了绩效考核方法和流程，加强薪酬调控管理，内部分配秩序进一步规范。

队 伍 建 设

“四好”领导班子建设

严格按照南方电网公司“四好”班子建设要求，发挥公司传统优势，注重在思想、能力、作风等方面培养干部，在实际岗位上锻炼干部。对公司管理的干部的素质、能力和结构进行了全面摸底，并根据实际进行了调整优化。在南方电网公司的考核考评中，公司领导班子获得一致好评；在公司的考核考评中，各基层班子的优秀率都很高。在进一步加大处级干部轮岗交流力度的同时，首次对科级干部实施跨单位交流，很好地优化了干部资源，激发了活力。

人力资源管理

2008年，公司进一步加大了人才队伍建设力度。大力加强人才引进和培养，全年共招聘163人。教育培训资源进一步向一线倾斜，全面开展了班组长培训及员工专业技能培训。全年共举办培训班282个，培训6873人次，全员培训覆盖率达98.2%。加强培训基础建设，对平果线路培训基地进行了扩充和设施完善，建成了网络培训管理系统和远程培训系统。认真贯彻《劳动合同法》及《实施条例》，完善劳动用工管理制度，加强劳动合同管理，劳动关系更加和谐。

党建和精神文明建设

党建基础管理

公司进一步夯实了党建工作基础。狠抓理论学习，完成了副处级以上干部的十七大精神轮训。党群工作紧紧融入中心开展，党、工、团各级组织在应对挑战、推进发展中积极发挥作用，效果很明显。深入开展创建“特色党支部”活动，增强了基层支部推进工作、解决问题的能力。建立了公司党群管理标准体系，推动党群工作步入靠制度规范、靠机制保障、进入管理起作用的良性轨道。大力开展劳动竞赛、技术比武等活动，有效调动了员工的积极性。共青团继续开展技术论坛等活动，进一步激发了青年员工的活力。

党风廉政建设

公司认真贯彻中纪委“七项要求”，全面开展了述廉议廉等工作。加大廉政巡视和督导力度，建立了重点工程的全过程审计档案。加强内控体系建设，开展了内控审计工作。配合国家审计署开展建设项目专项审计调查，经受检验并获得好评。公司延续了零违法违纪的纪录。

精神文明建设

公司创办了《超高压输电公司》报，开辟了新的宣传阵地，并通过上网、上墙等灵活多样的手段，大力宣传南网方略和企业文化。在南网方略指引下大力加强企业文化建设，对公司的优秀企业文化进行了总结提炼。“传承优良传统，建设西电东送特色文化”课题荣获全国电力行业企业文化优秀成果特等奖，并入选为“全国电力行业企业文化建设十大案例”。积极推进安全文化建设，促进了安全理念在一线和班组的落地生根。广州局被广东省安监局确定为安全文化建设示范企业。用漫画、公益广告等员工喜闻乐见的形式开展廉洁文化建设，促进了廉洁理念入心入脑。认真挖掘抗冰救灾先进事迹，总结提炼抗灾精神，进一步丰富和发展了南网方略和企业文化的内涵。在全公司深入开展以“忠诚、规范、负责任”为主题的作风建设，使公司的优秀文化、优良传统作风深入人心、指导行动，员工的精神面貌和执行力有了很大提高。

十件大事

2008年3月3日，超高压公司提前28天完成因冰灾受损的贵广交流双回、高肇直流三条大通道抢修，于3月4日恢复送电。

2008年3月11～12日，超高压公司2008年工作会议暨二届一次职工代表大会召开。侯卫东总经理作了题为《珍惜和发展大好形势，扎实践行南网方略，在南方电网新一轮大发展中争当排头兵》的工作报告。

2008年5月，超高压公司系统员工踊跃为四川地震灾区献爱心。公司系统员工为灾区捐款共计200多万元，捐物（棉被、棉衣等）数千件。

2008年5月30日，滇南外送工程建成投产。6月30日，花都变电站扩建工程建成投产。7月18日，施贤线工程建成投产。12月30日，龙平线工程建成投产。超高压公司全年新增500kV输电线路1926km、变电容量5000MVA。西电东送形成“八交三直”11条大通道，送电能力达到16 100MW。

▲ 2008年12月2日，超高压公司总经理侯卫东等领导为百色局揭牌。（韦盛军　摄）

2008年6月27日，超高压公司成立了安宁局。12月2日成立了百色局。贵阳局黎平分局（副处级）、广州局海口分局（副处级）先后成立。这是公司进一步推进西电东送战略实施，优化战略布点、实施改革创新的重要举措。

2008年7月31日，超高压公司举行广东省职工职业技能大赛暨超高压公司第二届高压直流输电技术技能大赛颁奖仪式。2008年11月14日，超高压公司南宁局协办“广西职工500kV输电线路带电作业技能比赛”落幕，南宁局等代表队获得优异成绩。

2008年11月开始，超高压公司陆续成立了物资中心、技术经济中心；成立了监察处、审计处，撤销监察审计室。工会独立运作。检修试验中心、监理公司等单位成立了党委委员会。

2008年12月15日，超高压公司《传承优良传统，建设“西电东送特色文化”》研究课题入选中国电力报社“2008全国电力行业企业文化建设

▲ 2008年7月30～31日，超高压公司第二届直流输电技术技能大赛进行决赛。参赛选手在专心做题。（陈云亭　摄）

成功案例”、“十大成功案例”。

2008年12月14日，超高压公司送电量突破了800亿kWh大关，全年送电量达838.43亿kWh，同比增长34%。

2008年，在南方电网目标责任制考核中，超高压公司连续两年在分子公司中总分排名第一，公司系统荣获全国五一劳动奖状等省部级以上荣誉达32项。

（邱晓伟）

中国南方电网
CHINA SOUTHERN POWER GRID

调峰调频发电公司

基本情况

概况

调峰调频发电公司全称为中国南方电网有限责任公司调峰调频发电公司，于2006年7月根据中国南方电网有限责任公司（简称南方电网公司）《关于印发〈中国南方电网有限责任公司调峰调频发电公司组建方案〉的通知》和《关于成立中国南方电网有限责任公司调峰调频发电公司的通知》正式成立。

南方电网公司是根据国家电力体制改革部署新组建的电网公司。是以电网经营为核心业务的国有重点骨干企业，调峰调频发电公司是南方电网公司的分公司，按照南方电网公司授权，统一运营、统一管理、统一建设南方电网区域调峰调频电厂。调峰调频发电公司是南方电网公司调峰调频电源的专业化分公司。目前公司管理电厂分为两个部分：一是南方电网公司所有的全资电厂鲁布革水力发电厂简称鲁布革电厂；二是南方电网公司控股的天生桥二级水力发电有限公司简称天生桥二级公司（所属电厂为天生桥水力发电总厂简称天生桥电厂）和广东蓄能发电有限公司简称广蓄公司（所属电厂包括广州蓄能水电厂简称广蓄电厂和在建的惠州蓄能水电厂简称惠蓄电厂）。

天生桥电厂、鲁布革电厂、广蓄电厂、惠蓄电厂分别分布在贵州、云南、广东省境内。已投运电厂装机容量432万kW，在建电厂装机容量240万kW，规划装机容量600万kW。

2008年11月13日，南方电网公司董事长袁懋振、总经理赵建国等领导视察惠州蓄能水电厂。（调峰调频发电公司　提供）

2008年，公司系统全年未发生安全事故，发生一类障碍6起，同比下降54%；鲁布革电厂、天生桥电厂安全运行天数和发电量均创造了历史最好纪录，分别实现连续安全运行1876天、1159天，完成发电量111.94亿kWh，同比增加6.02%，完成计划的121.28%；全年机组共启动16 313次，广蓄电厂对电网事故应急启动10次，共36台次，启动成功率100%；全年完成售电量111.01亿kWh，同比增加6.14%；营业收入26.76亿元，同比增加5.19%；利润总额4.94亿元，完成利润指标的102.91%；全年完成基建工程投资12.26亿元。

组织机构

见调峰调频发电公司2008年组织机构图。

公司本部机构设办公室、计划经营部、工程建设部、安全生产部、人事部、财务部、监察审计部、党群工作部8个职能部门。另设深蓄前期工作组，定员75人，2008年底公司本部在册员工73人（含深蓄前期工作组4人）。

领导班子

2008年9月，龚文权同志达到退休年龄，不再担任中共中国南方电网有限责任公司调峰调频发电公司党组成员、中国南方电网有限责任公司调峰调频发电公司副总经理等职务。

2008年末公司领导班子成员组成如下：

总经理、党组副书记：张滇生

党组书记、副总经理：林涛

党组成员、副总经理：关雷

党组成员、副总经理：陈涛

党组成员、纪检组长、工会主席：顾广平

党组成员、副总经理：李继宝

总会计师：唐生君

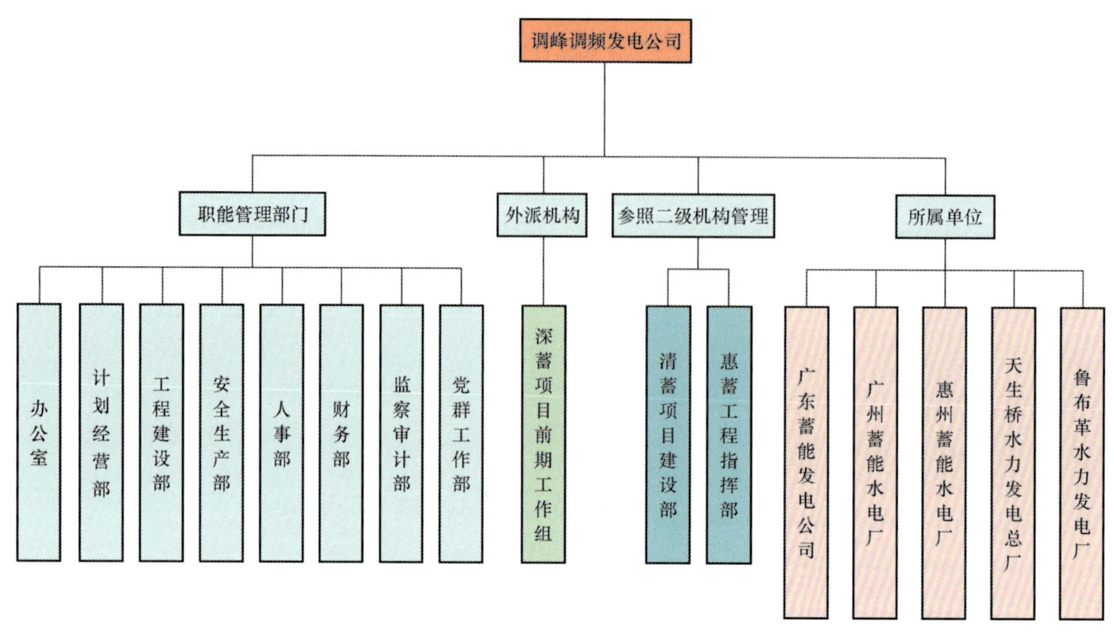

调峰调频发电公司组织机构图

安　全　生　产

总　体　情　况

2008年初南方电网遭受了冰灾，年中四川省汶川发生特大地震，迎峰度夏期间又经历了奥运会长时间的保供电，同时，汛期入汛和台风都来得早，11月还迎来了罕见的秋汛。面对严峻复杂的安全生产形势，公司制订了《迎风度夏暨奥运保供电方案》、《防汛检查大纲》，组织电厂进行了交叉互查，精心制订了水库调度计划、洪水调度方案并严格执行，召开了电厂与当地政府的联合防汛会，建立了厂地联合防汛长效机制，完成了大坝、边坡、防汛设备设施的检查维护和消缺工作，保证了设备设施安全度汛。

完成了风险管理体系《管理手册》的编写，于2008年12月正式定稿发布。

开展了《南方电网电厂设备信息资源模型》和《调峰调频发电公司安全生产业务模型》研究，完成了公司本部和电厂两个层面管理标准和流程的调研，开展了安全生产管理业务流程的初次整理和分析优化，初步确定了202个业务流程并开始流程图的绘制工作。在作业标准方面，发布了《检修作业手册编制导则》，作业指导书的编制按照计划正常进行，计划编制作业指导书887个，已经完成并发布413个，完成编制在审核发布流程中的有254个。

▲ *2008年2月21日，调峰调频发电公司天生桥水力发电总厂在贵州独山支援贵州电网抗冰抢险转送物资。（江涛　摄）*

建立了公司应急指挥中心，建立健全了由74个应急预案组成的公司系统的应急预案体系，于7月1日正式颁布实施，成为南方电网系统内第一家正式发布整体预案的单位。颁发了《应急管理规定》、《应急队伍管理规定》、《应急物资管理规定》等规定，充实了应急物资储备，组建了应急救援队伍，按照计划开展了28次典型预案的演练工作。

编制了三年设备治理规划，重点解决一系列安全生产突出问题；落实防止保护和开关误动的特维工作，制订了保供电期间对重点设备采取特殊巡视和维护的办法，利用机组、线路停电检修及预防试验工作机会，完成了专项检查；组织贯彻新调规，在不到一个月的时间里，公司系统各单位组织了291人次参加了新调规的宣贯培训和263人的新调规考试并全部合格。

各项工作的扎实开展，确保了机组“开得起，调得出，停得下”，保证了奥运会期间安全供电，全年没有发生事故，发生一类障碍6起（2007年13起），同比下降54%，在南方电网公司年度安全生产综合考核中取得全网第三的好成绩。

安全生产指标

2008年，主要生产技术指标优于年度计划指标。机组启动成功率99.31%，比计划高0.31%；常规机组平均等效可用系数为93.4%，同比提高0.42%，比计划高1.3%；蓄能机组平均等效可用系数为90.02%，同比降低2.36%，比计划值高1.02%；跳机次数4次，同比减少5次；500kV保护正确动作率为100%，同比持平；220kV及以上保护正确动作率为98.56%，同比降低1.44%；蓄能机组效率78.07%，比计划值76%高2.07%。

常规电厂完成发电量111.94亿kWh，同比增加6.02%；蓄能机组对电网事故应急启动共10次，应急启动成功率100%；天生桥水力发电总厂实现安全生产1159天，鲁布革水力发电厂实现安全生产1876天，实现无工时损失5367天。

设备管理

公司制订了隐患排查治理实施方案，对生产的各个环节和各个方面全方位开展隐患排查与整治。公司系统共发现生产性缺陷770项次，消除缺陷711项，缺陷消除率92.21%。公司跟踪重大设备缺陷在2008年增加3个的基础上由年初的11项降低至8项，处理了广州蓄能水电厂5号机组转子磁极连接片缺陷、鲁布革水力发电厂逆变电源等一系列安全生产突出问题。制订了2008年反事故措施计划6类19项，对GIS验收试验，通信电源供电方式，保护和安全自动装置的数字接口装置的直流电源等进行规范和整改，针对厂用电源及直流电源进行了两次专项检查，对不符合要求的天平Ⅰ、Ⅱ线等数字接口装置直流电源进行了反措整改，反措完成率达到了99%，为公司安全生产打下良好基础。

公司加大设备治理的力度，安排技改项目117项，资金1.13亿元（同比增加63.4%），完成了鲁布革电厂220kV母差保护更换、15.75kV母线击穿段更换、天生桥电厂2、5、6号机保护更换、广蓄电厂主变压器高压套管缺陷处理、鲁布革电厂发耐滑坡体治理工作等一系列重大项目。这些措施的实施，确保了公司系统设备健康水平得到提高。

电源建设

总体规划

2008年，按照南方电网发展规划和网公司统一部署，做好在建惠蓄工程建设及机组投产相关工作；积极推动清蓄电站项目、深圳抽水蓄能电站项目、阳江抽水蓄能电站项目、佛山LNG电厂项目、梅州五华抽水蓄能电站项目前期工作的开展。

▲2008 年6 月，清远抽水蓄能电站工程项目申请报告核准评估会议。（调峰调频发电公司 提供）

工程前期工作

2008 年 6 月，中咨公司受国家发改委委托在广东清远召开清远抽水蓄能电站项目核准会议，与会专家一致认为清远抽水蓄能电站的建设是可行的、必要的；12 月自流排水洞、进场公路、业主临时生活营地等项目全面开工建设；11 月，深圳市发改局主持召开的深圳抽水蓄能电站项目协调会议，明确了"深圳能源集团同意将蓄能电站项目转让给中国南方电网有限责任公司"的意见，公司独资建设深蓄电站的方案初步落实；积极配合网公司与有关气源单位进行了多次接洽，详细了解气源情况，做好佛山 LNG 项目前期工作；配合网公司与阳江市政府、中广核进行了多轮会谈，做好阳江抽水蓄能电站项目接收准备工作；积极配合网公司开展工作，先后参与了"广东电网 2020 年抽水蓄能选点规划及 2030 年抽水蓄能电站规划研究报告修编和五华抽水蓄能电站项目前期工作"专题会议和《广东电网 2020 年抽水蓄能电站选点规划报告》修编，做好梅州五华抽水蓄能电站项目前期工作。

在建工程管理

惠蓄电站前期准备工程于 2003 年 9 月动工，至 2004 年末基本完成。2004 年 12 月国家发展改革委员会核准了本工程开工。

至 2008 年底 A 厂厂房累计完成混凝土26 000m^3，占设计总量的 100%，主厂房装修已经完成。B 厂厂房完成总共浇筑方量为 939m^3；B 厂厂房累计完成混凝土 17 059m^3，占总量的 63.1%，B 厂主副厂房也已经开始进行装修。A 厂水道已全部完成施工，在 5 月 31 日，A 厂上游水道开始充水；6 月 12 日发现较大渗漏，并开始对 A 厂上游水道渗漏处理；在 9 月 27 日，A 厂上游水道完成第二次充水试验，水道渗漏处理成功。上水库于 2007 年 5 月 16 日下闸蓄水，下水库于 2007 年 10 月 23 日下闸蓄水，上、下库大坝并于 2008 年 10 月 15 日顺利通过验收。

截至 2008 年 12 月，主机设备安装完成了主厂房 200t 和 50t 桥机、尾闸室 32t 桥机；A 厂 1～4 号机肘管；1、2 号机组座环、蜗壳、球阀基础、机坑里衬；下库主坝接地网、交通洞接地网；A 厂 2 回 500kV 高压电缆敷设完成并完成充电；厂用电系统投入运行；惠蓄电站 500kV 能博线完成充电；1～2 号主变压器完成充电；惠蓄电站 2 号机组整

▲2008 年8 月，惠州蓄能水电厂不分昼夜地进行A 厂水道化学灌浆施工。（调峰调频发电公司 提供）

体盘车取得圆满成功；惠蓄电站3号水轮机转轮顺利吊入机坑和转子吊装就位；10月10日，1号机组在进行100%负荷发电工况热运行试验时，转子10号磁极崩溃，造成1号发电机损毁。经调查，此次事件的根本原因是法国供货商ALSTOM的磁极设计缺陷。

2008年，惠蓄电站工程在质量、进度、投资、安全等方面均处于良好的受控状态。率先推行NOSA五星安健环管理系统并通过三星认证。已验收单元工程优良率达到90.74%。

经 营 管 理

经 营 现 状

公司经营范围为调峰调频电厂的建设、运营和维护管理；相关的电力购销、调峰调频服务、科研、技术开发、咨询和培训等。

天生桥电厂总装机容量132万kW（6×22万kW），公司根据南方电网公司下达的计划分别与广东电网公司和广西电网公司签订年度购售电合同，将天生桥电厂的上网电量按广东59%、广西41%的比例，以国家核定的电价销售给广东、广西电网公司。电费由广东、广西电网公司按月与公司结算，年终进行清算。

鲁布革电厂总装机容量60万kW（4×15万kW），公司根据南方电网公司下达的计划与云南电网公司签订年度购售电合同，将鲁布革电厂的上网电量按国家核定的电价销售给云南电网公司，作为云南“西电东送”的组成部分。

广蓄电厂总装机容量240万kW（8×30万kW），主营业务收入为电网服务费收入，即广蓄公司与广东电网公司、广东核电投资公司签订电能转换及调峰等服务合同，由广东电网公司调度使用，每年按照广东省物价管理部门核定的费用收取一定金额的服务费。

2008年，公司上网电量达到了111.04亿kWh，完成南方电网公司下达上网电量计划指标（91亿kWh）的121.99%，同比增长6.14%。其中：天生桥电厂上网电量为83.42亿kWh，完成网公司下达计划指标（69亿kWh）的120.90%，同比增长6.38%；鲁布革水力发电厂上网电量为27.64亿kWh，完成网公司下达计划指标（22亿kWh）的125.60%，同比增长5.44%。广蓄电厂2008年累计发电38.10亿kWh，较2007年39.71亿kWh减少1.61亿kWh，同比减少4.05%，累计抽水电量为48.44亿kWh，发电量和抽水电量都接近2007年的年度历史最好记录。电网峰谷次数同期持平，蓄能机组调峰更加频繁，全年启动14 251次。上网电量情况如下表所示。

上网电量情况

生产单位	上网电量	亿kWh
天生桥电厂	计划上网电量	72.56
	实际上网电量	83.4
鲁布革电厂	计划上网电量	25.79
	实际上网电量	27.64
公司综合	计划上网电量	98.35
	实际上网电量	111.04

公司认真履行交易双方签订的合同，严格执行国家及政府有关部门批复的上网电价和容量电价，遵照交易双方确定的上网关口计量装置所完成的上网电量进行电量电费结算，立足于为南网电网安全、经济、优质运行服务的职责，经营管理好调峰调频发电业务，围绕“安全、发展、和谐”三大重点，全面推进公司的改革发展。一方面，充分发挥专业化管理的人才、技术和管理优势，加强已投运的调峰调频电厂运行管理，运行管理水平明显提高。另一方面，根据南方电网发展的需要，加快了调峰调频电源的建设步伐，进一步优化南方电网的电源结构，促进电网安全、经济运行水平的提高。

体 制 建 设

2008年，公司着力抓好基础管理，扎实开展“基础管理年”活动。组织完成了13项软课题研究，为公司改革发展提供了智力支持，提升了公司软实力。调峰调频子战略研究完成收口工作，职能战略研究也在逐步开展。

公司克服了许多历史问题造成的困难，完成了天生桥二级电厂改制工作，天二公司注册完成，召开了董事会，开始了正式运作。完成了广蓄公司资产评估和审计，实施了分立前过渡管理方案，实现了对广蓄公司下属单位业务上的直接管理。部分电厂调整了部门设置和职责，提高了整体运作效率。

新制订和修订管理制度28项，公司累计印发制度143项，进一步规范了各项管理工作。分阶段推进标杆管理，形成了对标管理的长效机制。

信息规划和电厂生产管理系统（EAM）项目全面启动。公司生产实时信息管理、财务信息化管理等多个系统投入运行。公司档案信息化建设取得显著成绩，在网公司评估检查中单项测评为满分。

财　务　管　理

2008年公司加大预算执行过程的管理力度，实时监控并定期发布预算执行数据，对金额大、难度大的项目进行重点监控，使预算管理者和执行者心中有数。动态分析经营指标的波动态势以及影响因素，开展预算编制准确性和预算执行刚性的评价，完善预算的考核及审查控制机制。

公司本部对业务接待费、会议费、办公费、差旅费四项费用支出加强控制，努力降低成本。2008年实际支出比预算减少5%。同时，严格控制所属单位的可控成本，定期分析可控成本的变化，积极推进精细化的成本管理方式，确保了成本管理的真实性和有效性。

进一步提高经济活动分析质量和水平，将经济活动分析从停留在数据层面分析转为深入到基建、生产经营各业务面分析，管理中心下移。会议形式创新更有针对性，采取了各单位汇报情况—职能部门提出问题—各个单位再负责解答的方式，更好地发挥了对公司经营工作的指导作用。

▲2008年3月25日，广东蓄能发电有限公司第二届董事会第三次会议暨第十次股东会议在广州召开。（调峰调频发电公司　提供）

加强了公司系统资金计划的管理工作，资金计划报告覆盖面达100%。资金计划准确率和保证率达95%以上，公司系统没有因资金短缺而影响公司生产、基建的事件发生。加强对广蓄公司融资计划的审批，按照“先短后长，先内后外”的原则，筛选有实力、贷款条件最有利的金融机构作为惠蓄项目的合作银行，降低了公司融资成本，确保了项目建设资金的需求。

建立了财务月度例会制度、财务人员业务考试制度；实行了不定期举办会计核算业务研讨会制度；出台了《调峰调频发电公司工程建设财务管理办法》、《广蓄公司分立前财务管理办法》；重新修订了《重大财务事项请示和报告制度》、《资产经营考核办法》等制度。公司本部到基层单位检查指导财务工作，并逐步形成一种长效机制，使内控制度落到实处。

人 力 资 源 管 理

领 导 班 子 建 设

制订公司《2008年“四好”领导班子建设工作指导意见》和考核管理办法，进一步健全公司“四好”班子建设的长效机制。重新调整领导班子分工，班子凝聚力和治企能力明显提高，班子运作更协调。班子成员积极深入基层了解情况，帮助解决实际困难，全年检查指导调研共50多人次，班子作风更务实。加强了各单位班子的配备和建设，充实了后备干部队伍，进一步激活基层领导班子活力。在网公司组织的干部考核中，公司班子建设得到了肯定。

人才队伍建设

人才是公司核心竞争力的重要因素。根据公司快速发展的需要，公司重点抓好了干部管理、教育培训和机关作风建设，进一步增强人才队伍素质。公司对系统31名干部进行了调整，其中新提拔干部18名，交流干部9名，轮岗干部4名，走出了盘活公司干部资源的第一步，企业活力得到增强。加强教育培训工作，共举办各类培训班673个，培训人次15 355人次，全员培训覆盖率97.78%，全员培训积分达标率83.29%，特别是对所有班组长进行了管理知识轮训，一线员工培训积分达标率90.58%，基层员工素质有了较大提高。公司本部开展了“争做‘四有’本部人员，建设服务型机关”主题实践活动，增强了公司本部机关的控制力、影响力和带动力。

节能与科技创新

节能降耗

公司环境保护主要围绕水电厂节能降耗来开展，按照《调峰调频发电公司“十一五”节能降耗工作综合性方案和实施计划》，坚持生产节能降耗与日常工作节油节电结合开展的原则，强化节能节电意识，节能降耗成效显著。2009年公司常规水电厂累计综合厂用电率0.83%，同比下降了0.101个百分点，厂用电率消耗降低1119万kWh，鲁布革电厂拦蓄洪尾增发电量8540万kWh，两项合计9659万kWh，折算共计节省标煤3.16万t，减少二氧化碳排放7.87万t，节能减排水平明显提高。

广蓄电厂进行了机组技术供水泵控制改造，取得明显的成效，每年可节电12.4万kWh，夜间22点至早上8点期间办公电脑无人使用时软件远程关机的功能，每年可节省电量约6.8万kWh。

天生桥电厂公共区域照明均采用声光控制开关和定时开关节能。鲁布革开展生产区域场所照明灯具更换为节能灯工作。广蓄电厂对厂区路灯、交通洞等进行了节能改造，厂房照明进行时控改造，综合节电率达到15%，每年可以节约电能13.7万kWh。

从1995年开始，广蓄电厂引进南非NOSA安全健康环境体系以来，以及通过贯彻ISO 9001和ISO 14001标准，广大员工已经形成了安全生产、保护环境的意识。为了生产废料的综合利用以及减少对环境的污染，电厂进行了分类回收，近几年已回收废油54 704L。

2006年底开始，广蓄电厂便开始购买电瓶车，目前电厂厂区内共有电瓶车15辆，代替了燃油用车。据统计，年节省燃油26 000L，同时还减少了尾气的排放。

2008年公司积极开展建设工程的绿化工作，加大环境保护的投入，全年公司共植草30万m^2，植树造林21万棵。

科技创新

2008年公司进行科技制度的完善，先后制订了公司《科技项目立项管理办法》、《科技项目实施和验收管理办法》、《科技成果和技术改进贡献奖励管理办法》等三项科技管理制度。2008年底，成立了公司科技评审委员会。

在2008年科技工作中，发电公司主要是大力推行水电站无人值班工作。2008年6月鲁布革电厂通过了无人值班（少人值守）验收，12月天生桥电厂通过了无人值班（少人值守）验收。鲁布革电厂在2008年11月实施了黑启动电源改造并成功进行了机组黑启动试验，试验表明鲁布革电厂已具备黑启动功能。至此，调峰调频发电公司各电厂均已实现无人值班，并在电网瓦解情况下，可全部实现黑启动功能。

为进一步提高公司的核心竞争力，围绕南网公司科技发展规划，2007 年 10 月，委托武汉大学编制调峰调频发电公司中长期科技发展规划，2008 年 1 月完成了规划初稿，10 月完成了规划的内审。

组织了信息规划编制，开展了公司系统信息安全管理现状的评估工作，将根据评估报告完善信息安全管理；启动了电厂业务规范和信息规范编制工作，启动了电厂 EAM 系统建设工作，根据电厂业务规范和信息规范成果搭建电厂统一的信息化管理平台；完成了计算机网络中心建设并投入运行，提供良好的基础平台；建设完成生产实时信息系统，实现公司系统生产信息的实时收集、监视、统计和分析，实现各单位信息的有效整合。

调峰调频发电公司 2008 年科技工作投入 901 万元，科技项目立项 5 项，已全部实施完成。

公司积极参加各类协会和学会，在 2008 年参加全国大中型水电厂技术协作网，并成为副理事长单位。

监察与党风廉政建设

监 察 审 计

公司积极配合国家审计署做好电力专项审计调查，成立了以公司分管领导为组长的迎审领导小组和工作机构。同时，公司把配合开展审计调查作为审计监督水平、促进依法经营的契机，针对调查发现的问题，举一反三，边审边改。

按照南方电网公司“离任必审”和公司关于《企业领导人员任期经济责任审计办法》的有关规定，积极配合网公司审计部开展对公司原总经理离任经济责任审计，完成了对鲁布革水力发电厂原厂长离任经济责任审计。

全面落实袁懋振董事长关于“审计工作要深入到公司系统经济活动的一切领域，实行全方位、全过程的审计监督”的指示，一方面着力对重点工程、物资采购招投标审计监督；另一方面将各类合同的审签纳入日常审计监督范围，对经济合同实行了必审制度。

按照“举一反三，彻底整改”的思路和关于“运用好审计成果，认真抓好整改”的要求，突出抓好审计意见和建议整改落实情况的检查。2008 年公司系统已按审计要求整改 14 条，审计整改率 100%。将审计整改情况明确纳入年度公司责任制考核目标内，提高审计整改执行力。

党 风 廉 政 建 设

公司领导班子高度统一思想，始终把贯彻党风廉政建设责任制作为党风建设和反腐倡廉建设的重要内容来抓，纳入领导班子、领导干部目标管理考核范畴。并根据公司系统各单位的实际情况和特点，把党风廉政建设责任制履职情况和业务工作考核相结合，纳入年终目标考核，将考核结果作为干部工作业绩评定、奖励惩处和任用、选拔的重要依据。

公司把思想道德建设作为第一道防线，以纪律教育月活动等为载体，通过用手机短信的方式向党员干部发送“廉洁温馨提醒”。积极开展“扬正气、促和谐”廉洁公益广告创作展播活动，广蓄电厂创作的作品被国资委推荐到中纪委参加评比，天生桥电厂创作的作品获得网公司展播活动一等奖，公司监审部还荣获创作与展播活动优秀组织奖。

按照国有企业领导人员廉洁自律“七个不准”的具体要求，将领导班子执行“三重一大”决策制度、领导人员落实“七个不准”和执行廉洁从业规定等方面情况纳入考评内容，实行量化计分管理，并结合年度责任制考核对各企业领导班子及领导人员廉洁从业情况进行了专项检查和综合评价。

▲ *2008 年5月，清远抽水蓄能电站工程预防职务犯罪工作启动会在清远召开。（调峰调频发电公司　提供）*

制订下发《关于在调峰调频发电公司内部公布行贿单位名单的实施细则》。在公司系统实行“双合同”制度，要求公司系统各单位各部门与勘察、设计、监理、招标代理、造价咨询、物资供应和工程承建等单位签订经济合同时，必须同时签订《廉洁协议承诺书》。

通过与清远市人民检察院联合下发《关于共同做好清远抽水蓄能电站工程项目预防职务犯罪工作的实施意见》，进一步加强与地方检察机关在重点工程建设中的交流和合作，拓宽监督渠道，逐步建立起公司与地方纪检监察机构开展共建工作的长效机制。

党建、精神文明和民主管理

党建工作与精神文明建设

2008 年，公司始终坚持“融入中心做工作，进入管理起作用”的工作思路，深入学习贯彻十七大精神和科学发展观，以南网方略统揽全局，深入开展“两强两好争先锋”、“南网方略在班组”主题实践活动，为实现公司又好又快发展提供了坚强的政治保证和强大的思想动力。

制订下发公司党组（党委）学习中心组 2008 年理论学习安排意见。组织了 12 次中心组集体学习，并先后组织了三次“学习贯彻党的十七大精神”专题学习会，公司党政主要负责人带头专题解读十七大报告、撰写心得体会。同时，紧密围绕公司核心业务，举办了《电网调峰调频发电业务的价值》、《公司治理与企业财务通则》等专题讲座。

举办党委书记培训班，组织党、工、团负责人赴宝钢、中电投、华东地区的抽水蓄能电站学习调研，以“学习和实践科学发展观”为主题召开党组（党委）民主生活会。制订下发了《党支部工作标准化建设工作标准》，确立了 5 个项目 64 项工作标准。大力开展“五必访、六必谈”凝聚力工程。

组织公司系统全体员工认真学习了《南网方略与企业文化》电子课件，开展了“南网方略班组行”全员培训，培训人次达 904 人次、14 464 学时，同时组织开展了“员工思想状况和南网方略宣贯情况”问卷调查。开展“践行南网方略、做好‘6S’管理”、“南网方略在心中，节能减排促贡献”、南网方略讲坛、“安全三讲一进”、“安全文化进家庭”系列企业文化建设活动。

启动了“为调峰调频发电事业献青春”主题实践活动，在一线班组开展了“在机组大修中争先锋”、“青年职工技术比武”、“为首台机组发电献青春”、“安全生产示范岗”等活动。

民 主 管 理

2008 年，公司各基层工会会员、职工民主推选出 84 名公司一届会员代表大会代表和职代会代表，民主选举了公司一届工会委员会委员和一届工会经费审查委员会委员，成立了女职工委员会；公司一届一次职工代表大会审议通过了《公司工作报告》、《公司工会工作报告》、《财务预算执行情况和预算安排意见说明》、《审计工作报告》。

公司提案工作组对一届一次职代会征集的 24 条提案，进行归类整理，请公司有关职能部门研究和处理，并将提案的处理情况反馈给提案人，充分保障了职工参与公司民主管理的权益。组织公司20名职工代表参加公司领导班子述廉议廉评议会议，较好地发挥了职工代表在民主管理、民主监督中的作用。

各级工会充分利用职代会、职工恳谈会、厂务公开等多种渠道，讨论企业安全生产管理、经营决策、职工权益保护等问题，保证了职工的知情权、参与权、表达权和监督权。

2008年1月27～29日，调峰调频发电公司2008年工作会议暨一届一次职工代表大会在从化召开。（调峰调频发电公司　提供）

十　件　大　事

2008年1月27～29日，在从化召开公司工会成立大会、公司2008年工作会议暨一届一次职代会预备会议和公司2008年工作会议暨一届一次职代会会议。南方电网公司工会、人事部、干部处等领导作为嘉宾参加了会议，公司党组书记林涛传达了网公司工作会议精神、总经理张滇生做公司工作报告。

2008年3月25日，广蓄公司召开第二届董事会第三次会议暨第十次股东会议。会议选举调峰调频发电公司总经理张滇生为广东蓄能发电有限公司董事长（法定代表人）。期间董事会审议并通过了2007年广蓄公司财务决算及利润分配方案、2008年广蓄公司预算方案等议案。

2008年6月14日，中国国际工程咨询公司受国家发改委委托，在清远市召开广东清远抽水蓄能电站项目申请报告核准评估会议，全体专家对《申请报告》和《可研报告》中的重点内容及主要问题进行了深入讨论，形成了评估意见。

2008年6月30日，公司生产实时系统（监视部分）正式投入运行。公司总经理张滇生、党组书记林涛等领导对生产指挥中心进行了检查指导，对公司生产实时系统的按期上线运行给予了充分的肯定。

2008年9月17日，《南方电网安全电源发展战略研究》报告评审会在番禺召开，网公司有关部门领导，公司领导参加了会议，张滇生总经理做了总结讲话。

2008年10月30日，公司新建电站惠州蓄能水电厂举行揭牌仪式。

2008年11月13～14日，南方电网公司在惠蓄电厂召开了南网总部2008年软课题评审会。会议期间，袁懋振董事长、赵建国总经理在公司张滇生总经理、林涛书记的陪同下，到惠蓄电站A厂厂房，上、下水库检查指导。

2008年6～12月，鲁布革电厂和天生桥电厂先后通过了无人值班（少人值守）验收。至此，公司所属电厂全部实现了无人值班（少人值守）。

2008年11月，鲁布革电厂实施了黑启动电源改造并成功进行了机组黑启动试验，表明公司所属各电厂均具备了黑启动功能。

2008 年 12 月 30 日，天生桥二级水力发电有限公司第一届第一次董事会暨第一次股东会在广州召开，会议成立了天二公司第一届董事会和监事会。张滇生担任天二公司董事长，岳曦（武警水电指挥部代表）担任副董事长，陈涛、唐生君、赵慧君、李定林、黄仕云、岑必雄、彭文武被选举为董事，顾广平任监事会主席，廖建东、张朝亮、何大伟、刘振东为监事。董事会聘任陈涛为天二公司总经理。

（刘　淑）

中国南方电网
CHINA SOUTHERN POWER GRID

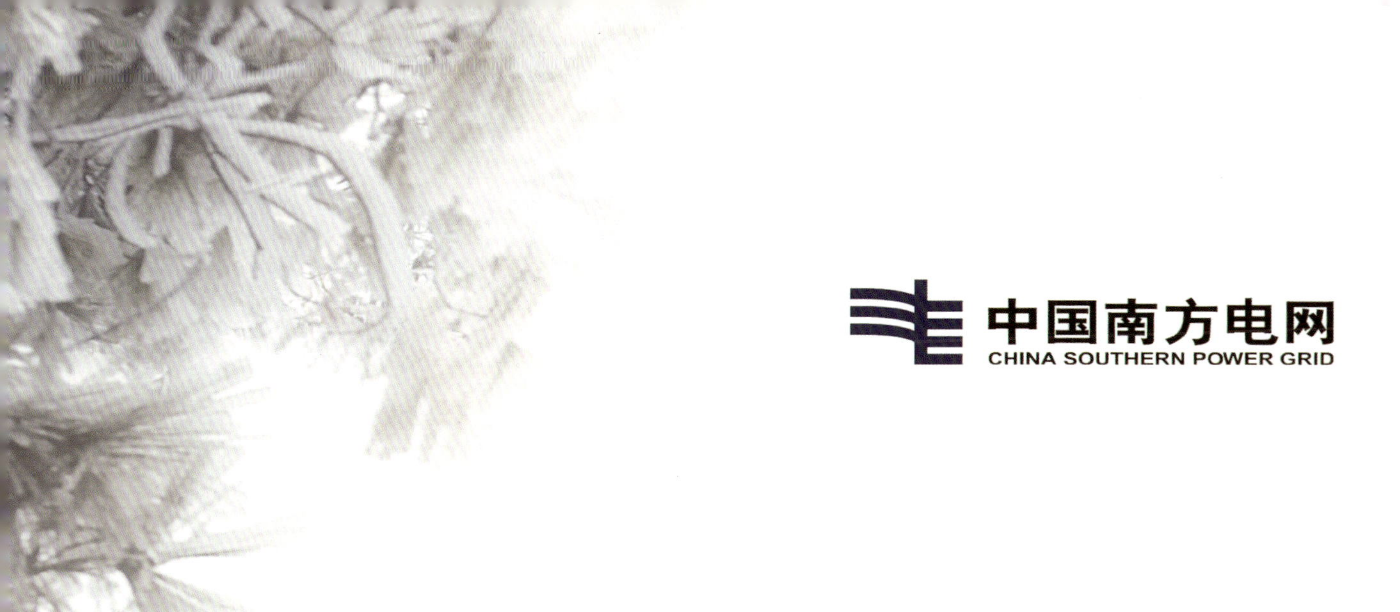

广东电网公司

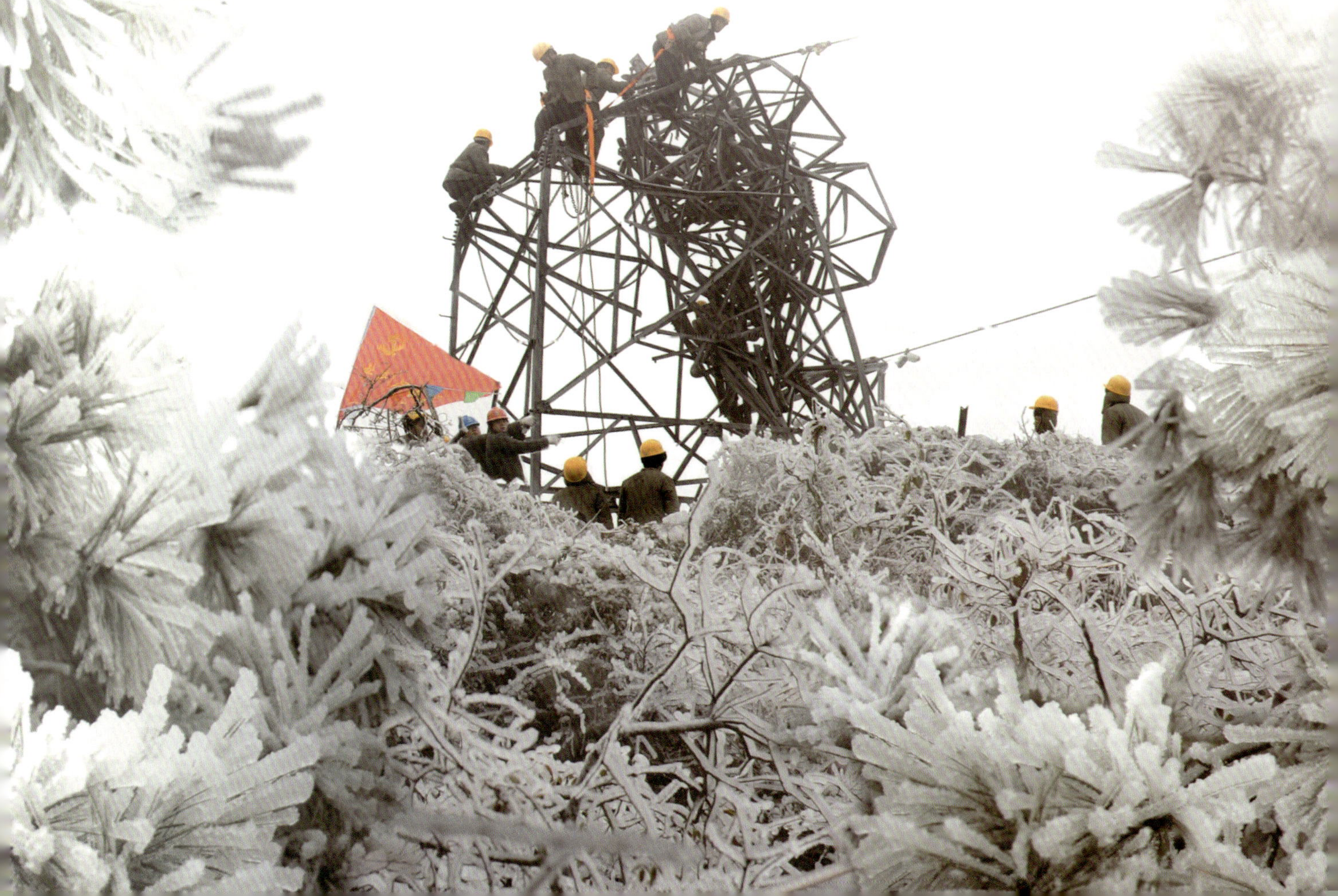

基 本 情 况

概 况

广东电网公司是中国南方电网有限责任公司的全资子公司，注册资金480亿元。截至2008年底，企业资产总额1942.74亿元，资产负债率52.39%；拥有35kV及以上输电线路57 185km，变电站1931座、主变压器3840台、容量26 327万kVA，目前已形成以珠江三角洲地区500kV主干内环网为中心、向东西两翼及粤北辐射，与贵州、云南、广西、湖南、香港、澳门电网互联的全国最大的省级电网。

至2008年底，广东电网公司直管21个地市级供电局，29个县级供电局；代管50个县级供电企业，其中36个代管县供电企业已在2007年签订了接管协议，11个代管县供电企业已在2008年签订了接管协议。供电面积17.8万km^2，供电客户数1818.56万户。

组 织 机 构

见广东电网公司2008年组织机构图。

广东电网公司本部设有15个部门，下辖21个地市供电局，以及省电力调度中心、电力设计研究院、电力科学研究院、系统研究中心、招标管理中心、教育培训中心（电校）、电力通信中心、电力物资总公司、电力通信公司、输变电工程公司、火电工程总公司、电力第一工程局、广华进出口公司、电力投资公司、实业发展总公司、线路器材厂、电力设备制造厂、电力技改公司、电力工业学校等单位。

人 员 状 况

2008年末，广东电网公司共有职工103 180人，其中拥有研究生1665人、大学本科14 276人、大学专科19 019人。拥有正高级职称36人、副高级职称1802人、中级职称6711人、初级职称15 264人，高级技师191人、技师1962人、高级工10 572人、中级工19 606人、初级工9283人。

领 导 班 子

2008年12月，根据南方电网人〔2008〕57

▲2008年末广东电网公司领导班子合影，图中自左至右依次为赖康、陈山、林雄、徐达明、于俊岭、廖建华、赖佳栋、金基民、廖建平、王江、辛瀑、祁寿枝、赵树华。（广东电网公司　提供）

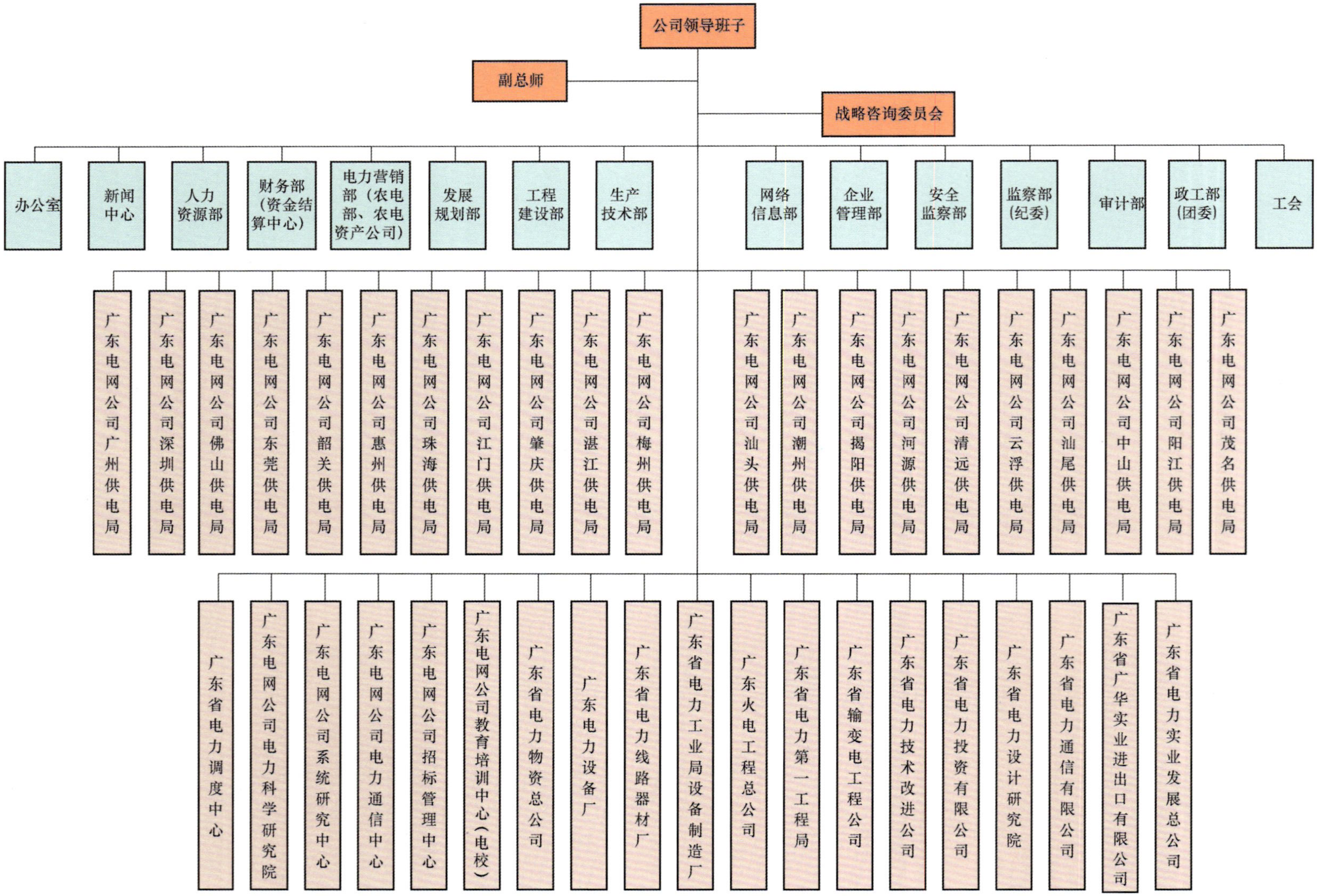

公司领导班子

副总师

战略咨询委员会

办公室
新闻中心
人力资源部
财务部（资金结算中心）
电力营销部（农电部、农电资产公司）
发展规划部
工程建设部
生产技术部
网络信息部
企业管理部
安全监察部
监察部（纪委）
审计部
政工部（团委）
工会

广东电网公司广州供电局
广东电网公司深圳供电局
广东电网公司佛山供电局
广东电网公司东莞供电局
广东电网公司韶关供电局
广东电网公司惠州供电局
广东电网公司珠海供电局
广东电网公司江门供电局
广东电网公司肇庆供电局
广东电网公司湛江供电局
广东电网公司梅州供电局
广东电网公司汕头供电局
广东电网公司潮州供电局
广东电网公司揭阳供电局
广东电网公司河源供电局
广东电网公司清远供电局
广东电网公司云浮供电局
广东电网公司汕尾供电局
广东电网公司中山供电局
广东电网公司阳江供电局
广东电网公司茂名供电局

广东省电力调度中心
广东电网公司电力科学研究院
广东电网公司系统研究中心
广东电网公司电力通信中心
广东电网公司招标管理中心
广东电网公司教育培训中心（电校）
广东省电力物资总公司
广东电力设备厂
广东省电力线路器材厂
广东省电力工业局设备制造厂
广东火电工程总公司
广东省电力第一工程局
广东省输变电工程公司
广东省电力技术改进公司
广东省电力投资有限公司
广东省电力设计研究院
广东省电力通信有限公司
广东省广华实业进出口有限公司
广东省电力实业发展总公司

广东电网公司2008年组织机构图

号文和南方电网党〔2008〕26号文的通知，赖佳栋任广东电网公司总经理、党委副书记，廖建华任广东电网公司党委书记、副总经理，赵树华任广东电网公司助理巡视员。调整后，广东电网公司领导班子组成如下：

总经理、党委副书记：赖佳栋

党委书记，副总经理：廖建华

副总经理，党委成员：金基民、于俊岭、廖建平、徐达明

纪检书记、党委成员：王江

工会主席：王江（兼）

总工程师：林雄

总经济师：辛瀑

总会计师：陈山

助理巡视员：祁寿枝、赖康、赵树华

电网规划与建设

电网规划编制

2008年4月11日，公司在肇庆召开2008年电网规划计划工作会议，总结2007年工作情况，部署2008年工作任务。2008年上半年完成了广东电网“十一五”规划中期评估工作，对“十一五”广东电网规划目标进行了调整。年初布置启动了广东省电力工业发展“十二五”规划及中长期规划研究和广东电网“十二五”规划工作，年底完成广东省电力工业发展“十二五”规划及中长期规划研究初稿。

继续做好事关广东电网长治久安的“八大问题”的研究工作。2008年完成专题研究12项，包括《广东省分区电源输电规划研究》、《广东电网2010年交直流安全稳定运行研究》、《广东电网受端系统电压稳定和动态无功补偿研究》、《十一五期间500kV开关改造研究》、《地下变电站专项研究报告》、《广东电网2008～2009年安稳控制系统原则研究》、《核电接入系统方式研究》、《广东省小火电基本情况调研》、《广东电网提高抗灾保障能力电源电网规划建设具体措施和方案研究》和广州、深圳、佛山三市的配网自动化规划。同时，还布置开展了《广东电网组团方案深化研究》、《广东电网接收外区电力负荷曲线初步研究》、《广东电网2010年可靠性分析研究》、《配网通信建设模式专题研究》等多项规划专题研究。

项目前期工作

全面推进输变电工程前期工作。2008年广州、深圳等13个市完成了电力专项规划，对预控规划的变电站站址和线路走廊，减轻输变电工程前期工作和工程建设阻力打好基础。广州、深圳、韶关、佛山、中山、珠海等先后完成或启动了电网的规划环评工作。《广东电网公司输变电工程预征地管理办法》在全省推广应用，已有10项220kV和110kV输变电工程办理了预征地手续。协助省政府出台《广东省加快输电网工程建设激励办法》、《关于加快电网建设的若干意见》，积极协调省环保局、水利厅、建设厅简化支持性文件办理手续，取得了成效。

2008年完成500kV工程选址选线审批5项，取得500kV项目核准要求的可研评审意见14份，站址用地预审意见8份，塔基用地预审意见7份，环保批文11份，水保批文9份，省发改委意见14份，省建设厅选址意见书11份。根据国家发改委发改办能源〔2005〕1374号、发改办能源〔2006〕2232号、发改办能源〔2007〕2061号三个文件，已同意广东省开展前期工作的500kV电网项目共42项。至2008年底，有15项获得国家发改委核准，有18项已上报国家发改委待核准，共完成上报核准工程共33项。220kV和110kV输变电工程核准工作也进展顺利，2008年，完成220kV变电站选址选线审批37项，220kV工程可研报告审批79项，110kV工程可研报告审批222项，取得省发改委核准220kV输变电工程39项，110kV输变电工程73项。

项目后评价工作

积极推进项目后评价工作，逐步实现电网

建设项目闭环管理。2008年公司下达了32项输变电工程进行项目后评价，其中500kV输变电工程4项，220kV输变电工程7项，110kV输变电工程21项。安排了二季度5项、三季度14项、四季度13项完成报告，并分批组织专家对后评价报告进行了评审，圆满完成了项目后评价工作。

基建计划管理

加强年度基建投资计划管理，要求各建设单位将年度计划分解为月度计划，逐月进行监控。加强小型基建项目投资计划管理，制订了年度小型基建投资计划执行情况考核办法，进一步完善小型基建项目的管理流程，科学控制项目造价。2008年共批复39个小型基建项目建议书、11个小型基建项目可行性研究报告。按时编制全省电网及小型基建项目完成投资月报，进一步完善建设单位年度基建投资计划完成情况的考核办法。

工程建设

努力克服冰灾带来的不利影响，克服征地、拆迁、青赔等困难，进一步加快电网建设。2008年建成投产重点工程项目有：南方电网公司2008年重点工程：500kV清远贤令山输变电工程、500kV惠州抽水蓄能电厂送出工程中电厂至博罗站线路、220kV南方电网供电澳门2008年输电通道工程、500kV花都变电站220kV出线工程（一期）、500kV阳江蝶岭输变电工程。省政府督办的电源送出工程：汕尾电厂送出工程、珠江LNG电厂送出工程、惠来电厂送出工程和三百门电厂送出工程、德胜电厂送出工程。迎峰度夏重要工程：500kV梅州荷树园电厂（二期）送出工程；500kV嘉应输变电工程；500kV榕江输变电工程；500kV罗洞4号扩建主变压器工程。

进一步加大电网技术改造力度，投入93.5亿元，集中力量实施技改、大修和消缺工程。完成了16个供电局的IDC建设。完成了重点线路加固、融冰装置研发与配置、应急通信网建设等工作，有效提高了电网抗灾御灾能力。

▲2008年5月8日，220kV南方电网供电澳门2008年输电通道工程顺利完成，图为施工人员正在进行攻坚。（广东电网公司 提供）

高度重视无电村通电建设，主动服务新农村建设，完成民心农网工程投资39.1亿元，加速农网建设与改造。2008年投资1.3226亿元无电地区电网建设，解决了374个自然村、14 586户、68 715人的用电问题；投资8018.61万元建设农村无电户电网延伸方式通电工程，解决了8001户、27 972人的用电问题。

2008年共完成电网建设投资210.77亿元，建成投产110kV及以上输电线路2905km、变电容量2093.2万kVA。其中，投资31.11亿元，建成投产500kV输电线路419km、变电容量575万kVA；投资47.71亿元，建成投产220kV输电线路1367.5km、变电容量744万kVA；投资50.59亿元，建成投产110kV输电线路1288.46km、变电容量888.7万kVA，进一步优化了电网结构，提高了电力输送能力。

工程质量评优

在工程建设中，严把安全质量关，着力打造精品工程。500kV 嘉应变电站工程、220kV 佛山变电站改造工程、220kV 乐园变电站工程、220kV 裕元变电站工程、220kV 黎贝变电站工程获“省公司优质工程”和“广东电力行业优质工程”称号；220kV 漠南变电站工程、220kV 能达变电站工程获“省优良样板工程”称号；500kV 广南变电站工程获“南网优质工程”、“2008 年中国电力优质工程奖”、“2008 年国家优质工程奖（银奖）”称号。

▲2008 年2 月21 日，广东电网公司总经理吴周春（右四）在韶关视察220kV 坪通线现场。（黄学明　摄）

电网运行与安全生产

电力供应

2008 年，广东电力供需形势先紧后松，受宏观经济影响，市场波动较大。广东电网统调负荷 11 次创新高，最高达 6027 万 kW（8 月 20 日），同比增长 11.35%。中调负荷 8 次创新高，最高达 5294 万 kW（8 月 20 日），同比增长 12.72%。全省最大错峰负荷达 708 万 kW（1 月 24 日），同比增长 13.3%。面对严峻的供电形势，广东电网公司积极应对。1 月中下旬，突如其来的雨雪冰冻灾害袭击了粤北电网。广东电网公司举全公司之力进行抗冰救灾抢修复电。2 月 6 日，通过采取紧急征调、采购、租赁发电车、发电机、应急灯等非常规手段，确保了春节期间“村村有电用”，打赢了抗灾抢险第一仗。2 月 9～29 日，组织 32335 名公司员工、4730 名军警官兵和预备役、2000 名地方人员和 2910 台车辆集结在韶关、清远两地，经过 20 天的艰苦奋战，粤北受灾电网全面修复，恢复正常供电，比计划提前了 5 天。广东电网抗灾抢修复电任务取得全面胜利。2 月 6 日，印发了《广东电网 2008 年迎峰度夏工作方案》，精心部署迎峰度夏工作。4 月 29 日，召开了 2008 年迎峰度夏暨奥运保供电电视电话会议，全面部署迎峰度夏和奥运保供电工作。8 月 24 日，圆满完成奥运会特级保供电任务。9 月 17 日，圆满完成残奥会特级保供电任务。10 月 6 日，对 2008 年迎峰度夏暨奥运保供电先进集体和先进个人进行了表彰。

积极争取外区电多送广东，全年外购电量 961.94 亿 kWh，同比增长 16.62%。其中，购西电电量 926.42 亿 kWh，同比增长 18.09%；购香

▲2008 年2月3日，广州供电局抢险队在贵州220kV 都凯线19 号塔抢修。（黄耀章　摄）

港电电量 27.17 亿 kWh，同比减少 13.78%。西电送广东最大负荷 1816 万 kW，同比增长 19.7%；香港电送广东最大负荷 205.9 万 kW，同比增长 0.9%。

加强厂网协调，加强购售电管理，与 18 家统调电厂签订了新的购售电合同。优化机组检修计划，在保证电网及设备安全运行的情况下，督促电厂缩短机组检修时间，进一步挖掘统调电厂现有机组的潜力，抗冰期间中调调度机组增开出力 60 万 kW，地调调度机组增开出力 150 万 kW。加强对地方电顶峰发电的管理，通过加强地方电出力预测、灵活调度、最大限度利用水电资源、合理编制发电顶峰计划等手段促使地方发电企业增加顶峰出力，缓解系统供电压力。认真落实省政府燃机、油机补贴政策，对各燃油电厂补贴 25.08 亿元，9E 机组补贴 9.29 亿元，促进了 9E、9F 机组顶峰发电。

综合运用错峰用电、峰谷电价、负荷控制、节能蓄能等措施，进一步加大移峰填谷的力度，统调平均负荷率 83.91%，全省用户自觉错峰率 99.9%，错峰电量 37 亿 kWh。实现了“限电不拉路，错峰不减产”。

安 全 管 理

3 月 31 日，在公司本部召开了 2008 年安全生产工作会议，总结 2007 年安全工作，部署 2008 年安全工作重点。2008 年是全国安全生产“隐患治理年”，3 月 31 日，印发了《广东电网公司安全生产“隐患治理年”活动实施总体方案》。4 月 30 日，印发了《广东电网公司安全生产百日督查专项行动工作方案》。5 月 14 日，印发了《广东电网公司县级供电企业 2008 年生产安全工作指导意见》。6 月 1 ~ 30 日，以“治理隐患，防范事故”为主题，开展安全生产月活动。7 月 24 日，印发了《广东电网公司安全生产风险管理体系建设指导意见》。7 月底，对安全生产百日督查专项行动进行了总结。8 月 1 日，印发了《广东电网公司突发事件总体应急预案》。11 月，对安全生产百日督查专项行动进行了“回头看”。

供 电 可 靠 率

制订《公司 2008 ~ 2010 年提高供电可靠性工作方案》，统筹考虑、长远规划可靠性工作。突出抓好停电管理，转供电、临时停电、重复性停电、延时停送电管理得到加强。突出加强可靠性指标管理，将可靠率指标分解下达，运用指标对停电

▲2008 年8月24日，奥运会闭幕式当晚，广东电网公司总经理吴周春（右二），副总经理徐达明（左四）在省调度中心值班。（广东电网公司　提供）

计划进行预控。按季度发布供电可靠率指标完成情况，进行综合考评。全年实现客户停电时间同比减少了37.3%。深圳局完成了国内首例市级供电可靠性规划，创造性地按照负荷性质和地域特点设定可靠性目标，城区每户年平均停电时间大幅下降13.11h，降幅达66.3%。广州局供电可靠性工作取得明显进展，通过配网带电作业、设备状态检修、配网自动化等9大措施，城区每户年平均停电时间大幅下降10.38h，降幅达43.8%。佛山局实现了对低压客户停电时间的准确统计，城市每户年平均停电时间同比减少6.0%。

技术措施

迎峰度夏前完成一批重点设备技术改造和大修，完成广东主网8个控制站、30个执行站系统的现场改造联调。广泛应用大容量变压器、大截面导线和节能低损等先进技术和设备。220kV及以上变电站调度数据网、营业网点综合数据网覆盖率分别达到100%、97.4%。完成29座500kV变电站、221座220kV变电站、1152座110kV变电站、177座35kV变电站直流系统的检查，完成73条500kV、1条400kV、267条220kV线路红外线测温检查，分别完成500kV、220kV设备预试4716台和15 056台。完成了重点线路加固、融冰装置研发与配置、应急通信网建设等工作，有效提高了电网抗灾御灾能力。

发布了广东电网2008年安全运行十大风险，加强预控，发布预警并成功控制了18项三星级电网风险。开展5次大型联合反事故演习，2次消防、反恐并启动同城备调演习，完成了首次南网总调、广东中调、香港中华电力三方联合反事故演习。

针对广东电网结构上的薄弱环节，采用解环、分区供电等方式解决短路电流超标问题；积极配合南网总调做好网内机组参数实测工作，2008年，完成励磁参数实测56台、PSS试验25台、进相试验23台；加快电网安稳系统改造，完成罗洞主站、鹏城主站、北郊、增城、广南、罗洞、鹏城、香山子站8个500kV控制站（主站、子站）及所带的30个220kV执行站稳控系统的现场改造联调，新建贤令山控制站，对原清远站稳控系统的控制功能进行改造调整，协助相关供电局在电网解环点或电网结构薄弱点配置相应的8套备自投装置和12套稳控装置。

技术指标

2008年，广东电网生产技术指标保持较高的运行水平，电网频率合格率99.999%，省网电压合格率99.99%，城市用户供电可靠率99.886%。完成供电量3184.54亿kWh，同比增长3%；完成售电量2999.5亿kWh，同比增长3.6%；综合线损率5.89%，同比下降0.48个百分点；220kV及以上继电保护装置正确动作率99.87%，同比提高0.05个百分点。

安全事故

2008年，广东电网公司没有发生较大及以上事故，没有发生对社会产生重大不良影响的事故，共发生一般安全生产事故共51起，同比减少29起，减幅36%。其中人身伤亡（重伤）事故2起，同比持平；一般电网事故6起，同比减少2起；一般设备事故43起，同比减少27起；恶性误操作事故3起，同比增加1起；人为责任事故6起，同比减少6起。主要事故如下：

4月6日，湛江供电局进行220kV坡头站110kV1号变压器中11 012刀闸（Ⅱ号母刀）大修，在该刀闸试分合闸过程中，变电运行人员误合110kV1号变压器中11 011刀闸（Ⅰ号母刀），造成带接地线合刀闸的恶性电气误操作事故，导致110kV母差保护动作跳闸，5座110kV变电站失压。

7月17日，广东火电工程总公司在220kV阳江站进行220kV阳漠线Ⅱ母侧29 032刀闸引下线安装。完成B相跳线安装后，施工人员龙某和雷某从母线回到构架上，龙某在未系好安全带的情况下，回收移动平衡用的竹竿时与相邻带电间隔（茂阳线）的安全距离不足，造成C相导线经竹竿对母线构架放电，龙某受电击从构架跌落草地，身受重伤，同时220kV母差保护动作跳闸，导致220kV阳江变电站及12座110kV变电站失压。

12月17日，阳江供电局变电部运行人员在220kV春城站执行“220kV 1号主变压器由运行转冷备用”倒闸操作过程中，带负荷拉10kV母联5121刀闸，造成一起恶性误操作事故。

12月17日，揭阳供电局变电部运行人员在110kV锡场站进行“110kV揭锡线160开关由检修转运行”倒闸操作过程中，带电误合16 040线路地刀，造成一起恶性误操作事故，导致110kV锡场站全站失压。

12月19日，珠海供电局110kV兰埔变电站操作人员按操作票在执行“将10Ⅱ段母线2号电容器组由冷备用转热备用”过程中，10kV移动式小车推入工作位置时，触头盒金属挡板未能正常开启，在小车导电臂进入触头盒时，金属挡板与导电臂接触，引起小车相间和接地短路，造成一操作人员重伤。

市场营销

经营指标

全年共完成供电量3184.54亿kWh，同比增长3%；售电量2999.5亿kWh，同比增长3.6%。购电平均单价424.08元/MWh，比经营考核指标低5.92元/MWh。供电单位成本120.20元/MWh，比经营考核指标低1.80元/MWh。应收电费余额为9.33亿元，比计划减少0.7亿元。当年电费回收率完成99.75%，旧欠电费回收率完成34.4%。

需求侧管理

深化细化需求侧管理，充分利用已建成的电力需求侧管理分析与决策支持系统，实行日、周、月负荷滚动预测。完善错峰用电考核管理办法，量化指标，对错峰负荷预测情况、自觉错峰情况、线路强制错峰情况、提高负荷率情况和通知到户情况5个方面进行考核评分，奖优罚劣。制订更加灵活的有序用电方案和各种突发情况下的应急预案，编制《广东电网紧急避峰用户及负荷统计表》，通过负荷管理系统监测功能，将333万kW紧急避峰负荷落实到户。充分发挥负荷管理系统的技术支持作用，引导企业做好轮休排班，科学安排客户移峰填谷，做到“限电不拉路，错峰不减产”。确保电网安全和有序用电。

营销管理

2月24日，在东莞召开了广东电网公司2008年电力营销工作暨保障电力供应会议，对全年电力营销工作进行了部署。大力推动营销科技进步。稳步推进公司营销管理信息系统，计划在2009年进入单轨运行。研究开发了营销类业务项目管理系统，项目管理实现了从计划管理、过程管理、资金使用及项目验收等全过程动态管理。

加大电费回收工作力度。10月15日，在梅州召开了电费回收工作会议，认真研究了当前的形势，要求各单位高度关注当前宏观形势的变化及其对企业的影响，采取“精确控制”的办法，控制各单位应收电费余额。

加强营销班组标准化建设，规范各项营销业务，全面提高公司营销班组基础管理水平。9月，在珠海供电局举办了培训示范班，并开始在全省各直属供电局开展宣贯培训，全年共举办52期培训班，16个供电局2231名营销班组长参加培训，收到很好的成效。

电能计量

加强计量制度建设，规范计量管理。制订和修编了9个电能计量管理制度和包括标准检定装置、电能表、计量用互感器以及负荷管理系统、计量遥测系统、配变监测计量系统及低压集抄系统等29个技术标准。大力推广优质电能表，提高计量准确率。全年采购三相多功能电能表11.9万只、三相长寿命电能表7.1万只、单相长寿命电能表52.9万只及电子式电能表51.8万只，用于新增、轮换用户用表及更换国家明令淘汰的高损耗电能表。计量故障差错率0.1%，电能计量准确率99.99%。加强上网关口计量监督，确保计量公平、公正。开展计量专项检查工作，逐步统一、规范各单位的管理模式，规范电能计量管理标准。编制“十一五”电能计量规划，规划内容包括现状及需求分析、装置建设、改造与轮换、计量自动化终端和主站系统建设、计量检定中心与计量标准的配置等。

大力推进计量自动化系统建设。扩建负荷管理系统，100kVA及以上专用变压器客户负荷终端覆盖率达到90%；完成21个供电局地区电网计量遥测系统建设，地区电网厂站计量终端覆盖率95%。启动配电变压器监测计量系统建设，安装终端覆盖率达到31.74%；启动低压集中抄表系统建设，52万户低压小区用户实现远程集中抄表。初步建立了涵盖负荷管理系统、配电变压器监测计量系统、地区电网计量遥测系统、低压集中抄表系统为一体的计量自动化系统主站。

电价管理

严格执行销售侧、上网侧所有电价政策，做好区域同网同价改革，贯彻煤电联动电价政策，做好上网、销售电价调整工作，严格执行差别电价，无优惠电价情况存在。9～10月重点开展了差别电价执行情况检查工作，在各单位自查的基础上，对广州（番禺）、清远（连南、英德）、韶关（乐昌、乳源）、河源、揭阳、梅州地区的高耗能钢铁企业差别电价执行情况进行了现场检查。积极配合政府部门做好广东省区域同网同价改革工作，配合出台了燃气燃油加工费政策，理顺了对燃油燃气电厂的补贴机制，鼓励机组顶峰发电。制订了《县级供电企业小水电直购方案》，从根本上解决了地方小水电上网关口表技术控制手段落后，电量统计存在误差，上网电费拖欠的问题。

客户服务

4月25日，印发了《广东电网公司“金牌服务迎奥运”活动实施方案》，以“责任在我心，奥运伴我行”为主题，紧扣南方电网公司“五心金牌服务”的活动内容，实施“五零五百”工程。优质服务总体水平和服务质量有了进一步提高，客户投诉次数同比大幅下降71%，客户满意率达到99.8%。5月，深圳供电局实现了第一个“五零五百”目标，也是全省第一个实现目标的单位；佛山供电局实现了6次月度“五零五百”，居全省首位。修订《广东电网公司供电服务十项承诺》，全面开展整改情况自查和抽查，扎实地把金牌服务迎奥运活动引向深入。公司在广东社情民意调查中连续3年夺得满意度第一。

▲2008年9月16日，广东电网公司首次走进民声热线直播间，与全省用电客户直接对话。（广东电网公司 提供）

▲2008年3月，清远供电局呼叫中心被全国妇女联合会授予2007年度全国三八红旗集体光荣称号。（广东电网公司 提供）

人力资源管理

干部队伍建设

加强各级领导班子建设，分批次进行了干部调整和配备。对部分直属单位领导班子进行了调整和充实，全年调整配备干部59人、提拔干部40人、交流干部12人。对接管后的县级供电企业的领导班子进行了重新组建，制订和印发了《关于加强县级供电企业（子公司）领导班子建设工作的意见》，全年共完成32个县级供电企业（子公司）班子组建工作。完成新提拔干部和挂职援疆干部的考核工作。完成了领导干部个人考核评价意见22份。纵深推进“四好”班子建设，制订了《关于进一步深化地市级和加强县级供电企业“四好”班子建设的实施意见》，指导直属单位把“四好”班子建设工作向基层单位推进。继续加强“四好”班子的考评工作，进一步修改和完善了“四好”班子建设工作考评办法，完成了直属36个单位的“四好”班子年度考核工作。

认真组织推荐和评选2008年抗冰救灾抢修复电先进单位和个人，组织评选了广州供电局等33个“广东电网公司2008年抗冰救灾抢修复电先进单位”、2563个“广东电网公司2008年抗冰救灾抢修复电先进个人”。并根据要求，向南方电网公司推荐表彰2008年抗冰救灾抢修复电先进集体15个，先进个人43人。

劳动管理

进一步优化广东电网公司本部组织架构，成立了农电资产管理公司、网络信息部、新闻中心、招标管理中心。根据调整后的组织机构设置，对本部各部室的主要职责进行了相应的调整。优化直属供电企业组织管理体系，修改完善了《直属供电企业组织机构优化方案》，印发了《县级供电企业（子公司）组织机构设置方案》，指导有关地市供电局组织各县级供电企业（子公司）开展规范组织机构设置工作。规范公司系统通信信息管理体制，修改完善《关于进一步规范公司系统通信信息管理体制的建议方案》。配合做好火电工程总公司和第一工程局子弟学校移交地方教育部门管理的相关协调工作。目前，火电工程总公司子弟学校已完成移交工作，第一工程局子弟学校移交工作也已进入关键的谈判阶段。加强劳动定员管理，制订了直属供电局2008年定员方案，指导直属供电企业按新的定员组织生产。全年共接收毕业生1725人（包括直属单位1369人，县级供电企业356人），其中博士24人，硕士234人，本科1069人，大专337人，中专技工61人，进一步优化了公司的职工队伍结构。

薪酬福利与绩效管理

进一步细化、完善工效挂钩办法，制订和修改了《广东电网公司企业负责人目标责任制考核管理办法》、《广东电网公司奖励管理办法（试行）》、《广东电网公司线损考核办法》、《广东电网公司实行综合计算工时工作制和不定时工作制暂行规定》等管理制度。根据直属单位2007年生产经营指标完成情况，制订薪酬分配方案并实施。完成已接收43个县级供电企业（子公司）在广东省劳动和社会保障厅的工效挂钩工作，制订《广东电网公司县级供电企业（子公司）工效挂钩管理办法》。配合南方电网公司人事部做好薪酬制度改革工作，制订《广东电网公司薪酬制度改革方案》。企业年金资金管理严格按照南网年金中心的要求开立专户进行单独管理，企业年金的归集及支付严格按照收支两条线管理。

教育培训

不断完善人才开发与评价管理机制，实施全员大教育、大培训，重点加强一线生产技能人员实际操作技能的规范和提高，着力培养高素质的员工队伍，有效支持公司智力资本的运作与扩张。修订了人力资源职能战略，并广泛宣贯。进一步加强高层次人才队伍建设，经国家人力资源和社会保障部批准，公司成为首批国家高技能人才培养示范基地。创新开展专业技术资格考评工作，首创专业技术资格网络评审并获得成功，公司系统共计710人顺利通过考评取得高、中级专业技术资格。制订并落实公司系统2008年员工培训指导性计划，编制公司2008～2015年教育培训规划和教育培训基地规划。着力培养高技能人才，年度培养高级技师51人、技师456人、高级工2558人。成功组织公司系统近3000个生产班组20 000多人参加的大规模电业安全工作规程考试。精心组织省职工职业技能大赛的公司电力电缆专业等3个技能竞赛，成功举办公司首届会计知识大赛，其中2人获全国电力行业技能竞赛“优秀技能选手”、3人获省“五一”劳动奖章、15人获省“技术能手”及“经济技术创新能手”称号。全年举办各类培训班2638个，公司系统共计153 997人次参加培训。

▲2008年4月26～27日，全省电业安规考试统一进行，图为潮州供电局考试现场。（广东电网公司　提供）

经　营　管　理

创　先　工　作

系统推进创先工作，省公司召开创先工作专题会议17次，加强对广州、深圳供电局的指导与综合协调。广州供电局以战略为导向，以供电可靠性、创造客户价值为核心，完成最佳流程设计流程251个。深圳供电局结合营销ERP、生产管理系统、工程管理系统的上线，陆续完成了各业务流业务层面和操作层面的流程优化和固化。绩效管理方面，广州供电局完成了对38个单位部门绩效评价和全员绩效管理，建立了以定量考核为主的、与执行战略相匹配的绩效管理机制。深圳供电局共制订了部门绩效考核指标168条和岗位绩效考核指标1850条。在盐田局、龙岗局试点基础上，9月起在全局全面实行考核结果与绩效工资挂钩。

▲2008年1月10日，南方电网公司总经理赵建国到深圳供电局检查创先工作。（广东电网公司　提供）

管 理 年 活 动

把握重点，继续深入开展公司管理年活动。加强宣贯指导，全年组织宣贯讲座14场，印发工作简报75期。继续加强战略体系建设，对公司21项职能战略进行了调整修订。5月29日，召开职能战略评审会议对职能战略进行了评审。7月28日，印发《关于开展执行战略修订工作的通知》，提出了供电局执行战略修订的具体要求，直属21个供电局对战略概要和职能规划进行了修订。以制度群建设为抓手，强化运作流程体系建设。3月6日，印发了《广东电网公司制度群管理办法》及相关指引。公司本部新制订的各类制度，必须严格按照制度群管理办法的规范化要求，进入制度群制订修订流程，纳入编码管理。10月底，公司本部全面形成有效制度。11月1日，全面执行已经形成制度群编码的省公司级有效制度。全年在制度群管理信息平台中累计形成有效制度4121项。

节能降耗

积极配合政府关停小火电机组约500万kW，推进小火电退役的配套电网建设。在全国率先开展节能发电调度试点工作，全年水发电量同比增长17.8%，购水电比重提高了0.83个百分点，未发生调度和经济原因弃水，减少燃烧消耗折合节约标煤31.6万t，削减二氧化硫排放60万t。进一步加强线损“四分”管理，制订《广东电网公司2008～2010年线损四分管理工作方案》，线损率同比下降0.48个百分点。

继续开展节能“绿色行动”活动，建立131个科学用电示范点、8个节能展示厅。佛山供电局积极促成政府组建首个地市级节能协会。严格执行差别电价政策，全省限制类、淘汰类高耗能企业用电同比下降21.8%。加强用户侧节能管理，为3.16万家企业制订了节能建议书，指导客户更换节能变压器2142台，容量41万kVA，降低终端能耗。大力开展节能宣传。通过投放电视、广播电台、报刊海报等主流媒体宣传节约用电，发放宣传品、科学用电手册共20万册。通过开展节能服务，共为客户节电约2.6亿kWh，节约电费支出约1.92亿元。

财务管理

不断深化全面预算管理，层层分解预算指标，加强全面预算对经营活动的渗透和指导，落实资产经营考核责任制，净资产收益率达到4.45%。有效控制非生产性支出，加大生产性投入和电网改造力度。探索构建购电成本预算规范模型，尝试引入EVA价值评估体系，积极研究成本控制的新思路、新方法。深化资金集约化、精细化管理，按日对现金流量进行动态规划，提高了资金计划的准确性，加快了资金利用效率。全年省公司月均资金集中率为80%，减少外部融资51亿元，节约财务费用3.05亿元，在满足资本性投入280亿元的情况下，资产负债率控制在52%。进一步完善供电成本量化分配体系，单位供电成本比考核指标低1.8元/MWh。加强竣工决算管理，全年完成竣工决算批复185项，实现全年应决算工程决算完成率100%。规范招投标管理，完成一级物资采购金额达151亿元，与市场价格相比节约8.7%。公司连续5年获得南方电网资产经营业绩考核第一名。

内部审计

落实依法经营2号令，充分发挥内部审计“眼睛”和“保健医生”的作用。围绕公司中心任务，紧扣“公司经营管理水平、效益的提高和可持续发展”一个中心，突出“基建与营销”两个环节，把握“资金、资产、内部控制”3条主线，全面履行审计职能。完成抗冰抢修复电期间的审计监督工作、国家审计署电力建设情况专项审计调查迎审配合工作以及南方电网公司部署的各项专项审计工作。突出抓好经济责任审计、内部控制制度审计、预算管理审计、财务收支审计、工程签证审计5项专项审计工作。深入开展资金管理、物资盘点、农电管理3项审计调查，进一步完善企业内部管控机制。组织开展自查自纠及整改工作，整改与预防并重，进一步提高审计成果运用水平。2008年，公司系统共完成审计项目648项、审计调查327项，纠正违纪违规金额2589.83万元，增收节支8904.66万元。公司荣获广东省审计厅、广东省内部审计协会授予的“2005～2007年度全省内部审计先进单位”荣誉称号。

农电改革与管理

农电体制改革与管理取得了新成果。1月25日正式接管兴宁市供电局、平远县供电局、丰顺县供电局；3月11日正式接管德庆县供电局；4月1日正式接管饶平县电力工业局；4月24日正式接管揭西县供电局；6月24日正式接管南澳县供电局；10月13日正式接管海丰县供电局；11月28日正式接管普宁市电力工业局；12月30日正式接管陆丰市供电局、惠来县供电局。截至2008年底，全省已接管的代管县供电企业增至47个，接管资产132亿元，历时4年多的农电改革进入尾声。加强县级供电企业基础管理，有14个县级供电企业通过南方电网达标考评，目前全省达标覆盖率已达60%。

法 律 事 务

印发《广东电网公司法律工作职能战略》，明确法律工作发展方向和未来3年法律工作重点及具体指标。完成法律业务管理信息系统建设。2008年，完成合同审查总数60 214份，合同总标的额约772.21亿元人民币；完成诉讼220宗，涉及标的额5.3亿元人民币，胜诉179宗，胜诉率达81%，挽回经济损失2.8亿元人民币。积极推动地方立法，9月1日，《广州市供电与用电管理规定》施行，填补了目前地方电力立法的空白和现行法律法规的不足。

党建和精神文明建设

党 建 工 作

认真开展解放思想大讨论主题教育活动。有效整合党建信息资源，建立"立体式"党建信息网络体系，党建工作的有效性、参与性和民主性大大增强。在抗击自然灾害、奥运保供电和企业维稳工作中，党组织和党员都经受住了考验，发挥了作用，充分体现了党的先进性，有94名积极分子在抗冰战役中火线入党。在抗震救灾捐款中，公司系统共缴纳特殊党费843万元。2008年，公司被国务院国资委党委授予"中央企业思想政治工作先进单位"光荣称号，公司系统共有19个党组织和34名个人受国务院国资委党委、南方电网公司党组、广东省委、广东省直工委表彰。公司党委表彰先进基层党委6个，先进基层党组织56个，优秀共产党员71人，优秀党务工作者68人。认真做好发展新党员工作，使党组织的队伍不断壮大，无党员班组逐年减少。2008年，公司系统共举办入党积极分子培训班35期，培养入党积极分子1808人，发展党员790名。

对照廉洁从业"七项要求"开展自查整改和述廉议廉，11月3日，公司本部中层以上领导人员、各地市供电局领导班子成员，以及公司财务人员、省电力调度中心人员所持发电企业和关联企业的股权，已全部清理或转让完毕。完善党风廉政建设责任传递机制，对公司本部13个部门和直属36个单位进行量化、常态化考核，公司直接管理的干部没有发生违反《国有企业领导人员廉洁自律若干规定》的问题，没有发生影响企业形象的重大行风事件，各供电局本部未发生干部员工被外部查处的案件，五大重点领域没有发现不正当交易行为，没有发生瞒案不报、压案不查或责任追究不到位的问题。妥善处理信访举报和案件线索，加大廉洁谈话和诫勉谈话力度，解决好苗头性问题。加强廉洁文化建设，做法和经验受到国务院国资委纪委的首肯。

强化职工代表大会制度，1月28日，召开广东电网公司2008年工作会议暨一届二次职工代表大会。各基层单位把职代会当作职工行使民主权利的重要阵地。推进企业民主管理，完善厂务公开机制，认真办理好职代会提案。加快推进借鉴ISO 9000标准建立厂务公开民主管理体系的进程，佛山、汕头、汕尾供电局，声输变电工程公司等单位取得《广东省厂务公开民主管理工作贯标认证证书》。

精 神 文 明 建 设

公司积极开展群众性劳动竞赛，围绕安全生产总体目标，制订了《广东电网公司"安康杯"竞赛活动方案》，按属地原则开展活动。1月，在广东省十项工程劳动竞赛表彰大会上，公司系统共有10个集体和12个个人受到表彰，成为获得荣誉最多的单位之一。广东电网公司连续三年荣获"广东省十项工程劳动竞赛优秀组织单位"称号。公司被广东省国资委和省总工会评为"广东省改革开放30周年功勋企业"和"优秀企业文化杰出贡献单位”。公司和2个基层单位、8人获得全国五一劳动奖状和奖章，13个单位、37人获得广东省五一劳动奖状和奖章。

进一步深植南网企业文化，修订了《广东电网公司企业文化战略》，提炼和培育以南网文化为核心，具有广东电网特色的企业文化体系。开展企业文化建设评价工作，形成系统的企业文化建设基础资料。举办“倡清廉，扬正气，促和谐”廉洁公益广告、DV短片创作大赛和展播活动、职工羽毛球赛、“迎奥运、讲文明、树新风”首届青年趣味运动会和女职工演讲比赛等。基层单位文化活动精彩纷呈，中山供电局的企业文化艺术节、佛山供电局的青年论坛、肇庆供电局的摄影协会、省电力一局的安全文化进工地等活动都收到了较好的效果。

共青团工作

进一步健全《公司基层团委目标管理考核办法》，公司现有6家团委荣获“全国五四红旗团委创建单位”称号。积极开展青年突击队活动，组建青年突击队162支积极参与抗灾抢修。开展青年安全主题活动，深圳供电局输电部线路二班荣获“全国青年安全生产示范岗”。开展“平安电网 青春广电”主题青年安全文化创意大赛，共收到舞台类作品43个，非舞台类作品480个。积极参与抗震救灾献血等志愿活动，公司团员共缴纳特殊团费36万元。

十件大事

广东电网公司2008年工作会议暨一届二次职工代表大会胜利召开。1月28日，广东电网公司召开2008年工作会议暨一届二次职工代表大会，回顾了过去五年的五大成就，明确了2008年发展目标，部署2008年重点抓好的九项工作，提出贯彻落实会议精神的要求。

广东电网公司取得抗冰抢修复电战役的重大胜利。1月23日，广东电网公司支援贵州抗冰复电抢修队出发；2月6日，公司采取紧急征调、采购、租赁发电车、发电机、应急灯等非常规手段，实现了春节期间“村村有电用”目标；2月29日，广东电网抗灾抢修复电工作圆满完成，提前5天全面恢复电网正常运行，在全国率先恢复灾区正常供电；3月1日，赴韶关抗冰复电抢修队凯旋归来；3月2日，赴清远抗冰复电抢修队凯旋归来；3月10日，赴贵州抗冰复电抢修队凯旋归来。公司举全网之力，打赢了抗冰抢险保卫战、抢修复电大会战、赴黔救灾攻坚战三大战役。

1月25日~12月30日，广东电网公司分批接管兴宁市等11个代管县供电企业，将其电网发展、安全生产、电力营销、企业管理等迅速纳入直属系统运作轨道。截至2008年底，全省已接管的代管县供电企业增至47个，接管资产132亿元，历时四年多的农电改革进入尾声。

广东电网公司在广东纳税百强排行榜位居第一。4月1日，广东首个纳税百强排行榜公布，公司位居综合纳税、增值税、电力燃气和水生产供应业三个排行榜第一位。

4~9月，台风“浣熊”、“风神”、“北冕”、“鹦鹉”、“黑格比”等相继登陆，对广东电网公司电力设施造成破坏。广东电网公司全力开展抗风救灾，修复受灾地区损毁线路，恢复送电。

4月30日，广东省委省政府召开庆祝“五一”国际劳动节暨劳动模范表彰大会。广东电网公司、佛山禅城供电局城区供电所急修班、省电力调度中心调度部等3个单位荣获“全国五一劳动奖状”，广东电网公司工会等15个单位荣获“广东省五一劳动奖状”，金基民等9人荣获“全国五一劳动奖章”，赖佳栋等37人荣获“广东省五一劳动奖章”，广州供电局输电部等8个集体荣获“全国工人先锋号”，河源连平供电局城西营业厅等16个集体荣获“广东省工人先锋号”。公司再次成为广东省受表彰集体和个人最多的单位之一。

5月12日，四川省汶川县发生特大地震。公司积极响应党中央、国务院的号召，按照南方电网公司统一部署，做好抗震救灾工作。5月22日，

▲2008 年4月30日，广东省召开庆祝五一劳动节暨表彰大会，图为黄建军书记代表公司上台领奖。（广东电网公司　提供）

集结74台、容量1078kW、价值近570万元的应急发电机运往四川灾区。6月18日，组织价值439.1万元电力物资支援灾区。在抗震救灾捐款中，公司系统员工个人捐款4400万元，缴纳特殊党费843万元，缴纳特殊团费36万元。

圆满完成奥运特级保供电任务。8月8～24日，广东电网公司圆满完成奥运会特级保供电任务。9月6～17日，圆满完成残奥会特级保供电任务。

9月10日，广东省省情调查中心发布对供电、通信、民航、交通、邮政、银行、保险、供水、供油九大服务行业调查结果，居民对供电总体服务满意度评价最高。这是广东电网公司连续3年夺得九大服务行业满意度第一。

12月11日，南方电网在公司召开干部大会，对公司领导班子进行了调整。公司领导班子换届工作圆满完成，新领导班子正式到任。

（钱永兵）

▲2008 年6月29日，500kV 贤令山输变电工程投运。（广东电网公司　提供）

广西电网公司

基 本 情 况

概 况

广西电网公司是南方电网公司的全资子公司，负责经营南网公司在广西的国有电网资产，对广西电网实行统一规划、建设、管理和对广西的发电、输电、配电实施统一调度。

截至2008年底，广西拥有35kV及以上输电线路4.48万km，公用变电容量4508.23万kVA。其中35kV输电线路2.35万km，35kV公用变电站1010座，容量531.83万kVA；110kV输电线路1.15万km，110kV公用变电站281座，容量1627.1万kVA；220kV输电线路8516.49km，220kV公用变电站72座，容量1674.3万kVA；500kV输电线路1221.73km，500kV公用变电站6座，容量675万kVA。

2008年底，广西境内电厂装机容量2424.49万kW，同比增长22.74%。其中水电1397.37万kW，同比增长33.86%，占当年全部装机的57.6%；火电1027.12万kW，同比增长10.28%，占当年全部装机的42.4%。

2008年，广西全社会用电量760.79亿kWh，同比增长11.69%。广西电网完成统调购电量689.79亿kWh，同比增长15.91%；完成售电量657.45亿kWh，同比增长16.42%，增幅位居南方电网第一。广西电网统调负荷6次创新高，最高负荷1005.6万kW，同比增长5.19%；日电量12次创新高，最大2.04亿kWh，同比增长10.67%。其中购外省电量73.26亿kWh，售外省电量167.7亿kWh。

广西电网城市供电可靠率99.87%，同比降低0.02个百分点；综合电压合格率99.36%，同比降低0.03个百分点；主电网频率合格率100%，同比持平；线损率6.56%，剔除新增企业合并影响后为5.58%，比考核指标高0.38个百分点；城市居民端电压合格率99.15%，同比提高0.15个百分点。

2008年，主营业务收入323.05亿元，同比增长19.83%。利润总额1.46亿元，完成考核指标1亿元的145.94%。净资产收益率0.93%，比考核指标0.86%高0.07个百分点。应收电费余额剔除新增企业合并影响后为2.22亿元，比考核指标下降3.48%。年末资产总额446.4亿元，同比增长20.51%。资产负债率75.58%，比考核指标低0.42个百分点。流动资产周转率3.96次，剔除新增企业合并影响后为4.32次，比考核指标低1.06次。

2008年，购电单位成本278.47元/MWh，比考核指标低14.53元/MWh。供电单位成本98.7元/MWh，剔除新增企业合并影响后为81.06元/MWh，比考核指标低4.94元/MWh。

2008年，广西电网公司电力基建投资计划为32.42亿元，其中大中型项目31.1亿元，小型自筹基建项目1.32亿元；实际累计完成投资33.57亿元，完成年计划投资32.42亿元的103.55%，其中大中型项目完成投资32.35亿元，完成年计划投资31.1亿元的104.01%；小型自筹基建项目完成投资1.23亿元，完成年计划投资1.32亿元的92.78%。

组 织 机 构

见广西电网公司2008年组织机构图。

领 导 班 子

2008年末广西电网公司领导班子成员组成如下：

党组副书记、总经理：黄进平（法定代表人）

党组书记、副总经理：宫宇

党组成员、副总经理：赖崇能

党组成员、副总经理：李一平

党组成员、副总经理：韦家森

党组成员、副总经理：黄家林

党组成员、副总经理：林火华

党组成员：揣小勇

总会计师：罗体承

总工程师：王文

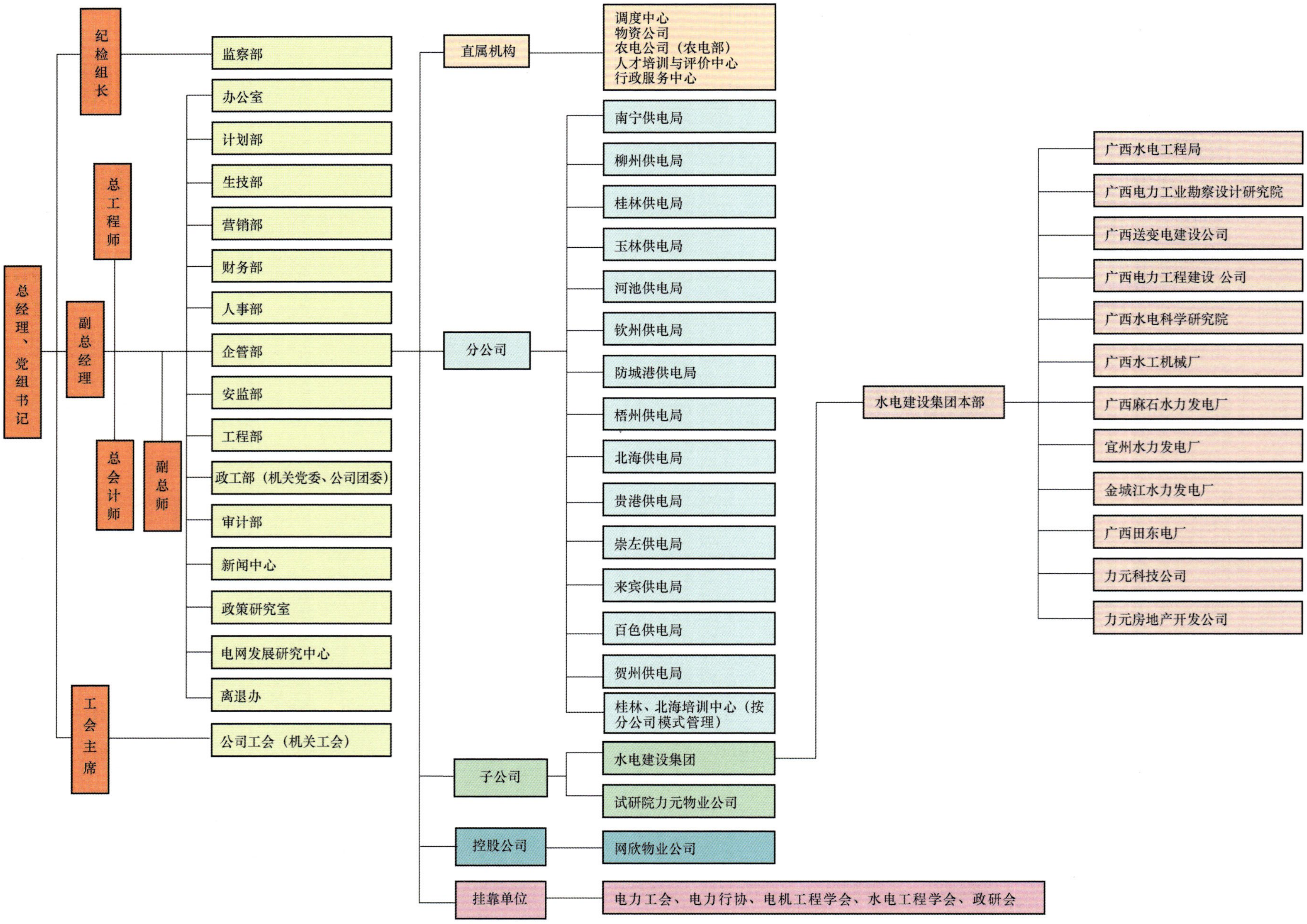

总经理、党组书记

纪检组长
总工程师
副总经理
总会计师
副总师
工会主席

监察部
办公室
计划部
生技部
营销部
财务部
人事部
企管部
安监部
工程部
政工部（机关党委、公司团委）
审计部
新闻中心
政策研究室
电网发展研究中心
离退办
公司工会（机关工会）

直属机构
调度中心
物资公司
农电公司（农电部）
人才培训与评价中心
行政服务中心

分公司
南宁供电局
柳州供电局
桂林供电局
玉林供电局
河池供电局
钦州供电局
防城港供电局
梧州供电局
北海供电局
贵港供电局
崇左供电局
来宾供电局
百色供电局
贺州供电局
桂林、北海培训中心（按分公司模式管理）

子公司
水电建设集团
试研院力元物业公司

水电建设集团本部
广西水电工程局
广西电力工业勘察设计研究院
广西送变电建设公司
广西电力工程建设 公司
广西水电科学研究院
广西水工机械厂
广西麻石水力发电厂
宜州水力发电厂
金城江水力发电厂
广西田东电厂
力元科技公司
力元房地产开发公司

控股公司
网欣物业公司

挂靠单位
电力工会、电力行协、电机工程学会、水电工程学会、政研会

广西电网公司 2008 年组织机构图

电网规划与建设

电 网 规 划

公司完成广西“十一五”电网规划优化研究和14个地市电网规划修编审批工作，通过完善、优化各市供电网络，及时调整项目建设计划，使电网更好适应经济发展需要；启动广西电力工业“十二五”及中长期发展规划研究工作，以科学发展观指导广西电源建设和电网发展，提出电网发展的远景目标，规划初步成果于2008年9月份率先向南方电网公司进行了汇报；编制了北部湾经济区电网发展规划，指导北部湾经济区电网建设发展，为广西北部湾经济区发展奠定了坚实的基础。

针对2008年初冰冻灾害对电网的影响，公司出台《110kV及以上电网加强改造的原则和措施》和《应对低温雨雪冰冻灾害主电网建设方案》等指导性文件，加快重建进程，并完成了《南方电网提高抗灾保障能力电源电网规划研究》，找出电力规划在抗灾方面存在的薄弱环节，提出提高抗灾保障能力电源电网规划技术原则，从电源和电网两个方面研究增强电网抗灾能力的思路和措施方案。

▲2008年1月28日，广西自治区党委书记郭声琨（中）莅临广西电网公司检查指导抗冰灾保电工作。（邓新南　摄）

公司出台加快城网改造和完善农网工作方案，完成2009年中央预算内城网改造可研报告的编制和评审，编报2009～2011年中央预算内投资城网建设与改造方案，自治区发改委《关于广西电网公司2009年城市电网建设与改造工程可行性研究报告的批复》，同意公司2009年中央预算内城网改造项目开展工作。

▲2008年2月4日，广西电网公司总经理黄进平（右二）在桂林110kV挡道线慰问抢修人员。（潘方强　摄）

公司与13个地级市签订了电网发展合作框架协议，南宁、玉林、桂林市政府陆续颁布了电网建设绿色通道实施方法，北海市政府正式批复北海市电力专项规划。

积极做好电源服务工作，公司与多个小水电业主签订了并网协议，配合业主做好电站上网方案研究，加快相关输变电工程建设，满足电站上网的硬件要求；积极支持新能源开发建设，主动做好新能源接入系统服务工作，2008年来宾市垃

▲2008年2月3日，广西桂林供电局员工在220kV沙侯线抢修现场。（曾毅　摄）

圾焚烧发电厂投产发电，公司先后评审了北流凯迪及灵川凯迪生物质能发电厂、柳城生物质能发电厂、资源金紫山风电等一批新能源项目接入系统方案，并签订了海荷隆安生物质能电厂等并网意向协议书。

电 网 建 设

2008年，广西主电网基建工程投资31.1亿元，建设项目共计229项，项目数量同比增加23.78%，其中续建项目100项，新开工项目103项，开展前期工作26项；计划投产81项，新增主变压器容量5213MVA，其中220kV主变压器容量3690MVA、110kV主变压器容量1523MVA；线路2023km，其中220kV线路1194km、110kV线路829km。实际累计完成投资32.35亿元，完成年计划31.1亿元的104.01%。新开工120项，完成年计划119项的100.84%，开工规模主变压器容量6879MVA，送电线路1891.2km。竣工投产82项，完成年计划81项的101.23%。新增主变压器容量4673MVA，其中220kV主变压器22台共计3390MVA、110kV主变压器27台共计1283MVA；送电线路1598.28km，其中220kV线路918.21km、110kV线路680.07km。南方电网公司2008年重点工程1项、自治区统筹推进及二期沿海基础设施建设大会战项目5项、广西电网公司2008年迎峰度夏重点工程15项均按计划要求建成投产。

2008年，出台《广西主电网改、扩建工程安全管理规定》和《广西电网公司2008年电力建设工程质量创优工作实施方案》，使广西电网建设工程管理规范有序，进一步有效地防止了有责任的人身事故和恶性误操作事故，并将安全管理工作重心落实到基层班组以及现场，各工程安全和文明施工的软硬件方面都有显著提高，安全生产局面良好，实现了安全生产“双零”目标。

2008年，公司先后评选出220kV文福变电站等10个电力工程为2007年度广西电力优质工程。完成2008年度南方电网公司电力优质工程奖及广西优质工程奖的评审、推荐工作。其中广西送变电建设公司参建的500kV肇花博输变电、百色500kV变电站—文福220kV送电线路两个工程获南方电网公司2008年度电网建设优质工程，百色500kV变电站—那雄220kV送电线路等5个工程获“2008年广西优质工程奖”。4月，公司完成2007年度工程达标投产评审工作，220kV万秀变电站等10个电力工程被命名为“广西电网建设达标投产工程”。

▲2008年8月25日，广西电网公司500kV海港输变电工程开工仪式在广西防城港举行。（邓新南　摄）

电 网 运 行

概 况

2008年，广西国民经济保持快速增长、健康稳定增长态势，电网负荷也保持较快增速。但受国际金融危机、产品市场价格及空调负荷减少的影响，用电负荷不断减少，10月后呈现负增长。2008年广西电网统调负荷6次创新高，9月22日最高负荷首次突破1000万kW大关，达1005.6万kW，比2007年的最高负荷969.5万kW（含地调电量）增长3.72%；日电量12次创新高，最大达2.04亿kWh，比2007年的1.896亿kWh增长7.74%。2008年统调购电量达689.79亿kWh，同比增长15.91%。完成售电量657.45亿kWh，完成考核指标637亿kWh的102.25%。

截至2008年底，广西电网统调装机容量为1485.39万kW，统调电厂机组发电利用小时3814h，比2007年的4013h减少199h，下降4.95%。其中水电4563h，比2007年的3995h增加14.21%；火电3340h，比2007年的5141h减少35.03%。2008年，广西境内电厂发电量855.23亿kWh，同比增长24.9%。其中水电完成发电量513.38亿kWh，占60%；火电完成发电量341.85亿kWh，占40%。

电 网 调 度

2008年，根据《中国南方电网电力调度管理规程》，修编《广西电网调度管理规程》、《广西电网地区供电企业调度通信工作及安全性评价标准》，编制《2008年广西电网年度运行方式》、《2008年广西电网继电保护整定方案》、《广西电网主保护运行要求及运行注意事项》和《广西电网新设备启动试运行方案模板（2008版）》等规定，加强、规范调度管理工作。加强对发电厂的调度管理。编制《广西电网统调电厂无功电压自动控制装置功能规范》、《广西电网功角测量装置（PMU）功能规范》、《广西电网统调电厂脱硫监测设备功能规范》，使广西AVC、PMU、脱硫监测等系统建设走上规范化的快车道。

广西电网在南方电网总调的统一调度和大力支持下，开展节能发电调度，实施跨省区电力资源优化配置，全年送广东电量达到78.78亿kWh（受端），超计划293.9%，极大地增加广西汛期富余电量的消纳，避免了广西电网汛期水电弃水电量的产生。针对2008年入汛早、来水大，低谷水电消纳难度大，系统调峰十分困难的情况，在保证安全供电的前提下，大力开展经济调度工作，加强电网经济调度分析，综合分析、快速灵活调度、优化购售电结构，极大地提高了广西电网综合经济效益。2008年实现水电比2007年增发电62.03亿kWh，按2008年广西火电供电标煤耗率340g/kWh折算，节约标煤211万t，减少二氧化硫排放2.11万t，其中红水河平班、岩滩、大化、百龙滩、乐滩电厂比2007年同期增加电量22.77亿kWh。火电机组按照设计标煤耗由低到高顺序安排发电上网，全年购火电电量同比减少29.54亿kWh，实现供电标煤耗同比下降20g/kWh，成为在南方电网内单年下降标煤最多的省级电网，折合节约标煤52.8万t，社会效益和企业经济效益十分显著。

安　全　生　产

概　　况

2008年，公司系统安全生产总体平稳，没有发生人身伤亡事故，没有发生较大及以上设备和电网事故，除发生1起恶性误操作事故外，完成了南方电网公司考核的其余安全生产目标，考核得分排名南方电网五省区第二。

开展配网管理年活动，实施配电MIS、GIS等信息化平台开发及应用，使配网基础管理及配网运行管理水平有了较大提高。通过加强配网安全管理，落实配电网安全运行防护措施研究成果，全年配网安全生产实现了“双零”目标。

安　全　管　理

风险控制和隐患治理取得实效。努力建设教育、制度、执行、监督“四位一体”的长效机制，安全生产的系统性、科学性、人本性不断增强。创新安全生产工作载体，开展“争当查找安全隐患‘啄木鸟’、做规范操作‘机器人’”主题活动，有效提高了员工安全素质。推进安全生产风险管理体系建设，落实电网安全风险控制措施，发布广西电网安全风险预警管理办法，成功化解3星级以上电网安全风险104次。成功启动4次防汛防风应急预案，有效抵御了热带风暴“北冕”、台风“鹦鹉”和超强台风“黑格比”的轮番侵袭。开展隐患排查治理和百日督查专项行动，整改重大隐患126项，解决了66项长期不能消除的线路走廊隐患问题，有效提高了电网安全稳定水平。

▲2008年11月28日，广西电网公司举行“争当查找安全隐患‘啄木鸟’，做规范操作‘机器人’”主题演讲比赛。（邓新南　摄）

安全生产规范化建设全面推进。开展“可靠性管理年”、“二次系统管理年”等活动，加强供电局生产管理规范化、变电站管理标准化、配电运行管理标准化、生产管理信息化建设，提高了基础管理水平。成立了公司应急指挥中心，进一步完善了公司应急管理体系，印发了综合应急预案和16个专项应急预案，增强了公司应急响应的能力。全年公司及所属各单位共编制、修编单位级应急预案328个，开展反事故演习552次，共15 221人次，投入资金139.53万元。

开展安全知识考试。为进一步提高员工的安全责任意识，公司于3月29～31日、4月12日分4批组织14个供电局、调度中心和试研院的生产管理和技能人员共5389人进行了安全知识考试。考试成绩创公司2006年开展安全知识考试以来最好的一次，总体平均分由2007年的96.36上升到97.82分。

安　全　事　故

2008年，公司系统安全生产形势总体平稳，没有发生人身伤亡事故，没有发生重大及以上设备和电网事故，发生一般事故共47起，同比下降7.8%，其中人身事故0起，同比下降100%；一般电网事故1起，同比下降50%；一般供电设备事故44起，同比下降8.3%；一般发电设备事故1起，同比持平；基建事故1起。发生一类障碍91起，同比下降15.7%，其中电网一类障碍0起，同比下降100%；供电设备一类障碍91起，同比下降14.2%；发电设备一类障碍0起。发生8起人员责任事故，同比上升100%，其中恶性误操作事故1起，同比下降50%。

市场营销

经营指标

2008年完成购电量689.8亿kWh，完成南方电网公司下达的年度购电计划671亿kWh的102.8%，同比增长15.9%。完成售电量657.45亿kWh，完成南方电网公司年度考核指标637亿kWh的102.25%，增幅位居南方电网第一。

电费回收实现可控在控，当年电费回收率99.8%，陈欠电费回收率达30%，年末应收电费余额完成南方电网公司下达的2.3亿元的考核目标。电费差错率≤0.5%；没有发生重大电费电价差错事故。

需求侧管理

2008年初，受冰冻雨雪天气影响，电煤紧缺，导致电力供应紧张，实施计划用电。从1月下旬起重新恢复全区计划用电指标的分配工作，重点保证城乡居民生活和重要单位用电需求，同时强化执行计划用电指标的监督和检查，严禁超分超用；采取动员重点企业调整生产计划、压缩耗能大户用电、优先保障重点单位用电等多管齐下的办法，切实做到了让电于民，使全区人民在大灾之年过上了一个温暖、亮堂、祥和的春节。在平均缺电130万kW以上的困难情况下，因计划用电工作有序、措施到位，每天客户自觉错峰电力达100万kW以上，基本实现了错峰不减产、限电不拉路的目标，确保了电力有序供应。

客户服务

2008年，业务扩充新增客户12.25万户，用电户数增长7.55%，同比增长-0.06%；增加用电容量349.43万kVA，容量增长9.87%，同比增长-17.57%。优质服务承诺时限符合规定，综合超时率同比下降10%以上。公司系统95598供电服务热线共受理话务量154.47万件，同比增长23%，主要是受年初冰冻雨雪灾害及9月份台风“黑格比”等恶劣天气影响，故障增加，报修、咨询停电原因、复电时间的话务量剧增，其中人工受理75.02万件，同比增长14%，自动语音79.45万件，同比增长33%，办结率达100%，客户回访满意率99.73%。受理客户投诉举报267件，投诉按时办结率100%，回访率100%。向客户发送电力短信息458万条次。

营销稽查

抽查工作样本3.45万个，查处营业差错1175起，查处违章窃电行为1215起，处理计量故障786起，涉及电量2041万kWh，累计稽查成效（电费及违约使用电费）2068万元。

量化分解落实营销稽查指标，全面推行营销稽查样本抽查考核体系，夯实稽查管理基础，提升管理层次。从业扩报装、电能计量、用电检查、电费抄核收4个方面，对营业常态稽查工作指标进行量化、分解、落实，要求对居民、非居民、商业以及非普工业等客户的稽查率不低于0.5%，对新装专用变压器、高压计量故障客户要求稽查率达到100%。重新修订《广西电网公司电力营销稽查工作管理规定》，将建立营销稽查样本抽查管理体系制度化，补充对优质服务工作日常监督的内容，推出更能反映稽查工作内容、工作量以及工作成效的稽查数据统计报送模版，优化稽查简报制度，促进稽查工作效率提高，进一步规范对各类营业行为的监督工作，初步建立营销样本抽查工作机制。

电能计量

编制《购售电贸易结算关口电能计量技术协议》，并与永福电厂、桥巩电厂、百色银海发电公司等电厂签订了协议。明确了计量的方式、检验时间、维护责任等内容，理顺和规范上网关口的计量管理。7～8月，公司组织重点督查百色银海铝业等50家用电客户贸易结算用的电能计量装置计量准确性，检测电能表参数及重要事件记录、电能表误差、电压互感器二次回路压降等，并对供电局发函要求各单位根据检测情况限期整改。同时，开展电能计量技术管理工作的交叉检查工作，通过查阅电能计量台账、报表、数据记录、制度建设等技术管理相关资料，全面对各单位电能计量技术管理水平进行评估。

2008年，计量标准装置合格率100%；电量差错率0.012%；省网关口电能计量装置现场测试率100%，合格率100%；用电客户Ⅲ类及以上电能计量装置现场检测合格率98%。

科 技 创 新

技 术 项 目

公司安排科技经费6900万元，同比增长30%。在南方电网率先建立了广西主电网和各地区电网无功电压优化控制系统，投入开环运行并具备闭环运行和全网协调控制条件；完成《广西电力调度在线可视化系统开发》和《广西电网高压输电线路全自治移动机器人巡检技术应用研究》2项南方电网重点科技项目并投运，地区电网调度在线可视化系统在南宁、来宾供电局推广；完成《广西电网输电线路覆冰预警系统研究》5个抗冰融冰专题项目建设；建立广西火电机组脱硫信息监测系统，实现对火电机组脱硫信息实时监测和统计分析及发布；广西电网公司技术监督管理系统在全公司推广应用，配电GIS推广率达到100%；完成了高压电气设备状态检修应用研究和区域电网电能质量监测系统试点开发。

13项成果分获南方电网公司和自治区科技奖励，其中二等奖4项、三等奖9项。公司荣获2008年全国科技活动周广西活动“先进集体”称号，1人获“先进个人”称号，2个项目获“优秀项目奖”。知识产权管理取得新成绩，1项成果获国家实用型专利，4项成果获国家版权局颁发的计算机软件著作权登记。

信息化建设

2008年公司加大信息化建设投入，共安排7000万元信息化资金，同比增加了75%，资金投入是历年来增加最多的一年。改造、新建了3个单位的局域网络、5个单位信息机房、3个供电局信息监控中心。

公司制订完善7项信息化建设技术规范和管理制度，以柳州供电局生产管理标准化试点为契机，完成了生产MIS升级改造，其功能覆盖了变电管理、输电管理、配电管理、调度管理、变电站标准化管理和计划管理等主要生产业务，技术水平和功能较旧生产MIS有了较大提高，为供电局生产管理“体系化、规范化、指标化”建设提供了坚强技术支撑，加强了生产管理与信息化的融合，规范了工作，为安全生产提供了基础保障，已在公司系统全面推广应用。按照公司对县级供电企业“七统一”管理工作要求，组织制订《县级供电企业信息化建设规划》，明确提出2008～2010年期间，县级供电企业信息化基础设施、各业务应用系统的建设安排和相应的投资需求，以及2010～2015的初步规划，制订了年度实施计划。2008年，以12个县级供电企业为试点，建设了县级供电企业三级综合数据网信息网络，基本完成了公司系统办公网延伸至县级企业和办公管理系统的推广，建立了视讯会议系统，开通了所有县级供电企业中层以上领导及统计、信息、文秘等专责的公司外部邮件信箱，完成了在南宁供电局将地市级营销系统向4个县级供电企业延伸试点和95598客户呼叫服务系统在桂林、玉林、南宁、柳州、贵港供电局所辖县级供电企业的延伸推广，初步建立了统一信息化管理平台。

农　电　工　作

概　况

为了更好服务新农村建设，公司通过加大投入，制订计划，落实责任，抓好典型等强有力措施，全力以赴推进无电地区电力建设工程。经过3年努力，公司供电区域内无电户建设工程，累计完成投资5.2亿元，10.7万农户从此告别无电历史，提前2年全面实现“户户通电”目标，兑现了公司向自治区党委、政府作出的承诺。积极配合自治区人民政府实施兴边富民、桂西、大石山区5县基础设施大会战电力建设项目，实施农网完善工程，农村电力基础设施建设步伐进一步加快。农电系统全年共自筹投入技改资金超过3亿元，进一步优化电网结构，供电能力显著增强，电能质量明显提高。

2008年，43个县级供电企业完成售电量126亿kWh，同比增长12.69%；线损率7.12%，同比下降0.13个百分点；主营业务收入净额57亿元，同比增长15.08%；利润总额完成公司下达的任务。全年资产总额32亿元，负债总额11亿元，所有者权益21亿元；资产负债率35%。全面完成了农网工程施工，农电安全生产连续3年实现“双零”目标。

▲2008年10月17日，在广西桂林兴安县举行兴安县“户户通电”工程竣工庆典仪式。（邓新南　摄）

基　础　管　理

进一步建立激励机制，公司将“一把手建设工程”延伸到县级供电企业，选择8家规模大、管理好、经营优的县级公司升格管理。为了进一步提高农电管理水平，公司把县级供电企业基础达标作为农电工作重点，制订达标计划，强化责任制考核，形成“检查、整改、复查、再整改”的双闭环管理模式，形成了上下协调、合力推进的工作格局。各供电局也建立专业对口帮扶机制。县级供电企业注重从过程到结果的达标管理，注重常态化管理。新增24家县级供电企业基础管理达标通过南方电网考评验收，累计达标率84%。在基础管理达标工作的基础上，选择5家县级供电企业开展创建标杆县级供电企业活动，初步建立38个标杆指标体系，出台了创建标杆县级供电企业实施方案。加大农电安全管理的工作力度，设立了农电安全奖励基金和风险抵押金，实行供电局和县级供电企业层层鉴定责任状，加大县级供电企业安全目标考核，突出安全过程管理，统一执行《中国南方电网有限责任公司电力生产事故调查规程》。

突出抓好财务制度体系建设，制订和完善了13项财务管理制度。修订、完善会计核算实施细则，全面完成新旧会计准则在县级供电企业的转换接轨工作。着力提高会计信息质量，从数据的准确性、完整性及内容真实性、合规性上下功夫，顺利实现上划企业年度决算报表与公司合并。

积极开展“金牌服务迎奥运”活动，实现农村供电营业窗口达标率100%，达标率名列南方电网前列；桂林、玉林、贵港网区所辖县公司开通以网区供电局为信息管理平台的95598服务热线，实现城乡供电服务一体化。县级供电企业的供电质量、供电服务和市场行为明显改善，得到国家电监会的好评。

经 营 管 理

制 度 建 设

企业内部管理不断深化。印发公司发展战略纲要，修订下发有关管理界面规定，进一步理顺了管理流程，夯实管理基础。以创先工作为抓手，启动南宁、桂林创建国内先进水平供电局试点工作，制订“三步走”的总体工作部署和实施方案，以点带面提高供电局管理水平。

县级供电企业“七统一”管理取得成效。制订县级供电企业组织机构设置方案、企业管理考核评价办法、信息化建设规划和企业文化建设指导意见，编写各类核心业务管理标准和管理办法共110多项，完成了12个县级供电企业信息化统一平台建设，逐步形成全面、统一、规范的县级供电企业管理体系。新增24家县级供电企业通过南方电网基础管理达标验收，达标率84%。农村供电营业所规范化管理达标率100%，走在南方电网五省区的前列。

电力立法工作取得新进展。2008年8月29日，公司配合自治区政府制订的《广西壮族自治区供电用电办法》，经自治区人民政府第16次常务会议讨论通过，于2009年1月1日施行。《广西壮族自治区供电用电办法》出台，为公司更好地开展电网规划建设、维护供用电秩序、保障合法权益打下了良好基础。

财 务 管 理

按年初明确的工作思路，从预算、理顺农电体制、资金、电价、财务基础工作等方面做好“两个深化、五个加强”工作，加快推进公司财务“做大一个平台、实现一个转变，完善五个体系”，促进公司又好又快发展。全力以赴做好抗冰救灾各项财务工作，先后筹集5亿元专项资金支援抗灾保电工作。印发《关于做好抗冰灾保供电期间财务管理工作的通知》、《关于认真做好冰灾受损资产统计和保险理赔工作的紧急通知》和《关于受灾损失和救灾费用财务会计处理的通知》等文件，重点抓好冰灾损失统计核实、抢险费用结算、资产损失保险索赔和支持电网抢险及灾后重建工作，加大增收节支力度。同时，继续深化全面预算管理。克服冰灾损失严重、电力市场疲软以及发电端电价单向调整带来的不利影响，强化预算管理，从严控制成本，全面完成南方电网公司下达的经营考核目标。在上半年银根紧缩的形势下，积极拓宽融资渠道，全年共融资62亿元，为电网发展提供了有力的资金支持。

电 价 管 理

突出抓好电价工作。积极配合政府价格主管部门做好电价调研和测算，在电价调整中疏导了大量电价矛盾，重点解决电厂电煤价格上涨问题，全区销售电价平均提高2.99分/kWh，电价工作得到南方电网公司的肯定。加大电价宣传力度，引导各方正确认识广西电价现状和成因，营造有利的电价环境。加强电价政策研究，主动向自治区党委、政府提出电解铝统一供电模式，支持广西优势产业发展。

2008年1月16日，广西电网公司与贺州市政府签署电网发展战略合作框架协议暨贺州供电局成立揭牌仪式在广西贺州举行。（邓新南 摄）

审 计 管 理

公司审计工作围绕中心，强化监督，服务大局。制订《关于进一步规范公司经营行为的若干规定》。认真做好国家审计署昆明特派办对电力建设项目专项审计调查的迎审和配合工作，得到了审计调查组和南网公司的好评。公司系统全年累计完成审计项目4581项，审减工程投资促进增收节支1807.72万元。

体 制 改 革

印发公司发展战略纲要，修订下发有关管理界面规定。新成立政策研究室和电网发展研究中心，加强对企业改革发展深层次问题的研究。理顺地方供电体制工作取得重大突破，梧州市电业局实现整体划转，贺州供电局实现完整局建制，新梧州供电局、梧州运行维护局正式运作。

公司稳步推进农电体制改革工作，制订了周密的改制方案，按照积极稳妥，分步实施原则，加快县级供电企业由股改转为上划。各供电局、县级供电企业按照公司的统一部署，加强与地方政府沟通联系，得到了地方政府的大力支持，完成19家县级供电企业由股改变为整体上划，上划县级供电企业达37家。认真开展资产评估，克服工作繁琐、时间紧迫等困难，全面完成县级供电企业资产、员工核查移交，改制协议签订，上划企业资产材料编制申报等工作。32家县级供电企业资产划转已获国资委审查通过，农电体制改革取得实质性进展，农电体制改革人心稳定、安全稳定，员工满意，企业满意，政府满意。

人 力 资 源 管 理

概 况

截至2008年底，公司人力资源总数为63 331人，其中劳动合同制员工48 812人，劳务派遣制员工11 106人，非全日制等其他用工3413人。劳动合同员工中，博士37人，研究生855人，本科生8262人；享受政府特殊津贴1人，教授级高工10人，高级职称1719人；高级技师105人，技师1791人，高级工7411人。在公司人力资源总数中，公司本部、直属机构、分公司及挂靠单位的员工为19 982人，其中劳动合同制员工为15 791人，劳务派遣工3343人，非全日制等其他用工848人，劳动生产率115.5万元/人；子公司、控股公司的员工为22 799人，其中劳动合同制员工13 044人，劳务派遣制员工7235人，非全日制等其他用工2520人；县级供电企业的员工为20 550人，其中劳动合同制员工19 977人，劳务派遣制员工518人，非全日制等其他用工55人。公司离退休人员为11 775人（不含县级供电企业离退休人员），其中公司本部、直属机构、分公司及挂靠单位3432人，子公司、控股公司8343人。

社会保险基本情况（县级供电企业员工按属地管理参加社会保险）。基本养老保险实行省级社会统筹，2008年有45个单位共20 768人参保；基本医疗保险实行行业统筹，有60个单位共30 936人参保（其中公司系统内单位44个、计22 865人，代管单位16个、计8071人），医疗保险基金由公司社保中心统一运作、管理，业务上接受自治区劳动保障部门的指导。

干 部 队 伍 建 设

公司抓好各级领导班子建设，不断深化公司“一把手建设工程”，把工作重点放在选好配强各级领导班子上。对南宁供电局升格管理。3月，为南宁供电局配备25名职能部门（生产单位）正职，为南宁供电局开展好各项工作提供了强有力的组织保证。为升格管理的县级供电企业配齐党政主要领导。4月，对南宁、桂林、柳州、玉林、贵港、钦州6个网区的21家县级供电企业的党政正职25人、公司机关和网区供电局的3人进行了考察，提拔15名同志到升格管理的县级企业任职，配齐了升格管理的县级供电企业党政正职，同时也为公司在县级供电企业管理人才发展的通道做出了有益的探索。全年共考察提拔干部73名，交流干部30名。经过补充和调整，各级领导班子基本配齐，班子的年龄、文化、专业结构更趋合理，整体功能进一步增强。

劳 动 管 理

完善用工机制，激发员工活力。根据近年来公司实行劳动合同制和劳务派遣制用工出现的情况，组织制订了考评、招聘、签订合同、明确待遇、使用的整体方案，将考评结果与合同签订和“持证上岗”相关联、与薪酬水平和福利待遇相挂钩。全年组织对2004年以来新入企的1756名员工进行了全面综合评价，整体考评合格率达90%。7月，按照分层分批试点的原则，组织、指导各单位从通过考评的派遣人员中招聘调度、继保等生产空缺岗位员工，择优录用了290人。

完善薪酬福利激励制度。4月，研究制订劳务派遣制人员和劳动合同制人员的薪酬待遇激励与约束方案，规范了员工的岗位岗级，为下一步推行南方电网公司职系管理和差异化薪酬制度奠定了基础。同时制订实施公司带薪休假制度，体现了公司对广大员工的关心和爱护。健全社会保险机制。加强保险基金管理，做好基金缴拨结付和保值增值工作。加强社保规范管理。7～10月，组织人员对管理较薄弱的施工单位进行社保业务规范管理工作检查，对发现的问题提出整改意见，进一步规范管理和保证社保基金安全。

积极稳妥地推进梧州电力和信息通信体制改革和人员安置工作。全面细致地考虑梧州供电局、贺州供电局、梧州市电业局、信通公司4个单位的业务、员工等综合因素，制订4个单位的机构设置及人员配置指导意见，体制改革、人员安置工作的开展较为平稳、顺利。

教 育 培 训

强化领导干部的培训力度。4月，组织系统处级干部进行集中脱产培训，重点组织学习党的十七大精神，培训班举办了4期，共培训280多人；11月，举办2期A级管理人员培训班，培训正、副处级干部120人；选派2名领导干部参加中央企业党建负责人培训班，选派25名领导干部参加南方电网公司A级管理人员研修班，推荐1名处级干部参加全国会计领军（后备）人才培训。同时加大对年轻干部的选拔、培养力度。10月，举办了2期后备干部培训班，选聘国内著名专家、教授对116名后备干部进行了集中脱产封闭式培训。

认真落实教育培训工作的“三个转变”，加大教育资源向一线倾斜，将教育培训与人才评价工作有效结合，全面完成南方电网公司教育培训考核目标。全年公司层面举办培训班153期，培训11 235人次；全员培训覆盖率达94.3%，全员培训积分达标率为87.6%，其中后备干部培训率达100%，一线员工培训积分达标率为92.8%。

国际合作与交流

外 事 管 理

2008年，根据南方电网公司国际部的统一部署，对公司系统所有驻外办事处、项目经理部的人员、机构、注册登记情况等进行了认真调研和统计。公司将南方电网公司国际部制订的《公司系统驻外机构及人员管理办法》下发各有关单位执行。同时公司出台《因公出国（境）管理办法》、《因公出国（境）团组管理办法》和《公司系统护照管理办法》。

公司按照南方电网公司国际部关于全年因公

出国（境）计划，主动为因公出国团组、人员上报审批，办理出国（境）手续和护照、签证申领工作。对计划外的团组，根据出国任务的紧急性和必要性，严格把好审批关，确保境外施工企业的人员按时到位，使工作按计划开展实施。截至2008年底，共办理69个团组（批次）共1417人因公出国（境）手续，其中经贸类团组62批共1391人次，主要派往东盟国家、巴基斯坦、土耳其等国参与国际工程承包施工、国际工程投标等工作；考察类团组7批共26人次；共办理因公出境证明978份。

2008年10月22日，第五届中国—东盟博览会在南宁开幕。图为南方电网公司董事长袁懋振（左二）到“两会一节”会展中心南方电网展馆参观。（邓新南　摄）

国 际 合 作

2008年，公司积极开展国际合作与技术交流。重点做好公司与越南第一电力公司开展电力贸易中的外事联络、合同谈判、技术交流，以及每月电量电费结算，充分发挥外联、翻译、信息传递、意见沟通的桥梁作用。公司两次协助中国电机工程学会与越南电力学会开展学术交流和研讨会谈，促进了两国电力技术与管理交流。完成第五届中国——东盟博览会及电力论坛来宾的接待来访工作。

积极实施“走出去”战略，开拓国际市场。按照南方电网公司关于参与大湄公河次区域电力合作的指导精神，公司系统正在施工的涉外项目分布在越南、老挝、巴基斯坦、安哥拉等国，涉及东南亚、中亚、南美洲和非洲等地。全年累计完成国际工程产值26.53亿元人民币，新签合同额110.91亿元人民币，创下历史最好水平。广西水电工程局积极实施“国际业务优先发展”战略，重点开拓安哥拉市政、道路、工民建等市场，国际工程业务快速增长，完成的国际工程产值占全局总产值的72%，国际工程已成为该局快速发展的重要支柱。广西电力工程建设公司重点推进越南海防火电厂300MW机组工程项目，完成了锅炉水压试验、厂用电受电等重大里程碑工期。

党建和精神文明建设

党 建 工 作

公司党组印发《关于进一步推进“堡垒工程”的实施意见》，创造了“支部联建”、“党员先锋工程”、“一联二带三保”等新的载体，丰富了“堡垒工程”内涵。同时，公司把“堡垒工程”向县级供电企业延伸，在19个县级供电企业成立了党委。在抗冰灾保供电期间，公司党组率先印发《关于进一步发挥党组织作用，做好抗灾抢险保供电工作的紧急通知》，各级党组织先后在现场成立21个临时党支部，组建183个党员突击队和156个青年突击队。

根据自治区党委的部署，4月份开始，公司用3个月时间、分三个阶段开展了“继续解放思想大讨论”活动。组织开展各类学习会777次、大讨论427次，提出意见和建议846条，形成调研报告371份，查找出各类制约公司发展因素188项，并逐项进行整改。活动期间，公司开展了以“思想大解放、再造大电网、服务大发展”为主题的教育活动，成功地启动了服务北部湾“双百双千”工程，有力地提升了广大党员员工积极投身广西经济社会发展的政治责任感，得到了自治区党委、政府和社会各界的广泛好评。2008年，公司党建工作责任制考核得分在南方电网五省区中排名第一。公司共有5个党组织、13名党员荣获国务院国资委及南方电网公司表彰。

▲2008 年4月28日，广西电网公司在南宁举行"思想大解放、再造大电网、服务大发展"主题活动暨服务北部湾"双百双千"工程启动仪式。(邓新南　摄)

2008 年初召开了领导小组会议，布置工作任务。制订公司 2008 年纪检监察工作要点和《2008 年党风廉政建设责任制目标分工》。3 月 27 日，召开 2008 年纪检监察审计工作会议，并签订了党风廉政责任书 2214 份。

在南方电网系统内率先分类制订党风廉政考核标准。全面推进廉洁教育"567"工程（廉洁文化"五个进"、廉洁活动"六个一"、廉洁自律"七笔账"），廉政意识更加深入人心。组织开展"讲党性、重品行、做表率"主题廉洁自律教育月活动，在南方电网公司"扬正气，促和谐"公益广告创作展播活动中获优秀组织奖。全年没有发生南方电网公司下达的党风廉政责任目标中不允许发生的行为，为公司改革发展稳定提供保证。

精神文明建设

开展文明创建工作。组织开展 2006 ~ 2007 年度公司文明单位的评选表彰活动，对 48 个单位进行了检查考评。广西电力试验研究院等 3 个单位被评为 2006 ~ 2007 年度南方电网文明单位。2009 年 1 月 20 日，公司、玉林供电局、广西水电工程局被中央文明委授予第二批全国文明单位，南宁、柳州供电局等 8 个单位被授予第二批全国精神文明建设工作先进单位。并作为广西文明单位代表参加中央文明委在北京举行的全国精神文明建设表彰大会，展示了公司良好的企业形象。

公司工会不断加强民主管理和民主建设，推进厂务公开，大力实施职工"建功立业工程"，常态化、制度化开展帮扶互助工作。积极开展创建"模范职工之家"、"模范职工小家"活动，公司工会及 6 个基层工会组织荣获"全国模范职工之家"，5 个工会小组（分会）荣获"全国模范职工小家"。2008 年，公司工会荣获全国能源化学工会先进基层工会，公司系统工会干部有 8 人获中华全国总工会先进工会工作者，9 人获南方电网公司优秀工会工作者、1 人获工会工作积极分子。

职工代表大会制度进一步完善。公司召开了一届三次职代会和一届四次职代会联席会，审议通过《广西电网公司带薪休假的实施办法》和《关于进一步规范岗位岗级、完善岗位薪点工资制度的暂行办法》。截至 2008 年底，公司系统单位全部签订了集体合同，职工的合法权益得到维护，公司及系统共 5 个单位荣获自治区劳动关系和谐单位。

共青团工作

公司团委紧紧围绕公司中心工作，开展了第三届"十大杰出青年"评选和青年安全辩论赛、青年安全示范岗、青工技能振兴、"青年文明号"创建等活动，鼓励青年员工为公司改革和发展建功立业。全年荣获 3 项全国性荣誉、48 项省部级荣誉，展示了公司青年的良好形象。

十件大事

2 月 7 日，农历大年初一，中共中央总书记、国家主席、中央军委主席胡锦涛到公司视察抗冰灾保供电工作，亲切慰问公司广大干部员工。公司全体干部员工倍感荣耀，受到极大的鼓舞和鞭策。

2 月 27 日，随着最后一条因灾停运的线路

220kV 万道线成功修复，广西电网受灾线路全部修复供电，率先在南方电网取得抗冰保电的全面胜利。在此次冰灾中，公司累计组织投入抢修力量 89.82 万人次。抗冰抢险工作的出色表现，受到了南方电网公司和自治区党委政府的表彰。

2008 年3 月3～4 日，广西电网公司在南宁召开2008 年工作会议一届三次职工代表大会暨抗灾保电总结表彰大会。（邓新南　摄）

4 月 28 日，公司启动服务北部湾“双百双千”工程，向社会各界展示了北部湾电网建设的蓝图。“十一五”、“十二五”期间，公司将在北部湾（广西）经济区投资 100 亿元、重点建设 100 项主电网工程，建设八站六厂、六纵六横、千万容量级北部湾超高压供电网架。届时，北部湾电网将累计建成 1000 万 kW 电力送出工程，500kV 变电容量突破 1000 万 kVA。

6 月 30 日，公司发布《广西电网公司 2007 年社会责任报告》，从安全供电责任、环境责任、经济责任、社会责任四个方面展示了公司主动承担社会责任的崭新形象，全面系统地阐述了公司履行社会责任的理念、实践和成果，受到了社会各界的广泛赞誉。

2008 年，公司在全系统开展更高层次、更深程度、更广范围的继续解放思想大讨论活动，以思想的大解放，再造大电网，服务大发展。结合实际工作，公司开展了“金牌服务迎奥运”、以南供和桂供为试点争创国内一流供电局等一系列活动。

9 月 22 日，广西电网统调负荷首次突破 1000 万 kW 大关，最高达 1005.6 万 kW。公司全年完成售电量 657.45 亿 kWh，完成考核指标 637 亿 kWh 的 102.25%。增幅位居南方电网第一。全年完成电网基建工程投资 53.77 亿元，投资完成率 100.5%，位居南方电网第一。

10 月 22 日，南方电网公司董事长袁懋振出席第五届中国—东盟博览会，并在公司主要领导陪同下到“两会一节”会展中心南方电网展馆参观。12 月 11 日，南方电网公司总经理赵建国出席广西 50 周年大庆庆祝大会。会议期间，赵建国在公司主要领导陪同下看望慰问保供电工作人员。

截至 2008 年 11 月中旬，公司全面完成供电区域内“户户通电”工程，解决了 10.7 万无电户的用电问题，提前 2 年实现公司供电区域内户户通电目标，履行了承诺，向自治区成立 50 周年献上一份大礼。

2008 年，实现梧州市电业局整体划转，贺州供电局实现完整局建制，新梧州供电局、梧州运行维护局正式运作。19 家县级供电企业由股份制改革变为整体上划，至此，累计上划县级供电企业共 37 家，进一步理顺了管理关系。

2008 年，广西电网公司荣获第二批全国文明单位称号，并连续 4 次荣获广西强优工业企业荣誉称号。2009 年 1 月 20 日，作为广西文明单位代表参加中央文明委在北京举行的全国精神文明建设表彰大会。

（廖业明）

2008 年6 月30 日，广西电网公司2007 年社会责任报告发布会在南宁召开。（邓新南　摄）

中国南方电网
CHINA SOUTHERN POWER GRID
云南电网公司

基 本 情 况

概 况

云南电网公司是中国南方电网公司的全资子公司，是云南省域电网运营和交易的主体，是云南省实施“西电东送”、“云电外送”和培育电力支柱产业的重要企业。2008 年，云南电网公司完成售电量 737.31 亿 kWh，同比增长 11.25%。其中，省内售电量 527.9 亿 kWh，同比增长 5.79%；西电东送电量 177.85 亿 kWh，同比增长 28.68%；对越送电电量 31.56 亿 kWh，同比增长 23.49%。完成固定资产投资 78.45 亿元，截至 2008 年底，云南电网公司资产总额达到 492.41 亿元，同比增长 22.42%。资产负债率 75.80%。实现主营业务收入 320.16 亿元，同比增长 19.12%，其中售电收入 286.89 亿元，同比增长 21.55%。实现利税 37.9 亿元。云南电网公司拥有 500kV 变电站 13 座，变电容量 1575 万 kVA，线路 5227.4km；220kV 变电站 73 座，变电容量 2016 万 kVA，线路 9704km；110kV 变电站 203 座，变电容量 1294 万 kVA，线路 10 694.8km。

目前，云南电网已经构建了 500kV 不完全“田”字形环网，并向西部大理、德宏、临沧等地区延伸；220kV 及以上电网覆盖了全省 16 个州（市），并向越南北部送电，形成了省内、省外、国外三个电力市场齐头并进的良好发展格局。

2008 年，云南电网公司西电东送电量 177.85 亿 kWh，同比增长 28.68%。全年投入 3.06 亿元，开展了 203 个项目的研发，11 项成果获国家专利授权，10 个项目获南方电网公司和云南省科技进步奖。

组 织 机 构

见云南电网公司 2008 年组织机构图。

公司总部设 13 个职能部门，下设昆明供电局等 16 个州（市）供电局、调度中心等 29 个分公司，另有送变电工程公司等 48 个全资子公司，电力试验研究院（集团）公司等 38 个控股公司。截至 2008 年底，公司有职工 54 654 人。

领 导 班 子

2008 年末，云南电网公司领导班子组成如下：

党组副书记、总经理：廖泽龙

党组书记、副总经理：张慧清

党组成员、副总经理、纪检组长、工会主席：江兴国

党组成员、副总经理：李品清

党组成员、副总经理：赵建宁

党组成员、昆明供电局局长：唐广学

电 网 规 划 建 设

电 网 建 设

创新电网建设管理模式，调整 110kV 及以下输变电工程管理权限，提高了建设管理效率。推行“四个一”管理方法，保障了重点工程有序推进。规范采购管理，完成了集中规模招标和定期协议采购 32 项。强化电网建设目标责任制，逐级签订责任状，严格考核奖惩。完成了 500kV“四变十七线”工程建设；其中 500kV“南通道”工程横跨云南 8 个州（市）；启动了 500kV“三变两站十四线”和 115kV 向老挝北部送电工程建设。全年完成电网基建投资 68.32 亿元，同比增长 6.47%；累计投产 110kV 及以上输变电工程项目

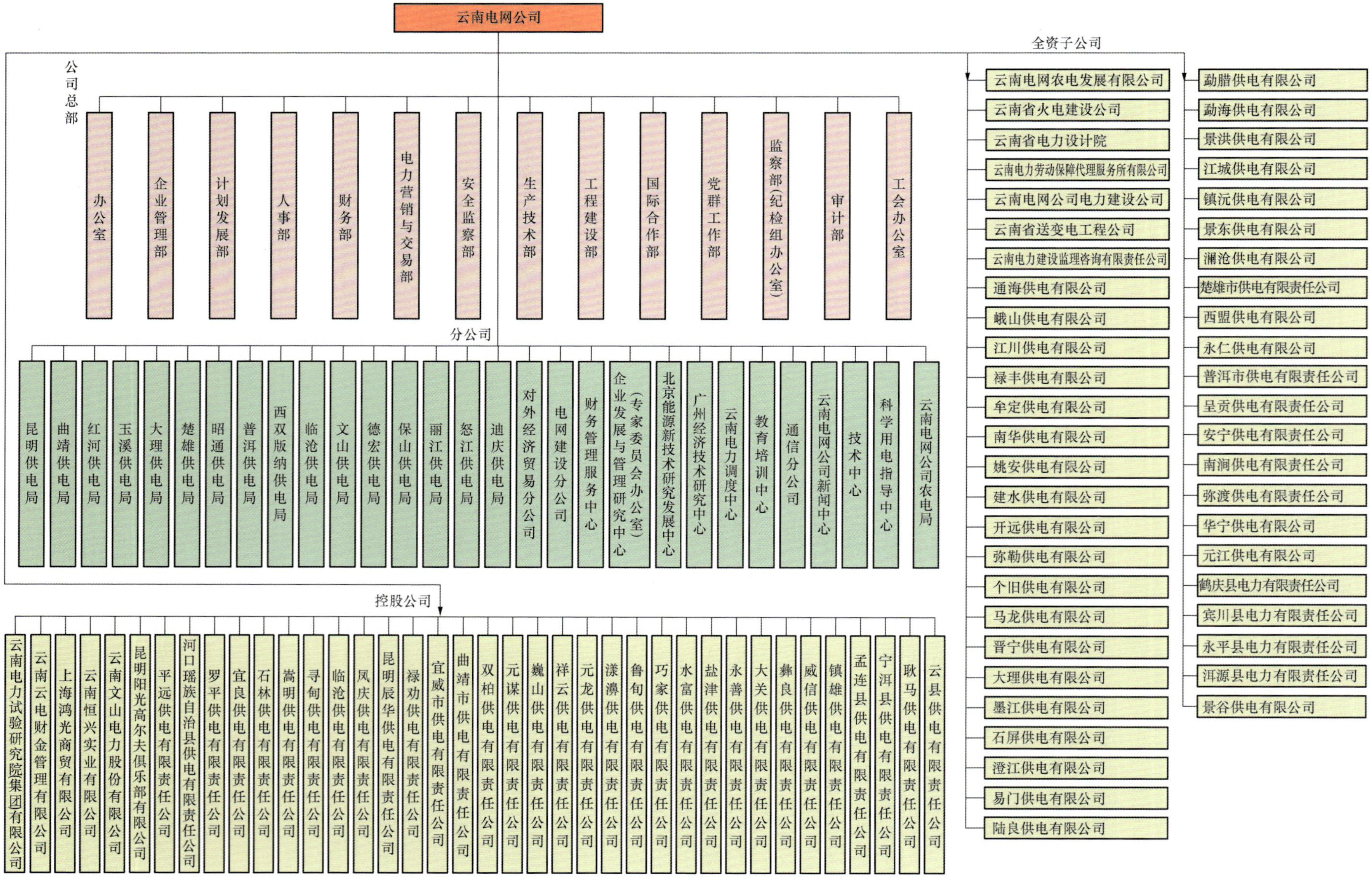

- 云南电网公司
  - 公司总部
    - 办公室
    - 企业管理部
    - 计划发展部
    - 人事部
    - 财务部
    - 电力营销与交易部
    - 安全监察部
    - 生产技术部
    - 工程建设部
    - 国际合作部
    - 党群工作部
    - 监察部（纪检组办公室）
    - 审计部
    - 工会办公室
  - 分公司
    - 昆明供电局
    - 曲靖供电局
    - 红河供电局
    - 玉溪供电局
    - 大理供电局
    - 楚雄供电局
    - 昭通供电局
    - 普洱供电局
    - 西双版纳供电局
    - 临沧供电局
    - 文山供电局
    - 德宏供电局
    - 保山供电局
    - 丽江供电局
    - 怒江供电局
    - 迪庆供电局
    - 对外经济贸易分公司
    - 电网建设分公司
    - 财务管理服务中心
    - 企业发展与管理研究中心（专家委员会办公室）
    - 北京能源新技术研究发展中心
    - 广州经济技术研究中心
    - 云南电力调度中心
    - 教育培训中心
    - 通信分公司
    - 云南电网公司新闻中心
    - 技术中心
    - 科学用电指导中心
    - 云南电网公司农电局
  - 控股公司
    - 云南电力试验研究院集团有限公司
    - 云南云电财金管理有限公司
    - 上海鸿光商贸有限公司
    - 云南恒兴实业有限公司
    - 云南文山电力股份有限公司
    - 昆明阳光高尔夫俱乐部有限公司
    - 平远供电有限责任公司
    - 河口瑶族自治县供电有限责任公司
    - 罗平供电有限责任公司
    - 宜良供电有限责任公司
    - 石林供电有限责任公司
    - 嵩明供电有限责任公司
    - 寻甸供电有限责任公司
    - 临沧供电有限责任公司
    - 凤庆供电有限责任公司
    - 昆明辰华供电有限责任公司
    - 禄劝供电有限责任公司
    - 宜威市供电有限责任公司
    - 曲靖市供电有限责任公司
    - 双柏供电有限责任公司
    - 元谋供电有限责任公司
    - 巍山供电有限责任公司
    - 祥云供电有限责任公司
    - 元龙供电有限责任公司
    - 漾濞供电有限责任公司
    - 鲁甸供电有限责任公司
    - 巧家供电有限责任公司
    - 水富供电有限责任公司
    - 盐津供电有限责任公司
    - 永善供电有限责任公司
    - 大关供电有限责任公司
    - 彝良供电有限责任公司
    - 威信供电有限责任公司
    - 镇雄供电有限责任公司
    - 孟连县供电有限责任公司
    - 宁洱县供电有限责任公司
    - 耿马供电有限责任公司
    - 云县供电有限责任公司
  - 全资子公司
    - 云南电网农电发展有限公司
    - 云南省火电建设公司
    - 云南省电力设计院
    - 云南电力劳动保障代理服务所有限公司
    - 云南电网公司电力建设公司
    - 云南省送变电工程公司
    - 云南电力建设监理咨询有限责任公司
    - 通海供电有限公司
    - 峨山供电有限公司
    - 江川供电有限公司
    - 禄丰供电有限公司
    - 牟定供电有限公司
    - 南华供电有限公司
    - 姚安供电有限公司
    - 建水供电有限公司
    - 开远供电有限公司
    - 弥勒供电有限公司
    - 个旧供电有限公司
    - 马龙供电有限公司
    - 晋宁供电有限公司
    - 大理供电有限公司
    - 墨江供电有限公司
    - 石屏供电有限公司
    - 澄江供电有限公司
    - 易门供电有限公司
    - 陆良供电有限公司
    - 勐腊供电有限公司
    - 勐海供电有限公司
    - 景洪供电有限公司
    - 江城供电有限公司
    - 镇沅供电有限公司
    - 景东供电有限公司
    - 澜沧供电有限公司
    - 楚雄市供电有限责任公司
    - 西盟供电有限公司
    - 永仁供电有限公司
    - 普洱市供电有限责任公司
    - 呈贡供电有限责任公司
    - 安宁供电有限责任公司
    - 南涧供电有限责任公司
    - 弥渡供电有限责任公司
    - 华宁供电有限公司
    - 元江供电有限公司
    - 鹤庆县电力有限责任公司
    - 宾川县电力有限责任公司
    - 永平县电力有限责任公司
    - 洱源县电力有限责任公司
    - 景谷供电有限公司

云南电网公司 2008 年组织机构图

56 项（500kV 工程 3 项，220kV 工程 17 项，110kV 工程 36 项），投产输电线路 3359.93km，变电容量 835.6 万 kVA。

电网规划和前期工作

修改完善了云南省“十一五”电网规划，编制了云南电网“十二五”发展规划，配合省政府出台了《关于加快云南电网规划建设的实施意见》。加强项目前期工作，完成项目可研 62 项，项目核准 100 项。

配网建设管理

修编完善了 10 个州（市）政府所在城市配网规划，并纳入城市及经济发展规划分年度实施。突出主网与配网、农网的协调发展，提出了“十项卡脖子工程”和“十项提高供电可靠率工程”，着力解决配网“卡脖子”问题。加强配网标准化管理。

2008 年5 月，在即将投运的500kV 红河原砚山输电线路上，施工人员正在紧张的工作中。（云南电网公司　提供）

电网运行与安全生产

电网运行主要指标

电网频率合格率 100%，较综合计划指标 99.999% 高 0.001 个百分点；综合电压合格率 99.11%，较综合计划指标 99.05% 高 0.06 个百分点；城市居民端电压合格率 99.12%，较综合计划指标 98.81% 高 0.31 个百分点；农村居民端电压合格率 95.11%，较综合计划指标 91% 高 4.11 个百分点；城市供电可靠率（RS1）99.873%，较综合计划指标 99.855% 高 0.018 个百分点；农村供电可靠率（RS1）99.456%，较综合计划指标 99.270% 高 0.186 个百分点；220kV 继电保护正确动作率 99.96%，较综合计划指标 99.62% 高 0.34 个百分点；500kV 交流输电线路可用系数 99.42%，较综合计划指标 99.19% 高 0.23 个百分点；500kV 继电保护正确动作率 100%，较综合计划指标 99.4% 高 0.6 个百分点。

安全生产

公司积极开展安全风险管理体系建设试点，加强应急管理体系建设，组建专业应急队伍；推进安全监察体系建设；加强安全生产责任传递机制建设；深入开展“隐患治理年”和安全生产百日督查活动；开展标准化变电站建设；建立故障、缺陷定期分析和重大设备缺陷督办制度；加强电网稳定管理；加强线损“四分”管理，实现综合线损率 5.69%。强化警企、政企联动长效机制建设。投入大修、技改资金 15.55 亿元，大力提高电网的技术水平和设备装备水平。通过一系列的措施，2008 年云南电网运行总体平稳，全年未发生特大电网、设备事故；未发生本企业有责任的重大电网、设备事故；未发生重大施工机械设备损坏事故；未发生重大火灾事故；未发生负同等及以上责任的生产性重大交通事故；未发生因违反调度纪律造成的事故。

电力供应与优质服务

抗击自然灾害

2008年，云南电网公司成功抗击了雨雪凝冻灾害、地震、泥石流等自然灾害。特别是年初抗击冰雪凝冻灾害，公司比正常抢修时间提前两个月恢复了受损电网供电，保障了灾区人民生产生活用电和灾区经济社会的发展，得到了云南省委、省政府和上级单位的高度评价和社会各界的充分认可。灾后，公司全面开展电网加固工作，投入1.67亿元，对主网线路和农网线路进行加固；建设了应急通信网，改造15条220kV线路保护通道；研发了交、直流融冰装置和输电线路覆冰在线监测预警系统并投入试运行。在年初的雨雪凝冻灾害中，公司还积极参与其他省公司抗灾救灾工作，共派出6批1435人、142辆车参与贵州电网抢修复电工作。

▲2008年2月1日，云南电网公司总经理廖泽龙（中）到昭通电力抗冰救灾一线指导工作。（朱斌　摄）

奥运保供电

公司及早谋划、周密部署，成立了领导小组和8个专项工作组，严格制订和落实奥运保供电方案和各项预案，强部署、抓检查、促落实、保闭环，整体联动，落实责任，确保了各项工作环环相扣，保障了电网安全稳定和电力正常供应，圆满完成了奥运保供电的各项任务。

省内电力供应

2008年云南电网累计缺电量46.7亿kWh，最大电力缺口217万kW。在年初电力供应的严峻形势面前，公司加强需求侧管理，积极配合政府实施“来煤加工”政策，落实好计划用电措施，未发生拉闸限电情况。10月下旬后，受全球金融危机影响，省内售电量同比负增长，出现了电力过剩的情况。公司实时跟踪市场变化，及时调整营销策略，不断优化调度，积极消纳水电，充分发挥南方电网大平台的作用，多送广东电量20.85亿kWh。

▲2008年1月中下旬，云南昭通、曲靖等地区遭受了50年一遇的严重雨雪凝冻灾害，图为电力职工在昭通地区抬运抢险物资。（吴雪梅　摄）

优质服务

在南方电网范围内率先启动“金牌服务迎奥运”活动，开展了“金点子”征集和“回头看”自查整改等系列活动。制订了客户停复电管理规定，统筹安排各类停电，减少对客户的停电次数。优化客户服务流程，梳理客户用电申请受理审批规定，提高了用电办理速度。制订了电力供应应急预案，快速响应客户故障报修，提高应对电力供应突发事件的能力。积极开展客户节电服务工作，促进客户节能降耗，提高用电效率。开展了差异化服务、营销稽查和电能计量标准化试点，建立了由423个标准组成的营销标准体系。实施营销信息化和自动化工程，建成了公司营销监控中心和首个数字化营业厅，客户服务系统覆盖了70个县级供电企业。公司系统客户满意率达到97.71%。

社 会 责 任

认真执行《云南省电网节能经济调度实施意见》，配合政府提前关停了80万kW火电小机组。加强节能发电调度，节约标煤359.9万t。公司进一步加大无电人口通电力度，解决了80 385户无电人口通电问题。在年初的雨雪凝冻灾害、“5.12”汶川特大地震灾害等历次自然灾害中，公司广大干部员工充分发扬“一方有难，八方支援”的优良传统，累计向灾区捐款1398万元。公司启动了“爱心圆梦　南网情深”一对一主题爱心助学活动，帮助百名贫困学生顺利完成学业。此外，公司构建了社会责任报告长效机制，并于5月23日，公司在云南省首家发布了社会责任报告，得到了社会各界好评。

▲2008年9月，无电人口通电工程在盐津县盐井镇长沟村坪上社启动后，广大苗族群众看到多年的梦想即将实现，无不欢欣鼓舞，主动搬运电力物资。（云南电网公司　提供）

企 业 管 理

战 略 实 施 工 程

在昆明、曲靖、红河、玉溪供电局开展创建国内先进水平供电局工作试点，以创先工作为切入点大力推进战略实施工程。开展四个体系建设，全年共修编了553个制度和标准，制订了战略绩效方案，完成了内控风险体系规划，推广应用营销、生产、财务和调度信息化系统。公司荣获“中国电力信息化标杆企业”称号。

员 工 素 质 工 程

加大干部交流力度，盘活干部资源，强化对新供电局的人才帮扶。开展了技能人员胜任力模型及行为评价标准研究，启动了持证上岗工作。建立了公司博士后工作站和研究生工作站。总结推广“班组建设年”经验，公司6个班组被评为南方电网公司“红旗班组”。系统开展全员大教育大培训，举办公司层面的培训班307个，公司系统共培训56941人次，全员培训率达95.9%。

经 营 管 理

制订了《深入贯彻落实南方电网公司依法经营2号令实施细则》。完成了相关人员持有发电企业股份的清退或转让。开展396项内部审计，狠抓审计整改，促进增收节支6081万元。加强降本增效工作，全年可控成本费用支出比预算下降5%。强化资金管理，资金归集率达到87%，对外担保余额从上年末的2.09亿元降低为2839万元。积极疏导电价矛盾，销售电价平均提高2.8分/kWh。全年实现主营业务收入325.38亿元，同比增长21.32%。资产总额481.41亿元，同比增长19.74%。

体 制 改 革

按照《云南省电力管理体制改革实施方案》的要求，大力推进电力管理体制改革，与34个县级供电企业建立了资本纽带关系。先后与德宏、临沧、丽江、迪庆、怒江等州（市）政府签订了地方电网公司重组协议，全省"一张网全覆盖"初步实现，为做优做强云南电网奠定了坚实的基础。

狠抓县级供电企业规范化管理，深化五项基础管理达标工作，79家企业达省标、50家企业达网标。

次 区 域 合 作

对越送电电量31.56亿kWh，同比增长23.49%；创汇1.42亿美元；至2008年底，累计对越送电68.49亿kWh，累计创汇3.06亿美元。稳步推进对老挝送电工程，签订了115kV对老挝北部联网供电项目EPC合同，实现了35kV向老挝送电。从缅甸进口电量4700万kWh，公司成为国内首个电力进出口贸易并举的电网企业。

▲ *2008年12月23日，云南电网公司与老挝国家电力公司正式签署《云南电网公司与老挝国家电力公司关于老挝北部115kV送电项目EPC合同》。（云南电网公司 提供）*

党建和精神文明建设

党 的 建 设

开展系列学习活动，加强对党的十七大精神、南网方略和网省公司工作会精神的宣贯学习。积极推进党建质量管理体系建设，开展了党建管理信息系统应用试点。深入开展"特色党支部"和"党员先锋岗"建设，抗冰救灾工作中143名优秀员工火线入党。大力推进反腐倡廉工作，召开专题会议研究部署党风廉政建设和依法经营工作。全面落实党风廉政建设责任制，层层签订责任书和廉洁承诺书，认真开展"红包"专项治理和国有企业领导人员廉洁自律"七项要求"全面自查自纠。

精 神 文 明 建 设

认真做好综治维稳工作，全年未发生影响公司发展稳定大局的事件。加大新闻宣传力度，在省级以上主流媒体登稿550篇，同比增长85.8%。认真做好离退休管理及服务工作，丰富离退休同志精神文化生活。公司荣获全国精神文明创建工作先进单位、云南省改革开放30周年最具影响力十大企业和中央企业先进集体等荣誉称号。

工 会 共 青 团

开展了素质杯、"四变十七线"立功竞赛、青工技能网络竞赛等系列活动，有力促进了公司中心工作的开展。变电站"和谐温馨"创建工作取得明显成效。公司4个集体荣获全国及云南省"五一劳动奖状"，22个班组荣获全国、云南省和南方电网公司"工人先锋号"，5个青年集体荣获团省委"五四特别贡献奖"。

十 件 大 事

1月18日以来，云南电网公司遭受了历史罕见的低温雨雪凝冻灾害。面对灾害，公司领导班子科学决策、周密部署、靠前指挥，广大干部员工上下同欲、顽强拼搏。经过41天的艰苦奋战，2月28日，云南电网全部恢复正常运行，实现了灾区居民户户复电，得到了省委、省政府、南方电网公司以及灾区群众的充分肯定和普遍赞誉。抗险救灾抢修复电期间，南方电网公司袁懋振董事长，肖鹏、王久玲、祁达才、王良友副总经理多次赶赴云南电网灾区现场检查指导工作。

4月8日，云南电网公司与53家发电企业的71个电厂签订了购售电合同。2008年，公司完成售电量737.31亿kWh，同比增长11.25%。其中，省内售电量527.9亿kWh，同比增长5.79%；西电东送电量177.85亿kWh，同比增长28.68%；对越送电电量31.56亿kWh，同比增长23.49%。

5月12日，公司召开了战略实施工程暨创建国内先进水平供电局工作启动大会，对公司战略实施和创先工作进行了全面安排部署，并启动了昆明、曲靖、红河、玉溪四家供电局的创先工作。

5月23日，公司发布了2007年社会责任报告，得到了社会各界的一致好评，公司的品牌和形象进一步提升。公司也成为云南省第一家发布社会责任报告的企业。2008年，公司进一步加大无电人口通电力度，解决了80 385户无电人口通电问题；启动了“爱心圆梦　南网情深”一对一主题爱心助学活动；在年初的雨雪凝冻灾害、“5·12”汶川特大地震灾害等历次自然灾害中，公司广大干部员工累计向灾区捐款1398万元。

7月14日，公司召开了员工素质工程启动大会，对公司员工素质工程各项工作进行了全面安排部署。员工素质工程是云南电网公司2008年启动实施的两大工程（战略实施工程、员工素质工程）之一，工程将全面系统地提升公司全员业务素质能力，为公司又好又快发展提供良好人力资源保障。

8月29日，公司投产了500kV博墨I回线，标志着西电东送南通道一回线全线贯通。2008年公司全年完成电网基建投资68.32亿元，同比增长6.47%；投产110kV及以上电网项目56项，新增变电容量836万kVA，新增线路长度3360km。

9月24日，南方电网公司与昆明市委、市政府就昆明市电网发展建设问题举行了会谈，并签订了《中国南方电网公司与昆明市座谈会备忘录》。为进一步落实座谈会议精神，10月9日，昆明市委、市政府组织召开了昆明市电网建设工作会议。公司与昆明市政府签订了《关于进一步加强昆明电网规划建设的合作协议》。10月22日，公司召开昆明电网100亿工程建设工作会，对“100亿工程”进行了全面部署。

10月24日、12月12日、12月30日、12月31日，公司与德宏、临沧、丽江、迪庆等州（市）党委、政府签订了怒江电网公司重组（划转）协议书。此外，2009年1月8日，公司还与怒江市委、市政府签订了怒江电网公司重组协议书。至此，在全省129个市、县、区共103家州、市、县级供电企业中，云南电网公司将管理除保山外的全省15个州（市），122个市（县、区）的99家州（市、县）级供电企业。

11月2日，连日强降雨引发楚雄地区“11·2”特大泥石流自然灾害。灾情发生后，公司领导在第一时间内赶赴灾区部署抗灾救灾工作。11月12日，楚雄电网抗灾救灾工作取得阶段性的胜利，转入恢复重建阶段。公司抗灾救灾工作得到了省委副书记李纪恒的高度评价和社会各界的充分肯定。

12月23日，云南电网公司与老挝国家电力公司在老挝万象正式签署了《云南电网公司与老挝国家电力公司关于老挝北部115kV送电项目EPC合同》。该项目是云南电网公司在GMS国家电网外经贸建设项目中的第一个EPC工程总承包项目，开启了云南电网公司对外项目承包的全新模式。

（陈云）

▲ *2008 年11 月上旬，暴雨引发了云南楚雄地区特大泥石流自然灾害。图为楚雄双柏鄂嘉石板山村第一个通电的灾民安置点。（云南电网公司　提供）*

中国南方电网
CHINA SOUTHERN POWER GRID

贵州电网公司

基本情况

概况

2008年，贵州电网公司经历了特大冰灾、金融危机两个重大挑战，经受了“大病初愈”的电网高负荷运行、电力供需失衡、经营形势复杂三大严峻考验。在南方电网公司和省委、省政府的坚强领导下，公司认真贯彻落实科学发展观，以南网方略为统揽，团结拼搏，攻坚克难，夺取了抗冰救灾的重大胜利，完成奥运保供电的艰巨任务，努力保证省内电力供应和西电东送，保持了公司较好的发展势头。

▲2008年2月5日，中共中央政治局常委、国务院总理温家宝在贵州省视察龙里县观音山上的110kV龙龙黑双回输电线路3号铁塔抢修现场。（江伟　摄）

全年公司系统安全生产形势平稳。扣除冰灾影响，没有发生重大电网事故及较大设备事故；综合电压合格率、城市居民端电压合格率、城市供电可靠率、220kV及以上继电保护正确动作率等主要指标均好于南方电网公司考核指标。

全年实现售电量904.34亿kWh，比2007年增长3.5%，其中：省内售电量558.56亿kWh，同比下降0.6%；送广东电量321.26亿kWh，增长16%；主营业务收入349.5亿元，增长10.99%。资产总额达346.6亿元，比2007年增长20.89%。全年完成电网建设改造投资58.6亿元，比2007年增长35.1%；实现2.88万无电户通电，农村一户一表率达到86.46%。

▲2008年2月1日，中共中央政治局常委、国家副主席习近平（左六）在省委书记石宗源（左七）、省长林树森（左三）等有关领导的陪同下，到贵州电力调度通信局听取南方电网公司董事长袁懋振（左五）关于贵州电网抗冰抢险的情况汇报，并代表党中央、国务院看望和慰问与特大凝冻灾害拼搏奋战的电网公司系统全体职工。（张军焰　摄）

组织机构

见贵州电网公司2008年组织机构图。

人员状况

2008年末，贵州电网公司共有员工37 923人，其中企业管理职系人员275人，占比0.73%；职能管理职系人员2265人，占比5.97%；专业技术职系人员5373人，占比14.17%；技能职系人员22 458人，占比59.22%；辅助职系人员4556人，占比12.01%；其他人员2996人，占比7.9%。

领导班子

2008年末贵州电网公司领导班子成员组成如下：公司总经理（法人代表）、党组副书记：唐斯庆

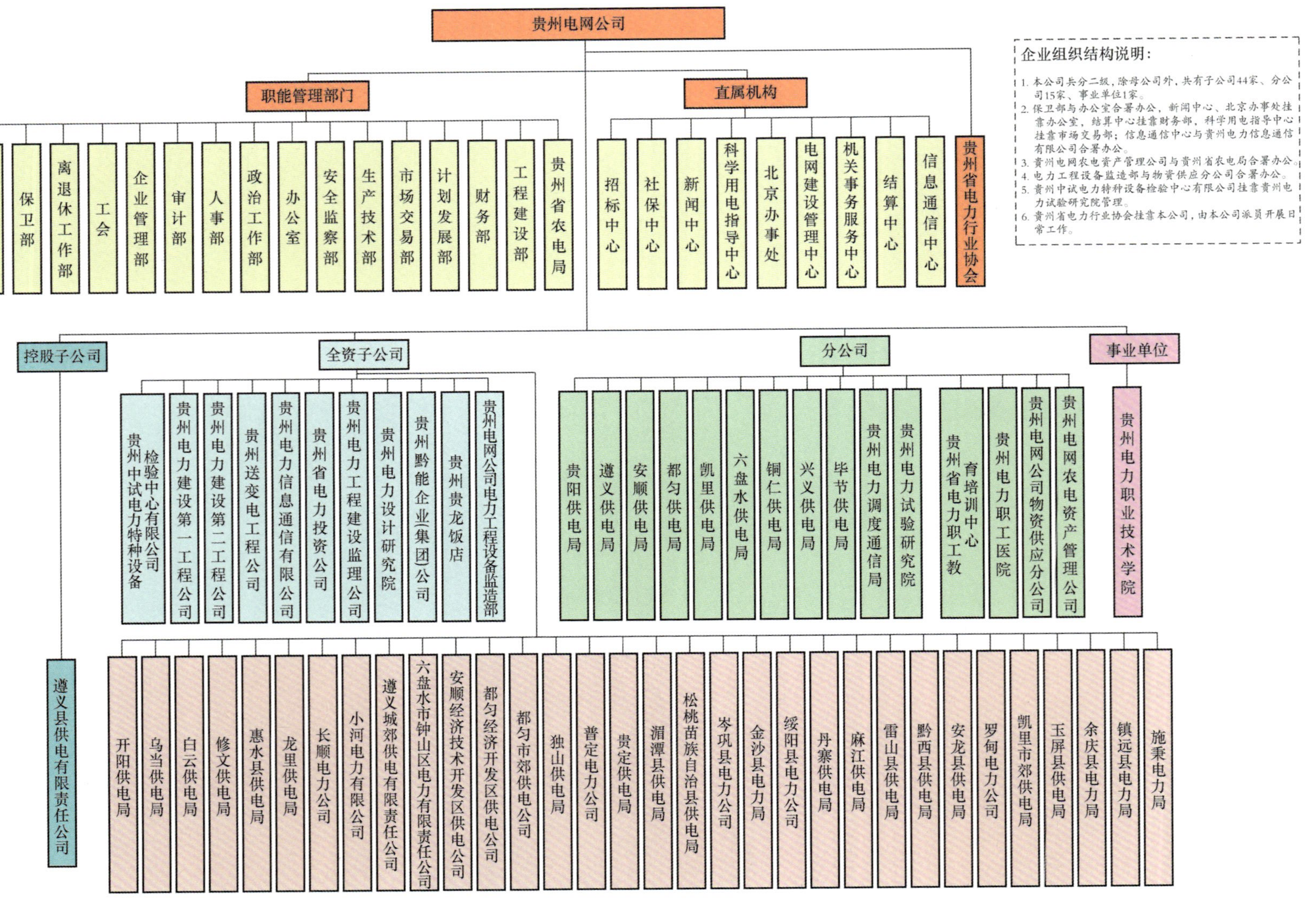

企业组织结构说明:

1. 本公司共分二级，除母公司外，共有子公司44家、分公司15家、事业单位1家。
2. 保卫部与办公室合署办公，新闻中心、北京办事处挂靠办公室，结算中心挂靠财务部，科学用电指导中心挂靠市场交易部；信息通信中心与贵州电力信息通信有限公司合署办公。
3. 贵州电网农电资产管理公司与贵州省农电局合署办公。
4. 电力工程设备监造部与物资供应分公司合署办公。
5. 贵州中试电力特种设备检验中心有限公司挂靠贵州电力试验研究院管理。
6. 贵州省电力行业协会挂靠本公司，由本公司派员开展日常工作。

贵州电网公司组织结构图

党组书记、副总经理：王和
党组副书记、纪检组长、工会主席：孙兆媛
副总经理、党组成员：晁剑
副总经理、党组成员：廖新和
副总经理、党组成员：邱跃丰
副总经理、党组成员：邓恩宏
副总经理、党组成员：秦华
总工程师：何朝阳

电网规划与建设

电　网　规　划

2008年编制完成并上报南方电网公司《贵州电网2009～2010年220kV及以上电网优化完善研究报告》；完成《贵州城市电网2009～2010年改造建设方案》并上报贵州省发改委及南方电网公司。

完成《贵州电网"十一五"规划电网优化研究》、《贵州电网提高抗灾保障能力电力规划研究》，并在此基础上深入开展《贵州电网2008～2012年变电站布点及网架研究》，提出了巩固主网安全稳定，加强地区电网结构，提高电网抗冰能力的电网建设方案。完成《贵阳中部骨干电网"十一五"后三年建设改造方案研究》并通过了贵阳市电网建设办公室组织的评审，有力推进了相关输变电工程前期工作的开展。《贵州省小火电关停电网配套建设规划》、《贵州省"十一五"～"十二五"煤矿供电专项规划》顺利通过省发改委组织的评审。

加快推进电源项目的建设，与新建各类电厂签订了并网意向协议21份，并网协议10份。

电　网　建　设

2008年基建投资共计45.378亿元，重点完成了500kV兴青线、500kV发八Ⅱ回、500kV光兴线，500kV贵阳变电站高压电抗器、500kV金州变输变电工程、220kV六枝输变电工程、220kV乌当3号主变压器扩建工程的竣工投产。共计投产变电容量2130MVA，线路597.338km，其中500kV变电容量750MVA，线路449km；220kV变电容量1380MVA，线路148.338km。

电　网　运　行

概　　况

2008年贵州电网统调装机达2258.3万kW，其中火电装机1691.3万kW，水电装机567万kW（含统调小水电）。

2008年底，贵州电网输变电设备情况见下表。

贵州电网输变电设备概况

电压等级	变电站（座）	变压器（台）	变压器容量（MVA）	断路器（台）	线路（条）	线路长度（km）
500kV	9*	11	8000	99	37	2597.04
220kV	49	90	14 480	408	150	6145.639
110kV	243	418	15 222.85	1297	390	9937.55
合计	301	517	37 412.85	1804	577	18 680.3

* 8个500kV变电站和1个500kV开关站。

主要运行指标

2008年，贵州电网公司电网频率合格率100%，同比持平；城市供电可靠率99.58%，同比下降0.235个百分点；综合电压合格率98.94%，同比下降0.38个百分点；城市居民端电压合格率98.48%，同比下降1.1个百分点；500kV交流输电线路可用系数93.174%，同比下降6.684个百分点；500kV变压器可用系数98.499%，同比下降0.914个百分点；500kV断路器可用系数99.797%，同比上升0.257个百分点；220kV及以上继电保护正确动作率99.89%，同比增长0.21个百分点；500kV继电保护正确动作率99.9%，同比增长0.28个百分点；220kV继电保护正确动作率99.89%，同比增长0.19个百分点。

元件保护正确动作率96.65%；故障录波完好率100%；中枢点电压合格率99.437%；网损率2.15%；安全装置投运率100%；安全装置正确动作率99.7%；主站系统运行率100%；远动设备运行率99.584%。

电网运行管理

（1）规范变电站运行管理标准化建设。按照南方电网公司“在2010年底前，分三年有步骤地完成变电站运行管理标准的推广工作”的工作任务，贵州电网公司在全省110kV及以上变电站全面推行变电站标准化建设工作。全年共完成19个集控中心、119个变电站（其中包含2个500kV变电站、20个220kV变电站、75个110kV变电站、22个35kV变电站）标准化建设。

（2）加强输变电设备的运行维护管理，做好输电线路防雷、防风偏重点整治工作，重点整治的500kV安青Ⅱ回、施铜Ⅰ回，220kV洪站Ⅰ回、盘普Ⅱ回、铜川Ⅱ回、海桐Ⅰ回、岩南线、福龙线等8条线路跳闸率同比下降了15.8%。

（3）针对电网面临的严峻形势提前研究布置和落实迎峰度夏各项生产技术工作，确保电网安全稳定运行和可靠供电措施落实到位。迎峰度夏前精心编制了贵州电网2008年迎峰度夏方案和奥运保供电方案，圆满完成了奥运圣火传递、29届奥运会、残奥会及迎峰度夏期间的保供电任务。

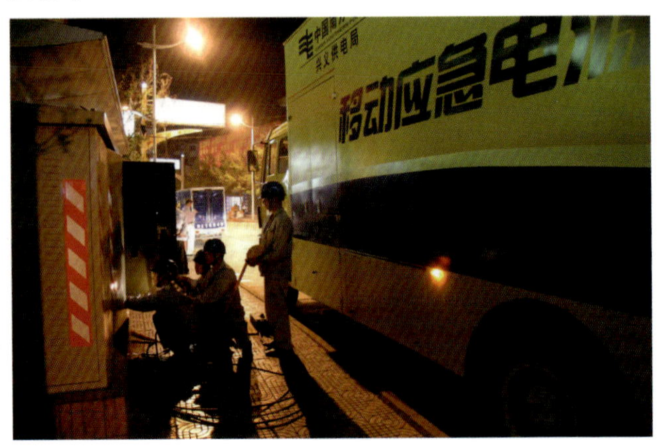

▲2008年4月29日，贵州兴义供电局车载移动应急发电车为奥运期间提供电力保障。（蔡家友　摄）

（4）编制完成了《贵州电网设备技改、检修“三年”规划》，有效指导主网输变电设备的大修技改工作开展。完成了2008年继电保护反事故实施细则汇编；编制并下达了《贵州电网二次防雷技术规范》。

▲2008年10月，贵州电网加固工程全面展开，图为施工现场。（贵州电网公司　提供）

▲2008 年2月18日，贵州电网公司总经理唐斯庆（左二）在I 回中营同杆架设现场了解情况。（贵州电网公司　提供）

（5）全面推进生产管理信息系统的应用。完成9家供电局和运检公司生产管理信息系统资产、缺陷和变电运行三个模块实用化验收。

（6）完成输变电设备防冰管理办法的编制，启动三级防冰体系建设工作。

（7）编制《贵州电网公司技术改造工作管理办法》、《贵州电网公司电力设备事故应急备品备件管理标准》、《贵州电网公司科技管理办法》、《贵州电网公司线损四分管理达标活动管理办法》等，促进了生产技术管理工作的进一步规范。

提高抗灾保障能力

根据南方电网公司抗灾保电总指挥部第3号令及公司《关于贯彻落实南方电网公司抗灾保电总指挥部第3号令的紧急通知》的要求，公司认真抓好几方面的工作：（1）认真开展电网设施的复查、处缺和技术资料收集整理，编制完成了220kV及以上、110kV、35kV及以下线路冰害分析报告各一套。

（2）认真开展线路隐患排查整治工作。完成了2064项110kV及以上电力设施缺陷消缺。

（3）下达了405条10kV及以上输电线路加固改造资金计划，其中涉及500kV线路5条，220kV线路9条、110kV线路60条，加固工程按计划完成，提高了电网抗击冰害的能力。

（4）全力推进交直流融冰措施相关工作。2008年3月由南方电网技术研究中心牵头，贵州电网公司作为试点单位配合开展了直流融冰装置的研发工作。历时8个月成功完成了固定式（60MW）、站间移动式（25MW）和发电车移动式（500kW）直流融冰装置的研发。

（5）启动了应急通信网建设，实施自动化和保护接入应急通信网的研究和改造工作。

安　全　生　产

概　　况

2008年，公司坚持电网安全稳定是公司生存发展生命线的意识和“一切事故都可以预防”的理念，全年对500kV安青Ⅱ回等8条线路进行防雷重点整治，落实了4个500kV单主变压器和10个220kV单线单变压器的技术和管理措施，对405条10kV及以上线路进行了加固技术改造，开展安全生产隐患治理年和百日安全督查专项活动，共消除灾后电网缺陷9424项，排查一般隐患2407项、重大隐患2项，整改率达100%。完成全网7个500kV变电站220kV母线双母差改造等反措计划；加强对涉及贵州电网16个500kV厂站断路器和保护的防拒动检查；按期完成输变电设备的定检预试、黔电送粤安稳系统的联调检查和西部安稳系统的分层改造，确保了省内外电力电量的有序供应，圆满完成迎峰度夏暨奥运保供电任务。实现年度安全生产责任目标考核总分连续两年在南方五省区电网公司中排名第一，公司持续向好的安全生产形势进一步得到巩固。

安全生产形势

2008年，公司生产系统未发生人身重伤及以上事故；未发生各类重大及以上事故。按照《南方电网公司生产事故调查规程》进行统计，共发生一般事故19起，与2007年同比持平。其中：一般电网事故4起，与2007年同比减少1起、下降20%；一般设备事故15起，与2007年同比增加1起、上升7%。共发生一类障碍159起，同比增加20起、增幅14.4%。其中，电网一类障碍0起，同比持平；设备一类障碍159起，同比（139起）增加20起、增幅14.4%。公司安全生产形势保持总体平稳。

科　技　创　新

概　　况

2008年，贵州电网公司继续加大科技投入，针对电网安全生产和快速发展的需要，审查、下达计划项目132个，年度计划资金3.93亿元，其中含3批提高电网抗冰保电能力研究的专项计划资金1.19亿元。科技项目比2007年增了31个，项目费用增加了1.69亿元。公司大幅度增加科技资金投入，为公司科技创新和成果推广应用提供了充足的保障。

公司根据下达的科技计划情况，积极按照国家鼓励科技创新的优惠政策，及时组织新产品、新技术、新工艺等开发应用项目向省经贸委、省科技厅等部门申请项目确认，开展了科技费用冲抵成本等工作，效益明显。同时，公司还积极寻求外部科技支持，有6个项目得到贵州省科技厅或省经委的支持，总计拨款132万元，比2007年增加了109万元。

科　技　成　果

2008年，公司共评出“贵州电网水火电联合经济运行优化调度系统研究”和“基于3S技术的输电网管理系统研究”等27个2007年度科技进步奖。在南方电网科技奖方面获得2个二等奖，4个三等奖。“贵州电网水火电联合经济运行优化调度系统研究”项目获贵州省科技进步二等奖，“基于3S技术的输电网管理系统研究”等6个项目获得三等奖。同时，有3个项目获得省部级2等奖。

在这些项目中，“贵州电网水火电联合经济运行优化调度系统研究”项目科技含量高、实用性强，获得多名院士的好评，认为项目达到国际先进水平。作为全国节能发电调度试点，“贵州省节能发电调度研究”等2项科技项目列入了南网科技重点项目。

节　能　减　排

2008年，按照《贵州电网公司“十一五”节能降耗综合性工作方案》提出的主要工作内容和目标，结合各单位工作实际，分别在节能调度、线损“四分”管理、电力职业学院红枫校区污水处理、加强需求侧高耗能管理、开展节能减排“绿色行动”等5个项目积极开展效能监察，促进有关节能减排项目的顺利推进并取得实效。

（1）开展了《贵州电网“十一五”规划电网优化》研究，对《贵州电网“十一五”规划》及《贵州电网“十一五”系统设计》进行进一步优化，并配套出版了《贵州电网“十一五”规划电网优化节能降耗专题研究报告》。根据规划优化研究成果，完成了《贵州电网2008～2012年变电站布点及网架研究》，提出了今后几年内贵州电网主网架的建设意见。

（2）积极配合小火电厂关停，编制了《贵州省小火电关停电网配套建设专项规划》。2008年完成投资1.66亿元用于小火电厂关停电网配套建设。配合水城电厂关停配套建设的110kV汪家寨输变电工程已建成投运，配合头步电厂关停配套建设的110kV头步输变电工程正在建设。清镇电厂、贵阳电厂、凯里电厂关停负荷转供方案正在实施。为配合政府关停遵义电厂、凯里电厂各2×125MW机组工作，2008年专门安排了872万元用于改善贵阳、遵义、东部电网无功配置，提高其电压水平。

（3）2008年贵州电网公司正式启动线损“四分”管理达标工作，组织分析线损“四分”管理工作中存在的问题，开展线损小指标分析，以提高线损管理工作水平，确保完成公司“十一五”规划中所提出的节能降损目标。

（4）强化电力需求侧管理，绿色行动显成效。贵州电网公司积极推进电力需求侧管理，同时积极配合政府做好高耗能、重污染及“五小企业”的关停整改工作。2008年贵州省执行差别电价的企业数量达到344户，受整个经济环境的影响，目前只有20户生产，开工率只有5.8%，用电量为13 739万kWh，收取差别电价加价电费2619.98万元，用电量较去年下降了39%，有效地淘汰了落后产能，促进了省内产业结构的调整和技术升级。

（5）积极开展节能调度试点工作。贵州电网于2008年1月1日正式进入节能发电调度试点运行，成为全国第一个正式进入节能发电调度试点运行的省级电网。完成了《贵州电网节能发电调度系统》、《贵州电网节能发电调度计划生成系统》技术平台、《贵州并网燃煤机组烟气脱硫在线监测系统》主站系统与功能扩展、《贵州节能发电调度煤耗在线监测系统》主站和试点电厂（大方电厂）的软硬件设备安装调试工作。

（6）大力推广节能降耗新设备，降低电网损耗。2008年8月，贵州电网公司完成了SVR馈线自动调压器及DWK户外高压无功自动补偿装置试点项目的验收及鉴定，效果良好，将作为节能降耗新技术计划2009年在全网安排14～15条线路扩大推广应用。2008年公司科技项目安排资金5757万元，应用非晶合金变压器、卷铁心变压器、S11型变压器更换高损配电变压器580台。其中，非晶合金配变80台、卷铁心配电变压器80台、S11配电变压器420台，试用单相配电变压器44台，应用S11型变压器更换高损配电变压器189台。

信息化建设

概况

2008年，贵州电网公司信息系统建设以实用化为目标，全力推进生产管理、电力营销、OA、政工管理、调度数据网、电能计量、数字档案馆等信息化项目的建设与推广工作。不断健全应用系统用户需求评审会制度，不断完善应用系统功能。开展应用系统数据校核工作，提高门户系统、生产管理系统等应用系统的数据完整性和准确性，为公司的生产经营提供了一个高效可靠的工作平台。

信息系统建设

（1）配合完成南网重点项目的实施和推广。根据《中国南方电网公司“十一五”信息化规划》的总体要求和国资委、国信办《关于加强中央企业信息化工作的指导意见》（国资发［2007］8号）的文件精神，选定贵州电网公司、贵阳供电局分别作为省、地两级试点开展南方电网企业信息资源规划项目工作，以进一步提高电网企业信息化水平，促进信息共享和资源整合。在业务人员和信息技术人员通力合作下，完成了省、地两级信息资源规划的试点工作，完成企业信息资源规划各业务模型、数据模型等全部的建模和内审工作。

（2）公司重点信息系统建设与应用。贵州电网公司综合信息平台项目2008年9月上线运行，整个项目运行稳定，数据抽取准确及时；贵州电网生产管理信息系统完成该系统资产、缺陷、变电3大模块在10家单位的实用化推进工作；贵州电网输电GIS系统2008年3月启动全省推广工作，2008年6月完成系统主站的搭建工作，2008年8月完成各相关使用单位的安装调试，9月1日全省12家单位正式上线运行。贵州电力调度数据网的规划及建设正处于主体工程的实施阶段，计划于2009年3月底完成主体工程的安装调试。

市场营销

概况

2008年，电网统调发电量完成974.9亿kWh，同比增加22.68亿kWh，增长2.38%。其中水电发电量179.81亿kWh，同比增加51.51亿kWh，增长40.1%；火电发电量795.1亿kWh，同比减少28.8亿kWh，减少3.5%。2008年最高日发电负荷1488.7万kW（12月6日），最大日发电量2.92亿kWh（12月9日），分别比2007年增长167.3万千瓦和0.09亿kWh。

2008年，贵州电网售电904.34亿kWh，同比增长3.51%，完成售电量计划952亿kWh的94.99%。其中，省内售电量558.56亿kWh，完成年计划售电量565亿kWh的98.86%，减少0.59%。

2008年，外送电量345.77亿kWh，同比增加33.94亿kWh，同比增长10.89%，完成年计划420亿kWh的82.29%。其中送广东电量321.26亿kWh，同比增长16.02%；送湖南5亿kWh，同比减少39.9%；送广西17.20亿kWh，同比增长4.37%；送重庆2.31亿kWh，同比减少41.72%。

营销分析

2008年，国家宏观调控政策继续发挥作用，在省内严格执行差别电价对淘汰高耗能、高污染、高排放的企业收到非常积极的效果，达到了节约资源和环境保护的目的。4月，贵州省物价局出台了第3批执行差别电价企业名单，到年底贵州省执行差别电价的企业有344户，其中20户在生产，开工面只有5.8%。全省淘汰类和限制类用户的总用电量为13 739万kWh，用电量较2007年同期下降了39%，继续呈现大幅下降趋势。其中：淘汰类的用电量为13 294万kWh，占总用电量的96.76%；限制类的用电量为444万kWh，占总用电量的3.24%。

2008年，累计接电109 515户，接电容量119.3万kVA。其中：居民生活用电接电96 615户，接电容量54.14万kVA，分别占总接电户数和接电容量的88.22%和45.38%；商业用户接电5855户，接电容量13.81万kVA，分别占总接电户数和接电容量的5.35%和11.58%；非、普工业用户接电5448户，接电容量32.22万kVA，分别占总接电户数和接电容量的4.97%和27.01%；大工业用户接电45户，接电容量4.54万kVA，分别占总接电户数和接电容量的0.04%和3.81%。

电费回收

2008年9月下旬起，受全球金融危机的影响，欠费突增。为扭转欠费势头，根据《南网公司关于加强电费回收有关工作的通知》要求，公司下发了《关于防范电费回收风险的通知》，提出防范电费回收风险的4点要求，对余额比年初上升较大的供电局电费回收工作进行重点督察，对全省50万元以上重点欠费客户电费回收情况进行周跟踪分析。

2008年末，省内应收电费合并口径余额为53 045万元，比年初余额净增4119万元，其中地区供电局比年初余额净增4504万元，直管县局下降978万元、合并抵销数下降593万元。地区供电局当年电费回收率为99.65%，33家直管县局当年电费回收率为99.87%。回收省内旧欠电费4195万元，旧欠电费回收率8.57%，其中回收跨年度电费627万元、1~2年电费521万元、3~4年电费765万元、5年及以上电费2282万元。

需求侧管理

2008年初，公司建立了科学用电指导中心（挂靠市场部），广泛开展节能服务、节能宣传、节能培训和节电项目新技术的推广工作，主动承担社会责任，为客户节电提供各种服务。2008年，公司共发放节能宣传资料175 713册、举办节能专题培训班22次、提出节电建议书129份、开展节能示范项目9个（每供电局各一个）、开展用电客户节能诊断服务172户，举办节能宣传走进校园活动159次，组织8家重点客户参加南方电网节能技术研讨班培训，建立了和谐的供用电关系，取得实效。

2008年公司在高耗能企业推广应用无功补偿装置，进一步研究和推进合同能源管理模式。针对我省高耗能用电占省内用电60%，大多为感性负荷且功率因数偏低的现状，公司积极配合省经贸委，根据《关于开展电力需求侧管理做好高耗能企业无功补偿的通知》（黔经贸资源［2007］65号）要求，投入2000万元科技费用，按照符合国家产业政策、产品产量在国内比重较大、产品单耗高、设备功率因数低并且在省内不同地域不同体制有一定代表性的要求，选择了对系统无功影响较大的如中国五矿（贵州）铁合金有限责任公司、龙里龙腾铁合金公司普定分公司等6家高耗能企业，实施无功补偿示范工程。

电能计量

2008年，贵州电网公司现有计量专业管理与技术服务人员418人，其中证定人员343人，大专及以上学历人员占职工人数的比例为58%，所有生产及技术人员均持有计量检定员证，持证率达82%。主要分布在全省9个地区供电局计量所和48个代管县供电企业（39个代管县电力公司未建立计量标准），建有5000多m^2的标准试验室，以及各等级电能计量标准装置192套和相配套的测试标准226台。

主要指标完成情况：2008年，公司采购和验收电能表约12万只。试验室对各类运行电能表进行抽检3897只，合格率96.2%。现场检验4331只，完成计划100%，合格率99.2%。并对在用85套电能计量标准装置进行考核（复查），合格率99.6%。全年省内电能计量故障出现1209次，其中由于计量原因259次，其他原因950次，共计追补电量2512万kWh，电能计量故障差错率0.12%。

用电检查

2008年，营销稽查工作以完善营销稽查规章制度、建立营销稽查常态化机制为核心，围绕“金牌服务迎奥运”等中心工作，加强营销稽查力度，开展营销专项交叉稽查，以促进营销稽查工作实现制度化、常态化、规范化管理，取得了明显成效。全年共计稽查样本123 348件，发现有问题样本数量975件，样本误差率0.8%，其中一般营业责任事故10起，追补金额66 444.62元，退还金额512.13元，发出整改通知书625份，收回整改反馈单411份。

通过对用电检查工作的稽查，强化用电检查力度，进一步规范用电秩序和行为。全年共检查客户772 611户，查处违章及窃电户976户，追补电量532.8万kWh，追补电费339.3万元，收取违约使用电费262.7万元。

财务管理

税收管理

2008年，争取到冰灾期间全省增值税缓缴政策，缓解资金压力，节约财务费用3700万元。加强和税务管理部门的沟通，争取到非正常财产损失8200万元的税前扣除。

资产管理

加强资产与产权管理，保证电网建设资金保障，完成工程支出27亿元。在系统单位坚决贯彻执行重大财务事项报告制度，加强对外投资、借款、担保、产权转让以及资产处置、捐赠等重大财务事项的监督管理，强化财务风险的防范。组织开展公司冰灾保险索赔工作，取得保险赔款8.35亿元。对公司拟上划的县级供电企业，组织开展了财务审计、清产核资工作，掌握基本的财务情况，发现存在的问题和风险，为公司决策提供必要的依据。

电　价　管　理

开展2008年贵州电网电价测算，完成了2008年电价调整方案，经国家发改委及贵州省物价局批准，提高了贵州电网销售电价和西电东送价格。从2008年7月1日起，贵州省内销售电价上调3.17分/kWh，西电东送价格上调2.5分/kWh。从8月20日起，送广东电价上调2.1分/kWh，火电企业上网电价上调1.64分/kWh。加强电价政策执行检查工作，积极配合国家发改委、国家电监会、贵州省物价局、南方电网公司价格检查，完成公司系统电价执行检查工作。

资　金　管　理

进一步强化收支两条线管理，全面推广电费管理系统，实现了财务系统和市场营销系统无缝连接，加强了电费资金监控，确保了公司实现收入的及时兑现和提高电费资金的周转速度。

2008年公司面临的资金压力巨大，年初公司全力投入抗冰抢险，开展电网加固工程，应急通讯和融冰项目，8月20日后的火电厂调价尚未在省内售电量疏导，9月底起国内经济形势变化，电费资金回收压力增大，公司资金运作难度加大。在国家实施从紧的货币政策的情况下公司积极筹措资金，确保资金需求，依托公司资金管理系统和银行集团账户系统，调剂使用归集资金，月平均使用归集资金达10亿元，为公司生产经营和基建建设提供了可靠的资金保障。

预　算　管　理

2008年公司进一步加强了预算管理，印发了《贵州电网公司经营业绩暂行考核办法》（黔电财［2008］548）号文，扩展了业务考核指标范围，涵盖公司生产经营的各层面，进一步完善公司资产经营的激励和约束机制。2008年初贵州电网遭受罕见的凝冻自然灾害，公司通过艰苦努力取得了抗冰抢险的全面胜利，积极应对了金融危机对电力市场巨幅波动的影响，成功完成了奥运保电等重大政治任务，公司售电量实现了同比增长，资产经营实现了既定目标，圆满完成了南方电网公司下达的各项生产经营任务。2008年，公司总资产332.63亿元，负债总额251.42亿元，所有者权益81.21亿元；资产负债率75.58%，比预算降低0.62个百分点；利润亏损14.51亿元，比预算减亏882万元；流动资产周转率4.92次，比预算提高0.2次；应收电费余额5.43亿元，比预算下降1.07亿元。

会　计　核　算

2008年公司统一执行新会计准则和《中国南方电网有限责任公司会计核算办法》，充分研究各种影响因素，实现了新旧准则的平稳转换；财务管理信息系统建设基本完成电费、资产、工程、预算四大核心模块，在地区供电局及直管县局的实用化推广验收工作。

农　电　建　设

概　　况

贵州电网公司管理的县级供电企业86个，其中分公司6个，子公司30个，代管49个，股份公司1个。2008年完成售电量294.31亿kWh，同比增长6.4%。至2008年底全省乡通电率100%、村通电率100%、户通电率99.65%。

2008年，公司继续大力开展基础管理达标活动，新增24个县级供电企业申报“基础管理南方电网公司达标企业”（待南网批复），新增“省级达标企业”17个。至年底，贵州电网获“南方电网达标企业”称号的县级供电企业42个，占全省的50.6%；获“省级达标企业”称号的县级供电企业71个，占全省的82.55%。

农网建设

2008年初，贵州电网公司编制了年度县级电网建设投资15.68亿元的投资计划，将解决2.2万户以上无电户通电和新装农村“一户一表”14万户作为农电工作主要目标，不断延伸农村电网覆盖面和提高农村供电服务质量。

2008年度共完成县级电网建设投资215 459万元，年内共完成无电户通电28 895户、累计新装农村一户一表240 962户。至2008年底，户通电率达99.65%、农村户表率达86.46%。

人力资源管理

班子建设

组织完成了基层单位“四好”班子年度检查考核，全面开展基层“四好”班子建设调研，并在此基础上研究制订了“四好”班子建设目标考核评价办法。

组织领导干部深入学习贯彻十七大精神，开设远程辅导课，154名领导干部参加学习；组织4期轮训班，209名领导干部先后集中受训，完成了处级及以上党员干部的轮训任务；组织领导干部撰写学习心得196篇并编印下发。

严格执行干部考核考察及选拔任用的有关规定，完成对26位提拔任职处级干部的试用期考核；全年任免、调整处级干部72人次。向南网公司推荐1名副处级干部到海南电网公司挂职，接收海南电网公司1名副处级干部到贵阳供电局挂职，组织基层单位开展后备干部推荐工作。

积极配合南网公司干部考核考察组，完成对省公司领导班子等南网公司党组管理的10名领导干部的考核工作，并推荐了南网公司党组管理的后备干部人选。

教育培训

公司系统全年举办培训班1617期，培训员工50 162人次。公司层面举办培训班320期，培训员工20 343人次。其中：管理人员培训95期，培训管理人员4412人次；专业技术人员培训49期，培训技术人员2591人次；生产技能人员培训126期，培训技能人员2707人次，新入企员工培训1期，培训新员工504人；远程培训49期，培训员工10 129人次。组织各类相关考试，共有17 523人次参加。

加强干部培训，先后选派12名处级干部参加南网公司组织的A级管理人员研修班；举办中青年干部管理研修班，对公司所属单位推荐的31名

▲2008年9月，凯里供电局开展农网配电营业工技能竞赛活动，图为竞赛现场。（孙煜 摄）

处级后备干部进行了培训。

加强一线员工培训，编制《贵州电网公司进一步加强一线员工教育培训实施方案》并组织实施。公司系统共举办一线员工培训班1149期，占总培训班数的71%。其中较有特色的包括：以优秀农电工为对象的装表接电初级岗位技能培训示范班两期，培训71人次；电力营销班组长培训班6期，培训250人；电力营销岗位专业知识模块与技能模块培训班13期，培训476人次。

人才建设

按照南方电网公司的有关部署，组织开展专业技术职称评审工作，承办南网公司部分类别高级职称评审会，完成公司中级职称网络化评审。2008年，公司系统共有310人通过职称评审，其中高级职称80人（含教授级3人）、中级职称230人。此外，公司根据实际情况变化，调整了235名高级职称评委专家并报南网公司批准。

组织完成45个特有工种技师鉴定考评工作，对1368人进行了技能等级鉴定，其中高级工162人、中级工1012人、初级工194人；与贵州省劳动和社会保障厅联合举办农网配电营业工职业技能竞赛；完成全国电力行业技术能手的推荐工作。2008年，公司系统员工8人被评为“贵州省有突出贡献高技能人才”、2人被评为“贵州省技术能手”。

党建和精神文明建设

党建工作

2008年，继续抓好党建工作责任制的落实，扎实开展党的基层组织建设年活动，不断强化基础、提高素质、健全机制，做到示范带头，实施党内关怀。公司直属党委荣获国务院国资委“中央企业先进基层党组织”荣誉称号，11个基层党组织，14名党员和4名党务工作者受到南方电网公司、省委组织部、省国资委表彰。

召开公司直属党委第一次代表大会，选举公司直属党委第一届党委委员和纪委委员。召开“学习贯彻党的十七大精神”和“企业尽责任、党员尽义务”专题组织生活会。深化“五好基层党组织”创建活动，考评、命名首批134个“五好基层党组织”；开展党内评先选优，评选表彰42个先进基层党组织、68名“六个领先”党员、18名优秀党务工作者。

思想政治工作

深入组织学习党的十七大精神，举办处级领导干部轮训班，开展远程教育，举办学习党的十七大精神和新《党章》网络答题活动。开展纪念改革开放30周年系列活动，举办专题讲座，组织征文活动，开设网站、报纸专栏加强宣传引导。开展以“解放思想，深入践行南网方略，努力提高工作能力和水平”为主题的解放思想大讨论活动，弘扬抗灾精神，增强各级领导干部政治意识、大局意识、责任意识，转变观念，改进作风，提高工作效率、工作能力和水平。

企业文化建设

深入宣贯南网方略，制订年度宣贯实施方案，面向基层、面向班组、面向岗位，组织宣讲团深入9个县级供电企业，依托公司层面的班组长、供电所长、生产、营销人员岗位技能、新员工入企教育等11个培训班进行宣讲，开展《南网方略与企业文化》精品电子课件全员培训。推进企业文化建设，调整完善企业文化领导机构，建立子文化建设工作机构；制订下发《贵州电网公司2008年服务文化建设实施方案》，举办安全文化专题讲座，以“安全生产月”为载体开展安全文化建设，开展廉洁文化“进班子、进班组（车间）、进岗位、进家庭”活动。

精神文明建设

加强精神文明建设，组织申报各级文明单位，公司获“全国精神文明建设先进单位”，8个基层单位获全国文明单位、全国精神文明建设工作先进单位，51个基层单位获全省文明单位、全省精神文明建设工作先进单位，3个基层单位获南方电网公司文明单位。积极发挥中央企业在文明创建中的表率作用，落实贵州省精神文明建设指导委员会《公民道德建设工程——“满意在贵州”主题活动》的要求，结合“金牌服务迎奥运”活动，开展“满意在电网”系列主题活动。积极履行企业社会责任，促进民族团结进步，公司荣获贵州省委、省政府联合授予的“全省第6次民族团结进步先进集体”。

共青团工作

强化党建带团建的政策和制度保障，公司直属党委下发了《关于进一步加强和改进贵州电网公司共青团工作的意见》。开展“青字号”品牌系列活动，组建311支青年突击队投入抗险救灾抢修复电，45名青年突击队员在抗冰保电一线光荣加入中国共产党，19支青年突击队受到团省委表彰；编辑出版抗冰保电系列丛书《青春在冰雪中燃烧》；组织开展“万家灯火、南网情深、满意在电网——青年文明号微笑行动”，8个基层集体、7名个人分别荣获贵州省“百优微笑团队”、“百优微笑大使”荣誉称号。组织开展“交纳特殊团费，支援灾区人民”特别行动，向四川汶川地震灾区捐款30余万元。

十件大事

从1月18日开始，贵州遭受了特大冰冻灾害，给贵州电网造成灾难性破坏。18万多基杆塔受损，77%的输电线路、83%的变电站停运，电网解列成四片；全省进入大面积一级停电事故应急状态，共有50个县市先后受停电影响，涉及461万户1817万人口，是全国受灾最重的省份；贵州电网因灾造成直接经济损失58.53亿元。在党中央、国务院的亲切关怀下，在上级领导的关心和兄弟单位的支持下，贵州电网公司领导班子带领全公司系统职工，经过“保供电保民生、复省网保经济、固主网保东送”三个阶段艰苦卓绝的奋战，用一个多月的时间完成了常规需要半年以上才能完成的恢复重建任务，夺取了抗冰救灾的全面胜利，为全省经济的恢复作出了巨大贡献，受到省委省政府、国务院国资委、南方电网公司的表彰。

▲2008年1月30日，贵州电网员工在齐心协力搬运电力抢修物资。（桑林　摄）

4月25日，公司召开灾后反思会，提出贵州电网应对重大自然灾害能力的原则性意见，并提出解放思想，转变观念，将电网建设的重点放在220kV为主干网的地区电网和城乡配网上，放在加大科技进步力度和信息化建设上。5月21日，贵州电网公司启动解放思想大讨论活动，提出要以南网方略为统领，继续弘扬抗冰精神，转变思想观念，改变工作作风，改进工作方式，提高工作效率，提高工作能力和水平，以适应贵州电力发展的需要，并通过开展解放思想大讨论活动，提高干部队伍素质。

按照南方电网公司关于提高电网抗灾能力三大措施的部署，贵州电网公司加强领导、精心安排，层层签订责任书，科学编制工作计划，逐一细化工作任务，克服了工期紧、任务重、施工协调难度大等困难，扎实推进线路加固、抗冰融冰技术研究应用和应急通信网建设。公司完成了805条10kV及以上线路提高抗冰能力的方案设计和评审，制订了三年实施计划，其中2008年完成405条线路加固任务，2009年1月8日前全部完成；配合南网完成了直流融冰装置样机的安装和试验，达到领先水平。3台固定式、8台移动式直流融冰装置，2009年1月10日前全部完成安装调试；应急通信网建设年底前完成调试投入使用。

2008年迎峰度夏暨奥运保供电遇到的挑战和困难前所未有：一是保电时间长、要求高、难度大；二是电网安全压力大，全社会用电快速恢复，负荷屡创新高，电网建设和加固工作任务繁重，且电煤紧缺。但公司认真落实国家和南方电网公司的各项部署，精心组织、科学安排、合理调度，广大干部职工全力以赴、尽职尽责、认真落实各项保电措施，顺利完成了奥运保供电任务和迎峰度夏任务。为保奥运供电，公司还开展了以“责任在我心、奥运伴我行”为主题的金牌服务迎奥运活动。

贵州电网从2008年1月1日起开始“节能发电调度试点”工作，成为全国第一个正式进入节能发电调度试点运行的省级电网。贵州节能发电调度组织体系、管理体系、技术体系基本建立。煤耗在线监测系统10月31日通过国家能源局鉴定，并达到国内先进。脱硫设施监测达100%。通过节能发电调度，水电同比多发55亿kWh，增长40%，预计全年节约标煤269.61万t（折合原煤417.9万t），脱硫机组平均脱硫效率94.95%，减排二氧化硫83.21万t。节能发电调度取得成效。

6月13日，贵州电网公司创建国内先进水平供电局试点工作启动，确定贵阳供电局作为南方电网公司国内先进水平供电局试点单位，遵义供电局和安顺供电局作为贵州电网公司的国内先进水平供电局试点单位。

12月2日，中国共产党贵州电网公司第一次代表大会召开。会议总结了公司直属党委和纪委五年来的工作，分析了当前面临的形势，部署了下一阶段工作任务，选举产生了新一届公司直属党委和纪委委员。

贵州电网公司编制完成了《贵州电网公司安全生产风险管理体系实施细则》（试用版），编修了公司“1+12”应急预案体系，颁布了《贵州电网公司安全生产十大禁令》，出台了《生产运行单位领导人员安全责任到位规定》，生产管理信息系统在九个供电局和送变电公司运检公司已全面达到实用化要求。

2008年，贵州电网公司获南方电网科学技术二等奖两项，三等奖四项；获贵州省科学技术二等奖一项、三等奖六项，是公司五年来获科技成果奖最多的一年。《贵州电网突发事件应急管理体系建设和实践》获中电联管理创新成果一等奖，另有四项成果分获二等奖和三等奖。公司还首次开展了软课题研究，确定22个软课题研究项目，其中21个软课题结题，为公司的战略决策、规划制订、政策选择和科学管理提供了支持。

在6月26日国务院国资委召开的中央企业党建工作会议上，贵州电网公司直属党委荣获“中央企业先进基层党组织”称号，是南方电网公司唯一获表彰的单位。

（蔡靖波）

中国南方电网
CHINA SOUTHERN POWER GRID
海南电网公司

基 本 情 况

概 况

海南电网公司是中国南方电网有限责任公司的全资子公司，负责经营南方电网在海南投资的国有电网资产，承担国有资产保值增值责任；对海南电网实行“统一规划、统一建设、统一调度、统一管理”，负责全省电网的安全生产工作，保证全省电网的安全、稳定、经济、优质运行，不断提高供电可靠性和服务质量；依法统一调度与省电网联网的电厂，并监督和指导电厂的安全生产工作。

2008 年，海南电网公司完成售电量 92.61 亿 kWh，同比增长 8.32%。年末资产总额为 98.4 亿元。公司拥有 220kV 变电站 13 座，主变压器 24 台，容量 318 万 kVA；110kV 变电站 69 座，主变压器 122 台，容量 356 万 kVA；35kV 变电站 141 座，主变压器 208 台，容量 96 万 kVA。35kV 及以上输电线路 370 条，合计 6501km，其中，220kV 线路 32 条，总长 1426km，110kV 线路 130 条，总长 2604km，35kV 线路 208 条，总长 2471km。

2008 年，公司经受了非同寻常的考验，取得了非同寻常的成绩，做出了非同寻常的贡献。突出表现为九个方面：一是提出更加切合海南电网实际的“二十三字”工作要求——加快发展，管理到位，执行到位；抓基层，强基础，苦练基本功。二是扭转了安全生产被动局面，首次实现 220kV 变电站“零缺陷”，未发生重大设备损坏、人身伤亡事故。三是第一次出岛，千里跨海援黔抗冰抢修复电取得全面胜利，抢修工作总量相当于恢复整个海南电网。四是圆满完成胡锦涛总书记视察海南、博鳌亚洲论坛、庆祝建省 20 周年等一系列重大活动保供电任务。五是安全经济节能调度上了新水平，全年水电调度创造直接经济效益近 300 万元。六是“双创建、双连心”先锋工程建设激发了广大党员干部的活力，使广大党员服务中心有舞台，联系群众有平台。七是强力推进降本增效，全年增收节支 2423 万元。八是稳步推进创先达标工作，启动海口、三亚创先试点，达标工作打破常规，动态管理，达网标企业 11 家。九是顺利完成加入南网后首次机关本部机构改革和组竞聘工作。

▲2008 年3月4日，海南电网公司总经理尹炼（中）到贵州安顺抢险工地指导抗灾工作。（韩海光　摄）

▲2008 年2月7日，海南电网公司支援贵州抗冰抢险员工在贵州锦屏县精心勘测，支援贵州电网抗冰抢险。（宋国强摄）

组 织 机 构

海南电网公司下辖 18 个供电分公司、10 个直属单位、1 个直属电厂、2 个计划单列供电公司。机关本部设 13 个职能部门、7 个直属机构。供电所 133 个，营业网点 308 个，供电户数 169

万户，供电人口 840 万人，供电区面积约 3.5 万 km^2。

见海南电网公司 2008 年组织机构图。

人员状况

2008 年末，海南电网公司共有员工 10 630 人。其中，研究生及以上 55 人，大学本科 1128 人，大学专科 2240 人。公司员工中，有高级职称 196 人，中级职称 458 人，初级职称 1098 人；高级技师和技师 3 人；高级工 434 人，中级工 837 人，初级工 152 人。全公司离退休人员 2467 人。

领导班子

2008 年末海南电网公司领导班子成员组成如下：

总经理、党组副书记：尹炼

党组书记、副总经理：王静辉

党组成员、副总经理：庞准

党组成员、副总经理：吴建宏

党组成员、纪检组长、工会主席：潘超

党组成员、副总经理：杨卓

党组成员、副总经理：李日亮

电网规划与建设

电网规划

2008 年，海南电网公司按照“统筹城乡发展、统筹区域发展、统筹电源与电网和谐发展”要求推进电力规划工作。完成了海南省电力工业中期发展规划和“十二五”电力发展规划、海南“十一五”规划电网优化研究、海南电网“十一五”二次系统规划、海南提高抗灾保障能力电源电网规划研究、洋浦保税港区等 13 个园区配网规划、海口市等 9 个市县电网和县城电网规划修编、气电平衡研究、风电接纳能力研究等。认真研讨“两型一特色”（环境友好型、资源节约型、具有海岛特色）典型绿色输变电工程设计标准。完成海南“十一五”电力规划成果汇编。

▲2008 年5月23日，海南电网公司与海口市政府在海口签约服务与合作备忘录。（钟巍巍　摄）

公司积极向各级党委、政府汇报电力规划工作，得到省委省政府和各市县委政府的高度重视。东方电厂一期工程和海南核电项目获得核准，取得相关前期工作路条。电网建设项目被纳入区域发展规划。电力规划工作赢得主动。2008 年 5 月 23 日，公司与海口市人民政府共同签署《海口电网建设与服务合作备忘录》。6 月，尹炼总经理率相关部门领导先后深入陵水、临高、儋州、文昌、定安、琼海、东方 7 个市县调研，强力推动电力供应建设，着力为地方经济社会发展提供强有力的电力支撑。

电源方面，开展了儋州峨蔓一期、华能文昌一期、文昌月亮湾以及东方感城、高排、四更风电场，老城垃圾沼气发电项目接入系统研究。电

▲2008 年6月5日，海南电网公司总经理尹炼（左四）赴陵水调研，携手政府强力推进电网建设。（韩海光　摄）

网方面，开展了文昌迈号和陵水文罗220kV输变电工程、福山至官塘220kV送电线路工程、海口和三亚城市电网110kV输变电工程、各市县加强电网网架及满足负荷增长需求而安排的输变电工程项目前期工作。大用户方面，开展了东环铁路、文昌新一代火箭发射基地、三亚华盛水泥、福山花场、通威水产等省内大项目及重要用户供电方案研究。另外，开展了东方终端发电、炼化余气发电、昌江华盛水泥余热发电（二期）等企业余热、余气资源利用机组项目接入系统研究、办理并网手续等前期工作。

电网建设

2008年，电力基建投资完成96 055.4万元。其中，220kV工程项目23 262万元，110kV工程项目22 352亿元，35kV工程项目7859.7万元，10kV及以下工程项目42 581.7万元。建成220kV变电站1座，新增主变压器容量360MVA、220kV线路186.3km；建成110kV变电站8座，新增主变压器容量310MVA、110kV线路130km；建成35kV变电站6座，新增主变压器容量93.2MVA，35kV线路77.4km。

总投资8.2亿元，历时5年、涉及全省17个市县的县城网改造工程全面竣工，顺利通过省政府整体验收。完成39个农垦农场供电接管和农场电网改造，惠及垦区94 905户，共43万人。罗带至大茅220kV输电线路和东方电厂（1号机组）送出工程基本完工。丘海220kV输变电工程、鹅仔110kV输变电工程按期竣工投运。积极配合南网超高压公司，疏通建设阻力，顺利推进500kV海底电缆联网工程建设。220kV东路至官塘送电线路工程获得中国电力优质工程和南方电网优质工程“双优”荣誉称号。

▲2008年3月28日，三亚罗带至大茅220kV送电线路工程在三亚举行开工仪式。（韩海光 摄）

电网运行与安全生产

电网调度

2008年，面对电网安全形势严峻和电力供需形势紧张的双重压力，公司精心组织，精细调度，挖掘发电潜力。合理调整了海口电厂6号机组的大检安排和海口电厂2号机组的调用，提前6个月安排海口电厂6号机组改造，提高海口电厂8号、9号机组发电出力和电量。积极协调发电燃料供应，赢得省工信局支持，在供气方因LNG市场价大幅升高，拒绝执行供气合同的情况下，为清澜电厂争得437万m^3合同低价气和60万m^3平价气，保证电网调峰和应急需要，并避免了高价油电的调用。重要保电、重大设备检修、台风和电力供应缺口较大等特殊时期，争取省政府支持并协助协调各燃气电厂超合同增加供气，保证电网安全及可靠供电。

水电调度是公司2008年工作的亮点之一。在缺少新增电源和上网电价调整带来新的压力下，公司紧紧抓住为数不多的雨量充沛的有利时机，大力优化水电调度。中调与小水电厂制订中长短期水电发电计划和水库水位控制目标。克服年内不利因素，在枯水期采取了保水运行方式及错峰保水运行等措施，保证水电厂在枯水期维持高水位运行，满足了电网调峰和事故备用的需要。通过大力优化水电调度，水能利用率同比提高7%，相当于增发电量2350万kWh。

根据电网运行情况的变化和特点，提出了2008年海南电网运行十大风险及应对措施。精心安排完成了所有机组年度检修计划，并督促电厂加强机组运行维护，提高了机组健康水平，因机组跳机次数比2007年同期减少了50%。在海口负荷屡创新高同时，通过优化海口城网运行方式，确保了海口市未发生大面积停电事故。高度重视电网安全风险和预控措施，编写重大检修方式安全运行方案21份，重大活动保电方案10份，防台预案6份。完成主网设备消缺、预试定检和改造的停电计划检修安排，继电保护及安全自动装置均可靠动作，经受了多次机组动作跳机的严峻考验，海南电网实现连续安全运行。

安 全 管 理

2008年，主要生产运行指标优于2007年，全年未发生人身事故和电网大面积停电事故，实现安全运行413天。出台《确保人身安全十条禁令》，制订中级管理人员和各岗位安全职责和到位标准，进一步规范员工安全行为。加强安全治理和违章查处力度，人为责任事故同比减少6起，人为责任引发的障碍同比减少7起。启动儋州、万宁公司安全生产风险管理体系和生产管理规范化建设试点工作，编制完成全部220kV变电站和52个110kV及以下变电站现场运行规程以及5个专业186项现场作业指导书。海口、三亚等8家公司共43个变电站实现无人值班管理。文昌、东方、万宁公司增设了变电检修所。

公司深入开展“隐患整治年”和“设备缺陷管理年”活动，整改各类安全隐患4184项，全网机组跳机次数与同期相比减少50%，首次实现220kV变电站“零缺陷”。利用自身力量开展一次设备计划和继电保护装置计划预试定检，完成率分别为100%和100.16%，预试定检工作创历史先河。公司全年未发生重大设备损坏事故。重点开展线路防雷及防外力破坏、二次保护稳控装置、直流系统整治等8个专项整治，220kV保护正确动作率达100%，在抵御台风侵袭中发挥了重要作用。完成东环铁路81处电力迁改。在全省范围内集中开展电力线路走廊树障清理，共清理树木122.6万株，台风期间线路跳闸条次下降86%，定安公司首次实现台风期间零跳闸，线路危害电网安全的状况发生根本性好转。

市 场 营 销

经 营 指 标

2008年，公司累计完成售电量92.61亿kWh，同比增长8.32%。购售电单价分别完成380.83元/MWh和646.17元/MWh。应收电费余额1.82亿元，超额完成网公司考核指标0.48亿元。全年电费回收率99.59%，陈欠电费回收率13.63%。

需 求 侧 管 理

根据电力需求、负荷指标控制情况，深化细化需求侧管理，制订多种紧急情况下的错避峰用电方案，安排好客户自觉错避峰用电，有效控制用电负荷，确保电力有序供应。全年仅因短期缺煤或机组故障等突发事件被迫实施错避峰用电17天，同比锐减213天，最大错峰电力18万kW，同比锐减21万kW，累计减供电量3040万kWh，仅为2007年全年的9.85%，减少电量损失27 837万kWh。以供电可靠性为抓手，深化供电可靠率管理，出台《10kV配电网停送电作业管理规定》。制订变电站、线路跳闸汇报制度，仔细分析查找跳闸原因，严格考核，有效减少设备、线路跳闸次数。全年累计开展带电检修作业218次，减少停电时户数约7255个，城市供电可靠率达99.84%，同比提高0.02个百分点。

重 大 保 电

2008年，公司经过周密部署，圆满完成了胡锦涛总书记视察海南、三亚国事活动、博鳌亚洲论坛、援黔抗冰抢修复电、庆祝海南建省办特区20周年系列庆典活动、奥运圣火传递、北京奥运会及残奥会等重要保电任务，受到了省委省政府多次表彰。

年初，特大冰雪凝冻灾害肆虐南方，公司主动请战，派遣682名抢险队员，第一次出岛，千里跨海援黔抗冰，以不胜不休的坚强毅力，征战41个昼夜，辗转3个地区13个市县，抢修工作总量相当于恢复整个海南电网，夺取了援黔抗冰抢修复电的全面胜利。

海南系列重大活动期间，公司上下遵循领导、思想、责任、预案、组织、物资、人员“七个到位”工作准则，从三亚国事活动到奥运会保电长达6个月时间里，制订和完善应急预案78个，出动人员10 429人次，车辆1899台次，巡视线路2014km，消除缺陷224项，清理树木40余万株。自8月1日起，调配45名武警组成8个安保小分队，历时50天，日夜守卫省中调、海口地调、清澜电厂和220kV永庄、玉洲、大丰、鸭仔塘、罗带变电站共8个重要电力场所，确保重大活动供电万无一失，荣获海南省委省政府嘉奖。

营 销 管 理

2008年，面对国内经济明显降温、电力需求逐步放缓趋势，公司强化增供扩销工作，把增供扩销工作纳入年度目标考核，全员行动，全力以赴，全面扩销。通过采取开展带电作业、投资7536.4万元解决18个市县2272个供电“卡脖子”、优质服务新增报装用户6301个、查处违约用电等措施，增供扩销电量2259万kWh。

公司审时度势，及早介入，把电费回收作为经营管理的重中之重来抓，建立高耗能企业跟踪机制，领导包片，员工包点，责任到户。深入排查重点户、难点户、欠费大户3000家，制订31项电费催缴措施，确保大额电费回收。在经济遭遇寒冬的情况下，公司回收陈欠电费1941万元，完成应收电费余额1.78亿元，比网公司指标多压欠0.52亿元，全年电费回收率达100%。

在2007年基础上，公司继续投资7065万元，对超期运行的10万只单相机械式电能表和1万只三相机械式电能表进行轮换，实施防窃电技术改造。加快营销信息自动化建设，31个厂站、100个小水电站、600个大客户实现远程自动监测与抄表，推广应用条形码全寿命计量管理，启动全省首个居民小区低压集抄系统建设。出台《电能计量封印管理办法》，编制《电能计量装置通用设计图集》，加强设备选型、工艺控制管理，不断完善计量管理体系。

营 业 稽 查

公司将营销稽查作为着力点，强化电价执行和电费管理，及时纠正个别单位差别电价政策执行错误，避免了197万元电价差错损失；集中清理2家自备电厂“两金一费”。全省抽调稽查骨干72人次，进驻3个市县供电公司，开展为期31天的用电稽查，追补电量520万kWh，追补电费365万元，收取电费违约金225万元，用电秩序不断规范。

客 户 服 务

以重大活动保供电为契机，把电力安全管理由供电侧向客户侧延伸。编制公司电力客户安全用电管理手册，将重要客户用电设施安全纳入常态管理，对1272家专用变压器客户进行安全用电检查，对183个专用变压器客户进行预防性试验，共发现用电安全隐患1171处，消缺紧急和重大缺陷569项。主动为39家省级重点客户和三亚21家大型涉外酒店提供专业指导，客户用电安全环境不断改善。

深入开展庆祝建省20周年和“金牌服务迎奥运”主题活动，动真情，解难题，树形象。全省307个服务窗口开展比学赶超竞赛，在业扩报装透明、用电服务快捷、供电质量达标、故障抢修及时、节能减排实效等五个方面下工夫，求结果，见实效。三亚公司市区供电所被省精神文明办公室评为“优质服务班组”，海口公司美兰供电所荣获海口市“群众满意标杆基层站所”称号。公司全年服务满意率99.59%，同比提高0.05个百分点，首次被省消费者委员会评为“消费者满意服务单位”。

科技创新与节能降耗

科技创新

2008年，公司科技与信息化投入大幅增加。科技开发投入完成2250万元，同比增长35.9%。信息化项目完成3877万元，同比增长29%。SF_6重点实验室项目通过南方电网重点试验室专家组评审。南网重点科技项目《海南电网与南方电网主网联网后安全运行措施研究》已完成有关的研究报告。人力资源管理系统、教育培训系统、物资管理系统、档案管理系统、数据统一平台系统、企业门户平台等重要系统进入开发阶段，财务管理系统四大模块验收工作完成，为今后的信息化科学管理提供了强有力的手段。

节能降耗

公司联合政府出台多项节电措施，积极推动社会节能减排。全年开展各种宣传211次，发放宣传图册23万份，组织千名中小学生体验节能，宣传节能知识。加强线损“四分”管理，线损率同比下降0.6个百分点。优先安排海口电厂12.5万kW机组节能改造，节约燃煤9.6万t，减少SO_2排放508t；大力支持48.2万kW风电等各类清洁能源发电和资源综合利用发电机组并网，全额购入风电1148万kWh，同比增长11.47%。

▲2008年10月，海南电网公司在95598中心向中小学生们开展节能减排宣传活动。（黄腾　摄）

经 营 管 理

财 务 管 理

2008年，国家调整上网电价政策，自8月20日起火电上网电价调高2.5分/kWh，造成公司较大政策性亏损。面对严峻的经营形势，公司坚持预算从严、成本从紧，制订并强力推行73项降本增效措施，增收节支2423万元。积极配合政府做好销售电价调整工作，出台新的峰谷分时电价政策。主动与政府协调，变更原政企共管的公共照明电费账户，解冻资金3900多万元。出台《经营管理十条禁令》，从严从紧加强经营管理。优化融资策略，签订银企授信合作协议和法人账户透支协议，争取比基准利率下浮10%的国家政策范围内最优惠的贷款条件。争取网公司支持6000万元重点项目建设资金，拨付抗冰救灾资金2500万元。全年资金集中度达97%以上，货币资金存量降到近年最低点。

公司出台会计核算标准化作业手册，全面规范公司系统会计核算，实现会计核算业务的标准化。整合优化财务信息系统业务流程，全力推进预算、资产、工程、电费四大核心业务模块建设，会计核算一改变原来被动局面，并为业务工作与会计核算同步提供必要手段，会计信息更加及时、准确、完整。依托财务数据集中平台，及时监督各单位财务信息质量，财务信息质量水平进一步提高。

审 计 管 理

2008年，公司加强审计制度建设，对已有的审计制度进行完善，颁布了《海南电网财务收支审计办法》、《海南电网公司审计调查实施办法》两个管理办法，进一步规范审计管理程序。配合海南省发改厅完成城网改造工程验收的工程审计，积极配合网公司完成原总经理李强同志的任期经济责任审计。成立内控制度审计工作小组，重点对资金、营销、大修技改、农电管理、物资管理等环节开展审计调查和内控制度审计，查隐患，促整改，抓落实，降低管理风险。审计合同签证103项，查出并及时纠正各种违规资金469万元。财务审计实时监控系统投运，大幅提高了审计覆盖面和工作效率，内审监督职能得到充分发挥。

基 础 管 理

海南电网公司2008年工作会议上，公司提出以“加快发展，管理到位，执行到位；抓基层，强基础，苦练基本功”为内容的二十三字工作要求，抓住了根本，切中了要害，成为破解公司发展瓶颈的治本之策，在公司上下形成广泛共识。三亚、儋州等公司以抓“三基”为突破口，深入开展岗位大练兵活动，促进了工作效率和质量的提高。启动海口、三亚创先试点，邀请埃森哲国际管理咨询公司进驻，立标杆，学先进，全方位提升电力管理与服务水平。深入开展基础管理达标，基础管理水平得到明显改善，4家县级公司通过网公司验收，3项成果获全国电力企业管理创新成果奖。

辅 业 多 经 管 理

公司出台直属单位及多经企业目标管理考核实施细则，纳入公司目标考核体系。完成《直属单位及多经企业重组改革调研报告》，及时研究解决直属单位及多经企业生产经营突出问题。完成54家多经企业清查摸底，客观评判绩效，分析各类风险，提出有针对性的管理和改革建议，促进了多经企业的可持续发展。

法 律 事 务

公司法律事务管理逐步走向规范，制订了

《诉讼（仲裁）案件资产损失责任考核办法》。建立合同管理信息系统，合同内审效率和质量大幅提升。电力设施保护地方立法得到省人大和省政府的支持。开通法制宣传网站。编写完成3个典型民商案例。公司全年胜诉6宗纠纷案，避免489万元经济损失。高质量完成了网公司重点法律课题“电费回收若干法律问题研究”所承担的研究工作。起草了《贯彻落实南方电网公司法治工作三年规划的实施意见》，提出公司三年内的法治工作要点和保障措施。

人力资源管理

干部队伍建设

2008年，公司按照“四好”标准和“四新”要求，提出以“重学习，强素质，树形象，促发展”为创建目标，突出抓好“四好”领导班子建设，取得明显成效，主要表现为四个“明显增强”：一是在抓大局、把握方向方面有了新气象，抓机遇、科学管理的能力明显增强；二是在抓战略、谋发展方面有了新思路，改革创新、加快发展能力的明显增强；三是在抓班子、带队伍方面有了新活力，培育先进文化、构建和谐企业的能力明显增强；四是领导班子在抓管理、增效益方面有了新业绩，应对复杂局面和处理各种矛盾、践行使命、落实社会责任的能力明显增强。

公司坚持正确的用人导向，严格按照“德才兼备、任人唯贤、忠诚能干、群众公认”原则，选干部，配班子。4月份，根据工作需要，在挂职干部考核和各单位年度考核基础上，调整了一批中层干部，涉及11个部门、22个单位，调整干部73人，其中提拔22人，安排挂职期满干部6人，党政分设、交叉任职27人，配备工会领导4人，异地交流14人。5月份开始，因工作需要又调整中层干部29人，其中提拔6人，职务调整15人，派出挂职干部4人，从南网其他单位调动到公司任职1人，退居二线干部3人。经过调整，各级领导班子的知识、专业、能力、年龄结构得到合理配置，凝聚力、战斗力有了显著提高。10月份，开展南网第二批挂职干部交流活动，公司与广东、贵州电网和超高压公司互派4名干部挂职锻炼。年底，成立6个考核组，对29个基层单位领导班子及96名班子成员进行了全面的年度考核，并开展了网上民主测评，得到干部职工的认可。

劳动管理

10月，公司开展加入南网四年来首次本部机构改革和组竞聘工作。机关本部82个岗位纳入组聘范围，73名应聘者申报了其中的72个岗位。剩余岗位纳入了竞聘范围，公司系统137人报名，77名应聘人员通过资格审查，通过笔试和面试，最终录取13人。通过组竞聘，机关本部迈出扁平化、精细化、专业化管理决定性一步，真正使机关管理团队与南网接轨，本部员工平均年龄下降1.4岁，本科及以上学历的员工比例上升3.81个百分点，人才资源配置和员工结构得到优化。首次引进人才专业测评工具进行毕业生招聘工作，全面考察受测沟通、问题解决、计划、协调、学习和监控六大潜力以及责任感、主动性和创新意识三大品质，并对新员工进行为期20天的入企培训和半年岗位实践。清理整顿违规用工，顺利完成垦区农场电力体制改革农电工的选聘工作。调整薪点工资点值和聘用员工岗位工资标准，调动员工积极性。

教育培训

公司坚持培训资源向一线倾斜。出台了《海南电网公司一线员工教育培训实施办法》，举办各类培训班609期，培训24 969人次，一线员工占87%。其中，合格班组长培训班5期446人；B级管理人员培训班3期120人；县级供电企业管理人员培训班1期55人；200名C级管理人员培训。开展生产类12个工种“应知应会”实操考核，779人通过，合格率91%。投入148万元开发网络培训系统，缓解工学矛盾。建成35kV、110kV和220kV变电运行仿真培训系统。南网海南培训中心前期筹备也已启动。21名管理及生产技术骨干被聘为公司兼职教师。开始实施班组课堂建设工程。

党建和精神文明建设

党 建 工 作

2008年，公司开展“双创建、双连心”先锋工程建设，创建党员责任区633个，党员示范岗232个，党员与非党员“1+1”帮扶结对1501个，建立公司领导基层联系点7个，公司本部与基层党员“1+2”结对子9对，部门与基层联系点18个，处级领导联系点36个，使广大党员服务中心有舞台，联系群众有平台，发挥作用有载体，激发了广大党员干部的活力。举办四期“大讲堂”和支部书记培训班，开拓视野，丰富思路。104个单位被授予“标准化党支部”称号，党支部标准化覆盖面达74%。

公司出台了《廉洁从业十条禁令》，签订706份党风廉政建设责任书。举办反腐倡廉建设辅导报告会，组织500名干部职工观看警示教育展览。在海口、三亚、儋州、琼海公司增设纪检监察部。廉洁文化系列主题活动有声有色，广受职工欢迎，共收到漫画、书法、平面广告等作品415件，其中1件作品荣获南网一等奖。全面推行“双合同”制度，加强招投标全过程监督。规范领导干部及关键岗位人员持股发电企业问题。制订《行风投诉举报管理办法》，加大效能监察和行风投诉查处力度，有效防止了违规违法腐败行为和重大行风事件发生。

民 主 管 理

公司充分发挥工会桥梁纽带作用，首次以职代会形式审议通过《确保人身安全十条禁令》、《经营管理十条禁令》决议。完善职工代表提案办理制度，推选26名同志为公司经理、党组书记联络员，进一步扩宽职工献言献策渠道。大力推进厂务公开，民主管理越来越深入。以建构和谐劳动关系为载体，共建共享和谐电网为主题，开展“和谐机关团队建设”、“和谐家庭影院”、“家庭乒乓球”比赛、“一封平安家书”系列竞赛活动。公司工会荣获全国“模范职工之家”称号。以“抓三基”（抓基层、强基础、苦练基本功）为主题，开展以“查隐患、堵漏洞、排险情”为内容的安康杯“六个一”平安文化建设活动，共有32个基层工会6770人参加竞赛。公司工会获2008年全国“安康杯”竞赛优秀组织奖。与海南省高级技校共同举办电焊工特种专业操作和初级计算机文字录入处理技能培训班，共有44名困难职工子女参加培训。公司举办首届职工健身节、“千人大合唱”职工歌咏活动、庆祝海南建省办特区20周年职工文艺汇演等丰富多彩文体活动，大力宣传南网文化。“5.12”汶川大地震后，公司系统广大职工踊跃捐款272万元，支援灾区。

精 神 文 明 建 设

公司成功举办了第二届精神文明成果展示会，24个单位展示了一年来精神文明建设工作亮点，交流了工作体会，有力地推动了精神文明建设的创新。开展了“庆建省、迎奥运文明清风伴我行”

▲2008年5月，海南电网公司多次组织员工向汶川大地震灾区捐款。（钟巍巍　摄）

系列主题活动：一是开展“形象——我的名片”主题教育活动，让文明礼仪行为进机关、进基层、进班组、进岗位、进家庭；二是在各供电公司、直属单位开展2028名员工文明礼仪培训；三是组织公司4008名员工参加“迎奥运、讲文明、树新风”文明礼仪知识竞赛。公司14个青年文明号集体与33名困难个人进行了结对帮扶。开展“青年安全示范岗”活动，征集安全隐患和合理化建议112条，安全警示格言135条。三亚供电公司被省文明委推荐为全国文明单位，公司本部和琼海供电公司被省文明委推荐为全国精神文明建设工作先进单位。

公司系统全年荣获省部级以上荣誉25项，网级荣誉22项，省级“青年文明号”15家。琼海供电公司博鳌供电所荣获全国五一劳动奖状，尹炼总经理荣获全国五一劳动奖章，1名团员被团中央授予“全国优秀共青团员”称号，2名员工荣获“海南省杰出岗位能手”称号。

十 件 大 事

1月30日~3月10日，海南电网公司682名援黔抗冰抢险队员，第一次出岛，辗转3个地区13个市县，抢修工作总量相当于恢复整个海南电网，为贵州数百万受灾人民及时恢复送电，圆满完成所有任务。3月10日，省总工会、省国资委、省工信局、省文明办的领导同志，以及海南电网公司200多名干部职工，在码头举行仪式隆重欢迎援黔抢险队员凯旋。海南省委常委、宣传部长周文彰，省人大常委会副主任毕志强，副省长符跃兰，省政协副主席张力夫出席欢迎仪式。

4月26日，在庆祝海南建省办经济特区20周年之际，海南电网赴黔抗灾抢险被海南日报评为2008年海南重大新闻事件，并入选该报推出的珍藏版大型策划《海南词典》。《海南词典》以编年史的形式，回放了20年来发生在海南的重大新闻事件及其历史影响，具有较强的史料价值和珍藏价值。

5月7日，海南省召开劳模座谈会，分别给2008年全国五一劳动奖章获得者公司总经理尹炼、2008年全国五一劳动奖状获得者琼海供电公司博鳌供电营业所等颁发了奖章和奖状。海南省领导于迅、符兴、符跃兰、张海国、王路出席座谈会。

5月14日，海南电网公司组织干部职工向汶川地震灾区捐款献爱心，支持灾区人民抗震救灾，累计捐款272万元。

5月23日，公司与海口市人民政府共同签署《海口电网建设与服务合作备忘录》，标志着海口市政府与海南电网公司新一轮合作的开始。省委常委、海口市委书记陈辞，海口市委副书记、市长徐唐先，海口市人大主任高锦全，海口市政协主任黄行光，公司总经理尹炼，党组书记王静辉等领导出席签约仪式。

6月9日，海南省首座位于市区内的220kV变电站——丘海变电站正式投入运行。它的建成不仅增加了海口电厂到海口中西部地区的电源点，缓解了220kV永庄变电站主变压器过负荷、海口市中西部地区用电紧张的“卡脖子”问题，同时也提高了海口地区的供电可靠性。

7月2~3日，公司分别与中国农业银行海南省分行、中国银行海南省分行签订合作协议。农行、中行分别向公司提供30亿元和7.3亿元的综合授信额度，大力支持公司发展。

8月1日，海南电网公司与海南省武警总队首次合作，开展奥运安保工作。省武警总队精心挑选45名精兵组成8个安保小分队，日夜守卫省中调、海口地调、清澜电厂和220kV永庄、玉洲、大丰、鸭仔塘、罗带变电站共8个重要电力场所，为奥运期间全省电网平安做出了积极贡献。

▲ *2008年10月9日，海南电网公司机关开展组竞聘工作，图为素质考试考场。（钟巍巍 摄）*

10月6日，公司开展加入南网四年来首次本部机构改革和组竞聘工作，150名员工参加，73名员工组聘上岗，13名员工通过竞聘考核。机关迈出扁平化、精细化、专业化管理决定性一步，真正使机关管理团队与南网接轨，本部员工平均年龄下降1.4岁，本科及以上学历的员工比例上升3.81个百分点，人才资源配置和员工结构得到优化。

12月25日，公司联合海南省农垦总局举办海南省农垦电网“两改一同价”完成发布仪式，对外宣告今年39个农场电网改造工程竣工，海南省垦区电网“两改一同价”基本完成，垦区用电实现与地方同网同价。省委常委、常务副省长方晓宇出席发布仪式并讲话。省政协副主席、省农垦总局党委书记张力夫主持发布仪式，省农垦总局局长王一新、省发改委副主任叶章和、公司副总经理庞准等领导出席。

（陈玮）

2008年12月25日，海南省农垦电网“两改一同价”胜利完成发布仪式在海口举行。（钟巍巍　摄）

重 要 文 献

2008年上级单位重要文件目录

一、国务院文件

国务院关于实施企业所得税过渡优惠政策的通知（国发【2007】39号）

国务院批转国家发展改革委电监会关于加强电力系统抗灾能力建设若干意见的通知（国发【2008】20号）

国务院关于进一步加强节油节电工作的通知（国发【2008】23号）

国务院办公厅关于做好当前煤电油气运和农资供应保障工作的通知（国办发明电【2008】30号）

国务院办公厅转发发展改革委等部门关于促进自主创新产业化若干政策的通知（国办发【2008】128号）

二、国务院国有资产监督管理委员会文件

关于印发《关于规范电力系统职工投资发电企业的意见》的通知（国资发改革【2008】28号）

关于进一步做好中央企业抗震救灾和灾后恢复重建工作的紧急通知（国资厅发考核【2008】61号）

关于对中央企业执行“三重一大”集体决策制度情况进行督查的通知（国资厅发纪检【2008】62号）

三、财政部文件

关于认真落实抗震救灾及灾后重建税收政策问题的通知（财税【2008】62号）

四、国家发展和改革委员会文件

国家发展改革委关于提高电力价格有关问题的通知（发改电【2008】207号）

国家发展改革委关于提高南方电网电价的通知（发改价格【2008】1682号）

国家发展改革委就提高火力发电企业上网电价发出通知（发改电【2008】259号）

电监会、国家发展改革委、环保部关于印发《节能发电调度信息发布办法（试行）》的通知（电监市场【2008】13号）

国家发展改革委、财政部关于印发《节能项目节能量审核指南》的通知（发改环资【2008】704号）

五、国家电力监管委员会文件

关于废止部分电力监管规章的决定（电监会【2008】26号）

关于印发《规范电力行业协会服务和收费行为专项治理工作方案》的通知（电监办【2008】40号）

关于印发《发电权交易监管暂行办法》的通知（电监市场【2008】15号）

关于2007年电力企业节能减排情况的通报（电监市场【2008】37号）

关于印发《发电企业与电网企业电费结算暂行办法》的通知（电监价财【2008】24号）

关于印发《电力行业2008年安全生产隐患排查治理工作实施意见》的通知（电监安全【2008】11号）

关于印发《电力行业安全生产百日督查专项行动方案》的通知（电监安全【2008】19号）

关于印发《关于加强重要电力用户供电电源及自备应急电源配置监督管理的意见》的通知（电监安全【2008】43号）

2008年南方电网公司标准目录

一、管理标准（19项）

1. Q/CSG21002—2008《中国南方电网有限责任公司110kV及以上变电站运行管理标准》

2. Q/CSG21003—2008《中国南方电网电力调度管理规程》

3. Q/CSG21004—2008《中国南方电网公司技术改进贡献奖励办法》

4. Q/CSG21005—2008《中国南方电网公司知识产权管理办法》

5. Q/CSG21006—2008《中国南方电网公司供电企业线损四分管理达标评价标准》

6. Q/CSG21202—2008《突发事件信息管理规定》

7. Q/CSG21501—2008《调峰调频电源项目前期工作管理办法》

8. Q/CSG21502—2008《境外投资电力项目前期工作管理办法》

9. Q/CSG21503—2008 公司500kV及以上输变电工程初步设计审批管理办法

10. Q/CSG22101—2008《中国南方电网有限责任公司客户停电管理规定（试行）》

11. Q/CSG22103—2008《中国南方电网公司客

2009

户送电工程管理规定》

12. Q/CSG22102—2008《中国南方电网公司客户用电安全服务管理办法》

13. Q/CSG22104—2008《营销管理信息系统功能规范》

14. Q/CSG21101—2008《中国南方电网有限责任公司电网工程建设监理工作典型表式》

15. Q/CSG21102—2008《电网建设优质工程评选管理办法》

16. Q/CSG21104—2008《重点工程建设管理激励考核办法》

17. Q/CSG21103—2008《电网建设工程设备、材料供应商诚信备案管理办法》

18. Q/CSG21801. 1—2008 南方电网公司信息分类和编码维护管理规定（部分）

19. Q/CSG21802—2009 南方电网公司信息机房运行管理规定

二、技术标准（47 项）

1. Q/CSG10701—2008《20kV 输配电设计标准》

2. Q/CSG10702—2008《融冰导则》

3. Q/CSG11301—2008《中国南方电网公司线损理论计算技术标准》

4. Q/CSG11302—2008《中国南方电网公司线损理论计算软件技术标准》

5. Q/CSG11303—2008《中国南方电网公司电能计量检定实验室建设规范》

6. Q/CSG11304—2008《中国南方电网公司电能计量装置现场检验技术标准》

7. Q/CSG11305—2008《计量装置现场安装作业指导书》

8. Q/CSG11306—2008《电能表检定装置订货及验收技术标准》

9. Q/CSG11307—2008《电能计量装置现场验收作业指导书》

10. Q/CSG11401—2007《南方电网同步发动机励磁系统参数实测与建模导则》

11. Q/CSG11601—2007《中国南方电网有限责任公司 20kV 配电设备技术标准》

12. Q/CSG11602—2007《±800kV 直流输电用换流变压器技术标准》

13. Q/CSG11603—2007《±800kV 直流输电用干式平波电抗器技术标准》

14. Q/CSG11604—2007《±800kV 直流输电用晶闸管换流阀技术标准》

15. Q/CSG11605—2007《±800kV 直流输电用直流侧穿墙套管技术标准》

16. Q/CSG11606—2007《±800kV 直流输电用无间隙金属氧化物避雷器技术标准》

17. Q/CSG11607—2007《±800kV 直流输电用旁路开关技术标准》

18. Q/CSG11608—2007《±800kV 直流输电用直流转换开关设备技术标准》

19. Q/CSG11609—2007《±800kV 直流输电用线路棒形悬式复合绝缘子技术标准》

20. Q/CSG11610—2007《±800kV 直流输电用支柱绝缘子技术标准》

21. Q/CSG11611—2007《±800kV 直流输电用隔离开关和接地开关技术标准》

22. Q/CSG11612—2007《±800kV 直流输电用直流滤波电容器及中性母线电容器技术标准》

23. Q/CSG11613—2007《±800kV 直流输电用交流 PLC 阻波器技术标准》

24. Q/CSG11614—2007《±800kV 直流输电用交流 PLC 耦合电容器技术标准》

25. Q/CSG11615—2007《±800kV 直流输电用直流 PLC 阻波器技术标准》

26. Q/CSG11616—2007《±800kV 直流输电用直流 PLC 耦合电容器技术标准》

27. Q/CSG11617—2007《±800kV 直流输电用直流电流测量装置技术标准》

28. Q/CSG11618—2007《±800kV 直流输电用直流电压测量装置技术标准》

29. Q/CSG11619—2007《±800kV 直流输电用换流阀冷却系统技术标准》

30. Q/CSG11620—2007《±800kV 直流输电用消防系统技术规范》

31. Q/CSG11621—2008《中国南方电网有限责任公司测量用互感器标准装置订货及验收技术标准》

32. Q/CSG11622—2008《中国南方电网有限责任公司计量用电流互感器订货及验收技术标准》

33. Q/CSG11623—2008《中国南方电网有限责任公司计量用电压互感器订货及验收技术标准》

34. Q/CSG11624—2008《配电变压器能效标准及技术经济评价导则》

35. Q/CSG11501—2008《35KV 及以下架空电力线路抗冰加固技术导则》

36. Q/CSG11502—2008《110－500KV 架空输电线路设计技术规定（暂行）》

37. Q/CSG11503—2008《中重冰区架空输电线路设计技术规定（暂行）》

38. Q/CSG11504—2008《±800kV 直流换流站设计规程》

39. Q/CSG11505—2008《±800kV 直流架空输电线路设计规范》

40. Q/CSG11506—2008《±800kV 直流接地极设计规程》

41. Q/CSG11507—2008《±800kV 直流输电阀厅设计规程》

42. Q/CSG11508—2008《±800kV 直流换流站交直流场设计规程》

43. Q/CSG11509—2008《高海拔地区紧凑型输电线路设计技术规定》

44. Q/CSG11104—2008《架空送电线路机载激光雷达测量技术规程》

45. Q/CSG11105—2008《输变电工程施工工艺及控制规范》

46. Q/CSG12101—2008 营销自动化技术标准规范 8 个

47. Q/CSG12102—2008 营销管理信息系统功能规范

2008 年南方电网公司重要文件目录

1. 关于印发《南方电网公司法治工作三年规划》的通知（南方电网战略〔2008〕8 号）

2. 关于表彰公司 2007—2008 年度“五四红旗团委”、“五四青年奖章”的决定（南方电网团〔2008〕7 号）

3. 关于表彰公司系统工人先锋号、巾帼文明岗、巾帼建功标兵、优秀工会工作者、工会积极分子的决定（工会〔2008〕7 号）

4. 关于表彰公司系统先进工作者、红旗班组和安全生产操作能手的决定（南方电网党群〔2008〕1 号）

5. 关于上报中国南方电网有限责任公司灾后恢复重建规划方案的报告（南方电网生〔2008〕2 号）

6. 关于颁发《配电变压器能效标准及技术经济评价导则》的通知（南方电网生〔2008〕13 号）

7. 关于颁布《110kV 及以上变电站运行管理标准》的通知（南方电网生〔2008〕14 号）

8. 关于印发《南方电网公司“十一五”城市供电可靠性规划》的通知（南方电网生〔2008〕18 号）

9. 关于颁发±800kV 直流输电用换流变压器等 19 项标准的通知（南方电网生〔2008〕26 号）

10. 关于印发《中国南方电网有限责任公司奥运保供电工作方案》的通知（南方电网生〔2008〕27 号）

11. 关于印发中国南方电网公司知识产权管理办法的通知（南方电网生〔2008〕29 号）

12. 关于印发中国南方电网公司技术改进贡献奖励办法的通知（南方电网生〔2008〕30 号）

13. 关于印发《线损四分管理标准》等四项标准的通知（南方电网生〔2008〕33 号）

14. 关于颁发《南方电网融冰技术规程编写导则》的通知（南方电网生〔2008〕40 号）

15. 关于颁发《20kV 配电设备技术标准（试行）》等两项标准的通知（南方电网生〔2008〕41 号）

16. 关于印发《220 千伏以下城市电网优化工作组工作方案》的通知（南方电网生〔2008〕42 号）

17. 关于印发《公司突发事件总体应急预案》的通知（南方电网安监〔2008〕1 号）

18. 关于印发《公司突发事件应急预案编制指南》的通知（南方电网安监〔2008〕2 号）

19. 关于印发《公司安全生产责任制考核细则》的通知（南方电网安监〔2008〕5 号）

20. 关于印发《中国南方电网有限责任公司人身事故应急预案》等 14 个专项预案的通知（南方电网安监〔2008〕10 号）

21. 关于印发《中国南方电网有限责任公司突发事件信息管理规定》的通知（南方电网安监〔2008〕11 号）

22. 关于印发《中国南方电网有限责任公司安全生产应急救援队伍建设指导意见》的通知（安监〔2008〕16 号）

23. 印发《关于建立与涉及民生的要害部门、重点单位应急联动机制的指导意见》的通知（安监〔2008〕17号）

24. 关于印发《中国南方电网有限责任公司应急物资管理指导意见》的通知（安监〔2008〕19号）

25. 关于成立鼎和财产保险股份有限公司的通知（南方电网人〔2008〕2号）

26. 关于表彰公司抗灾抢修复电先进集体和先进个人的决定（南方电网人〔2008〕19号）

27. 关于进一步开展规范劳动用工、优化岗位体系和试行差异化薪酬试点工作的通知（南方电网人〔2008〕29号）

28. 关于印发《关于加强一线员工教育培训工作的指导意见》的通知（南方电网人〔2008〕35号）

29. 关于印发《中国南方电网有限责任公司员工持证上岗工作指导意见》的通知（南方电网人〔2008〕49号）

30. 关于印发《中国南方电网有限责任公司"四好"领导班子建设责任制考核评价办法（试行）》的通知（南方电网人〔2008〕50号）

31. 关于印发《中国南方电网公司教育培训目标考核管理办法》的通知（南方电网人〔2008〕53号）

32. 关于印发《中国南方电网有限责任公司技术专家选聘管理办法（试行）》的通知（南方电网人〔2008〕54号）

33. 关于印发《中国南方电网有限责任公司合同管理办法》的通知（南方电网战略〔2008〕5号）

34. 关于印发《中国南方电网有限责任公司责任制考核管理办法》的通知（南方电网战略〔2008〕6号）

35. 关于印发《中国南方电网有限责任公司会计核算办法》的通知（南方电网财〔2008〕5号）

36. 中国南方电网有限责任公司关于2007年度经营业绩考核总结分析情况的报告（南方电网财〔2008〕43号）

37. 关于印发《中国南方电网有限责任公司经营业绩考核暂行办法》的通知（南方电网财〔2008〕45号）

38. 关于印发《南方电网公司抗冰救灾激励办法》的通知（南方电网计〔2008〕26号）

39. 关于印发南方电网变电站标准设计推广应用工作方案的通知（南方电网计〔2008〕29号）

40. 关于对清镇电厂"以大代小"异地技改2×600MW工程接入系统补充设计调整后有关问题的批复（南方电网计〔2008〕60号）

41. 转发国家发改委关于下达2009年中央预算内投资计划编报工作的通知（南方电网计〔2008〕64号）

42. 关于颁布《110～500kV架空输电线路设计技术规定（暂行）》和《中重冰区架空输电线路设计技术规定（暂行）》的通知（南方电网计〔2008〕65号）

43. 关于印发《中国南方电网有限责任公司重点工程建设管理及考核激励办法》的通知（南方电网计〔2008〕95号）

44. 关于颁发《南方电网建设优质工程评选管理办法》（2008版）的通知（南方电网计〔2008〕105号）

45. 关于印发《中国南方电网有限责任公司客户停电管理规定（试行）》的通知（南方电网交易〔2008〕2号）

46. 关于印发《中国南方电网公司营销稽查工作管理规定》的通知（南方电网交易〔2008〕5号）

47. 关于印发《中国南方电网公司错峰用电管理规定（暂行）》的通知（南方电网交易〔2008〕12号）

48. 关于印发《中国南方电网有限责任公司跨省区电能交易管理办法（试行）》的通知（南方电网交易〔2008〕21号）

49. 关于印发《中国南方电网公司客户受电工程管理规定》的通知（南方电网交易〔2008〕23号）

50. 关于印发南方电网公司营销自动化技术标准规范的通知（南方电网交易〔2008〕24号）

51. 关于印发南方电网公司营销管理信息系统功能规范的通知（南方电网交易〔2008〕30号）

52. 关于印发《中国南方电网公司客户用电安全服务管理办法》的通知（南方电网交易〔2008〕32号）

53. 关于印发《加强领导人员届中经济责任审

计工作的指导意见》的通知（南方电网审〔2008〕10号）

54. 关于印发《中国南方电网有限责任公司信息化规划和重点信息化项目管理办法（试行)》的通知（南方电网信息〔2008〕3号）

55. 关于颁发《中国南方电网电力调度管理规程》的通知（南方电网调〔2008〕3号）

56. 关于印发《中国南方电网公司档案工作评估办法》的通知（南方电网办〔2008〕31号）

57. 关于印发公司《视频会议管理办法》的通知（南方电网办〔2008〕42号）

58. 关于颁发《35kV及以下架空电力线路抗冰加固技术导则》的通知（南方电网农电〔2008〕1号）

（办公厅）

统 计 资 料

2008年南方电网概况

序号	项目名称	广东	广西	云南	贵州	海南	天生桥电站及超高压	合计	同比增长（%）
1	全省（区）装机容量（万kW）	6007.85	2424.49	2585.04	2412.16	304.04	252.00	13 985.58	9.24
	其中：水电	788.38	1397.37	1573.68	695.08	61.42	252.00	4767.93	23.65
	抽水蓄能	240.00						240.00	0
	火电	4572.53	1027.12	1003.49	1717.08	235.40		8555.62	3.06
	核电	378.00						378.00	0
	风电	28.94		7.88		5.82		42.64	0
	其他					1.40		1.40	0
2	全省（区）发电量（亿kWh）	2681.96	855.23	1039.56	1040.59	124.17	138.80	5880.31	6.22
	其中：水电	218.20	513.38	621.65	227.36	17.27	138.80	1736.67	38.44
	抽水蓄能	37.60						37.60	-6.13
	火电	2106.88	341.85	417.60	813.23	105.70		3785.25	-3.81
	核电	313.25						313.25	3.79
	风电	6.03		0.31		0.17		6.52	63.06
	其他					1.02		1.02	36.71
3	统调装机容量（万kW）	4280.40	1910.90	1863.37	2255.56	225.60	252.00	10 787.83	11.61
	其中：水电	101.80	1051.50	961.99	576.56	32.20	252.00	2976.05	33.17
	抽水蓄能	240.00						240.00	0
	火电	3560.60	859.40	893.50	1679.00	193.40		7185.90	5.47
	核电	378.00						378.00	0
	风电			7.88				7.88	—
	其他								
4	统调发电量（亿kWh）	2125.23	688.28	737.99	974.90	99.30	138.80	4764.50	5.34
	其中：水电	32.32	402.55	357.70	179.81	7.87	138.80	1119.04	38.51
	抽水蓄能	37.60						37.60	-6.13
	火电	1742.07	285.73	379.98	795.09	91.43		3294.30	-2.34
	核电	313.25						313.25	3.79
	风电			0.31				0.31	—
	其他								
5	全社会用电量（亿kWh）	3507	761	829	679	124	44	5944	5.37
	同比增长率（%）	3.32	11.69	7.76	1.51	9.10	16.18	5.37	
	全社会最大负荷（万kW）	6200	1240	1360	1110	200		9920	13.56
	同比增长率（%）	11.11	7.51	19.60	3.41	6.21		13.56	
	统调最大负荷（万kW）	6027	1006	920	1043	170		8887	13.74
	同比增长率（%）	11.35	8.51	13.09	3.19	6.00		13.74	
6	全省（区）500kV变电容量（万kVA）	5025	675	1575	950		1700	9925	20.30
	全省（区）500kV线路长度（km）	4592	1222	5337	2660		12 608	26 419	21.19
	全省（区）220kV变电容量（万kVA）	9678	1674	2001	1440	318		15 111	11.77
	全省（区）220kV线路长度（km）	14 690	8516	9980	6451	1435	200	41 271	9.26

续表

序号	项 目 名 称	广东	广西	云南	贵州	海南	天生桥电站及超高压	合计	同比增长（%）
7	西电东送（受端，亿 kWh）	927.57	130.19					1057.77	22.58
	同比增长率（%）	17.90	70.95					22.58	
	1. 天生桥送电（亿 kWh）	85.38	46.95					132.33	1.62
	同比增长率（%）	-6.98	22.12					1.62	
	2. 广西送电（亿 kWh）	78.83						78.83	0.96
	同比增长率（%）	96.47						96.47	
	3. 云南送电（亿 kWh）	167.20						167.20	28.73
	同比增长率（%）	28.73						28.73	
	4. 贵州送电（亿 kWh）	301.97	16.86					318.83	15.54
	同比增长率（%）	16.20	4.96					15.54	
	5. 三峡、鲤鱼江、桥口电厂送电（亿 kWh）	221.29						221.29	-9.36
	同比增长率（%）	-9.36						-9.36	
	6. 龙滩电站送电（亿 kWh）	72.91	66.39					139.30	226.82
	同比增长率（%）	247.69	206.61					226.82	
8	南方五省（区）GDP（亿元，初步核算数）	35 696	7172	5700	3333	1459		53 361	10.5
	同比增长率（%）	10.1	12.8	11.0	10.2	9.8		10.5	

注 1. “天生桥电站及超高压”项下的发电部分是指天生桥一级、二级电站，送电部分是指南方电网超高压公司，云南鲁布革电站已计入云南省。
2. 变电容量是指公用变压器容量，未含电厂升压变压器、企业自备变压器、换流变压器容量。
3. 全社会最大负荷由电量推算得出。
4. 广东、云南、广西、贵州、海南省 GDP 数据来自各省统计局 2008 年统计公报。
5. 按全国电力行业统计口径，统调是指各省区中调及以上统一调度电厂范围。

2008 年全国和南方五省区 GDP （初步核算结果）

指标 \ 地区		全国	南方五省（区）合计	广东	广西	云南	贵州	海南
GDP（亿元）	合计	300 670	53 361	35 696	7172	5700	3333	1459
	第一产业	34 000	5431	1970	1454	1021	548	438
	第二产业	146 183	25 735	18 403	3038	2451	1409	434
	第三产业	120 487	22 196	15 324	2680	2228	1377	587
GDP 比重（%）	第一产业	11.3	10.2	5.5	20.3	17.9	16.4	30.0
	第二产业	48.6	48.2	51.6	42.4	43.0	42.3	29.8
	第三产业	40.1	41.6	42.9	37.4	39.1	41.3	40.2
GDP 比上年增长速度（%）	合计	9.0	10.5	10.1	12.8	11.0	10.2	9.8
	第一产业	5.5	5.4	3.7	5.1	7.6	6.5	7.7
	第二产业	9.3	11.9	11.4	17.4	11.4	8.9	7.0
	第三产业	9.5	10.0	9.1	11.7	12.1	12.9	13.3

注 1. 全国数据摘自国家统计局公报。
2. 广东、广西、云南、贵州、海南数据摘自各省（区）统计局公报。
3. GDP 绝对数按现价计算，增长速度按可比价格计算。

2008 年南方电网公司工业产值完成情况

单位：万元

单位	工业总产值（现行价格）	工业增加值
合计	25 755 016	7 787 447
南方电网超高压输电公司	2 402 875	390 317
南方电网调峰调频发电公司	266 520	197 564
广东电网公司	19 667 415	4 598 897
广西电网公司	3 230 983	883 630
云南电网公司	3 288 121	890 759
贵州电网公司	3 543 706	651 333
海南电网公司	515 547	174 948

2008 年南方五省区年末发电装机容量和全年发电量情况

统计口径		南方五省区合计	广东省	广西区	云南省	贵州省	海南省	天生桥电站
发电装机容量（万 kW）	合计	13 985.58	6007.85	2424.49	2585.04	2412.16	304.04	252.00
	水电	4767.93	788.38	1397.37	1573.68	695.08	61.42	252.00
	抽水蓄能	240.00	240.00					
	火电	8555.62	4572.53	1027.12	1003.49	1717.08	235.40	
	其中：煤电	6785.55	3085.62	864.40	955.26	1717.08	163.20	
	油电	941.39	941.39					
	气电	589.95	517.75				72.20	
	其他	238.72	27.77	162.72	48.24			
	核电	378.00	378.00					
	风电	42.64	28.94		7.88		5.82	
	其他	1.40					1.40	
其中：统调电厂容量（万 kW）	合计	10 787.83	4280.40	1910.90	1863.37	2255.56	225.60	252.00
	水电	2976.05	101.80	1051.50	961.99	576.56	32.20	252.00
	抽水蓄能	240.00	240.00					
	火电	7185.90	3560.60	859.40	893.50	1679.00	193.40	
	其中：煤电	6298.70	2745.60	859.40	893.50	1679.00	121.20	
	油电	404.20	332.00				72.20	
	气电	483.00	483.00					
	其他							
	核电	378.00	378.00					
	风电	7.88			7.88			
	其他							
发电量（亿 kWh）	合计	5880.31	2681.96	855.23	1039.56	1040.59	124.17	138.80
	水电	1736.67	218.20	513.38	621.65	227.36	17.27	138.80
	抽水蓄能	37.60	37.60					
	火电	3785.25	2106.88	341.85	417.60	813.23	105.70	
	其中：煤电	3322.87	1735.20	286.20	403.78	813.23	84.47	
	油电	232.30	232.30					
	气电	146.74	125.51				21.23	
	其他	83.34	13.87	55.65	13.82			
	核电	313.25	313.25					
	风电	6.52	6.03		0.31		0.17	
	其他	1.02					1.02	

续表

统计口径		南方五省区合计	广东省	广西区	云南省	贵州省	海南省	天生桥电站
其中：统调电厂发电量（亿 kWh）	合　计	4764.50	2125.23	688.28	737.99	974.90	99.30	138.80
	水　电	1119.04	32.32	402.55	357.70	179.81	7.87	138.80
	抽水蓄能	37.60	37.60					
	火　电	3294.30	1742.07	285.73	379.98	795.09	91.43	
	其中：煤电	3095.85	1564.85	285.73	379.98	795.09	70.20	
	油电	59.93	59.93					
	气电	138.53	117.29				21.23	
	其他							
	核　电	313.25	313.25					
	风　电	0.31			0.31			
	其　他							

注 1. 鲁布革水电站位于云南省境内，其装机容量和发电量已计入云南省。
2. 广东粤电集团所属天生桥一级水电站不在广东省境内，其装机容量和发电量未计入广东省。
3. 按全国电力行业统计口径，统调是指各省区中调及以上统一调度电厂范围。

2008 年南方五省区电源结构情况 （一）

统计口径		南方五省区合计	广东省	广西区	云南省	贵州省	海南省	天生桥电站
发电装机容量比重（%）	合　计	100.00	100.00	100.00	100.00	100.00	100.00	100.00
	水　电	34.09	13.12	57.64	60.88	28.82	20.20	100.00
	抽水蓄能	1.72	3.99					
	火　电	61.17	76.11	42.36	38.82	71.18	77.42	
	其中：煤电	48.52	51.36	35.65	36.95	71.18	53.68	
	油电	6.73	15.67					
	气电	4.22	8.62				23.75	
	其他	1.71	0.46	6.71	1.87			
	核　电	2.70	6.29					
	风　电	0.30	0.48		0.30		1.91	
	其　他	0.01					0.46	
其中：统调电厂容量比重（%）	合　计	77.14	71.25	78.82	72.08	93.51	74.20	100.00
	水　电	21.28	1.69	43.37	37.21	23.90	10.59	100.00
	抽水蓄能	1.72	3.99					
	火　电	51.38	59.27	35.45	34.56	69.61	63.61	
	其中：煤电	45.04	45.70	35.45	34.56	69.61	39.86	
	油电	2.89	5.53				23.75	
	气电	3.45	8.04					
	其他							
	核　电	2.70	6.29					
	风　电	0.06			0.30			
	其　他							

续表

统计口径		南方五省区合计	广东省	广西区	云南省	贵州省	海南省	天生桥电站
发电量比重（%）	合计	100.00	100.00	100.00	100.00	100.00	100.00	100.00
	水电	29.53	8.14	60.03	59.80	21.85	13.91	100.00
	抽水蓄能	0.64	1.40					
	火电	64.37	78.56	39.97	40.17	78.15	85.13	
	其中：煤电	56.51	64.70	33.46	38.84	78.15	68.03	
	油电	3.95	8.66					
	气电	2.50	4.68				17.10	
	其他	1.42	0.52	6.51	1.33			
	核电	5.33	11.68					
	风电	0.11	0.22		0.03		0.14	
	其他	0.02					0.83	
其中：统调电厂发电量比重（%）	合计	81.02	79.24	80.48	70.99	93.69	79.97	100.00
	水电	19.03	1.21	47.07	34.41	17.28	6.34	100.00
	抽水蓄能	0.64	1.40					
	火电	56.02	64.96	33.41	36.55	76.41	73.64	
	其中：煤电	52.65	58.35	33.41	36.55	76.41	56.54	
	油电	1.02	2.23					
	气电	2.36	4.37				17.10	
	其他							
	核电	5.33	11.68					
	风电	0.01			0.03			
	其他							

注 1. 鲁布革水电站位于云南省境内，其装机容量和发电量已计入云南省。
2. 广东粤电集团所属天生桥一级水电站不在广东省境内，其装机容量和发电量未计入广东省。
3. 按全国电力行业统计口径，统调是指各省区中调及以上统一调度电厂范围。

2008 年南方五省区电源结构情况 （二）

统计口径		南方五省区合计	广东省	广西区	云南省	贵州省	海南省	天生桥电站
发电装机容量比重（%）	合计	100.00	42.96	17.34	18.48	17.25	2.17	1.80
	水电	34.09	5.64	9.99	11.25	4.97	0.44	1.80
	抽水蓄能	1.72	1.72					
	火电	61.17	32.69	7.34	7.18	12.28	1.68	
	其中：煤电	48.52	22.06	6.18	6.83	12.28	1.17	
	油电	6.73	6.73					
	气电	4.22	3.70				0.52	
	其他	1.71	0.20	1.16	0.34			
	核电	2.70	2.70					
	风电	0.30	0.21		0.06		0.04	
	其他	0.01					0.01	

2009

续表

统计口径		南方五省区合计	广东省	广西区	云南省	贵州省	海南省	天生桥电站
其中：统调电厂容量比重（%）	合计	77.14	30.61	13.66	13.32	16.13	1.61	1.80
	水电	21.28	0.73	7.52	6.88	4.12	0.23	1.80
	抽水蓄能	1.72	1.72					
	火电	51.38	25.46	6.14	6.39	12.01	1.38	
	其中：煤电	45.04	19.63	6.14	6.39	12.01	0.87	
	油电	2.89	2.37				0.52	
	气电	3.45	3.45					
	其他							
	核电	2.70	2.70					
	风电	0.06			0.06			
	其他							
发电量比重（%）	合计	100.00	45.61	14.54	17.68	17.70	2.11	2.36
	水电	29.53	3.71	8.73	10.57	3.87	0.29	2.36
	抽水蓄能	0.64	0.64					
	火电	64.37	35.83	5.81	7.10	13.83	1.80	
	其中：煤电	56.51	29.51	4.87	6.87	13.83	1.44	
	油电	3.95	3.95					
	气电	2.50	2.13				0.36	
	其他	1.42	0.24	0.95	0.24			
	核电	5.33	5.33					
	风电	0.11	0.10		0.01		0.00	
	其他	0.02					0.02	
其中：统调电厂发电量比重（%）	合计	81.02	36.14	11.70	12.55	16.58	1.69	2.36
	水电	19.03	0.55	6.85	6.08	3.06	0.13	2.36
	抽水蓄能	0.64	0.64					
	火电	56.02	29.63	4.86	6.46	13.52	1.55	
	其中：煤电	52.65	26.61	4.86	6.46	13.52	1.19	
	油电	1.02	1.02					
	气电	2.36	1.99				0.36	
	其他							
	核电	5.33	5.33					
	风电	0.01			0.01			
	其他							

注 1. 鲁布革水电站位于云南省境内，其装机容量和发电量已计入云南省。
2. 广东粤电集团所属天生桥一级水电站不在广东省境内，其装机容量和发电量未计入广东省。
3. 按全国电力行业统计口径，统调是指各省区中调及以上统一调度电厂范围。

2008年南方五省区电厂生产能力

单位：kW，万kWh

按省区统计	年初生产能力	2008年新增能力				2008年减少能力	年末生产能力	发电量
		合计	基建新增	技改新增	其他新增			
南方五省区合计	128 025 422	15 333 596	14 781 122	405 591	146 883	3 503 185	139 855 833	58 803 086
1. 水电	40 961 068	9 336 226	9 253 552	48 391	34 283	218 011	50 079 283	17 742 695
2. 火电	83 012 564	5 827 870	5 358 070	357 200	112 600	3 284 264	85 556 170	37 852 522
3. 核电	3 780 000						3 780 000	3 132 454
4. 风电	257 790	169 500	169 500			910	426 380	65 168
5. 其他	14 000						14 000	10 248

续表

按省区统计	年初生产能力	2008年新增能力				2008年减少能力	年末生产能力	发电量
		合计	基建新增	技改新增	其他新增			
一、广东省小计	58 858 648	3 655 668	3 600 833	54 835		2 435 800	60 078 516	26 819 570
1. 水电	10 114 654	255 648	232 813	22 835		86 506	10 283 796	2 558 018
2. 火电	44 714 904	3 358 770	3 326 770	32 000		2 348 384	45 725 290	21 068 756
3. 核电	3 780 000						3 780 000	3 132 454
4. 风电	249 090	41 250	41 250			910	289 430	60 342
二、广西自治区小计	19 752 948	4 613 708	4 217 239	259 206	137 263	121 753	24 244 903	8 552 278
1. 水电	10 439 148	3 627 908	3 602 239	1006	24 663	93 373	13 973 683	5 133 817
2. 火电	9 313 800	985 800	615 000	258 200	112 600	28 380	10 271 220	3 418 461
三、云南省小计	22 210 252	4 465 720	4 439 050	24 550	2120	825 532	25 850 440	10 395 628
1. 水电	11 584 142	4 170 670	4 144 000	24 550	2120	18 032	15 736 780	6 216 487
2. 火电	10 626 110	216 300	216 300			807 500	10 034 910	4 176 011
3. 风电		78 750	78 750				78 750	3130
四、贵州省小计（不含天生桥一、二级电站）	21 666 570	2 475 000	2 460 000	15 000		20 000	24 121 570	10 405 908
1. 水电	5 710 820	1 260 000	1 260 000			20 000	6 950 820	2 273 638
2. 火电	15 955 750	1 215 000	1 200 000	15 000			17 170 750	8 132 270
五、海南省小计	3 017 004	123 500	64 000	52 000	7500	100 100	3 040 404	1 241 677
1. 水电	592 304	22 000	14 500		7500	100	614 204	172 709
2. 火电	2 402 000	52 000		52 000		100 000	2 354 000	1 057 024
3. 风电	8700	49 500	49 500				58 200	1696
4. 其他	14 000						14 000	10 248
六、天生桥一、二级电站	2 520 000						2 520 000	1 388 025
水电	2 520 000						2 520 000	1 388 025

2008年南方五省区电力基本情况

指标名称	计算单位	2008年	2007年
发电装机容量	kW	139 855 833	128 025 422
水电	kW	50 079 283	40 961 068
火电	kW	85 556 170	83 012 564
发电量	万kWh	58 803 086	55 360 377
水电	万kWh	17 742 694	12 944 868
火电	万kWh	37 852 522	39 349 854
购五省外电量	万kWh	2 611 461	2 890 093
售五省外电量	万kWh	1 957 184	1 878 783
全社会用电量	万kWh	59 440 954	56 412 610
发电平均设备利用小时*	h	4555	4825
水电	h	4169	4041
火电	h	4579	5084

续表

指标名称	计算单位	2008 年	2007 年
发电厂用电率*	%	4.83	5.06
水电	%	0.29	0.37
火电	%	6.62	6.45
发电标准煤耗率*	g/kWh	321	327
供电标准煤耗率*	g/kWh	343	349
发电消耗标准煤量*	t	118 279 485	125 125 285
发电消耗原煤量*	t	165 984 775	170 998 296
发电消耗燃油量*	t	4 569 236	6 036 917
供电线路损失率	%	6.22	6.76
供电线路损失量	万 kWh	4 368 577	4 356 363
变电设备容量（35kV 及以上）**	万 kWh	63 211.82	56 076.72
500kV	万 kVA	16 413.25	13 572.25
220kV	万 kVA	22 014.29	19 841.37
110kV	万 kVA	20 844.42	19 107.92
35kV	万 kVA	3939.86	3555.18
输电线路长度（35kV 及以上）	km	214 333.98	196 761.22
500kV	km	26 419.18	21 798.96
220kV	km	41 271.39	37 773.75
110kV	km	67 160.46	62 775.78
35kV	km	79 482.95	74 412.72

注 1. 全社会用电量 = 发电量 + 购五省外电量 - 售五省外电量。
2. 供电线路损失量扣除了各省之间互送电量产生的线损电量。
3. 水电未含抽水蓄能电站。
* 为 6000kW 及以上电厂数据。
** 含电厂升压、企业自备变压器、换流变压器容量。

2008 年南方五省区分省区电力基本情况

指标名称	计算单位	合计	其中					
			广东省	广西区	云南省	贵州省	海南省	天生桥电站 鲁布革电站 超高压公司
发电装机容量	万 kW	13 985.58	6007.85	2424.49	2585.04	2412.16	304.04	252.00
水电	万 kW	5007.93	1028.38	1397.37	1573.68	695.08	61.42	252.00
火电	万 kW	8555.62	4572.53	1027.12	1003.49	1717.08	235.40	
发电量	亿 kWh	5880.31	2681.96	855.23	1039.56	1040.59	124.17	138.80
水电	亿 kWh	1774.27	255.80	513.38	621.65	227.36	17.27	138.80
火电	亿 kWh	3785.25	2106.88	341.85	417.60	813.23	105.70	
购外省电量	亿 kWh	261.15	963.10	73.26	2.44	3.33		743.80
售外省电量	亿 kWh	195.72	138.28	167.70	212.56	364.74		838.86
全社会用电量	亿 kWh	5944.10	3506.78	760.79	829.44	679.18	124.17	43.74

续表

指标名称	计算单位	合计	其中					
			广东省	广西区	云南省	贵州省	海南省	天生桥电站鲁布革电站超高压公司
发电设备平均利用小时*	h	4555	4826	4002	4261	4627	4240	5508
水电	h	4169	2581	4640	4427	3965	2675	5508
火电	h	4579	4838	3341	4070	4960	4592	
发电厂用电率*	%	4.83	5.57	2.88	3.66	5.76	7.48	0.09
水电	%	0.29	0.53	0.34	0.24	0.21	0.54	0.09
火电	%	6.62	6.18	7.12	7.29	7.04	8.18	
发电标准煤耗率*	g/kWh	321	317	313	334	328	314	
供电标准煤耗率*	g/kWh	343	337	338	360	353	344	
发电消耗标煤量*	万t	11 827.95	6664.03	904.27	1328.26	2599.55	331.84	
发电消耗原煤量*	万t	16 598.48	8015.72	1339.18	2856.98	4034.46	352.13	
发电消耗燃油量*	万t	456.92	450.30	1.13	2.97	2.43	0.09	
供电线路损失率	%	6.22	6.68	5.82	7.13	4.67	7.85	5.37
供电线路损失量	亿kWh	436.86	219.68	49.54	69.75	47.14	7.89	42.85
变电设备容量（35kV及以上）	万kVA	63 211.82	32 516.40	8248.96	9600.55	7603.81	1358.59	3883.50
500kV	万kVA	16 413.25	6181.20	1805.00	2658.80	2382.05		3386.20
220kV	万kVA	22 014.29	12 365.90	3012.84	3299.90	2275.25	571.00	489.40
110kV	万kVA	20 844.42	13 404.89	2168.54	2458.41	2155.38	649.71	7.50
35kV	万kVA	3939.86	564.42	1262.59	1183.43	791.14	137.88	0.40
输电线路长度（35kV及以上）	km	214 333.98	56 442.00	44 804.32	63 742.51	30 114.70	6422.48	12 807.97
500kV	km	26 419.18	4592.00	1221.73	5337.13	2659.99		12 608.33
220kV	km	41 271.39	14 690.00	8516.49	9979.57	6451.00	1434.69	199.65
110kV	km	67 160.46	25 730.00	11 534.03	17 702.74	9620.00	2573.69	
35kV	km	79 482.95	11 430.00	23 532.07	30 723.07	11 383.71	2414.10	

注 1.“水电”未含抽水蓄能电站；标记“*”的是6000kW及以上电厂数据。

2. 变电设备容量是电厂升压变、公用变压器、企业自备变压器和换流变压器的总容量，未含天生桥二级电站联络变75万kVA。

3. 全社会用电量=发电量+购外省电量−售外省电量。

4.“云南省”项含鲁布革水电站的装机容量和发电量；“天生桥电站、鲁布革电站、超高压公司”项含天生桥一级、二级水电站发电装机容量和发电量，及超高压公司购云南、贵州和地方小水电的电量，售给广东、广西的电量，还有鲁布革电厂、天生桥一二级电站和超高压公司变电设备情况，超高压公司的输电线路情况。

5. 变电设备容量中换流变压器容量1798.8万kVA（其中500kV 1384.2万kVA，220kV 414.6万kVA），直流输电线路（500kV）3049.3km。

2008年广东省电力基本情况

指标名称	计算单位	2008年	2007年
发电装机容量	kW	60 078 516	58 858 648
水电	kW	10 283 796	10 114 654
火电	kW	45 725 290	44 714 904
发电量	万kWh	26 819 570	26 954 404
水电	万kWh	2 558 018	2 324 912
火电	万kWh	21 068 756	21 572 597

续表

指标名称	计算单位	2008 年	2007 年
购外省电量	万 kWh	9 630 979	8 248 828
售外省电量	万 kWh	1 382 783	1 262 743
全社会用电量	万 kWh	35 067 766	33 940 489
累计平均设备利用小时*	h	4826	4925
水电	h	2581	3109
火电	h	4838	4988
发电厂用电率*	%	5. 57	5. 48
水电	%	0. 53	0. 67
火电	%	6. 18	6. 01
发电标准煤耗率*	g/kWh	317	323
供电标准煤耗率*	g/kWh	337	343
发电消耗标准煤量*	t	66 640 341	69 539 958
发电消耗原煤量*	t	80 157 219	79 501 372
发电消耗燃油量*	t	4 502 997	5 956 645
用电设备容量	万 kW	23 190	23 823
供电线路损失率	%	6. 68	7. 33
供电线路损失量	万 kWh	2 196 790	2 331 496
变电设备容量（35kV 及以上）**	万 kVA	32 516. 40	30 124. 93
500kV	万 kVA	6181. 20	5607. 20
220kV	万 kVA	12 365. 90	11 527. 50
110kV	万 kVA	13 404. 89	12 437. 51
35kV	万 kVA	564. 42	552. 72
输电线路长度（35kV 及以上）	km	56 442	54 233
500kV	km	4592	4104
220kV	km	14 690	13 430
110kV	km	25 730	24 815
35kV	km	11 430	11 884

注　1. 水电未含抽水蓄能电站。

2. 变电设备容量未含超高压公司委托代管的变压器。

*　为 6000kW 及以上电厂数据。

**　含电厂升压、企业自备变压器。

2008 年广西自治区电力基本情况

指标名称	计算单位	2008 年	2007 年
发电装机容量	kW	24 244 903	19 752 948
水电	kW	13 973 683	10 439 148
火电	kW	10 271 220	9 313 800
发电量	万 kWh	8 552 278	6 847 284
水电	万 kWh	5 133 817	3 240 455
火电	万 kWh	3 418 461	3 606 829
购外省电量	万 kWh	732 605	636 080
售外省电量	万 kWh	1 676 991	672 004

续表

指标名称	计算单位	2008 年	2007 年
全社会用电量	万 kWh	7 607 892	6 811 360
累计平均设备利用小时*	h	4002	4348
水电	h	4640	3968
火电	h	3341	4748
发电厂用电率*	%	2.88	3.95
水电	%	0.34	0.40
火电	%	7.12	7.42
发电标准煤耗率*	g/kWh	313	337
供电标准煤耗率*	g/kWh	338	363
发电消耗标准煤量*	t	9 042 654	10 541 684
发电消耗原煤量*	t	13 391 846	16 280 122
发电消耗燃油量*	t	11 312	21 636
用电设备容量	万 kW	5874	4678
供电线路损失率	%	5.82	6.37
供电线路损失量	万 kWh	495 381	461 166
变电设备容量（35kV 及以上）**	万 kVA	8248.96	6612.54
500kV	万 kVA	1805.00	1202.60
220kV	万 kVA	3012.84	2464.16
110kV	万 kVA	2168.54	1898.19
35kV	万 kVA	1262.59	1047.59
输电线路长度（35kV 及以上）	km	44 804.32	42 419.75
500kV	km	1221.73	1221.73
220kV	km	8516.49	7748.71
110kV	km	11 534.03	10 641.70
35kV	km	23 532.07	22 807.61

* 为 6000kW 及以上电厂数据。

** 含电厂升压变压器、公用变压器、企业自备变压器。

2008 年云南省电力基本情况

指标名称	计算单位	2008 年	2007 年
发电装机容量	kW	25 850 440	22 210 252
水电	kW	15 736 780	11 584 142
火电	kW	10 034 910	10 626 110
发电量	万 kWh	10 395 628	9 045 061
水电	万 kWh	6 216 487	4 309 550
火电	万 kWh	4 176 011	4 735 510
购外省电量	万 kWh	24 432	68 662
其中：购南方五省区电量	万 kWh	6098	61 507
售外省电量	万 kWh	2 125 617	1 658 543

续表

指标名称	计算单位	2008 年	2007 年
其中：售南方五省区电量	万 kWh	1 808 599	1 400 088
全社会用电量	万 kWh	8 294 443	7 697 474
累计平均设备利用小时*	h	4261	4694
水电	h	4427	4288
火电	h	4070	5096
发电厂用电率*	%	3.66	4.30
水电	%	0.24	0.37
火电	%	7.29	7.23
发电标准煤耗率*	g/kWh	334	337
供电标准煤耗率*	g/kWh	360	363
发电消耗标准煤量*	t	13 282 617	14 947 671
发电消耗原煤量*	t	28 569 800	30 831 539
发电消耗燃油量*	t	29 721	28 402
用电设备容量	万 kW	4216	3769
供电线路损失率	%	7.13	7.46
供电线路损失量	万 kWh	697 491	655 157
变电设备容量（35kV 及以上）**	万 kVA	9600.55	7960.68
500kV	万 kVA	2658.80	1941.80
220kV	万 kVA	3299.90	2745.60
110～154kV	万 kVA	2458.41	2169.35
35～66kV	万 kVA	1183.43	1103.93
输电线路长度（35kV 及以上）	km	63 742.51	52 788.01
500kV	km	5337.13	3172.30
220kV	km	9979.57	8629.02
110～154kV	km	17 702.74	15 261.25
35～66kV	km	30 723.07	25 725.44

* 为 6000kW 及以上电厂数据。

** 含电厂升压变压器、公用变压器、企业自备变压器，未含鲁布革电厂变电设备。

2008 年贵州省电力基本情况

指标名称	计算单位	2008 年	2007 年
发电装机容量	kW	24 121 570	21 666 570
水电	kW	6 950 820	5 710 820
火电	kW	17 170 750	15 955 750
发电量	万 kWh	10 405 908	10 029 800
水电	万 kWh	2 273 638	1 600 620
火电	万 kWh	8 132 270	8 429 180
购外省电量	万 kWh	33 286	1006

续表

指标名称	计算单位	2008 年	2007 年
售外省电量	万 kWh	3 647 427	3 339 809
全社会用电量	万 kWh	6 791 767	6 690 997
累计平均设备利用小时 *	h	4627	5095
水电	h	3965	3882
火电	h	4960	5666
发电厂用电率 *	%	5. 76	5. 74
水电	%	0. 21	0. 32
火电	%	7. 04	6. 62
发电标准煤耗率 *	g/kWh	328	330
供电标准煤耗率 *	g/kWh	353	354
发电消耗标准煤量 *	t	25 995 521	27 105 057
发电消耗原煤量 *	t	40 344 609	41 000 112
发电消耗燃油量 *	t	24 267	25 785
用电设备容量	万 kW	4331	3007
供电线路损失率	%	4. 67	4. 83
供电线路损失量	万 kWh	471 444	460 535
变电设备容量（35kV 及以上）**	万 kVA	7603. 81	6770. 90
500kV	万 kVA	2382. 05	1934. 45
220kV	万 kVA	2275. 25	2079. 71
110kV	万 kVA	2155. 38	2017. 33
35kV	万 kVA	791. 14	739. 41
输电线路长度（35kV 及以上）	km	30 114. 70	29 784. 62
500kV	km	2659. 99	2402. 02
220kV	km	6451. 00	6380. 75
110kV	km	9620. 00	9468. 71
35kV	km	11 383. 71	11 533. 14

* 为 6000kW 及以上电厂数据。

** 含电厂升压变压器、企业自备变压器。

2008 年海南省电力基本情况

指标名称	计算单位	2008 年	2007 年
发电装机容量	kW	3 040 404	3 017 004
水电	kW	614 204	592 304
火电	kW	2 354 000	2 402 000
发电量	万 kWh	1 241 677	1 138 089
水电	万 kWh	172 709	123 591
火电	万 kWh	1 057 024	1 005 738
购外省电量	万 kWh		
售外省电量	万 kWh		
全社会用电量	万 kWh	1 241 677	1 138 089

续表

指标名称	计算单位	2008 年	2007 年
累计平均设备利用小时*	h	4240	3830
水电	h	2675	1713
火电	h	4592	4187
发电厂用电率*	%	7.48	7.56
水电	%	0.54	0.67
火电	%	8.18	8.29
发电标准煤耗率*	g/kWh	314	299
供电标准煤耗率*	g/kWh	344	326
发电消耗标准煤量*	t	3 318 352	2 990 915
发电消耗原煤量*	t	3 521 302	3 385 150
发电消耗燃油量*	t	939	4449
用电设备容量	万 kW	736	646
供电线路损失率	%	7.85	8.65
供电线路损失量	万 kWh	78 924	80 980
变电设备容量（35kV 及以上）**	万 kVA	1358.59	1224.58
500kV	万 kVA		
220kV	万 kVA	571.00	535.00
110kV（含 132kV）	万 kVA	649.71	578.04
35kV（含 66kV）	万 kVA	137.88	111.54
输电线路长度（35kV 及以上）	km	6422.48	6437.28
500kV	km		
220kV	km	1434.69	1385.63
110kV（含 132kV）	km	2573.69	2589.12
35kV（含 66kV）	km	2414.10	2462.53

* 为 6000kW 及以上电厂数据。

** 含电厂升压变压器、企业自备变压器。

2008 年南方电网统调负荷情况

单位：万 kW，%

序号	指标名称	全网 2008 年累计	广东 2008 年累计	广西 2008 年累计	云南 2008 年累计	贵州 2008 年累计	海南 2008 年累计
1	最高负荷	8887	6027	1006	920	1043	170
(1)	同比增长率	13.74	11.35	8.51	13.09	3.19	6.00
(2)	最高负荷日	2008.08.20	2008.08.20	2008.09.22	2008.05.11	2008.06.04	2008.06.23
2	最低负荷	2462	1181	372	272	163	52
3	平均负荷	6002	3774	697	637	727	118
(1)	同比增长率	17.88	21.92	10.27	4.61	0.67	11.16
4	最高峰谷差	3182	2524	442	351	362	83
5	最低峰谷差	1079	698	171	171	150	39
6	平均峰谷差	2316	1685	296	254	264	65
7	最高日负荷率	92.26	93.83	91.91	94.11	94.80	89.41
8	最低日负荷率	74.81	71.32	72.41	76.52	67.48	66.40

续表

序号	指标名称	全网 2008 年累计	广东 2008 年累计	广西 2008 年累计	云南 2008 年累计	贵州 2008 年累计	海南 2008 年累计
9	平均日负荷率	84.01	82.19	82.48	86.12	85.40	78.35
(1)	同比增长百分点	-0.92	-1.13	0.15	0.33	-2.53	-1.42
10	负荷率	67.54	62.61	69.36	69.22	69.77	69.61
(1)	同比增长百分点	2.37	5.43	1.11	-5.61	-1.75	3.23

注 本表全网负荷未包括海南。

2008 年电量交换情况

单位：万 kWh

统　计　口　径		2008 年	2007 年
一、西电东送情况			
（一）西电东送合计（受端）		10 577 666	8 629 239
超高压公司	西电送广西	1 301 944	761 578
	其中：1. 天生桥一级电站送	135 350	110 154
	2. 天生桥二级电站送	334 173	274 314
	3. 龙滩电厂送	663 861	216 516
	4. 盘县电厂送	168 560	160 593
	5. 云南电网送	0	0
	6. 贵州电网送	0	0
	西电送广东	9 275 721	7 867 662
	其中：1. 天生桥一级电站送	383 887	409 570
	2. 天生桥二级电站送	469 867	508 204
	3. 龙滩电厂送	729 090	209 695
	4. 云南电网送	1 671 961	1 298 849
	5. 贵州电网送	3 019 715	2 598 822
	6. 广西电网送	788 284	401 215
广　东	7. 三峡电厂（含国网）送广东	1 347 235	1 679 718
	8. 鲤鱼江电厂送广东	310 113	408 340
	9. 桥口电厂送广东	555 569	353 249
（二）广东送广西		24 089	25
（三）广西地方送广东		844 945	257 851
二、购售国家电网公司系统电量			
	其中：购电量	2 251 108	2 485 570
	售电量	81 840	125 996
广　东	购鲤鱼江电厂	310 113	408 340
	购三峡电厂	1 347 235	1 679 718
	购桥口电厂	555 569	353 249
	售湖南	0	0
广　西	购湖南	24 523	37 108
	售湖南	7269	3086

续表

统 计 口 径		2008 年	2007 年
云 南	购四川	13 668	7155
	售四川	1445	2916
贵 州	售重庆	23 126	39 683
	售湖南	50 000	80 311
三、购售港澳地区电量			
广 东	购香港	355 257	403 517
	其中：蛇口购	83 561	88 380
	售澳门	231 089	168 932
	核电输香港	1 080 090	1 034 268
	抽水蓄能送香港	47 515	59 518
四、售越南电量		326 957	266 271
广 西	售越南	11 383	10 732
云 南	售越南	315 574	255 539
五、购缅甸电量		4666	
云 南	售缅甸	4666	

2008 年南方电网公司固定资产投资情况

统 计 口 径	计划总投资（万元）	2008 年计划投资（万元）	开工累计完成投资（万元）	2008 年实际完成投资额（万元）	2008 年投资完成按构成分				2008 年新增固定资产（万元）
					建筑工程	安装工程	设备工器具购置	其他费用	
总计	21 674 122	6 553 263	12 411 921	6 323 829	1 632 361	1185698	2 394 700	1 111 069	5 350 922
A. 电力基建项目	19 750 735	5 114 983	10 765 732	4 896 496	1 218 817	961 518	1 846 744	869 417	3 945 889
1. 电源项目合计	1 213 353	113 731	469 415	119 194	45 451	21 612	32 418	19 713	
2. 电网项目合计	18 537 382	5 001 252	10 296 317	4 777 302	1 173 366	939 906	1 814 326	849 704	3 945 889
其中：800kV	1 371 283	392 385	580 696	392 385	49 800	149 000	116 050	77 535	
500kV	5 516 376	1 256 237	3 302 846	1 262 472	399 597	263 883	349 565	249 427	1 177 126
220kV	5 376 554	1 024 979	2 233 111	936 291	278 728	106 206	340 736	210 620	847 159
110kV	3 666 962	812 482	1 658 835	815 077	212 634	106 192	317 580	178 671	682 318
35kV	276 645	161 337	188 377	135 972	23 726	47 318	45 470	19 458	102 043
10kV 及以下	2 286 688	1 330 772	2 292 357	1 215 468	208 299	263 761	637 104	106 304	1 113 391
其他	42 875	23 061	40 095	19 638	582	3546	7821	7689	23 852
其中：县级电网	2 930 191	1 520 148	2 008 021	1 443 810	296 447	317 715	633 185	196 463	1 239 711
110kV	2 190 447	548 101	915 499	513 092	133 981	78 461	193 842	106 808	404 160
35kV	274 388	155 866	177 222	130 554	22 888	44 552	43 955	19 159	95 230
10kV 及以下	440 267	810 085	890 134	793 991	139 044	193 752	391 307	69 889	721 844
其他	25 089	6096	25 166	6173	534	950	4082	607	18 477
B. 小型基建项目	663 626	181 083	388 993	171 980	150 754	17 244	897	3085	149 812
C. 技术改造项目	1 259 761	1 257 196	1 257 196	1 255 353					1 255 220
1. 生产性技术改造项目合计	1 259 761	1 257 196	1 257 196	1 255 353					1 255 220
2. 纳入基建管理的技术改造项目合计									

续表

统计口径	计划总投资（万元）	2008年计划投资（万元）	开工累计完成投资（万元）	2008年实际完成投资额（万元）	2008年投资完成按构成分				2008年新增固定资产（万元）
					建筑工程	安装工程	设备工器具购置	其他费用	
总计中的建设专项合计	1 638 175	761 686	1 561 218	660 806	188 065	185 643	222 857	64 241	591 824
1. 关停小火电机组配套电网建设专项	70 446	61 333	91 567	62 212	16 569	4054	32 065	9525	66 248
其中：220kV	61 688	55 862	80 465	56 741	15 653	3566	28 532	8990	56 074
110kV	8087	5023	10 654	5023	876	444	3238	465	9925
35kV	473	249	249	249	20	24	165	40	249
10kV 及以下	199	199	199	199	20	19	130	30	
其他									
2. 农网完善工程	672 672	406 160	452 549	308 342	73 473	105 905	99 303	29 660	247 689
其中：220kV									
110kV	255 356	73 650	142 873	66 837	14 115	13 103	30 204	9415	68 938
35kV	128 230	97 627	82 417	74 326	11 064	28 225	26 826	8211	47 979
10kV 及以下	287 861	234 883	227 259	167 178	48 295	64 577	42 273	12 033	130 773
其他	1225								
3. 无电地区电力建设工程	65 600	130 860	154 873	128 942	37 533	50 803	31 959	8647	111 488
其中：220kV									
110kV									
35kV		3430	3430	3430	137	2573	547	173	3430
10kV 及以下	64 145	125 975	150 380	124 449	37 396	48 016	30 583	8454	106 995
其他	1455	1455	1063	1063		214	829	20	1063
4. 县城电网建设工程	693 000	21 069	682 130	21 352	9747	1420	7899	2286	51 504
其中：220kV									
110kV	250 000		239 602	283	223			60	10 620
35kV	27 171	5709	27 141	5679	1845	420	2492	922	11 255
10kV 及以下	392 195	10 719	391 284	10 280	7145	264	2154	717	12 215
其他	23 634	4641	24 103	5110	534	736	3253	587	17 414
5. 其他建设专项	136 457	142 264	180 098	139 958	50742	23 461	51 632	14 123	114 895
其中：220kV									
110kV	59 566	43 043	44 028	40 738	10 268	3833	20 012	6626	22 366
35kV	25 832	17 474	23 423	17 473	2100	6812	5659	2903	11 292
10kV 及以下	51 059	81 747	112 647	81 747	38 375	12 816	25 961	4595	81 237
其他									

2008年全国各省（市、自治区）人口、GDP、全社会用电量及其排位

地区	年底总人口（万人）		GDP（亿元）				发电装机容量（万kW）				全社会用电量（亿kWh）			
	总计	排位	按现价计算	排位	同比增长（%）	排位	总计	排位	同比增长（%）	排位	总计	排位	同比增长（%）	排位
全国	132 802		300 670		9.0		79 253		10.34		34 268		5.23	
北京市	1695	26	10 488	13	9.0	30	621	29	25.43	4	687	19	2.96	26
天津市	1176	27	6354	22	16.5	2	753	28	8.67	20	514	24	3.95	22
河北省	6989	6	16 189	6	10.1	22	3206	10	6.13	22	2089	5	3.78	23
山西省	3411	19	6939	18	8.3	31	3596	8	13.31	13	1310	8	-2.88	31
内蒙古	2414	23	7762	16	17.2	1	4907	5	17.33	8	1212	9	4.46	21
辽宁省	4315	14	13 462	8	13.1	7	2261	17	5.18	23	1406	7	3.43	25
吉林省	2734	21	6424	21	16.0	3	1339	22	11.78	14	498	25	7.60	11
黑龙江	3825	15	8310	15	11.8	18	1816	19	19.61	7	666	22	5.97	17
上海市	1888	25	13 698	7	9.7	28	1681	20	16.54	10	1137	11	6.03	16
江苏省	7677	5	>30 000	3	12.5	14	5434	3	-2.95	30	3110	2	5.35	19
浙江省	5120	10	21 487	4	10.1	22	5311	4	3.90	24	2317	4	5.83	18
安徽省	6135	8	8874	14	12.7	11	2567	14	33.19	2	854	15	11.04	2
福建省	3604	18	10 823	12	13.0	8	2656	12	10.74	17	1075	12	7.45	12
江西省	4400	13	6480	20	12.6	13	1324	23	3.09	26	544	23	6.50	15
山东省	9417	3	31 072	2	12.1	16	5744	2	3.67	25	2719	3	4.74	20
河南省	9429	2	18 408	5	12.1	16	4518	6	9.44	19	1964	6	8.66	8
湖北省	5711	9	11 330	10	13.4	6	4321	7	16.54	9	1055	13	6.65	14
湖南省	6380	7	11 157	11	12.8	9	2490	15	10.17	18	906	14	1.69	29
广东省	9544	1	35 696	1	10.1	22	5995	1	1.85	27	3516	1	3.60	24
广西区	4816	11	7172	17	12.8	9	2410	16	22.01	6	752	17	10.43	4
海南省	854	28	1459	28	9.8	27	279	30	-7.54	31	124	30	9.40	6
重庆市	2839	20	5097	24	14.3	5	1115	25	29.20	3	484	26	7.63	10
四川省	8138	4	12 506	9	9.5	29	3460	9	8.67	21	1206	10	2.39	28
贵州省	3793	16	3333	26	10.2	21	2679	11	10.77	16	687	19	2.69	27
云南省	4543	12	5700	23	11.0	19	2577	13	16.02	11	801	16	7.45	12
西藏区	287	31	396	31	10.1	22	42	31	0.00		16		10.13	5
陕西省	3762	17	6851	19	15.6	4	1960	18	38.42	1	708	18	8.34	9
甘肃省	2628	22	3176	27	10.1	22	1449	21	15.07	12	680	21	10.57	3
青海省	554	30	962	30	12.7	11	786	27	1.56	28	311	29	9.07	7
宁夏区	618	29	1099	29	12.2	15	836	26	11.34	15	441	28	0.25	30
新疆区	2131	24	4203	25	11.0	19	1120	24	24.01	5	479	27	15.98	1

注 1. 各省及全国年底总人口、GDP数据均为统计公报数。

2. 本表各省（市、自治区）全社会用电量数据是中电联统计信息部2008年快报数，最终数以正式年报数为准。

2008年全国各省（市、自治区）发电量

地区	发电量（亿kWh）									
	合计	排位	水电	排位	火电	排位	核电	排位	其他	排位
全国	34 334.33		5632.81		27 792.87		683.86		224.79	
北京市	242.40	29	4.53	27	236.91	28			0.96	19
天津市	399.40	26			397.92	24			1.48	15
河北省	1584.30	9	6.90	26	1565.62	8			11.77	6
山西省	1761.91	7	24.57	20	1737.34	6			0.00	21
内蒙古	2041.92	5	11.71	25	1995.59	4			34.63	2
辽宁省	1137.03	12	43.04	18	1084.10	9			9.89	7
吉林省	528.14	22	47.23	17	463.78	18			17.13	3
黑龙江	736.48	20	12.61	23	710.73	15			13.14	5
上海市	787.43	18			771.74	12			15.69	4
江苏省	2886.85	1	3.25	28	2677.59	2	136.00	3	70.00	1
浙江省	2118.03	4	145.92	11	1733.76	7	237.07	2	1.29	17
安徽省	1092.84	13	28.48	19	1064.36	10				22
福建省	1085.52	14	336.20	6	741.45	13			7.88	9
江西省	494.76	23	92.89	13	401.51	22				22
山东省	2689.00	2	2.30		2681.70	1			5.00	12
河南省	1967.50	6	82.80	14	1880.71	5			3.99	13
湖北省	1727.81	8	1177.70	1	549.91	16			0.20	20
湖南省	847.37	16	328.33	7	516.62	17				22
广东省	2679.89	3	255.26	8	2107.33	3	310.80	1	6.50	11
广西区	845.00	17	508.00	4	337.00	26				22
海南省	117.56	30	11.98	24	104.42	30			1.16	18
重庆市	396.40	27	109.96	12	285.23	27				22
四川省	1238.62	10	842.95	2	395.67	25				22
贵州省	1161.67	11	350.23	5	811.44	11				22
云南省	1004.28	15	595.18	3	408.86	21				22
西藏区	15.70	31	14.14	22	0.14	31			1.42	16
陕西省	775.07	19	57.45	16	717.62	14				22
甘肃省	698.79	21	226.84	9	463.44	19			8.52	8
青海省	321.86	28	215.25	10	106.62	29				22
宁夏区	464.05	25	15.73	21	444.96	20			3.36	14
新疆区	486.73	24	81.23	15	398.80	23			6.70	10

注 本表数据来源于中电联2008年统计快报。

2008年全国各省（市、自治区）人均指标

指标 地区	人均 GDP（元/人）	排位	人均发电装机容量（kW/人）	排位	人均用电量（kWh/人）	排位	人均发电量（kWh/人）	排位
全　国	22 698*		0.5968		2587		2592	
北京市	63 029	2	0.3664	28	4129	7	1457	26
天津市	55 473	3	0.6404	11	4487	6	3487	8
河北省	23 239	12	0.4588	23	2999	12	2274	17
山西省	20 398	14	1.0544	4	3851	9	5180	4
内蒙古	32 214	8	2.0329	1	5030	4	8475	1
辽宁省	31 259	9	0.5240	17	3265	11	2640	15
吉林省	23 514	11	0.4897	20	1823	20	1933	21
黑龙江	21 727	13	0.4747	22	1741	23	1926	22
上海市	73 126*	1	0.8900	6	6070	2	4204	5
江苏省	39 213*	5	0.7078	9	4065	8	3773	7
浙江省	42 214	4	1.0374	5	4552	5	4161	6
安徽省	14 485	27	0.4184	25	1394	29	1784	23
福建省	30 123	10	0.7369	8	2992	13	3022	11
江西省	14 781*	26	0.3009	30	1241	30	1128	30
山东省	33 083	7	0.6099	13	2895	14	2863	12
河南省	19 593	17	0.4792	21	2091	17	2094	19
湖北省	19 860*	16	0.7567	7	1849	19	3029	10
湖南省	17 521	21	0.3903	27	1423	28	1331	29
广东省	37 588	6	0.6281	12	3702	10	2822	13
广西区	14 966	25	0.5004	19	1569	25	1763	24
海南省	17 175	23	0.3266	29	1460	27	1384	28
重庆市	18 025	19	0.3928	26	1712	24	1402	27
四川省	15 378	24	0.4252	24	1483	26	1523	25
贵州省	8824	31	0.7063	10	1819	21	3075	9
云南省	12 587	29	0.5672	14	1769	22	2218	18
西藏区	13 861	28	0.1469	31	560	31	550	31
陕西省	18 246	18	0.5209	18	1885	18	2064	20
甘肃省	12 110	30	0.5513	15	2593	15	2664	14
青海省	17 389	22	1.4178	2	5624	3	5821	3
宁夏区	17 892	20	1.3529	3	7183	1	7558	2
新疆区	19 893	15	0.5254	16	2267	16	2303	16

注　1. 人均用电量 = 全社会用电量/年平均人口；人均发电量 = 发电量/年平均人口。
　　2. 本表计算人均用电量、人均发电量时采用电量来自中电联统计信息部2008年快报。
*　人均 GDP 按各省统计公报数，统计公报中没有列出的（标记“*”号部分），按照 GDP 除以年均人口计算。

2008 年人员结构情况表

填报单位：中国南方电网有限责任公司　　　　南电劳年 3 表

按国民经济行业分组	直接签定劳动合同职工	专业技术人员	按文化程度分组								按年龄分组								按劳动合同到期期限分组			
			研究生及以上	博士	大学本科	大学专科	中专	技校	高中	初中及以下	55 岁及以上	50～54 岁	女性	45～49 岁	40～44 岁	39～35 岁	30～34 岁	29 岁及以下	1 年及以内	1～3 年（含 3 年）	3～5 年（含 5 年）	5 年以上
甲	1		2	3	4	5	6	7	8	9	10	11	12	13	14	15	16	17	18	19	20	21
分组合计	186 787	61 002	3694	207	35 429	51 549	22 757	9474	30 454	33 430	11 210	20 518	2800	28 454	29 338	35 553	30 368	31 346	18 553	38 439	23 941	105 854
公司总部	3097	1823	403	58	1295	618	176	55	231	319	78	151	34	306	520	620	440	982	200	754	396	1747
广东电网公司	67 239	23 287	1665	86	14 276	19 019	7128	2418	12 994	9739	4597	8745	924	12 960	9846	13 113	9065	8913	11 189	17 773	11 732	26 545
广西电网公司	44 377	13 855	884	37	8072	12 158	6476	2048	6715	8024	2604	5397	915	5849	7134	7158	7702	8533	2981	8115	5549	27 732
云南电网公司	38 504	12 587	422	16	6099	10 577	5082	2870	4122	9332	2368	3359	478	4342	5857	7791	7865	6922	1751	6971	4725	25 057
贵州电网公司	22 825	7691	229	7	4488	6933	2878	1405	2730	4162	995	1909	335	3094	3947	4844	4033	4003	753	1980	1439	18 653
海南电网公司	10 630	1705	55	1	1128	2240	1016	677	3660	1854	568	953	112	1895	2017	1997	1239	1961	1624	2832	85	6089
国际公司	30	30	15	1	13	2						1		6	5	8		10		4	7	19
财务公司	33	21	11	1	22							1	1		5	8	11	8	4	10	8	11
鼎和保险公司	52	3	10		36	2	1	1	2			2	1	2	7	14	13	14	51			1

2008 年职工分类情况表

填报单位：中国南方电网有限责任公司　　　　南电劳年 4 表

按国民经济行业分组	按职系构成分组						按专业技术资格分组				按技术等级分组				
	企业管理职系	职能管理职系	专业技术管理职系	技能职系	辅助职系	其他	高级职称	教授级	中级职称	初级职称	高级技师	技师	高级工	中级工	初级工
甲	1	2	3	4	5	6	7	8	9	10	11	12	13	14	15
分组合计	2114	15 317	44 761	119 688	65 019	11 661	6227	132	18 489	42 571	399	4853	26 110	35029	16 789
公司总部	86	446	1264	1066	2010	354	384	21	635	860	5	76	275	187	111
广东电网公司	527	4817	15 093	39 922	35 071	2630	1838	36	6711	15 264	191	1962	10 572	19 606	9283
广西电网公司	399	3310	11 979	25 684	10 742	3550	1716	35	5323	10 871	106	1782	6953	7693	3199
云南电网公司	688	3656	9377	25 477	11 849	2444	1160	10	3128	9312	46	851	6355	5044	3095
贵州电网公司	275	2255	5373	22 458	4556	1830	907	25	2199	5154	51	179	1521	1662	949
海南电网公司	129	779	1613	5044	761	848	196	1	458	1098		3	434	837	152
国际公司	5	11	10		18	4	17	4	6	3					
财务公司	2	8	23	37	8		6		12	4					
鼎和保险公司	3	15	29		4	1	3		17	5					

2008年企业劳动生产率情况表

填报单位：中国南方电网有限责任公司　　　　南电劳年8表

按国民经济行业分组	企业个数	总产值（万年）（按现行价格计算）		增加值（万元）		计算劳动生产率平均人数		企业全员劳动生产率（元/人）				发电单位实物劳动生产率			供电单位实物劳动生产率			补充资料	
								按现行价格计算		按增加值计算		发电量（万kWh）	生产人员平均人数（人）	人均发电量	售电量（万kWh）	生产人员平均人数（人）	人均售电量	生产准备平均人数	援外、劳务、多经及其他平均人数
		2007年	2008年	2007年	2008年	2007年	2008年	2007年	2008年	2007年	2008年								
甲	1	2	3	4	5	6	7	8	9	10	11	12	13	14	15	16	17	18	19
分组合计	396	30 381 895	69 819 934	8 119 163	8 494 662	255 168	276 765	1 190 662	2 522 715	357 678	306 927	1 595 864	2985	535	64 976 600	124 570	522	3882	9300
公司总部	21	2 050 521	2 670 038	627 069	588 300	4064	4638	5 045 573	5 756 874	1 542 985	1 268 435	1 109 867	580	1914	8 384 300	2076	4039	145	
广东电网公司	90	18 800 831	23 973 689	5 165 006	5 308 877	108 019	102 962	1 740 511	2 328 402	478 157	515 615	52 790	157	336	31 970 869	47076	679	1101	2091
广西电网公司	71	2 638 971	3 605 208	644 193	836 905	37 994	57 225	694 576	630 006	169 551	146 248				6 686 762	25 707	260	1188	1932
云南电网公司	116	3 197 584	3 619 127	775 621	943 603	55 729	57 624	573 774	628 059	139 177	163 752	431 230	2218	194	7 965 972	27 800	287	954	3132
贵州电网公司	62	3 209 899	35 437 059	751 947	651 333	38 512	42 599	833 480	8 318 754	195 250	152 899				9 042 500	15 253	593	494	2145
海南电网公司	30	484 090	514 812	155 327	165 644	10 839	11 554	446 619	445 570	143 304	143 365	1977	30	66	926 197	6658	139		
国际公司	4					11	45												
财务公司	1						78												
鼎和保险公司	1						40